멘토르(Mentor)는
그리스신화에 나오는 오디세우스의 친구입니다.

오디세우스는 트로이 전쟁에 출정하면서
아들 텔레마쿠스를 친구인 멘토르에게 맡깁니다.

이후 멘토르는 엄격한 스승이며 지혜로운 조언자,
때로는 아버지로서 필요한 충고와 지도를 하여
텔레마쿠스를 강인하고 현명한 왕으로 성장시켰습니다.

오늘날 멘토 또는 멘토르는
충실하고 현명한 조언자 또는 스승이라는 의미로
쓰이고 있습니다.

멘토르출판사는
독자 여러분의 인생에 좋은 길잡이가 되는 책을
만들고자 늘 노력하겠습니다.

유럽 **축제** 사전

European Festival

28개국 101개의 **유러피언 페스티벌** 속으로

유럽 축제 사전

유경숙 지음

일러두기

첫째, 축제는 서유럽 → 동유럽 → 남유럽 → 북유럽 국가순으로 정리했습니다.
둘째, 국가명과 축제명은 가나다순으로 정리했습니다.
셋째, 축제는 매해 같은 달 또는 같은 날짜에 개최되기도 하고,
       달이나 날짜가 바뀌어 열리기도 합니다.
       대부분의 축제는 비슷한 기간에 개최되므로,
       2011년 일정을 참고해서 앞으로의 계획을 세우시면 됩니다.
넷째, 책 뒷부분에 월별, 나라별로 축제 일정을 정리한
       '유럽 축제 캘린더 2011'을 끼워 두었습니다.
       가위나 칼로 잘라서 사용하세요. 크게 펼쳐서 벽면에 붙일 수도 있고,
       여러 번 접어서 갖고 다닐 수도 있습니다.

European Festival

머리말

누군가의 절실한 꿈을 이뤄줄 유럽 축제지도

오랜 작업 끝에 드디어 결실을 보게 되었습니다. 머리말을 쓰는 지금이 저에겐 꿈만 같습니다. 마음 같아선 후다닥 쓰고 싶은데, 어째 본문보다 머리말이 더 쓰기 어렵네요. 무슨 말을 써야 할지, 조금은 부끄럽고 조금은 뿌듯하고… 그동안 혼자 힘겹게 싸워왔던 지난 순간들이 새록새록 떠오르면서 조금은 시원섭섭하기도 합니다. 그래도 결코 오지 않을 것만 같던 이 시간이 결국 오기는 오는군요. 진절머리 나도록 붙잡아야 했던 싸움의 끝이 결국 코앞으로 다가왔습니다. 이 짧은 글을 위해 며칠을 머뭇거리다가 오늘은 지나온 날들을 차분히 되뇌어봅니다.

1999년 〈난타〉의 문화마케팅을 전개하며 공연기획자로서의 첫발을 내딛었습니다. 그 뒤 차근차근 공연기획자로서의 길을 걸어가던 저는 어느 날 갑자기 일본의 공연시장을 배우겠다며 훌쩍 일본으로 떠났습니다. 아마도 그때가 도전의 시작이었던 것 같습니다. 내수시장이 탄탄한 일본의 공연시장을 들여다보니 정신이 번쩍 들었으니까요.

귀국 후, 공연계 전체의 흐름을 봐야겠다는 생각에 다짜고짜 티켓 유통회사에 입사를 했는데, 돌이켜보니 오늘을 있게 한 결정적인 순간들이 그 시점이었던 것 같습니다. 일개 공연기획사에서 볼 수 없었던 문화계의 총체적 현상들을 구체적인 수치로 마음껏 확인할 수 있어 너무나 행복했습니다. 수치를 통해 공연계를 살피면서 통계 이론의 묘미를 알게 된 건 의외의 수확이랄까요. 다양한 장르의 한국 공연기획사들이 어떻게 먹고사는지, 어떤 시장 요소에 반응하는지, 특정 요일에 강북의 공연장에는 몇 살짜리 여자들이 다녀가는지, 그 여자들을 위해 누가 돈을 쓰는지 보이기 시작했습니다.

그러던 어느 날 저는 몹시 속이 상했습니다. 한국의 공연들은 해외 진출을 해도 실속 없는 경우가 많았고, "해외 축제에 공식초청되어 기립박수를 받았다"라며 홍보하는 공연들도 알고 보면 빈 수레가 요란한 경우가 대부분이었습니다. 심지어 공연시장에 대한 지식이 전혀 없는 일부 공무원들을 이용해 지원금을 받아내는 일까지 있었습니다. 그것이 우리의 현실이었습니다.

반대로 좀 유명하다 싶은 해외팀들은 잠시 한국에 들러 하루, 이틀만 공연하고도 수억 원씩 쓸어갔습니다. 그것도 모자라서 대접이 좀 소홀하다는 이유로 한국 기획사 스태프들을 골탕 먹이기까지 했습니다.

그래서 시작된 것이 해외시장 조사였습니다. 당시 저는 대한민국 공연예술계에서 가장 팔팔하게 뛰고 있는 젊은 실무자였습니다. 저에겐 그네들의 시장 정보가 절실히 필요했지만, 실무에 도움이 되도록 한눈에 쏙 들어오게 정리된 정보는 없었습니다. 결국 저는 '2007 공연 따라 세계일주', '2009 축제 따라 유럽일주'를 통해 직접 정보를 모으기 시작했습니다. 목마른 자가 우물을 판다고, 제가 '공연&축제 따라 세계일주'를 하게 된 이유는 순전히 그 정보들이 절실하게 필요했기 때문입니다.

그게 벌써 5년 전이네요. 그렇게 모인 해외 공연시장 정보, 즉 해외 축제 정보의 일부가 오늘 이렇게 빛을 보게 되었습니다.

4년 6개월간의 긴 조사기간 동안 수집해온 정보들을 책으로 엮는 작업은 그리 수월하지 않았습니다. 그러나 시간이 흐를수록 한국의 관계자들에게 전해주고 싶은 이야기는 폭발적으로 늘어갔습니다. 아비뇽이나 에딘버러 축제가 전부가 아니라는 것을 알려주고 싶었습니다.

특히 한국의 다양한 문화예술 지원제도에서 아쉽게 선발되지 못한 대부분의 젊은 아티스트 그리고 많은 후배들이 스스로 해외 진출 방법을 강구할 수 있도록 최소한의 길잡이가 될 축제지도를 그려주고 싶었습니다. 누군가는 지도를 그리고, 지도 위에 장애물을 표기하고, 또 누군가는 거기에 지름길을 더하다 보면 언젠가는 많은 사람들이 보다 쉽게 원하는 곳으로 날아오를 수 있지 않을까요? 그렇게 기쁜 마음으로 이 축제지도를 그렸습니다.

부디 해외 진출 방법을 찾고 있는 모든 이들에게 이 책이 작은 희망의 불씨가 되었으면 좋겠습니다.

더욱이 요즘은 일반 여행객들도 유럽의 문화예술에 관심을 보입니다. 단순히 둘러보기식 관광만으로는 성에 차지 않는 거죠. 비싼 돈 들여 유럽까지 간 한국의 여행객들이 부디 축제도 즐기고 관광도 하는, 그야말로 일석이조의 기쁨을 누릴 수 있기를 바랍니다.

또한 "우리도 외국 가서 공연해보고 싶은데 어디로, 어떻게 가야 할지 몰라서요~"라고 말하던 한국의 젊은 아티스트들에게 이 책이 조그마한 도움이라도 되기를 바랍니다. 이 책에 소개된 유럽의 축제 정보들이 그들의 꿈을 실현시키는 원동력이 되었으면 좋겠습니다. 정부의 문화예술 지원제도를 적극 활용하는 것도 좋지만, 기회가 올 때까지 무작정 기다릴 게 아니라면 해외시장 진출 방법은 직접 찾아보는 것이 더 빠를 수도 있으니까요.

지금까지 '나 홀로' 진행해왔던 5년간의 해외시장 조사 프로젝트는 아직 끝나지 않았습니다. 앞으로도 새로운 축제를 찾아 떠나는 여행은 계속될 것입니다.
'공연 따라 세계일주'를 통해 각 대륙별 트렌드를 훑었고, '축제 따라 유럽일주'를 통해 유럽의 예술 축제시장을 망라했다면 다음은 아프리카와 남미대륙이 목표입니다. 이제는 프로젝트를 함께할 멋진 파트너가 있었으면 좋겠습니다. 좋은 아이디어와 뜻을 가진 사람이라면 누구라도 좋습니다. 언제든 노크만 해준다면 문은 항상 열려 있습니다.

끝으로, 이 책이 완성되기까지 많은 도움을 준 멘토르출판사에 고마움을 전합니다. 또한 몇 년간 끊임없이 해외로만 떠돌았던 저를 염려하느라 백발이 되신 사랑하는 부모님께 고개 숙여 감사의 말씀을 드립니다. 이 세상에 태어나 누구에겐가 도움이 되라 가르치신 부모님의 말씀대로 한 걸음 한 걸음 나아가고 있습니다. 사랑합니다.

유경숙

European Festival

감사말

도움을 주신 한국문화예술위원회에 감사의 말씀을 전합니다

유럽의 축제시장을 조사하기 위한 '2009 축제 따라 유럽일주 프로젝트'는 문화체육관광부 산하 한국문화예술위원회의 도움으로 진행되었습니다. 한국문화예술위원회의 제1회 아트프론티어(문화일반) 지원제도를 통해 일부 예산을 지원받을 수 있어 큰 힘이 되었습니다. 이 자리를 빌려 다시 한 번 감사의 말씀을 드립니다.

유럽 축제시장을 조사하는 과정에서 국가기관의 지원을 받고 활동한다는 사실이 해외의 친구들에게는 매우 이례적으로 비춰졌고, 더불어 제 자신에게도 큰 자부심이 돼주었습니다. 앞으로도 공연예술계의 많은 후배들이 한국문화예술위원회와 함께 다양한 예술 활동을 마음껏 펼쳐나가길 진심으로 기원합니다.

고맙습니다.

차례

머리말 ... 7
감사말 ... 11
아시아 아티스트를 위한
    유럽 진출 10계명 ... 15

Part 1

서유럽
Western Europe

네덜란드
001 국제 집시 페스티벌 ... 18
002 우롤 페스티벌 ... 22
003 이츠 페스티벌 암스테르담 ... 26

독일
004 독일 옥토버 페스티벌 ... 30
005 독일 탄츠메세 ... 34
006 뮌헨 오페라 페스티벌 ... 38
007 바이로이트 페스티벌 ... 42
008 베를린 페스티벌 ... 46
009 본 베토벤 페스티벌 ... 50
010 씨어터 포맨 ... 54
011 오버람머가우 페스티벌 ... 58
012 쾰른 카니발 ... 62

모나코
013 몬테카를로 서커스 페스티벌 ... 66

벨기에
014 나뮈르 장터극 페스티벌 ... 70
015 루뱅 페스티벌 ... 74
016 미라미로 페스티벌 ... 78
017 뱅슈 카니발 ... 82
018 오메강 페스티벌 ... 86
019 타즈 페스티벌 ... 90

스위스
020 몽트뢰 재즈 페스티벌 ... 94
021 베르비에 페스티벌 ... 98
022 섹세로이텐 페스티벌 ... 102
023 프리스타일 ... 106

아일랜드
024 더블린 국제 게이 연극 페스티벌 ... 110
025 더블린 국제 연극제 ... 114

영국
026 노팅힐 카니발 ... 118
027 댄스 엄브렐러 페스티벌 ... 122
028 런던 마임 페스티벌 ... 126
029 바스 프린지 페스티벌 ... 130
030 브라이튼 프린지 페스티벌 ... 134
031 에딘버러 페스티벌 ... 138

오스트리아
032 뫼르비슈 오페레타 페스티벌 ... 142
033 브레겐츠 페스티벌 ... 146
034 세계 보디페인팅 페스티벌 ... 150
035 슈타이리셔 헤르프스트 페스티벌 ... 154
036 임펄스탄츠–비엔나 국제 무용제 ... 158
037 잘츠부르크 페스티벌 ... 162
038 장크트 마르가레텐 오페라 페스티벌 ... 166

프랑스
039 국제 마리오네트 페스티벌 ... 170
040 니스 카니발 ... 174
041 모를레 거리극 페스티벌 ... 178
042 미모스 페스티벌 ... 182
043 샬롱 거리극 페스티벌 ... 186
044 아비뇽 페스티벌 ... 190
045 엑상프로방스 페스티벌 ... 194
046 오리악 거리극 페스티벌 ... 198
047 오포지토 거리극 페스티벌 ... 202
048 우리는 아비뇽에 가지 않을 거야 페스티벌 ... 206
049 퓨리에 페스티벌 ... 210

Part 2

동유럽
Eastern Europe

슬로바키아
050 국제 연극 페스티벌 ... 216

체코
051 프라하 봄 페스티벌 ... 220
052 프라하 프린지 페스티벌 ... 224

폴란드
053 단스크 셰익스피어 페스티벌 ... 228
054 라이코닉 페스티벌 ... 232
055 말타 페스티벌 ... 236
056 바르샤바 가을 페스티벌 ... 240
057 크로스로드 페스티벌 ... 244

헝가리
058 부다페스트 봄 페스티벌 ... 248
059 아멜 오페라 페스티벌 ... 252

Part 3

남유럽
Southern Europe

그리스
060 중세 재현 페스티벌 ... 258
061 파트라 카니발 ... 262

불가리아
062 바르나 국제 인형극제 ... 266
063 바르나 섬머 페스티벌 ... 270

세르비아
064 구차 트럼펫 페스티벌 ... 274
065 베오그라드 국제 연극 페스티벌 ... 278
066 엑싯 페스티벌 ... 282

스페인
067 메르세 페스티벌 ... 286
068 발렌시아 불꽃 축제 ... 290
069 산 페르민 페스티벌 ... 294
070 토마토 페스티벌 ... 298
071 트라페즈 서커스 페스티벌 ... 302
072 플라멩코 댄스 페스티벌 ... 306
073 피라 타레가 페스티벌 ... 310

슬로베니아
074 국제 거리극 페스티벌 ... 314
075 류블랴나 페스티벌 ... 318

이탈리아
076 나폴리 국제 연극 페스티벌 ... 322
077 라벤나 페스티벌 ... 326
078 로시니 오페라 페스티벌 ... 330
079 마체레타 오페라 페스티벌 ... 334
080 베니스 카니발 ... 338
081 베로나 페스티벌 ... 342
082 볼테라 연극 페스티벌 ... 346
083 시에나 팔리오 페스티벌 ... 350
084 푸치니 오페라 페스티벌 ... 354

크로아티아
085 유로카즈 페스티벌 ... 358

터키
086 국제 이즈미르 페스티벌 ... 362
087 메르신 국제 음악 페스티벌 ... 366
088 이스탄불 국제 인형극제 ... 370
089 쿠르반 바이람 ... 374

포르투갈
090 이베리안 가면 페스티벌 ... 378

Part 4

북유럽
Northern Europe

노르웨이
091 그리그 합창 페스티벌 ... 384
092 바이킹 페스티벌 ... 388
093 베르겐 페스티벌 ... 392
094 페르귄트 페스티벌 ... 396

덴마크
095 오르후스 페스티벌 ... 400
096 융에 훈데 페스티벌 ... 404
097 티볼리 페스티벌 ... 408

라트비아
098 라트비아 송 페스티벌 ... 412

리투아니아
099 카우나스 국제 댄스 페스티벌 ... 416

스웨덴
100 하지 축제 ... 420

핀란드
101 헬싱키 페스티벌 ... 424

아시아 아티스트를 위한 유럽 진출 10계명

1. 결정권자가 직접 볼 수 있게 접근하라.
2. 초청 비용에 대한 부담감을 낮추어라.
3. 비주얼에 신경 써라.
4. 세트 의존도를 낮추어라.
5. 철학을 강조하라.
6. 인간미를 앞세운 반복적 이메일문의를 삼가라.
7. 예술단체로서의 신용을 알려라.
8. 세계적 공연예술 트렌드를 반영하라.
9. 국가기관, 글로벌 교류제도 등 정치적 브랜드를 활용하라.
10. 국내인지도 상관 말고 작품성으로 승부하라.

이 10계명은 제가 지난 5년간, 해외의 축제관계자 및 아티스트들을 직접 만나 인터뷰하는 과정에서 느꼈던 아시아 아티스트들의 해외 진출 요령 또는 주의점을 요약한 것입니다. 특히 한국의 아마추어 아티스트들이 해외 진출의 기회를 얻지 못하는 경우가 많은데, 실제로는 국내인지도와 상관없이 해외에서 빛을 발할 가능성이 많습니다. 부디 철저한 준비를 바탕으로 좀 더 큰 세상을 만나보길 바랍니다.

Part 1

서유럽
Western Europe

네덜란드 | 독일 | 모나코 | 벨기에 | 스위스 | 아일랜드 | 영국 | 오스트리아 | 프랑스

집시의 춤, 다양한 현대 무용으로 안내하는 **네덜란드** 1 2 3

인산인해를 이루는 대규모 축제를 즐기는 **독일** 4 5 6 7 8 9 10 11 12

서커스, 오로지 서커스만을 볼 수 있는 **모나코** 13

거리마다 공연이 넘쳐나는 **벨기에** 14 15 16 17 18 19

알프스를 배경으로 역동적 스포츠와 음악 공연을 함께 느끼는 **스위스** 20 21 22 23

성소수자까지 모두 끌어안는 **아일랜드** 24 25

몸으로 보여주고 몸으로 즐기는 **영국** 26 27 28 29 30 31

예술과 공간이 만나 이루는 환상적 경험이 가득한 **오스트리아** 32 33 34 35 36 37 38

거리마다 숨은 예술을 찾아볼 수 있는 **프랑스** 39 40 41 42 43 44 45 46 47 48 49

001

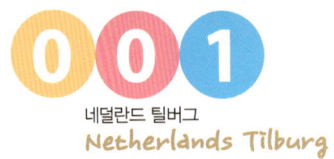

네덜란드 틸버그

Netherlands Tilburg

International Gipsy Festival

국제 집시 페스티벌

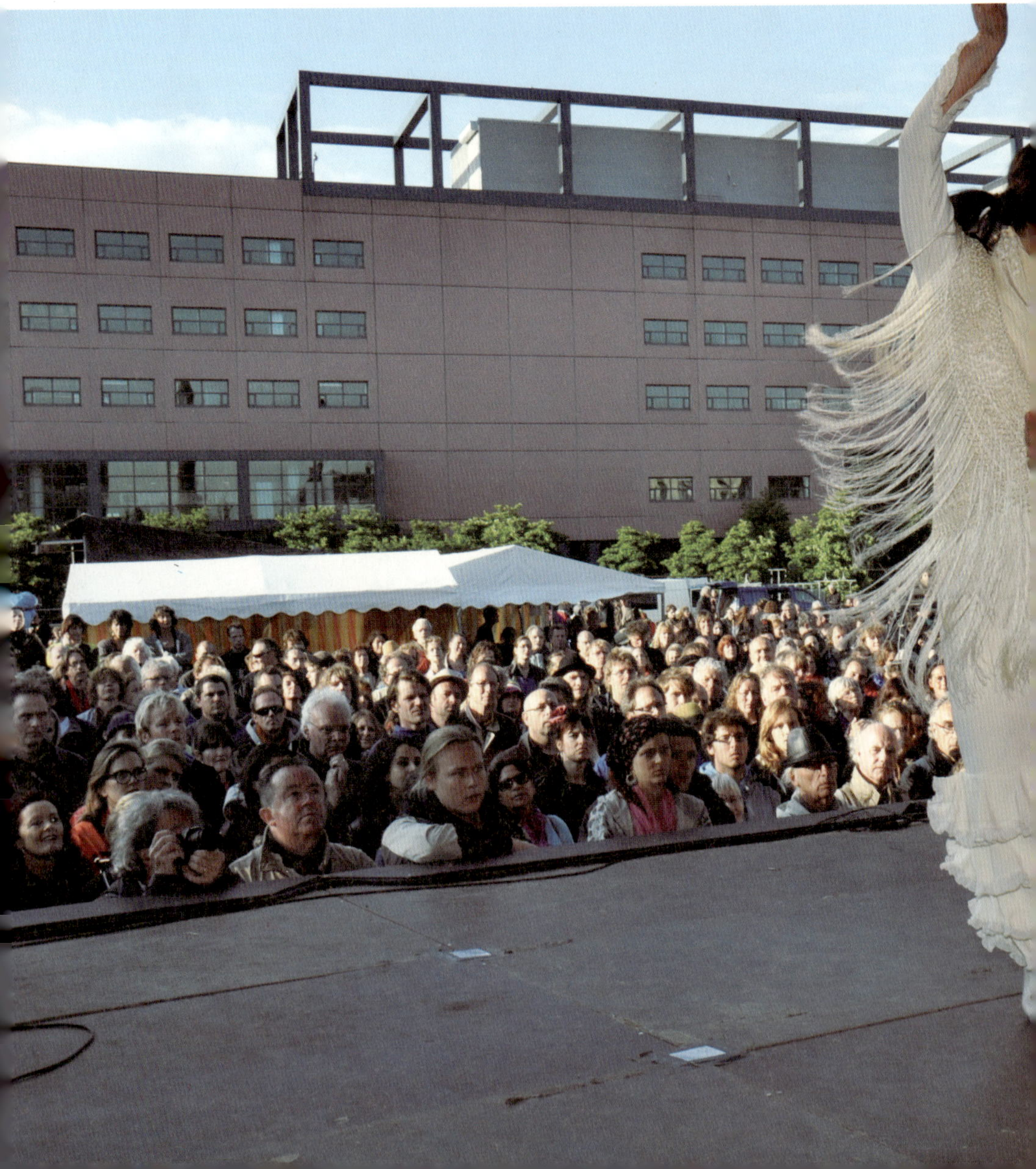

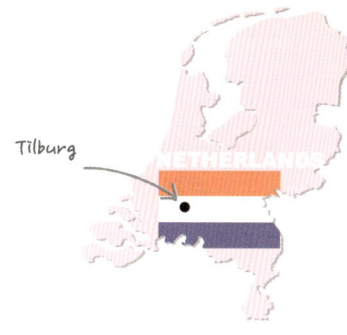

기본 정보

공식명칭 국제 집시 페스티벌(International Gipsy Festival)
장르 집시음악(춤, 미술, 악기 등 집시문화도 함께
　　　골고루 소개된다)
개최시기 매년 5월경(4주간 / 2011년 5월 1일~31일)
개최도시 네덜란드 틸버그
시작연도 1997년
규모 대략 15~20여 개의 공연팀
방문객수 약 3,000명(빅콘서트 당일)
주최 Stg Alfa

문의 및 찾아가기

공식홈페이지 http://www.gipsyfestival.nl
티켓예약 사이트 http://www.gipsyfestival.nl
티켓가격 20유로
전화문의 +31-13-580-1424
메일문의 info@gipsyfestival.nl
장소 telefoonstraat 14 5038 DM Tilburg
　　　the Netherlands
찾아가는 방법
암스테르담과 벨기에 브뤼셀, 안트웨프에서
기차로 직통 또는 1회 환승으로 틸버그에
도착할 수 있다. 축제 장소는 틸버그 센트럴역에서
매우 가깝고, 안내가 잘되어 있어 어디에서든
찾아가기 쉽다.

◀ 축제는 5월 한 달간 열린다. 그러나 하이라이트는
매 축제의 마지막 날에 열린다.

축제 소개

매년 5월경 네덜란드의 남서부 지역 에인트호벤 인근에 있는 틸버그에서는 유럽 전역의 집시공연, 음악, 전시, 영화, 다큐멘터리, 워크숍 등 집시문화에 대한 모든 내용을 선보이는 축제가 열린다. 축제의 메인은 몸이 절로 움직이는 경쾌한 리듬의 집시음악으로 집시 브라스 오케스트라, 퓨전 집시밴드 등 신나고 경쾌한 집시 축제가 매일 이어진다. 어디에서도 초대받지 못하는 유랑민이지만 음악을 사랑하는 네덜란드에서만큼은 대접이 다른 모양이다.

잠시 네덜란드를 여행하는 사람이라면 5월 말경 집시 축제의 하이라이트인 야외 콘서트를 놓치지 말아야 한다. 축제는 점차 설 자리를 잃어가는 집시들의 다양한 문화를 골고루 소개하기 위해 한 달간 지속되지만, 막바지로 접어들 때쯤 하루 종일 신나게 즐길 수 있는 집시 콘서트가 열린다. 대부분의 유럽 여행객들은 이 날에 맞춰 틸버그로 몰려든다. 그런데 이즈음이면 유독 비가 자주 내린다. 2010년에도 어김없이 비가 와서 유럽 젊은이들이 빗속에서 춤을 추는 장관을 연출했다. 집시 문화의 진정한 맛을 보고 싶다면 비옷을 챙겨가서 그들과 함께 어울리는 것도 좋겠다.

집시 축제의 야외 콘서트 날

은 매년 날짜가 조정되므로 홈페이지를 통해 날짜를 꼭 확인해보는 것이 좋다. 프랑스 파리, 벨기에 브뤼셀, 네덜란드 암스테르담, 독일 뒤셀도르프, 쾰른 등에서도 기차로 3~4시간이면 쉽게 갈 수 있는 거리이므로 부담 없이 방문해볼 수 있다.

축제 참여하기 ①

청년인턴십 및 축제 자원봉사

비교적 작은 축제여서
자원봉사자를 따로 받지 않는다.

축제 참여하기 ②

아티스트

참가공연 초청방법 공식초청작 100%
작품선정시 고려사항 예술성
신청시기 매년 10월~이듬해 3월
신청방법 이메일
신청자격 누구나 자유롭게 접수 가능
신청비용 없다(공식초청이므로 주최측이 비용을 지불한다).
선호장르 현대 집시음악
선호하는 문의방법 이메일 〉 우편
접수시 구비서류 비디오, 동영상 또는 CD 등 작품을 소개할 수 있는 자료
문의시 사용 가능한 언어 영어, 네덜란드어
아티스트를 위한 문의처 +31-13-580-1424 / info@gipsyfestival.nl

한국 아티스트를 위한 축제측 코멘트

"잊지 마세요. 여긴 집시 축제입니다!"

002

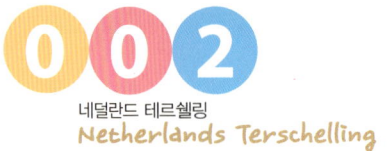

네덜란드 테르쉘링

Netherlands Terschelling

Oerol Festival

우롤 페스티벌

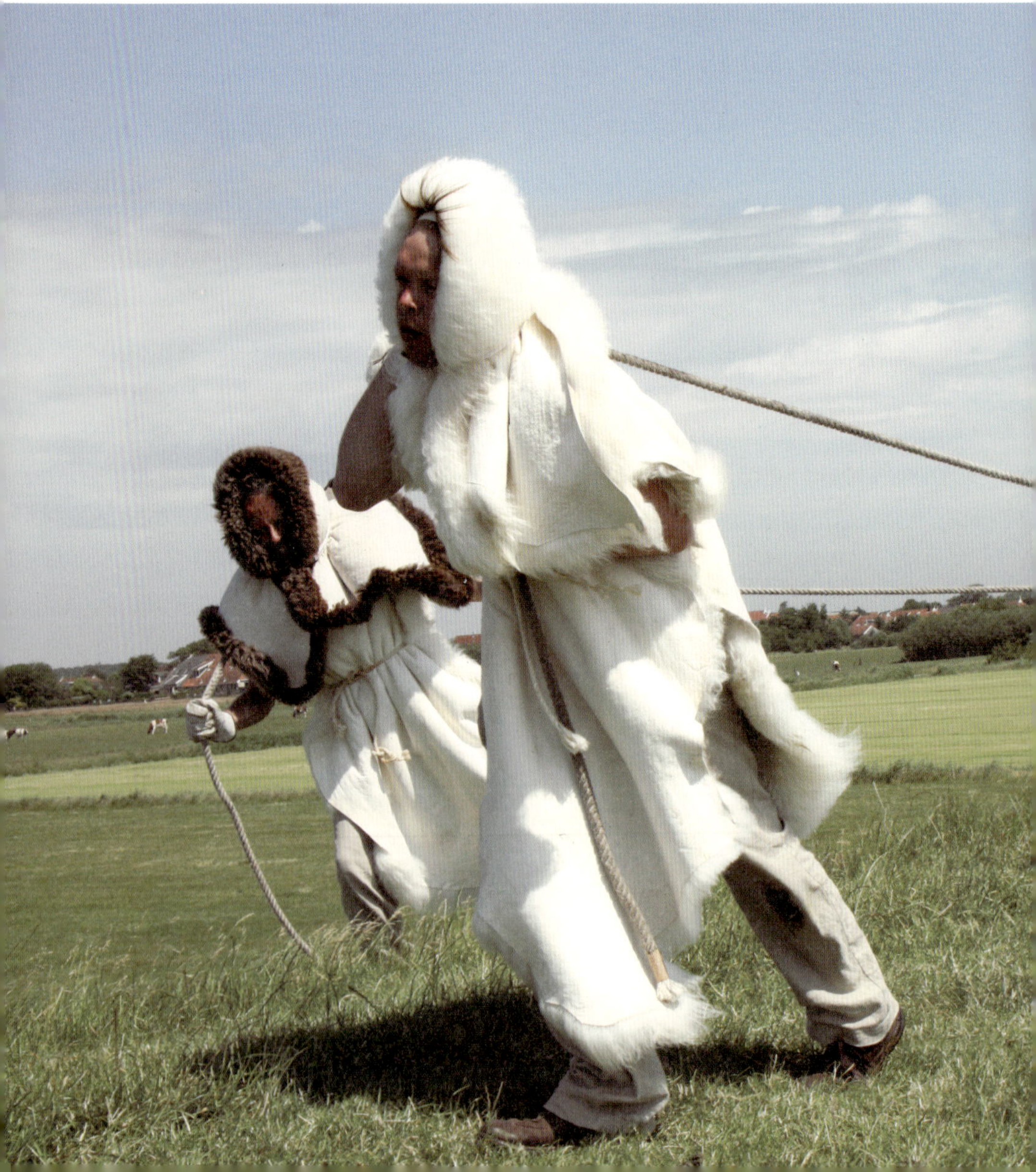

기본 정보
공식명칭 우롤 페스티벌(Oerol Festival)
장르 종합장르
개최시기 매년 6월 중순(10일간 / 2011년 6월 17일~26일)
개최도시 네덜란드 테르쉘링 섬
시작연도 1982년
규모 100여 개의 야외 공연 및 설치예술
방문객수 약 5만5,000여 명의 관람객 방문
주최 Oerol Organization

문의 및 찾아가기
공식홈페이지 http://www.oerol.nl
티켓예약 사이트 http://www.oerol.nl/en/practical/
　　　　　　　　　ticket-sales.aspx
티켓가격 15~20유로, 무료 티켓도 있다.
전화문의 +31-562-448-448
메일문의 info@oerol.nl
장소 Zuid Midslandweg 4, 8891 GH Midsland
　　　 Terschelling, The Netherlands
찾아가는 방법
암스테르담에서 테르쉘링 섬으로 가는
가장 가까운 항공편이 있으며, 기차로 가려면
2번 갈아탄 뒤(3시간쯤 소요, 암스테르담에서
할링겐(Harlingen)까지 가서 Rederij Doeksen 항구까지
가는 지역 기차를 타면 된다) 다시 테르쉘링 섬으로
들어가는 페리를 타야 한다.

◀ 뜨거운 한여름의 유럽, 넓은 벌판에서 누군가가 무거운
이글루를 끌고 있었다. 연기가 어찌나 능청스러운지,
풀밭과 에스키모의 조화가 너무도 자연스러웠다.

축제 소개

한국의 관객들은 섬에서 펼쳐지는 공연예술 축제를 경험해본 적이 있을까. 아시아에는 아직까지 잘 알려지지 않았지만 유럽 사람들이 여름 휴양지로 선택하며, 기꺼이 섬에 갇히기를 자처하는 특별한 축제의 섬이 있다. 바로 네덜란드 북서쪽에 위치하고 있는 긴 나선형의 테르쉘링 섬이다. 테르쉘링 섬은 우롤이라고도 불리는데, 이 섬 사람들만이 쓰는 우롤어가 따로 있을 만큼 오랜 역사와 지역색을 가진 네덜란드 속의 또 다른 네덜란드인 셈이다.

이 우롤 섬은 매년 6월이면 해변과 몇몇 집들, 심지어 둑방(방죽)에서까지 각양각색의 야외 공연이 펼쳐지기 때문에 휴가도 즐기면서 예술공연이 열리는 곳곳을 찾아다니는 재미가 쏠쏠하다.

축제의 프로그램은 크게 연극, 설치예술, 뮤지컬 등 다양한 장르로 구성되고 집들이 몰려 있는 마을 중심부에서 길거리 공연들이 다채롭게 펼쳐진다. 가끔은 북쪽의 아름다운 해변을 무대 삼아 멋진 공연이 열리기도 한다. 야외 대형 공연장에서 펼쳐지는 대규모 퍼포먼스들은

우롤 섬을 찾은 관람객들의 시선을 한번에 사로잡을 만큼 스펙터클하고 기상천외하다. 매년 100여 편 이상의 공연 및 전시들이 소개된다. 연극은 주로 숲, 모래언덕, 풀밭 등지에서 공연되고 어떤 공연들은 임시로 설치된 텐트에서 공연되기도 한다. 가끔은 동네 사람들의 헛간, 농장, 밭에서 공연이 펼쳐지기도 한다. 온 유럽을 버리고라도 한 번 더 가보고픈 멋진 우롤 섬의 예술 축제는 공연 티켓보다 배편 티켓을 구하기가 더 어려울 정도이니 출발하기 전에 꼭 배와 숙소부터 확인하자.

축제 참여하기

아티스트

참가공연 초청방법 공식초청 100%(해당 분야의 주소로 메일을 보내면 축제측에서 관심이 가는 공연에 크리스마스 전까지 연락을 준다)
작품선정시 고려사항 특별한 구분은 없으나 야외 공연의 비중이 크다.
신청시기 전년도 12월 1일까지
신청방법 이메일 접수
신청자격 누구나
신청비용 없다.
선호장르 없다.
선호하는 문의방법 이메일
접수시 구비서류 공연의 개요 및 비디오, 웹사이트 등을 포함한 공연 프로필
문의시 사용 가능한 언어 영어, 네덜란드어
아티스트를 위한 문의처 +31-562-448-448(연극: theater@oerol.nl / 음악: muziek@oerol.nl)

003

네덜란드 암스테르담

Netherlands Amsterdam

Its Festival Amsterdam

이츠 페스티벌 암스테르담

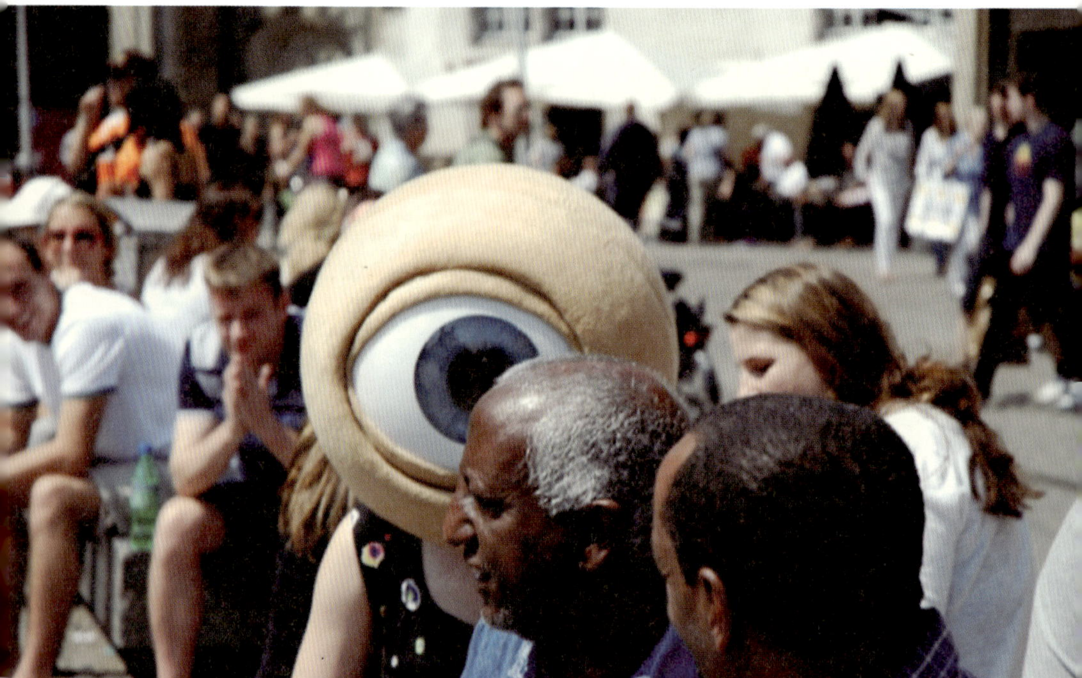

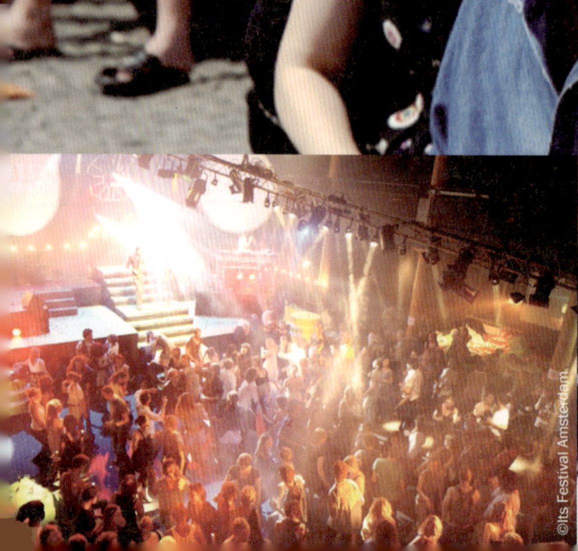

©Its Festival Amsterdam

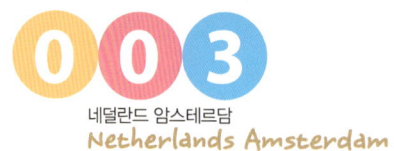

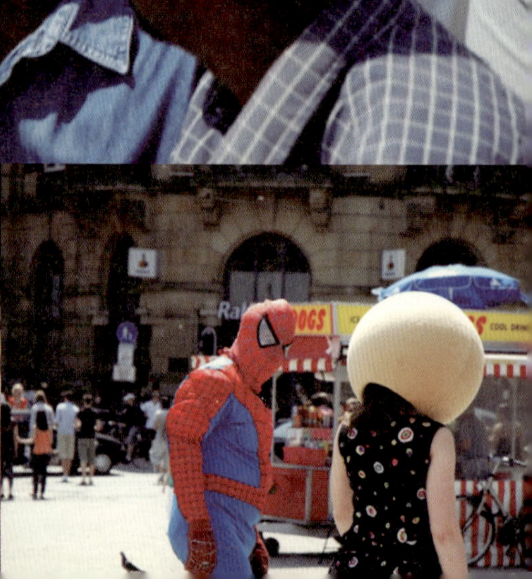

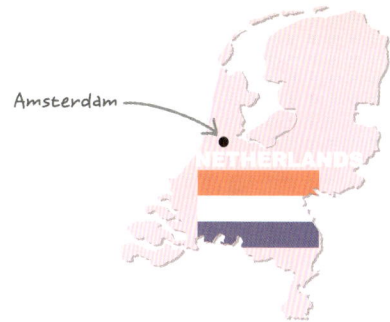

기본 정보

공식명칭 이츠 페스티벌 암스테르담(Its Festival Amsterdam, 네덜란드 국제연극학교 축제)
장르 연극, 무용(국제연극학교 졸업예정자 및 졸업자 대상)
개최시기 매년 6월 마지막 9일 동안
　　　　　(2011년 6월 23일~7월 1일)
개최도시 네덜란드 암스테르담
시작연도 1989년
규모 유럽 전역 70여 개의 공연팀
방문객수 참여 아티스트 약 1,500여 명,
　　　　　관람객 약 1만2,000여 명
주최 인터내셔널 시어터 스쿨 페스티벌
　　　　(International Theatre School Festival)

문의 및 찾아가기

공식홈페이지 http://www.itsfestivalamsterdam.com
티켓예약 사이트 http://www.itsfestivalamsterdam.com
티켓가격 8.5~14유로
전화문의 +31-20-530-5560
메일문의 jrobers@itsfestivalamsterdam.com
장소 Oudezijds Achterburgwal 188-1012
　　　DX Amsterdam, The Netherlands
찾아가는 방법
축제 장소가 암스테르담 센트럴역에서 매우 가까울뿐더러 암스테르담의 오래된 거리 정중앙에 있다. 공연도 즐기고 도심도 여행할 수 있는 최적의 장소다.

▲ 유럽 무용계의 신예 혹은 새로운 현대 무용의 트렌드를 미리 살펴보고 싶다면 이츠 페스티벌 암스테르담을 꼭 한번 살펴봐야 할 것이다. 이름만 들어도 알 만한 세계적 무용수들이 당신의 옆자리에 관객으로 앉아 있을 테니.

축제 소개

우리나라에도 이런 참신하고 실속 있는 아마추어용 아트마켓이 활성화된다면 좋겠다는 바람으로 유럽 최고의 아마추어 아트마켓 축제를 소개한다. 세계 어디를 가도 갓 졸업한 아티스트를 위한 기회는 야박하기 그지없다. 유럽에서는 아마추어 아티스트들의 프로 데뷔를 위해 다양한 장치를 마련해왔고, 그중 단연 주목받는 시장이 바로 네덜란드의 '이츠 페스티벌 암스테르담'이다.

1989년에 연극학교를 시작으로 졸업발표회 같은 작은 축제로 만들어졌지만, 지금은 유럽의 거의 모든 나라 아티스트가 골고루 참여하고, 전 세계 프로듀서들이 직접 찾아와 신예 발굴에 열을 올릴 만큼 주목받는 주요 마켓이 되었다. 20여 년의 역사를 통해 안정적 운영시스템을 갖춘 요즘은 매년 전 세계의 프로그래머, 축제 감독, 캐스팅 감독들을 골고루 초대해 자연스럽게 연결시켜주는 역할을 톡톡히 하고 있다.

참가 자격은 전 세계의 예술학도 중 졸업예정자이거나 갓 졸업한 아티스트 또는 공연팀인데, 일찍이 주목받던 프로와 아마추어들이 골고루 섞여 있어 사실상 '젊은 예술마켓'이라고 보면 된다. 매년 젊은 연극배우, 무용수, 마이미스트(mimist: 무언극을 전문으로 하는 사람), 공연기획자, 연출자, 영화감독들까지 모여들어서 신예 아티스트들에게는 처음 시장에 데뷔하기 위한 장치로 최상의 역할을 하는 재미와 실속을 겸한 우수 축제라 할 만하다. 유럽의 치열하고도 핫한 공연예술을 맛보고 싶다면 이런 전문 축제를 찾아봐도 좋겠다.

한국 아티스트를 위한 축제측 코멘트

"한국 아티스트 여러분! 저는 인터내셔널 코디네이터 Janneke Robers입니다. 암스테르담에서 무엇을 보고 싶은지, 누구를 만나고 싶은지, 어디를 가고 싶은지, 오기 전에 꼭 준비하세요. 그런 다음 저에게 이메일을 보내주시면 네덜란드뿐 아니라 유럽의 다른 나라에도 연결해드리겠습니다. 여러분을 만나고 싶습니다. 연락주세요."

축제 참여하기 ①

청년인턴십 및 축제 자원봉사

신청자격 영어에 능통하고, 운전면허증이 있다면 좋겠지만 반드시 필요한 것은 아니다. 페스티벌 기간 내내 계속 참여할 수 있어야 하고 무대와 공연물에 관심 있어야 한다. 특히 무용 분야 관심자 환영. 연령은 크게 제한하지 않으나 20~30대가 적합하다.
신청시기 자원봉사자는 매년 4월경, 인턴십은 매년 1월 초
신청방법 먼저 이메일(productie01@itsfestivalamsterdam.com)을 보내 가능성을 물어보고 상담내용에 따라 진행하면 된다. 가끔 주최측이 웹사이트에 관련 정보를 먼저 게시하기도 한다.
정보공개 웹사이트 http://www.itsfestivalamsterdam.com
축제측 지원사항 자원봉사자는 모든 공연에 무료 입장할 수 있고, 기념 티셔츠를 제공한다. 금전적 지원은 없다.
장기간 인턴십 시간당 150유로를 받을 수 있고 숙식 제공은 되지 않는다. 수료증과 비자 발급이 된다.
선정시 우선 고려사항 영어 > 2년간의 무대경험 > 열정

축제 참여하기 ②

아티스트

참가공연 초청방법 공식초청작 100%(모든 공연은 예술감독이 선정한다)
작품선정시 고려사항 예술적 가치와 문화적 배경, 졸업자들과 당해년도 졸업예정자들만을 위한 프로그램이다.
신청시기 매년 9월경
신청방법 공식홈페이지를 통해 공지사항을 필독하고 신청서를 인쇄, 작성하여 DVD와 함께 우편으로 접수하면 된다.
신청자격 연극, 무용 위주의 졸업예정자 및 졸업자
신청비용 없다.
선호장르 현대 연극, 무용, 마임
선호하는 문의방법 이메일
접수시 구비서류 경력, 자기소개서, DVD 사진자료, 성적자료 등을 포함한 신청서. 신청자의 학교 지도교수 또는 예술감독의 사인과 도장, 날짜가 적힌 추천서(추천 사유가 포함되어야 한다). 지도교수 및 예술감독이 인정한 여행 자격조건 및 경비에 관한 서류
문의시 사용 가능한 언어 영어, 네덜란드어
아티스트를 위한 문의처 담당자 Janneke Robers(jrobers@itsfestivalamsterdam.com)

004

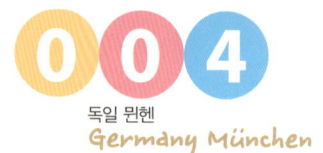

독일 뮌헨

Germany München

Oktoberfest

독일 옥토버 페스티벌

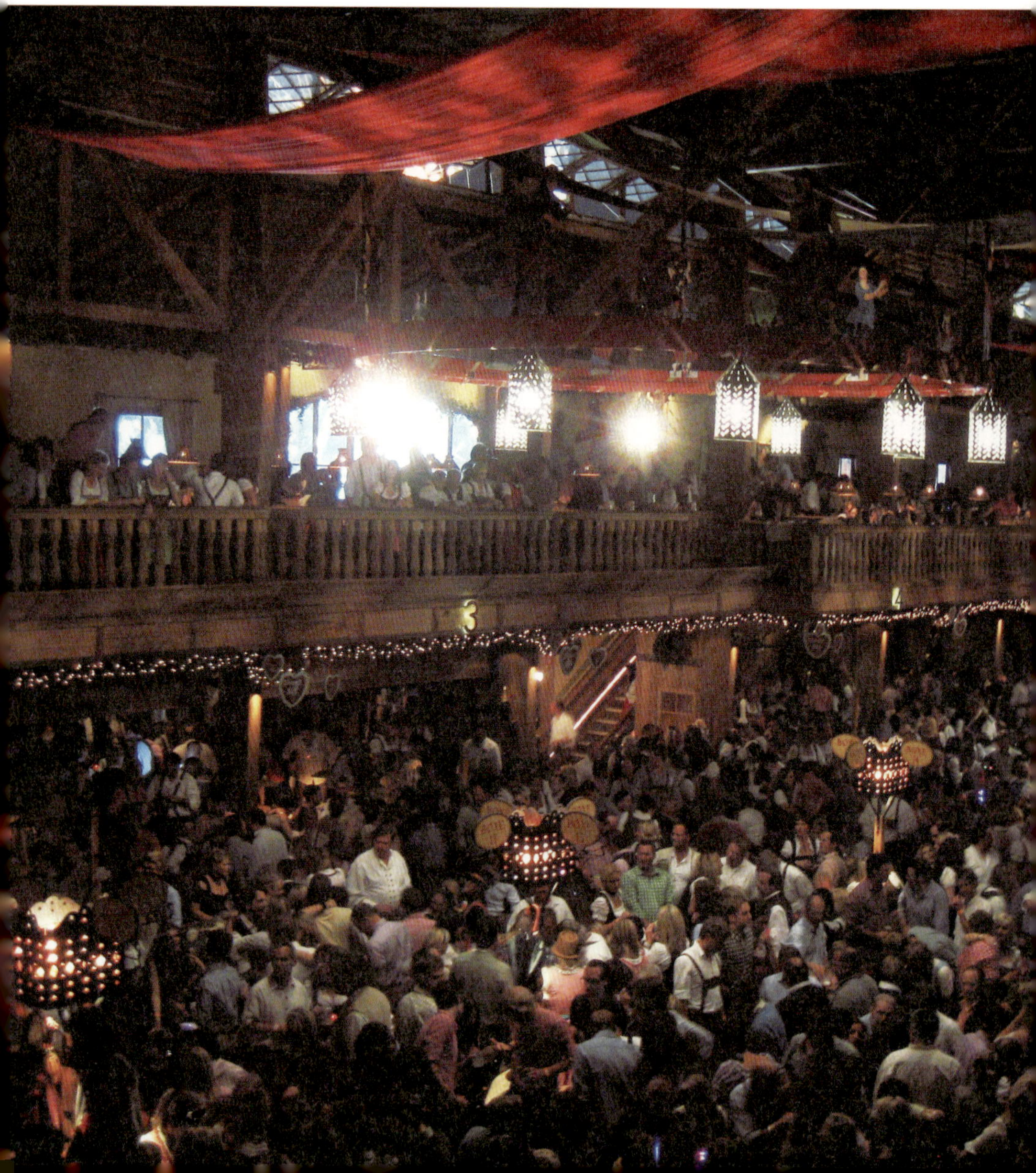

기본 정보
공식명칭 독일 옥토버 페스티벌(Oktoberfest)
소재 맥주
개최시기 매년 9월 말~10월 초
      (2011년 9월 17일~10월 3일)
개최도시 독일 뮌헨
시작연도 1810년
규모 매년 700만 명 이상 집결,
    700만 리터 이상의 맥주 소비
방문객수 일평균 약 65만여 명 방문
주최 뮌헨 시

문의 및 찾아가기
공식홈페이지 http://www.oktoberfest.de/en
티켓예약 사이트 http://www.oktoberfest.de/
티켓가격 선불 음식 20~80유로
전화문의 +49-(0)89-233-96-500
메일문의 info@datenwerk.de
장소 Datenwerk GmbH, Mauerkircherstr.
    8, 81679 München, Germany
찾아가는 방법
독일 중남부에 위치해 있으며 전 세계 어디에서라도
항공노선 이용이 가능하다. 유럽여행 중이라면
기차로 프라하에서 뉘른베르크를 거쳐가는 뮌헨행은
약 5시간 걸리며, 프랑크푸르트에서 뮌헨까지는
3시간 반가량 소요된다.

◀ 옥토버 페스티벌이 열리는 14개의 맥주 텐트 가운데
한 곳의 실내 전경. 일단 한번 입장하면 누구나 쉽게 친구가
되기 때문에 빠져나오기가 쉽지 않다.

축제 소개

　독일 옥토버 페스티벌은 매년 9월 말에서 10월 초까지 독일 남부의 최대 도시인 뮌헨에서 16~18일간 지속되는 세계적인 맥주 축제다. 독일을 대표하는 가장 상징적인 문화행사 중 하나로 연평균 대략 700만 명 이상이 참가하는, 세계에서 가장 큰 축제이기도 하다. 1810년 10월 12일 처음 시작되었으며, 이 듬해인 1811년 바이에른 지역의 풍작을 기원하기 위해 농사에 관한 이벤트가 조금씩 첨가되기 시작했다. 대부분의 사람들은 옥토버 페스티벌을 단지 맥주 축제로만 알고 있지만 4년에 한 번씩 전체 프로그램의 일부는 농사와 연관된 이벤트가 포함되고 있다. 그밖에도 전통적으로 치러오던 경쟁적인 방식이나 텐트를 활용한 심야 축제 등 온갖 시행착오를 거치다 2차 세계대전 이후 완전히 정착하게 되었다.

▲ 한 남자가 맥주 5잔을 한꺼번에 들어 보이며 축배를 청한다.

> **Travel Tip**
>
> 옥토버 페스티벌의 티켓은 따로 없고, 14개의 텐트 중 한 곳에 들어가 마시려면 12월에 미리 예약을 해야 한다. 예약비는 공짜, 그러나 시간에 따라 미리 주문해둬야 하는 가격대가 있다. 공식홈페이지에서 예약할 수는 없지만 텐트링크가 연결되어 있으니 확인하면 된다.
> 젊은이들은 정신을 잃고 소위 '맥주 시체(Bierleichen)'라고 불릴 정도로 주체를 못하는데 매년 과음 사고가 일어난다. 옥토버 페스티벌의 맥주는 보통 맥주보다 알콜 도수가 0.5~1 퍼센트 정도 높다는 사실을 기억하고 정신을 꼭 챙기시길.

오늘날의 옥토버 페스티벌은 12시 정각에 뮌헨의 시장이 첫 번째 맥주잔을 채우면서 시작된다. 실제 페스티벌은 뮌헨의 중심에 있는 테레지엔비제(Theresienwiese)라는 장소에서 열리는데, 짧게 'Weisn'이라고도 부른다. 이따금씩 옥토버 페스티벌에서 녹색모자 또는 녹색을 주로 하는 다양한 기념품들을 볼 수 있는데, 원래 부를 상징하는 것이지만 그 의미가 퇴색되어 점점 잊혀져가고 있다.

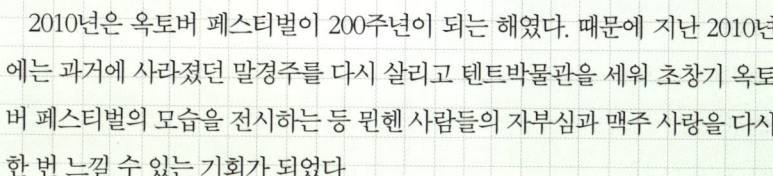

2010년은 옥토버 페스티벌이 200주년이 되는 해였다. 때문에 지난 2010년에는 과거에 사라졌던 말경주를 다시 살리고 텐트박물관을 세워 초창기 옥토버 페스티벌의 모습을 전시하는 등 뮌헨 사람들의 자부심과 맥주 사랑을 다시 한 번 느낄 수 있는 기회가 되었다.

005
독일 뒤셀도르프
Germany Dusseldorf

internationale tanzmesse nrw
독일 탄츠메세

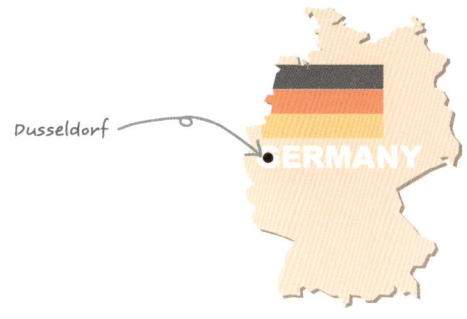

기본 정보
공식명칭 독일 탄츠메세 (internationale tanzmesse nrw)
장르 현대 무용
개최시기 격년(짝수년)으로 8월 하순경에 개최
    (2012년 8월 29일~9월 1일)
개최도시 독일 뒤셀도르프
시작연도 1993년
규모 전 세계 60여 개 공연팀 참가,
    2010년 42개국 1,000여 명의 무용수 총집합
방문객수 약 4만여 명
주최 nrw landesbuero tanz and the Society for
    Contemporary Dance

문의 및 찾아가기
공식홈페이지 www.tanzmesse-nrw.com
티켓예약 사이트 http://www.nrw-ticket.de
티켓가격 10~20유로, 학생은 할인된다.
전화문의 +49-221-888-95-394
메일문의 info@tanzmesse-nrw.com
장소 뒤셀도르프 센트럴역에서 각 공연장으로 분산
찾아가는 방법
뒤셀도르프 국제공항을 이용하는 게 편리하다.
축제가 열리는 3~4일간 뒤셀도르프 시내의
수십여 장소에서 공연이 펼쳐지므로 센트럴역에서
찾아갈 장소를 문의하면 된다.

◀ 2012년에 열릴 탄츠메세에 참가 예정인 미국
필라델피아 댄스 컴퍼니(philadelpia dance company)의
공연사진. 흔히 약자를 활용해 필라단코(Philadanco)라고
부르는데, 컨템포러리 무용 분야에서는 역사와 전통을
자랑하는 세계적인 무용 단체다.

©Ursula Kaufmann

축제 소개

일반인들에게 예술 축제는 독특한 경험이자 추억일 수 있지만, 아티스트들에게 축제는 일종의 시장이고 통로다. 축제를 통해 새로운 관객을 만날 수 있고 해외 시장과 연결 지을 수 있는 프로듀서 또는 다른 형태의 공연기획자를 만나 해외 진출의 기회를 갖게 되는 것이다.

무용 분야에서 가장 뛰어난 시장 기능을 자랑하는 곳이 뒤셀도르프의 탄츠메세다. 2년에 한 번씩 열리는 탄츠메세는 일반 관객들에게도 예술의 치열함과 경이로움을 선사하지만, 그 이외에도 전 세계의 안무가, 무용수, 에이전시, 공연기획자 등이 총출동하여 정보를 교류하고 협력하고 상생하기 위한 격론이 벌어지는 현장이 된다.

지난 2010년에도 1,000여 명 이상의 세계적 무용수들이 뒤셀도르프에 집결하여 뜨거운 현대 무용 축제를 벌였는데, 초청된 공연관계자들조차 티켓을 구할 수 없을 정도로 반응이 좋았고 인근 도시에서 찾아온 관람객들도 숙소를 구하기 어려울 만큼 열기가 뜨거웠다. 무용 전공자들은 홈페이지 등록 후에 무용수를 위한 할인 티켓(등록비와 10개 공연 관람권을 합쳐 85유로)을 구매할 수 있다고 한다.

최근에는 초청받은 한국 무용수들도 곧잘 찾아볼 수 있으니, 그들과 전 세계의 내로라하는 진취적 무용수들이 내뿜는 열기를 탄츠메세 축제를 통해 한번쯤 경험해봐도 좋겠다.

축제 참여하기 ①

청년인턴십 및 축제 자원봉사

신청자격 고등학교 이상 졸업자, 유창한 영어 필수(다국어 가능자 환영), 스트레스 환경에서 일할 수 있는 유연성과 능력이 필요하다.
신청시기 축제가 벌어지는 해의 1월~7월
신청방법 이메일(info@tanzmesse-nrw.com)
정보공개 웹사이트 www.tanzmesse-nrw.com
축제측 지원사항 공식적인 지원은 없지만 별도의 이벤트 활동에 대한 지원금은 있을 수 있다.
선정시 우선 고려사항 다국어 사용 가능자

축제 참여하기 ②

아티스트

참가공연 초청방법 공식초청작 100%(적극적인 참여를 기다리고 있다)
작품선정시 고려사항 예술적 가치 〉 해외 투어 가능한 형태 〉 국제적 시각에 부응하는 작품성
신청시기 축제가 벌어지는 전년도 9월 30일까지
신청방법 이메일 또는 우편
신청자격 프로페셔널 무용수
신청비용 없다(초청작에게도 공식적인 재정적 지원은 없다. 자유 시장 지향).
선호장르 현대 무용
선호하는 문의방법 우편 또는 이메일
접수시 구비서류 공연 소개서, DVD, 아티스트 프로필, 테크니컬 라이더 등
문의시 사용 가능한 언어 영어, 독일어
아티스트를 위한 문의처 담당자 Kajo Nelles(info@tanzmesse-nrw.com / +49-221-888-95-394)

한국 아티스트를 위한 축제측 코멘트

"탄츠메세에 참가해 다른 공연기획자 및 무용수, 무용단체와 교류하고 싶다면, 사전에 관심 있는 단체의 대표들과 접촉해보는 것이 좋습니다. 그 등록된 팀들의 리스트와 간단한 정보는 탄츠메세의 홈페이지(www.tanzmesse-nrw.com)에 소개됩니다. 그리고 축제에 참가하러 오실 때는 자신의 공연과 단체를 소개할 수 있는 자료를 꼭 갖고 오세요."

006

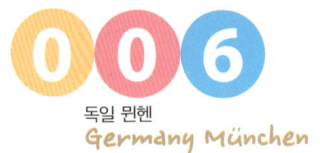

독일 뮌헨

Germany München

Münchner Opernfestspiele

뮌헨 오페라 페스티벌

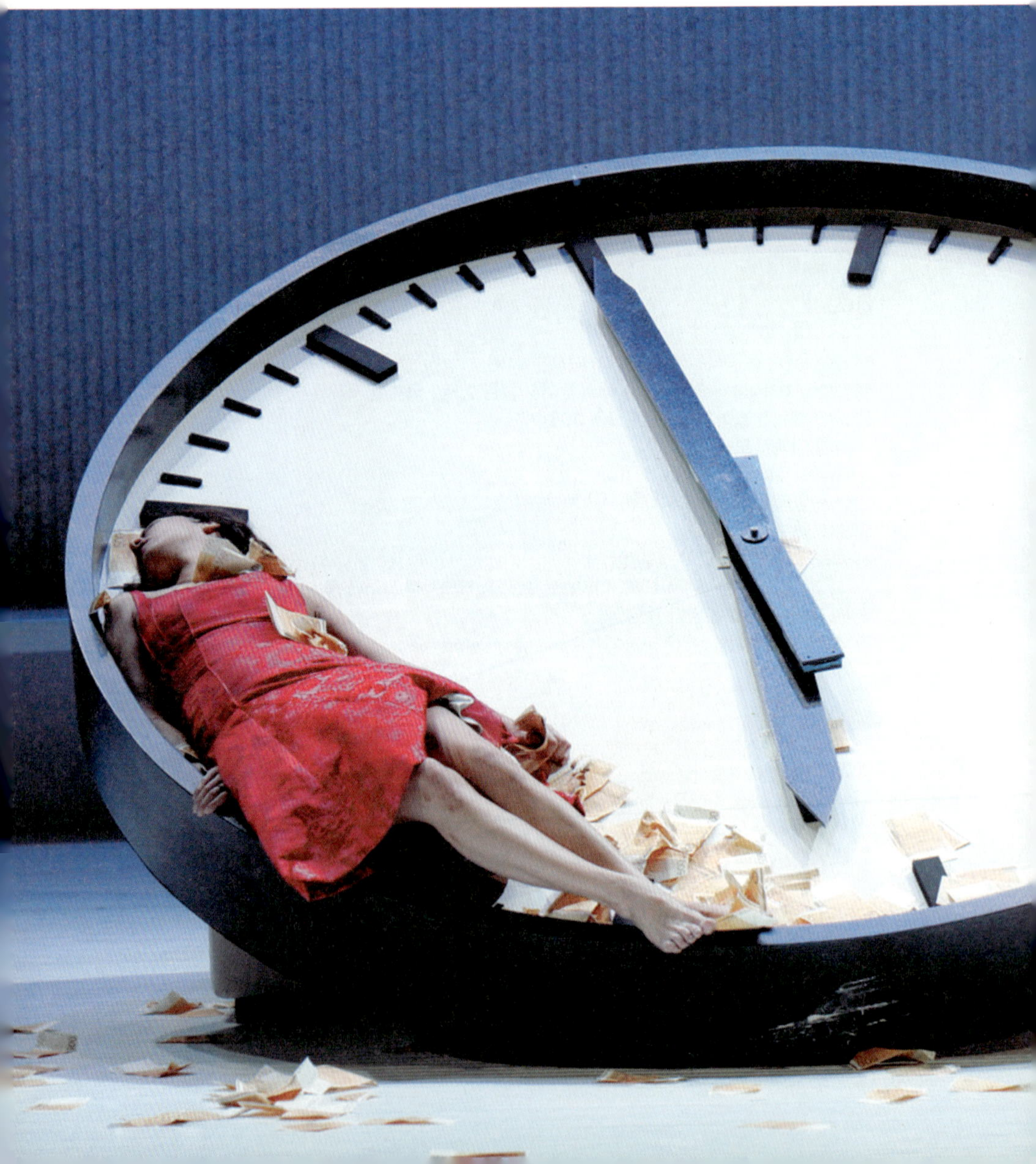

기본 정보
공식명칭 뮌헨 오페라 페스티벌
　　　　　(Münchner Opernfestspiele)
장르 오페라
개최시기 매년 6월 말~7월(2011년 6월 25일~7월 31일)
개최도시 독일 뮌헨
시작연도 1875년
규모 매년 30여 개 이상의 오페라 공연 참가
방문객수 약 8만여 명 이상의 유료 관람객 방문
주최 Bavarian State Opera

문의 및 찾아가기
공식홈페이지 www.staatsoper.de
티켓예약 사이트 http://www.staatsoper.de,
　　　　　　　　www.staatsoper.de
티켓가격 8~264유로(예매는 4월부터 시작된다)
전화문의 +49-0-89-2185-1920
메일문의 festspiele@st-oper.bayern.de
장소 Max Joseph Platz 2,
　　　D 80539 München, Germany
찾아가는 방법
뮌헨 공항에서 버스, 기차, 지하철 등을 이용해서
시내 중심의 마리엔 광장으로 가면 된다.
축제기간 동안은 마리엔 광장의 야외 부스,
뮌헨 국립극장, 여행정보센터 등 어디에서나
뮌헨 오페라 페스티벌의 정보를 구할 수 있다.

축제 소개

　독일을 여행하는 사람들은 하나같이 9월에 열리는 뮌헨 맥주 페스티벌을 보기 위해 모든 여행 일정을 맞추곤 한다. 그러나 뮌헨의 볼거리는 맥주 페스티벌만 있는 것이 아니다. 매년 초여름 뮌헨 국립극장을 중심으로 펼쳐지는 뮌헨 오페라 페스티벌 또한 독일여행에서 절대로 놓쳐서는 안 될, 진정한 뮌헨의 문화 축제이기 때문이다.

　벌써 서른여섯 해를 맞는 뮌헨 오페라 페스티벌에서는 매년 30여 편 이상의 세계적 오페라와 클래식 공연이 펼쳐지는데, 웬만해선 초청하기도 어렵다는 세계적 오페라 가수들이 매해 총출동하기로 유명하다. 특히 개막 공연과 하이라이트 공연들은 막스 요셉 플라츠 광장에 대형 스크린을 설치하여 국립극장 내에서 펼쳐지는 공연들을 실시간으로 중계하기 때문에 축제의 개·폐막일, 주요 하이라이트 공연이 있는 날은 발을 디딜 틈도 없을 만큼 장사진을 이루곤 한다.

　최근에는 시민들과 좀 더 가깝게 소통하기 위한 방편으로 장르 간의 대화를 시도하는 '페스트슈필 플러스(Festspiel+)'라는 프로그램을 적극적으로 추진하고 있다. 예를 들어 비주얼 아티스트와 클래식 연주자들을 연결시켜 새로운 형태의 공연을 선보이거나 초청된 유명 연사들이 직접 연주를 해보이는 식으로 재미와 소통을 보완하는 예술 프로그램을 다양하게 선보이고 있다.

　특히 지난 2007년에는 한국의 오페라 작곡가 진은숙 씨의 〈이상한 나라의 앨리스〉가 뮌헨 오페라 페스티벌의 개막작으로 올라 크게 화제가 되기도 하였다.

축제 참여하기 ①

청년인턴십 및 축제 자원봉사

신청자격 독일어 능통자
신청시기 연중 내내
신청방법 이메일
정보공개 웹사이트 www.staatsoper.de
축제측 지원사항 공식적으로는 없다.
선정시 우선 고려사항 자원봉사자와 인턴을 자주 선발하지 않기 때문에 홈페이지를 수시로 살펴봐야 한다.

축제 참여하기 ②

아티스트

참가공연 초청방법 공식초청작 100%
작품선정시 고려사항 예술적 가치
신청시기 연중 내내
신청방법 이메일
신청자격 세계적 실력을 갖춘 아티스트라면 누구나
신청비용 전액 지원
선호장르 현대 오페라
선호하는 문의방법 이메일
접수시 구비서류 공연 전 과정이 담긴 동영상 및 아티스트와 단체의 프로필 등
문의시 사용 가능한 언어 독일어 〉 영어
아티스트를 위한 문의처 +49-(0)89-21-85-01 / development@st-oper.bayern.de

한국 아티스트를 위한 축제측 코멘트

"우리는 세계적인 오페라 페스티벌의 최고 수준을 유지하기 위해 예술감독과 극작팀 전체가 논의하여 모든 축제 프로그램을 결정합니다. 아주 수준 높은 오페라 공연이라면 언제든지 환영합니다."

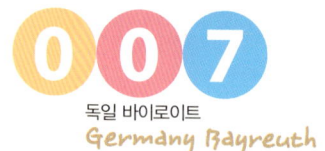

007
독일 바이로이트
Germany Bayreuth

Bayreuther Festspiele

바이로이트 페스티벌

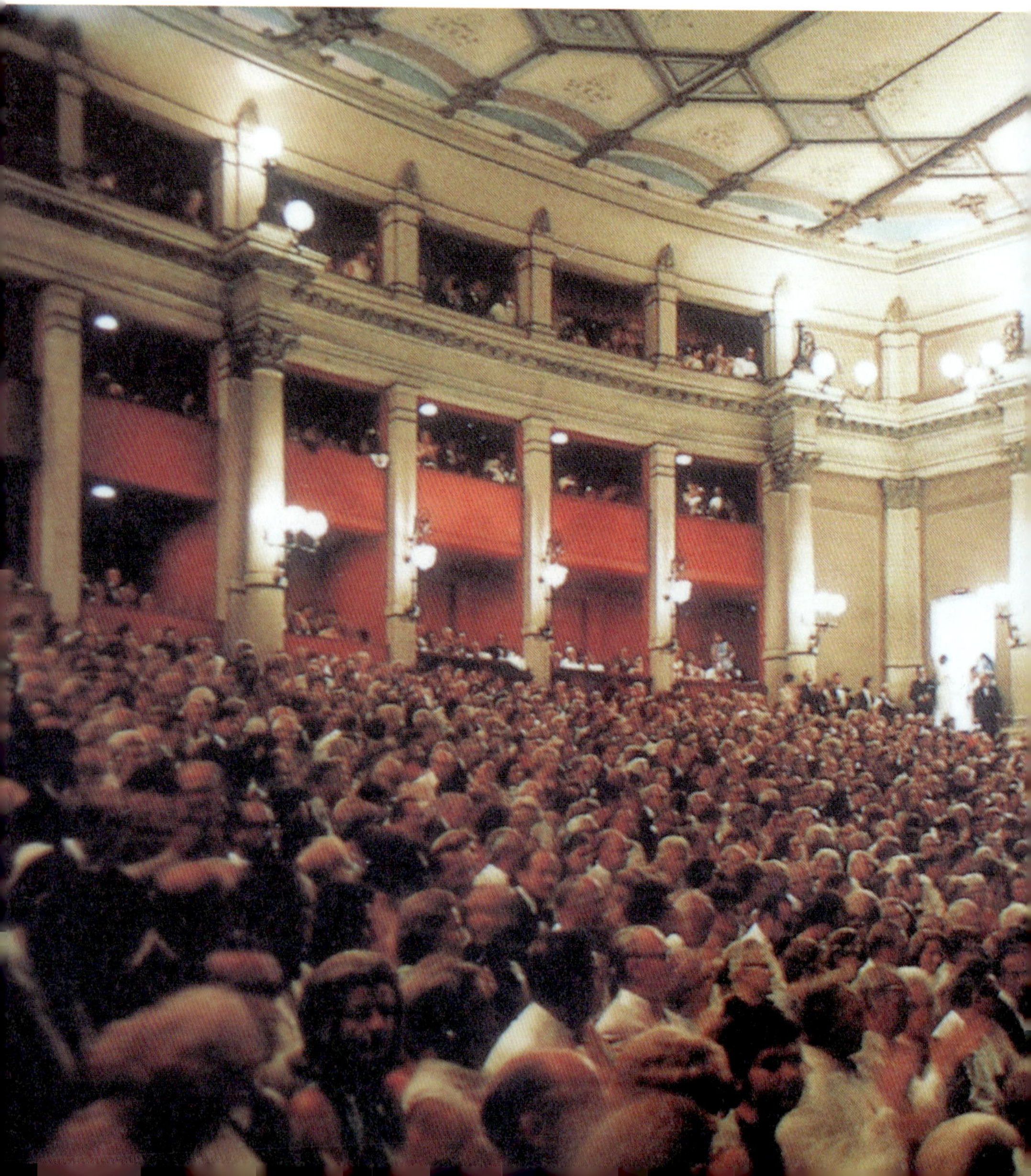

Bayreuth

기본 정보
공식명칭 바이로이트 페스티벌(Bayreuther Festspiele)
장르 오페라
개최시기 매년 7월 중순~8월 말
　　　　　(2011년 7월 25일~8월 28일)
개최도시 독일 바이로이트
시작연도 1876년
규모 매년 5~6편의 오페라 공연
방문객수 매년 유료 관객 6만여 명 정도
주최 Richard Wagner Gesellschaft

문의 및 찾아가기
공식홈페이지 http://www.bayreuther-festspiele.de
티켓예약 사이트 http://www.bayreuther-festspiele.de/
　　　　　english/how_to_order_202.html
티켓가격 15~280유로
전화문의 +49-921-78-78-0
메일문의 info@bayreuth-tourismus.de
　　　　　(예매문의는 받지 않는다)
장소 Luitpoldplatz 9, 95444 Bayreuth, Germany
찾아가는 방법
바이로이트는 체코 국경이 인접한 독일 남동부에
있는 도시다. 기차나 비행기 이동이 가장 편리하며,
뉘른베르크 또는 드레스덴에서
매시간 운행되고 있다.

◀ 바이로이트 페스티벌이 열리는 축제 극장의 실내 전경.
아주 실용적이면서 단순한, 최소한의 실내 장식과 소박한
목조 인테리어가 마치 몸에 딱 맞는 옷을 입은 듯한
편안한 느낌을 준다.

축제 소개

독일 라이프치히에서 태어난 리하르트 바그너(1813~1883)는 생전에 일찍이 그 천재성을 인정받아 수많은 오페라를 선보이며 칭송을 받았으나, 매너 없고 오만한 귀족들을 위한 공연장 문화에 불만이 많았다. 귀족들의 향유를 위해 공연 중에도 불이 환하게 켜져 있는 객석과 술에 취한 귀족들, 때를 모르고 튀어나와 공연을 방해하는 박수갈채와 환호 등 관객들의 태도가 문제라고 생각했다. 그래서 바그너는 자신의 작품이 더욱 존중받고 방해받지 않을 특별한 공연장, 그리고 그의 곡들을 온전히 선보일 수 있는 축제를 만들고 싶어했다. 그리하여 오랜 시행착오 끝에 바리에른 주와 루드비히 2세의 도움으로 1876년 처음으로 바이로이트 페스티벌이 열리게 되었고, 이 축제 극장에서 〈니벨룽의 반지〉가 개관작으로 처음 상연되었다.

무엇보다 화제를 모으는 건 바이로이트 페스티벌이 열리는 축제 극장이다. 세상에서 가장 평등한 극장이랄까. 애초에 바그너가 귀족들의 사교장처

> **Travel Tip**
>
> "조만간 유럽여행을 할 계획이니 이제 바이로이트 축제 티켓을 예매해 놓을까" 정도로 티켓 확보작전에 임했다가는 낭패 보기 십상이다. 유럽의 공연 축제 중에서도 가장 예매하기 어렵다고 악명(?)이 자자한 데다가, 심지어 11년 이후 공연까지 매진된 경우가 허다하다. 축제 극장의 한정된 객석과 축제의 명성 때문에 티켓을 구하기가 실제로 매우 어려운 것이 사실이지만 이는 각 나라별로 바그너협회 또는 주요 관계사에 일정 부분 배분해 놓다보니 발생하는 일이어서 이따금씩 반환 티켓 또는 유럽 공연 티켓 사이트 등에 티켓이 나올 때가 있다. 또 전년도 10월에 공식적으로 최종 예매를 실시하니 구색을 맞추기 위해서라도 몇 장씩은 남아 있다.

럼 활용되던 관객석의 분위기를 바꾸기 위해 시도되었던 극장인 만큼 기존의 왕정극장 같은 화려함은 일체 배제했고, 실내와 로비 모두 목조를 콘셉트로 한 소박한 마무리가 돋보인다. 또한 객석과 무대 사이를 깊이 파 오케스트라석으로 활용하였는데, 유난히 깊게 차단되어 있어 '신비의 수렁'이라고 불렀다. 거기다 그 어떤 높으신 귀족이 들어와도 정해진 시간이 지나면 과감하게 출입금지를 시켰다.

오랜 역사와 전통과 이야기, 거기다 문화예술의 상징적 공간인 '공연장'을 평등의 잣대로 파격적 시도를 했던 바그너의 이야기까지, 바이로이트 페스티벌은 존재 자체가 예술과 공존하는 사람들의 태도를 바로 세우는 메신저가 되고 있다.

◀ 잘 가꿔진 정원과 함께 공개된 축제 극장의 외부 전경.

008

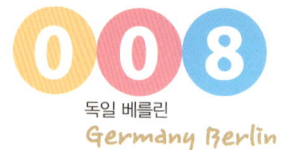

독일 베를린

Germany Berlin

Berliner Festspiele

베를린 페스티벌

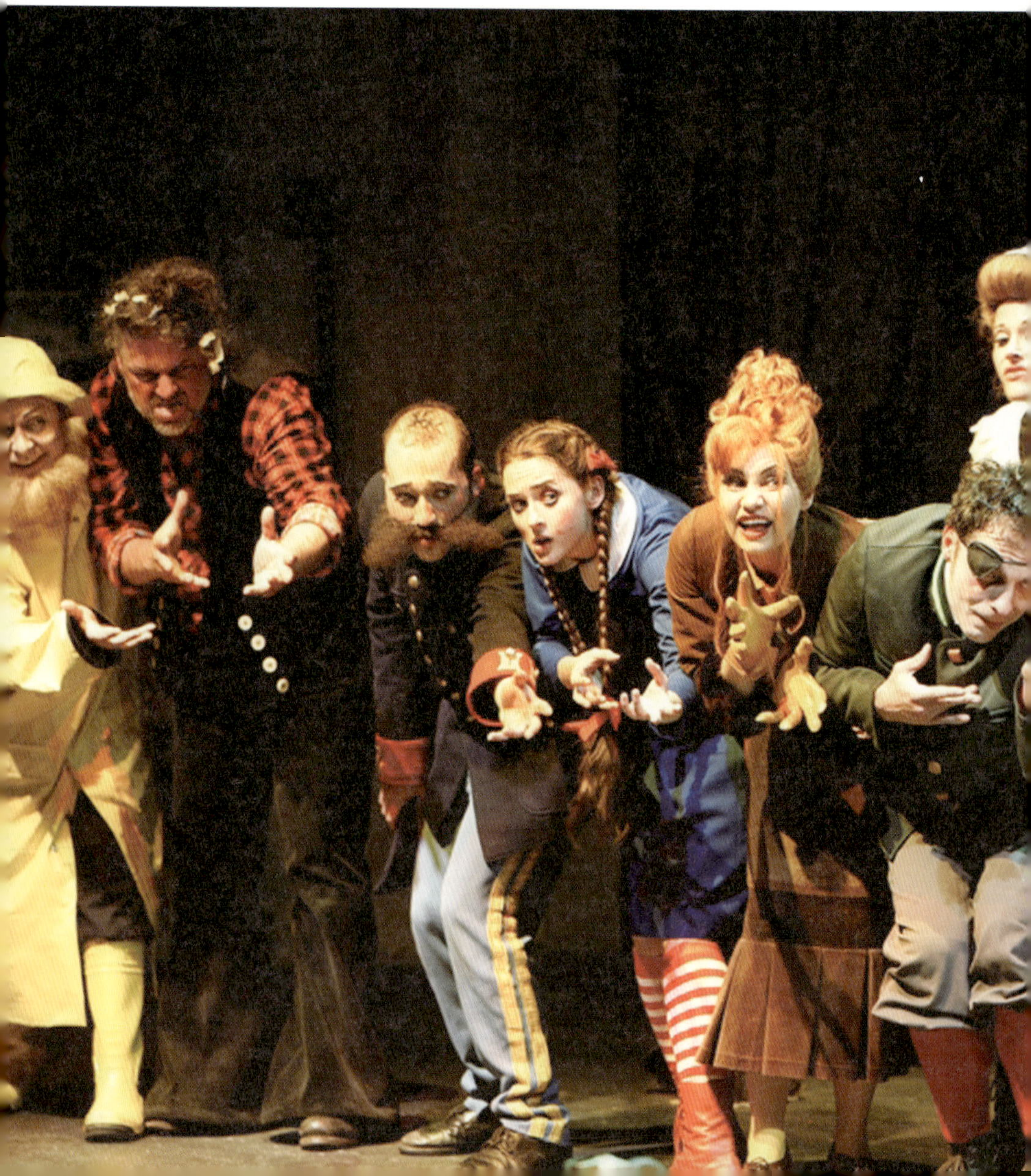

기본 정보
공식명칭 베를린 페스티벌(Berliner Festspiele)
장르 종합장르(컨템포러리 뮤직, 연극, 클래식, 무용, 문학, 전시 등)
개최시기 각 장르별로 연중 내내 골고루 분산 개최
        (홈페이지 참조 필수)
개최도시 독일 베를린
시작연도 1951년
규모 테마와 장르별로 1년 내내 열리기 때문에 수많은 아티스트와 팀들이 방문한다.
방문객수 공연장 관람객만 15만여 명, 전시 축제를 포함하면 40~65만여 명
주최 Berliner Festspiele organize

문의 및 찾아가기
공식홈페이지 http://www.berlinerfestspiele.de
티켓예약 사이트 http://www.berlinerfestspiele.de
티켓가격 5~60유로까지 다양
전화문의 +49-30-254-89-100
메일문의 info@berlinerfestspiele.de
장소 Berliner Festspiele Schaperstraße 24
      10719 Berlin, Germany
찾아가는 방법
지하철 U-station Spichernstraße, 분데스알리(Bundesallee) 출구로 나와서 3분 정도 걸으면 된다. 버스로는 204번이나 249번을 타고 랑케플랏츠(Rankeplatz)역에서 내리면 된다. 3분 정도 걸린다.

◀ 베를린 페스티벌에서 소개된 〈인형의 집(A Doll's House)〉 연극의 한 장면. 작품의 완성도와 표현하고자 하는 메시지를 희석시키지 않기 위해 대부분 독일어로 공연된다. 때문에 이해하기 어려운 경우도 많지만, 그럼에도 불구하고 감동은 쉽사리 사라지지 않는다.

©Berliner Festspiele

축제 소개

축제는 즐겁지만, 보통은 며칠 동안만 진행되는 제약이 있어서 아쉽기도 하다. 그러나 모든 축제가 그런 것은 아니다. 베를린 페스티벌은 음악, 연극, 무용, 문학, 전시 등 베를린을 상징하는 대표 장르를 각각 전문 축제로 구성하여 1년 내내 베를린 시내 곳곳에서 각기 다른 축제로 전문성 있게 치르도록 하고 있다. 한 명의 총감독의 지도로 전체 페스티벌이 구성되고, 그 아래 각기 다른 전문 페스티벌이 열린다. 각각의 축제에는 예술감독이 한 명씩 위촉되어 진행된다. 베를린 페스티벌은 60여 년을 이어온 역사와 함께 베를린 사람들에게 자부심과 문화 선진국으로서의 긍지를 심어주고, 이 축제가 베를린의 문화생활을 정의해왔다고 해도 과언이 아니다.

이러한 장기 축제의 구성은 축제 한 가지를 성공시켜 볼거리를 만들겠다는 단편적인 발상이 아니라, 축제라는 틀을 통해 도시 전체의 브랜드를 높이고 시민들에게 균형적인 문화 경험을 제공하겠다는 전략이 포함되어 있는 것이다. 몇 해 전 한국에서도 '하이서울 페스티벌'이 이러한 방법으로 서울을 대표하는 축제로 시도한 바 있었지만 여러 가지 사정으로 계속 이어지지는 못했다. 축제를 통한 도시 마케팅의 성공사례로 소개할 만큼 우수한 베를린의 문화정책을 살펴볼 수 있는 좋은 기회가 될 수 있으니, 베를린을 방문한다면 꼭 한번 경험해보면 좋을 것 같다. 우리가 잘 알고 있는 베를린 필하모닉 오케스트라도 베를린 페스티벌의 한여름 음악 축제의 운영자다.

축제 참여하기 ①

청년인턴십 및 축제 자원봉사

신청자격 문화 분야에서의 경험이 있는 자, 영어 또는 독일어 가능자, 문장력이 뛰어난 자
신청시기 연중 내내
신청방법 이메일
정보공개 웹사이트 http://www.berlinerfestspiele.de
축제측 지원사항 기본급이 있다.
선정시 우선 고려사항 경험 > 언어

축제 참여하기 ②

아티스트

참가공연 초청방법 공식초청작 100%(각각의 예술감독들이 초청 여부를 결정한다)
작품선정시 고려사항 예술적 가치
신청시기 연중 내내
신청방법 이메일 접수
신청자격 각 분야에서 특출한 능력을 갖춘 자
신청비용 초청이 결정된 팀은 모든 비용을 축제측이 부담한다.
선호장르 음악, 연극, 무용, 문학 등
선호하는 문의방법 이메일
접수시 구비서류 신청서, 아티스트 프로필, 사진, 동영상, 연락처 정보 등
문의시 사용 가능한 언어 영어
아티스트를 위한 문의처 intendant@berlinerfestspiele.de

한국 아티스트를 위한 축제측 코멘트

"일반적으로 아티스트 초청에 대해선 예술감독(페스티벌 큐레이터)에게 결정권이 있습니다. 아티스트가 직접 신청하는 일은 흔치 않습니다. 그럼에도 신청자가 있다면 이메일(intendant@berlinerfestspiele.de)로 먼저 신청서를 보내주세요."

009

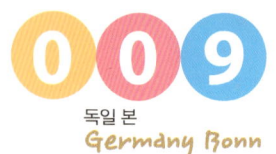

독일 본
Germany Bonn

Beethovenfest Bonn Festival

본 베토벤 페스티벌

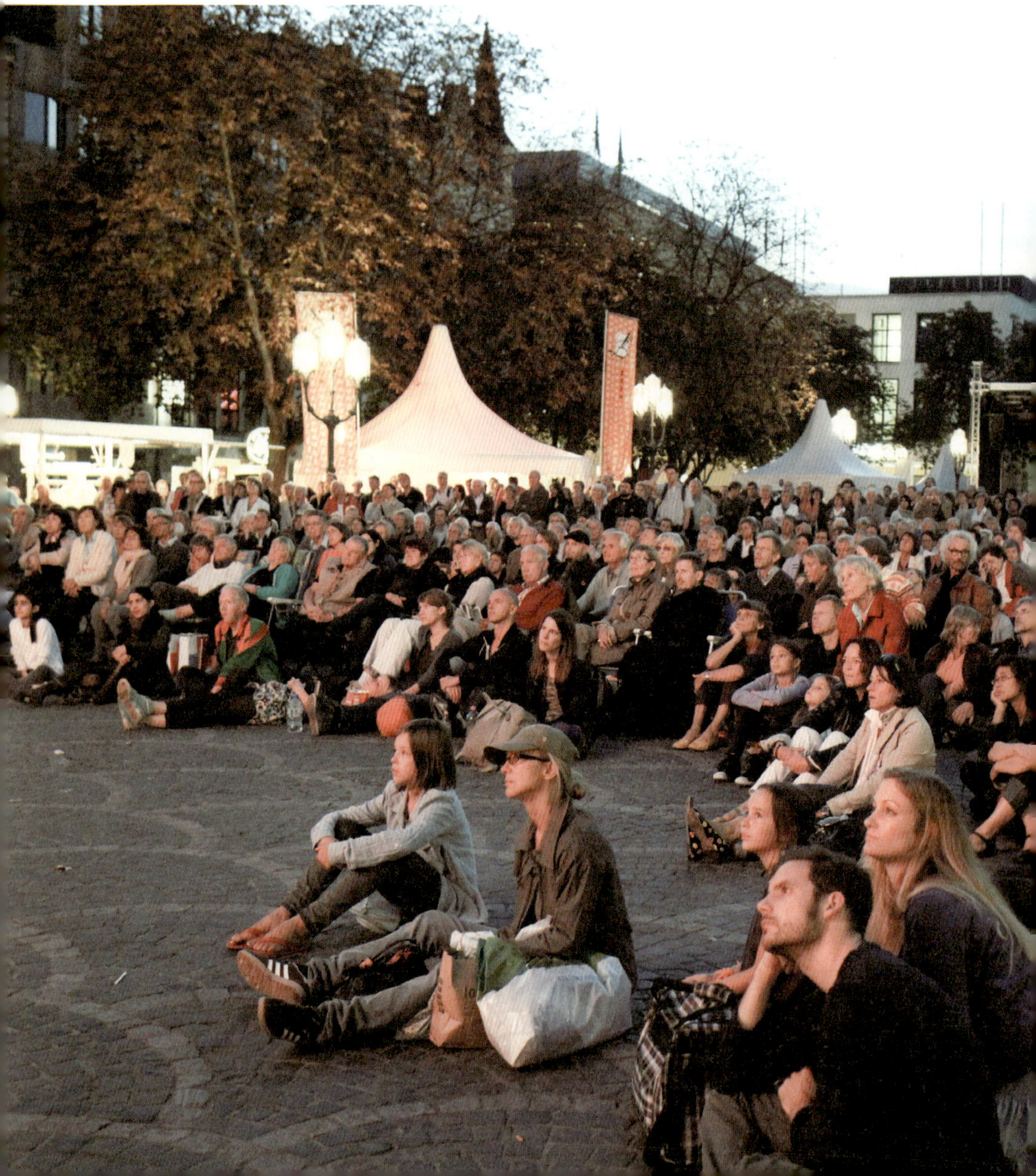

기본 정보

공식명칭 본 베토벤 페스티벌(Beethovenfest Bonn Festival)
장르 클래식 음악
개최시기 매년 9월(4주간 / 2011년 9월 9일~10월 9일)
개최도시 독일 본
시작연도 1998년
규모 매년 오페라 공연 포함 70개 이상의 콘서트와 80여 개의 프린지 프로그램 운영
방문객수 7만여 명(공연의 90%가 만석)
주최 Beethoven festival organization

문의 및 찾아가기

공식홈페이지 www.beethovenfest.de
티켓예약 사이트 www.beethovenfest.de
티켓가격 예매하면 9유로부터 다양하고, 일반적으로 45~95유로다. 학생 할인제도가 다양하다.
전화문의 +49-228-2010-345
메일문의 info@beethovenfest.de
장소 Internationale Beethovenfeste Bonn gGmbH, Kurt Schumacher Straße 3, D 53113 Bonn, Germany

찾아가는 방법
유럽의 다른 도시에서 간다면 본 공항을 이용하면 된다. 유럽 서쪽에서 본으로 기차를 이용해서 찾아간다면 독일 쾰른에서 환승하면 된다. 쾰른역에서 15분이면 갈 수 있는 거리에 있다.

◀ 베토벤 홀 근처의 야외 광장에서 새로운 베토벤을 만나고 있는 본 사람들의 표정들이 어찌나 진지한지, 단 한 사람도 한눈팔지 않고 무대 위를 뚫어져라 쳐다보았다.

©Beethovenfest

축제 소개

베토벤의 고향이자 아름다운 음악의 도시로 널리 알려진 본에서는 매년 가을에 4주간 베토벤의 선율로 온 도시를 장식하는 '본 베토벤 페스티벌'이 열린다. 축제기간이 되면 그야말로 온 도시가 베토벤의 물결로 가득 차는데, 베토벤의 모습을 형

상화한 모형조각전부터 베토벤의 음악을 기반으로 한 오페라와 세계 각지에서 몰려든 70여 개의 클래식 콘서트가 하루에도 몇 차례씩 도시 곳곳에서 펼쳐진다. 또한 공연 티켓은 당일에 한해 본 시내의 버스와 트램(street car: 도로 위 레일을 달리는 전차)을 무료로 탈 수 있는 교통 티켓으로 쓸 수 있다.

축제를 관람할 때 무엇보다 주의해서 봐야 할 것은 베토벤을 사랑하는 뮤지션들이 총출동하여 각자의 스타일로 재구성하고 재해석한 새로운 베토벤을 만날 수 있다는 점이다. 여행자의 입장에서 전체 프로그램을 모두 감상하고 경험할 수는 없겠지만, 전체적 프로그램의 콘셉트와 출연진 등을 살펴보면 본 베토벤 페스티벌을 통해 수없이 많은 새로운 베토벤을 만날 수 있다.

특히 본의 진가를 알 수 있는 부분은 축제기간 동안 베토벤의 생가 또는 본 시내의 주요 공연장에서 만나게 되는 다양한 연령층의 관객들이다. 여성 관객이 많은 한국의 공연장들과는 대조적으로 일찍부터 클래식 음악에 매료되어 노년의 취미생활을 베토벤의 선율과 함께해온 본의 탄탄한 관객들은 독일을 클래식 명가로 남게 하는 근간이 아닌가 하는 생각마저 든다.

시끌벅적하고 요란한 분위기의 일반적인 축제가 있다면, 조용하지만 폭발력이 있는 이런 축제도 있음을 꼭 한번 방문해 느껴보길 바란다.

축제 공연을 관람한 티켓으로 본 시내를 운행하는 버스와 트램에 무료로 탑승할 수 있다(공연 당일에 한해).

축제 참여하기 ①

청년인턴십 및 축제 자원봉사

신청자격 22~35세 사이, 독일어 능통자
신청시기 매년 3월~4월경
신청방법 홈페이지 접수
정보공개 웹사이트 www.beethovenfest.de/festival/jobs/ (독일어로만 되어 있다)
축제측 지원사항 일정 급여가 지급되며, 기타 축제 운영의 스태프로서
  무료 입장 등 소소한 혜택들이 있다.
선정시 우선 고려사항 언어 > 열정 > 경험

축제 참여하기 ②

아티스트

참가공연 초청방법 공식초청작 100%
작품선정시 고려사항 예술적 가치
신청시기 규정된 시기는 없다.
신청방법 이메일로 예술감독에게 공연팀 소개
신청자격 자격 제한 없다.
신청비용 없다.
선호장르 클래식 음악
선호하는 문의방법 이메일(welcome@theaterformen.de)
접수시 구비서류 공연예술 소개서, 아티스트 프로필, CD사진, 동영상 등
문의시 사용 가능한 언어 독일어, 영어
아티스트를 위한 문의처 예술감독 Dr. Tilman Schloemp(schloemp@beethovenfest.de)

한국 아티스트를 위한 축제측 코멘트

"예술감독을 맡고 있는 Dr. Tilman Schloemp에게
먼저 문의해주세요(schloemp@beethovenfest.de)."

010

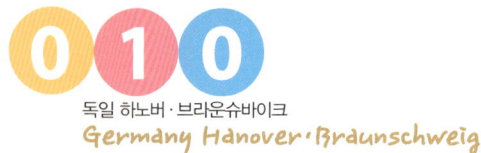

독일 하노버 · 브라운슈바이크

Germany Hanover · Braunschweig

Festival Theaterformen

씨어터 포맨

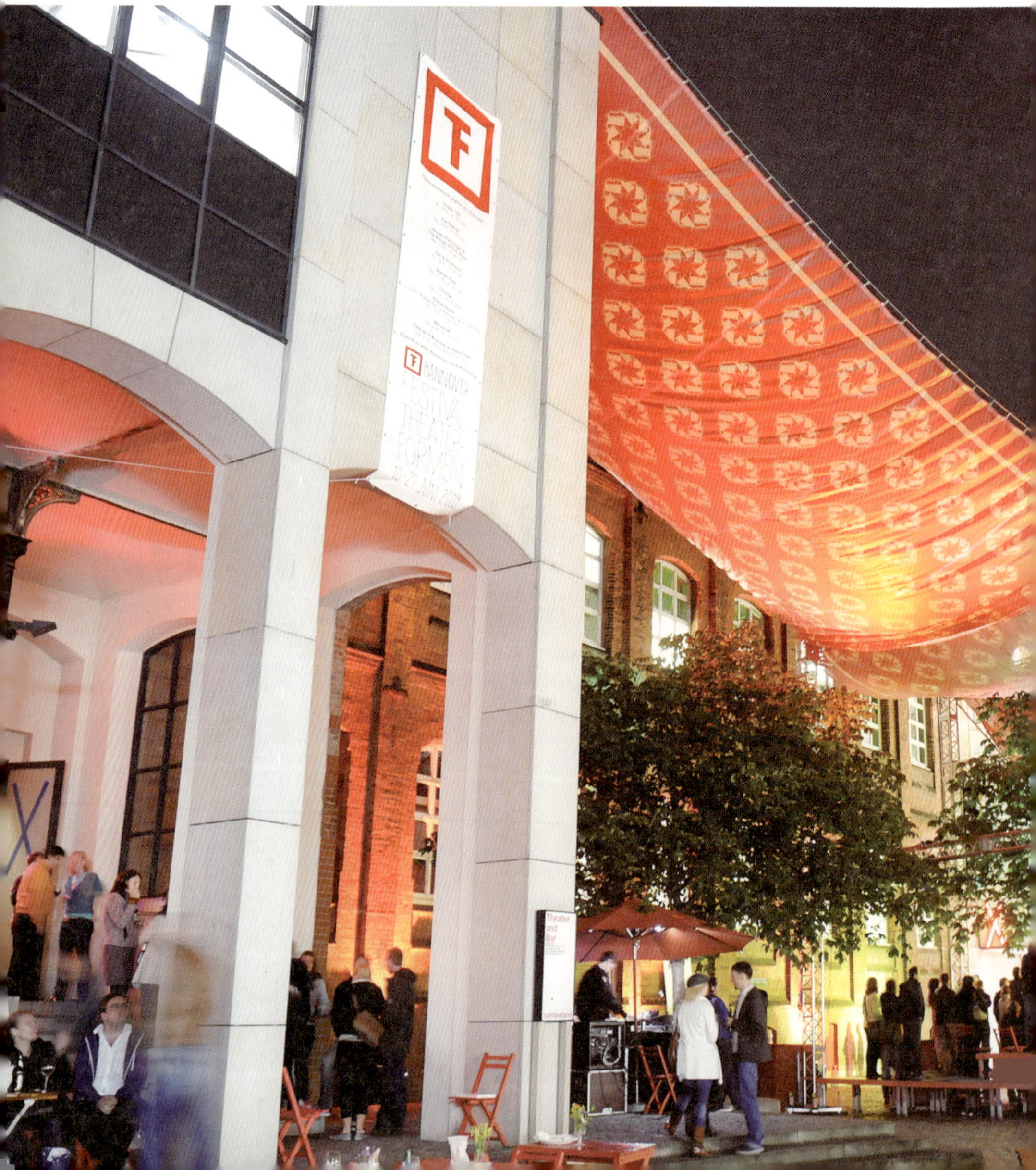

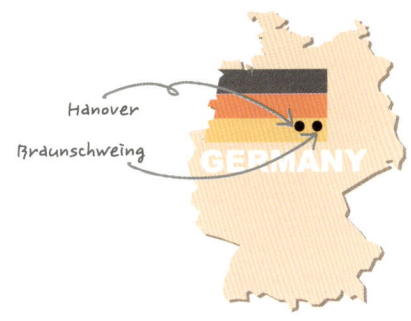

기본 정보
공식명칭 씨어터 포맨
(Festival Theaterformen, theatre forms)
장르 현대 연극
개최시기 매년 6월 중(12일간 / 2011년 6월 22일~7월 3일)
개최도시 독일 하노버, 브라운슈바이크
시작연도 1990년
규모 약 20여 개의 현대적 연극 공연팀 참가
방문객수 매년 1만5,000여 명 이상 방문
주최 State theatres of Hanover and Braunschweig

문의 및 찾아가기
공식홈페이지 www.theaterformen.de
티켓예약 사이트 http://www.theaterformen.de
티켓가격 학생 6유로, 성인 16~25유로
전화문의 +49-511-9999-2500
메일문의 welcome@theaterformen.de
장소 Ballhofplatz 5 / 30159 Hannover, Germany
찾아가는 방법
한국에서 하노버 공항까지 직항이 있다.
지도상으로 네덜란드 암스테르담과
독일 서부 베를린의 사이에 위치하고 있어,
암스테르담 또는 브뤼셀에서 도르트문트, 에센 등을
거쳐 베를린 방향으로 가면 3~4시간이면
금세 도착할 수 있다.
유럽여행 중이라면 찾아가기 쉬울 것이다.

◀ 유럽의 축제에는 뭐라고 표현하기 힘든 공간에 대한
힘이 있다. 씨어터 포맨 축제가 열리는 하노버 공연예술센터의
뒷마당 모습이다. 딱딱한 느낌의 건물이지만 밝은 천과
조명으로 근사하게 축제의 느낌을 살렸다.

축제 소개

유럽여행을 가게 되면 보고 싶었던 유명 도시들이 너무 많아, 첫 여행에서는 둘러보지 못하고 오는 대표적인 도시가 하노버가 아닐까 싶다. 그러나 하노버의 실제 모습은 의외로 풍요롭고 예술적 풍취가 넘친다. 그중에서도 매년 여름 하노버 시내 중심에서 펼쳐지는 씨어터 포맨 페스티벌은 현지인들에게도 인지도가 높고, 예술 활동을 통한 주변 도시들과의 활발한 교류를 통해 색다른 도시의 활력을 갖는 매력적인 축제다.

수준 높은 작품 선정을 기반으로 하여 새로운 아이디어가 가미된 모던댄스, 창작물 등을 중심으로 선보이기 때문에 씨어터 포맨의 공연이 펼쳐지는 장소를 직접 찾아가보면 축제를 찾은 관객들의 분위기나 옷차림도 여느 축제와는 사뭇 다른 느낌이 난다. 개성 넘치고 자유로운 철학이 넘치는 곳, 혹은 예술적 지성과 감성의 교차 공간이랄까.

씨어터 포맨 페스티벌은 대규모의 화려한 작품부터 실내에서 공연되는 작고 친밀한 작품들, 전통 드라마, 다큐멘터리 연극, 모노드라마, 멀티미디어, 설치작품 등 정확한 장르로 구분될 수 없는 신개념 작품들까지 모두 아우르고 있다. 또한 마니아적 성향이 강해서 잘 알려진 공연팀 또는 인기 공연의 경우 일찍 매진된다. 보고 싶은 공연이 있다면 가능한 꼭 예약을 해두는 것이 좋다.

기회가 된다면 하노버를 여행하면서 그들의 젊은 예술적 감각이 똘똘 뭉친 씨어터 포맨 페스티벌을 꼭 한번 찾아보길 권한다.

▲ 축제가 시작되기 전, 축제 사무국이 있는 공연장의 한산한 모습.

> 축제 참여하기 ①

청년인턴십 및 축제 자원봉사

신청자격 나이 제한은 없다. 영어 또는 독일어 능통자
신청시기 연중 내내
신청방법 홈페이지 접수
정보공개 웹사이트 www.theaterformen.de
축제측 지원사항 소정의 급여가 있으며, 수료증 발급도 가능하다.
선정시 우선 고려사항 언어 〉열정 〉경험

> 축제 참여하기 ②

아티스트

참가공연 초청방법 공식초청작 100%
작품선정시 고려사항 예술적 가치
신청시기 연중 내내
신청방법 이메일
신청자격 자격 제한 없다.
신청비용 없다.
선호장르 현대 연극, 창작물, 실험극
선호하는 문의방법 이메일(welcome@theaterformen.de)
접수시 구비서류 공연 프로젝트 소개서, 공연 일정 등의 정보가 담긴 문서
문의시 사용 가능한 언어 영어, 프랑스어, 독일어
아티스트를 위한 문의처 +49-511-9999-2500

> 한국 아티스트를 위한 축제측 코멘트

"우리는 순수하게 관리되는 축제로서 자부심을 갖고 있습니다. 축제측에서 초청하는 작품만 참가할 수 있으며, 공식적인 참가신청 시스템은 없습니다. 다만, 여러분의 작품을 소개하고 싶다면 프로젝트나 공연 날짜, 관련 정보들을 이메일을 통해 먼저 보내주세요. 정성껏 살펴보겠습니다."

011

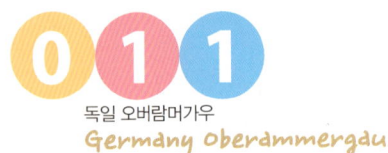

독일 오버람머가우

Germany Oberammergau

Passionsspiele Oberammergau

오버람머가우 페스티벌

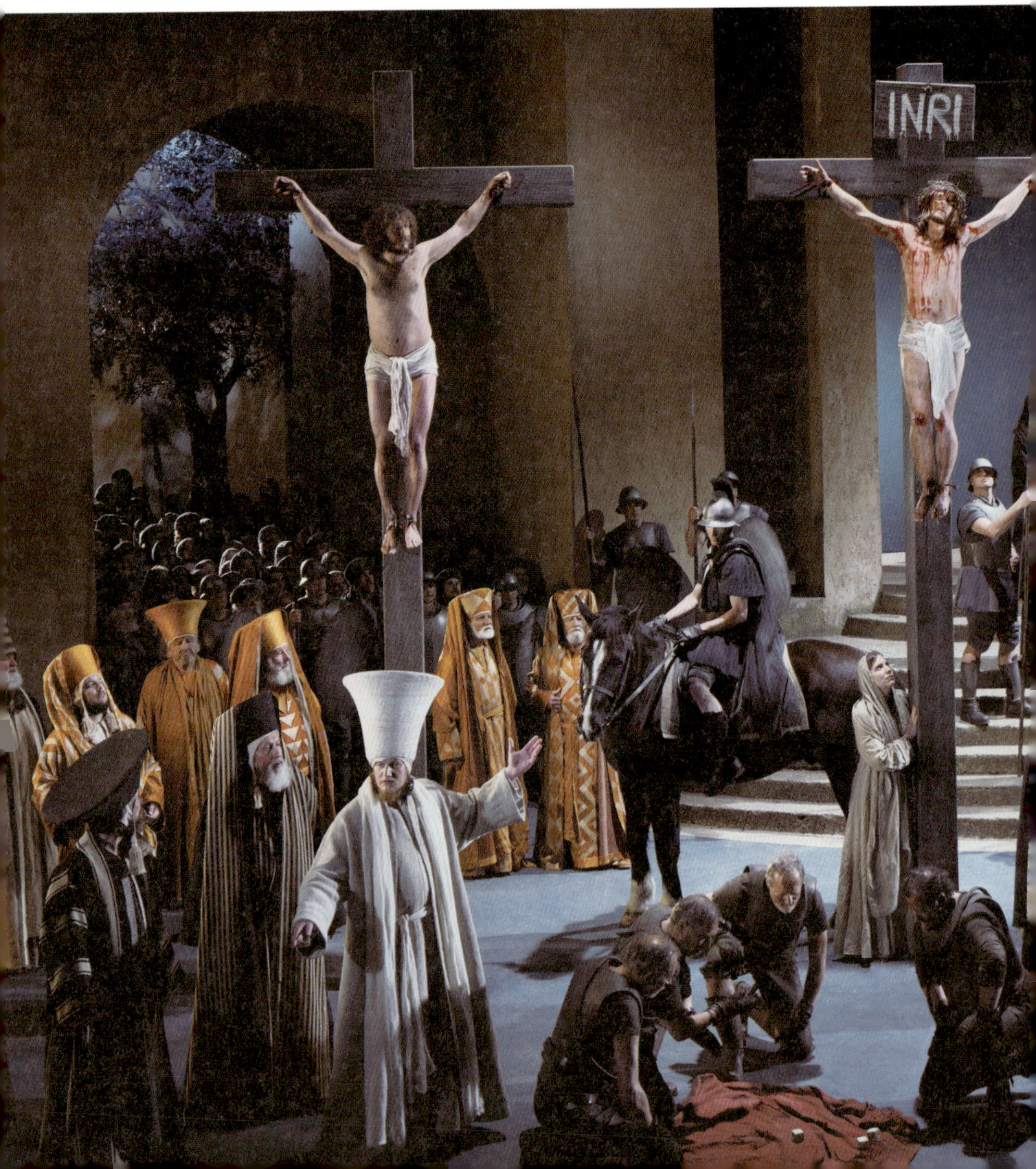

기본 정보
공식명칭 오버람머가우 페스티벌
(Passionsspiele Oberammergau)
장르 연극
개최시기 10년에 한 번(2020년 5월~10월)
개최도시 독일 오버람머가우
시작연도 1633년
규모 수천 명이 참여하는 연극을 100회 정도 공연
방문객수 약 50만 명 이상
주최 오버람머가우 시

문의 및 찾아가기
공식홈페이지 http://www.passionplay-oberammergau.com /
티켓예약 사이트 http://www.passionplay-oberammergau.com
티켓가격 50~150유로
전화문의 +49-8822-923-10
메일문의 info@passionsspiele2010.de
장소 오버람머가우 예수의 수난 전용극장
찾아가는 방법
뮌헨 중앙역에서 오버람머가우로 가는 기차가 있다. 2시간가량 소요된다. 지도상으로 보면 독일 뮌헨과 오스트리아 인스브룩의 중간쯤 되는 국경 근처의 산중에 위치하고 있다.

◀ 온 마을 사람들이 배우다. 뒤뜰에서 키우던 염소며 흰 양떼들도 모두 함께 출연한다. 비가 오고 눈이 와도 연극은 멈추지 않는다. 400년을 이어온 신과의 약속이기에.

축제 소개

　축제를 전문적으로 보는 사람에게도 때로는 객관적인 비교치를 운운하며 감히 평가할 수 없는 것이 있다. 독일 남부의 알려지지 않은 작은 산속 마을에서 400여 년간 마을 사람들에 의해 이어져온 오버람머가우 페스티벌이 그렇다. 오버람머가우는 독일 남부의 바이에른 알프스에 속하는 작은 마을이지만, 도시의 규모나 적은 인구수에 비해 세계적으로 유명한 두 가지를 갖고 있다. 하나는 벽화이고 나머지 하나는 공연, 앞서 언급한 10년에 한 번, 마을 사람들에 의해 공연되는 〈예수 수난극〉이 그것이다.

　1633년, 독일 남부는 전쟁과 흑사병으로 고통의 나날을 보내고 있었다. 흑사병이 오버람머가우 마을에 창궐했을 때 마을 주민들은 간절히 기도하면서 자신들이 〈예수 수난극〉을 10년에 한 번씩 영원히 공연할 것을 약속한다. 이후 신기하게도 흑사병이 깨끗이 사라졌고, 오버람머가우 마을 주민들은 그들의 약속을 지키기 위해 직접 배우가 되고 무대장이가 되어 어렵사리 약속을 지켰다. 그리고 400여 년이 지난 오늘날까지 오버람머가우 마을의 〈예수 수난극〉은 계속 이어지고 있는 것이다.

▲ 예수가 마을 사람들에게 돌팔매질로 수난을 당하는 장면. 비둘기조차 절묘한 타이밍에 날아올라준다.

> **Travel Tip**
> 아쉽게도 2010년에 이미 공연을 했었다. 2020년을 기약해야 하지만 '아차' 하는 사이에 티켓이 동이 날 수 있다. 티켓은 공연이 있기 3년 남은 해의 말부터 홈페이지를 통해 알아볼 수 있다.

오늘날 오버람머가우 마을에는 인근 지역까지 5,000여 명의 인구가 살고 있는데, 이중 절반 이상이 축제에 참가하고 있다. 어떤 이는 노래와 연기로, 어떤 이들은 무대 뒤편에서 그림을 그리거나 의상을 제작하는 등 어떤 식으로든 공연에 참여한다. 연극이 있을 해 전년에는 눈이 내리는 겨울까지도 리허설이 계속되고, 마을 주민 모두가 일 년 내내 이 공연을 위해 준비한다. 오버람머가우의 〈예수 수난극〉은 공연에 수천 명의 연기자들이 등장하기로 유명한데, 가축과 같은 동물도 예외는 아니다.

한편 오버람머가우 마을은 이 공연의 근본을 잊지 않았다. 오직 마을에서 태어나거나 20년 이상 산 사람들에 한해서 연극에 참여할 수 있게 한 것이다. 이 장대한 서사시는 한 세대에서 다음 세대로 이어지면서 무대와 의상이 바뀌고 사람이 바뀌어도 공연의 의미와 정신은 바뀌지 않은 셈이다.

공연은 5시간 동안 이어지고 중간에 30분의 쉬는 시간이 있다. 비가 오나 눈이 오나 공연은 멈추는 법이 없다. 수난극은 한 해 동안 100회가 넘게 공연되고, 5월에서 10월까지 전 세계에서 오버람머가우 마을의 공연을 보기 위해 모여든다.

012
독일 쾰른
Germany Köln

Kolner Karneval
쾰른 카니발

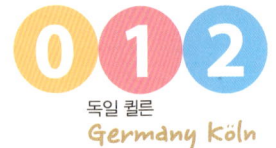

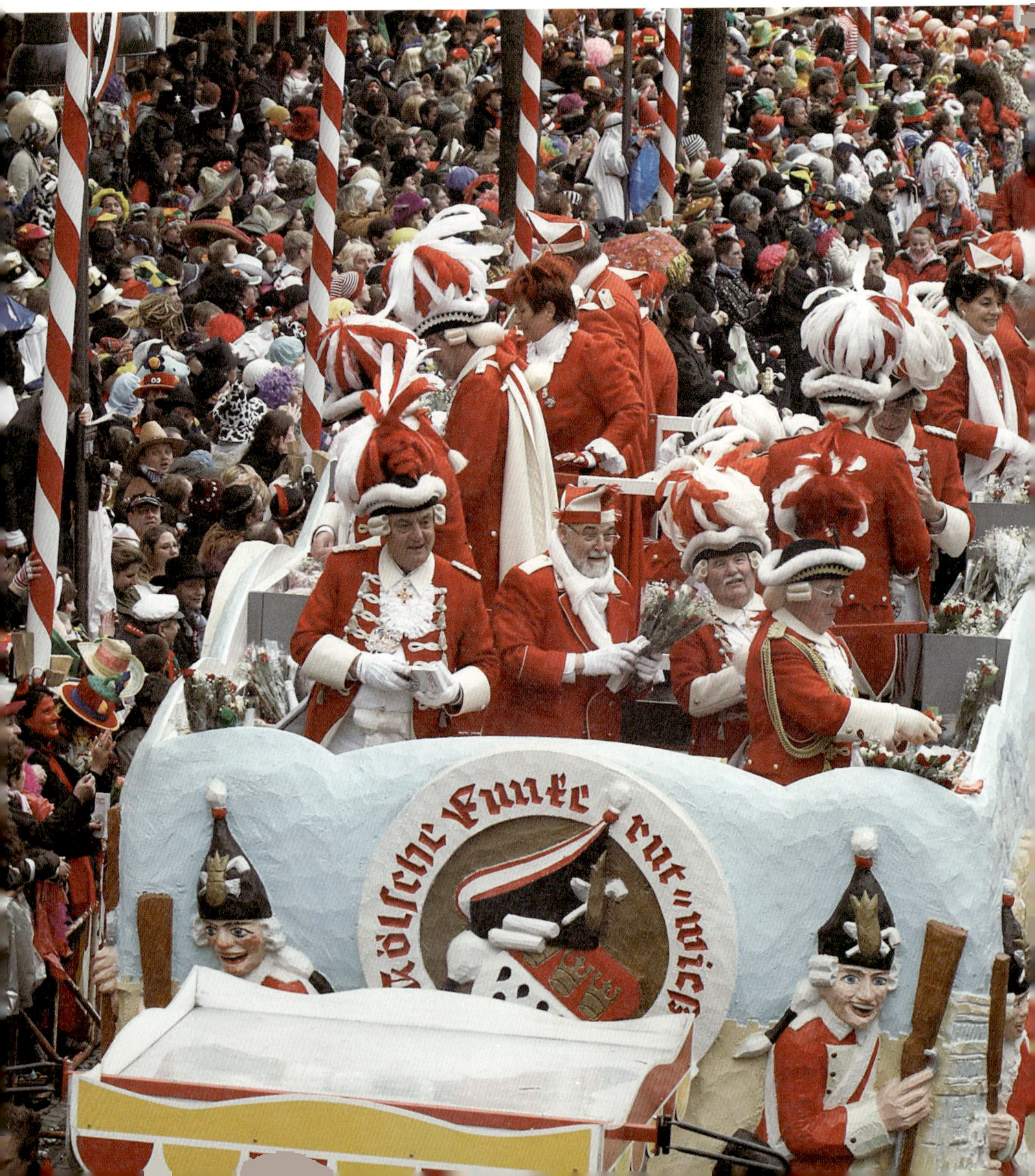

기본 정보
공식명칭 쾰른 카니발(Kolner Karneval)
장르 카니발
개최시기 매년 3월 초(시즌 프로그램 매년 11월~
　　　　　익년 2월 / 2011년 3월 7일)
개최도시 독일 쾰른
시작연도 1823년
규모 60여 개 이상의 쾰른 지역팀과 공연팀이 참가
방문객수 매년 5만여 명 이상의 관람객 방문
주최 Festival Committee of the Cologne Carnival

문의 및 찾아가기
공식홈페이지 http://www.koelnerkarneval1.de/
　　　　　fastelovend?op?englisch.html
티켓예약 사이트 http://www.koelnerkarneval1.de/
　　　　　fastelovend?op?englisch.html
티켓가격 축제기간 중 클럽 또는 파티 입장료 5~10유로
전화문의 +49-221-2-21~2 / +49-221-5-74-00-0
메일문의 info@koelnerkarneval.de
장소 Festkomitee des Kolner Karnevals von 1823
　　　e.V. Maarweg 134-136, D-50825 Koln, Germany
찾아가는 방법
쾰른은 독일의 북서부에 위치해 있으며, 벨기에 국경과
가까워 유럽여행자들의 주요 이동 동선 내에 있다.
때문에 벨기에의 브뤼셀, 독일 도르트문트, 부퍼탈,
에센 등에서 약 1~2시간 정도면 무리 없이
도달할 수 있다. 기차가 가장 편리한 교통수단이다.
특히 독일의 구 수도였으며 베토벤의 도시로 알려져
있는 본과는 20~30분 거리에 위치하므로 이동이
용이하다. 뒤셀도르프 중앙역에서 쾰른 중앙역까지
가는 기차(IC 또는 ICE) 탑승료는 11~16유로,
시간은 20분가량 소요된다.

◀ 쾰른 카니발은 5만여 명의 시민들과 인근에서 찾아온
관광객들로만 구성돼 소박함과 친밀감이 넘친다.

축제 소개

독일 여자들은 좋겠다. 여자들만이 갖는 스트레스를 축제에서 해소할 수 있으니 말이다.

독일 쾰른 카니발은 180년의 깊은 역사를 가진 도시형 축제다. 전체 카니발 프로그램은 11월에 시작하여 이듬해 3월까지 이어지지만, 가장 큰 퍼레이드 행사는 매년 3월 초에 열린다. 매년 11월 11일 11시 11분에 종을 울리며 시작된 축제는 겨울 내내 다양한 프로그램이 진행되다가 3월이 되어서야 대형 퍼레이드를 중심으로 막을 내린다.

이 중 축제의 마지막 주 바로 앞 주 목요일인 '여성을 위한 카니발 데이'부터 마지막 주 월요일인 '장미의 월요일'까지가 가장 화려한데, 이 시기에 다

▲ 쾰른 카니발에서는 독일 각지에서 모여든 시민들이 지역별 전통 의상을 입고 퍼레이드에 참가하는 것이 큰 명예이자 특권처럼 통한다.

Travel Tip

쾰른 카니발은 따로 티켓이 필요하지 않다. 모든 퍼레이드 관람은 무료이고, 축제기간 중 술집이나 클럽에서 운영하는 파티만 간단한 입장료를 내면 된다. 물론 입구 앞에서 바로 구입할 수 있다. 또 쾰른 사람들은 여행객을 환영한다. 축제를 이용해 범죄가 일어나거나 도시민이 흥분하여 난폭해지는 일은 없으니 걱정하지 말기를!

양한 퍼레이드와 프로그램들이 집중적으로 펼쳐진다. 모든 일정은 '재의 수요일'에 끝이 난다.

특히 2011년에는 독일 한국교민회를 통해 한국의 사물놀이 풍물패가 쾰른 카니발에 참여하여 큰 호응을 얻었으며, 한국인이라는 자부심을 느끼게 하는 시간이 되었다.

긴 축제 프로그램으로 여행 일정을 맞추기 어렵다면 6킬로미터에 달하는 긴 카니발 행렬이 쾰른 중앙로를 지나가는 '장미의 월요일'이 축제의 하이라이트기 때문에 이 날에 맞추는 것이 좋다. 또 '여성을 위한 카니발 데이'에는 일 년 내내 집안일로 고생하는 여자들의 새로운 모습을 엿볼 수 있다. 이 날만큼은 대낮부터 술을 마시고 떼를 지어 거리를 누벼도 누구하나 나무라지 않는다. 길거리를 가던 중에 마음에 드는 남자가 나타나면 넥타이를 자르고 키스할 수 있는 재미있는 전통이 있으니, 잘 살펴보면 재미난 퍼포먼스를 목격할 수도 있다. 여행자가 직접 시도해도 잡혀갈 일은 없으니 용기를 내봐도 좋을 듯!

013

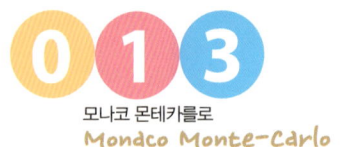

모나코 몬테카를로

Monaco Monte-Carlo

Festival International du Cirque de Monte-Carlo

몬테카를로 서커스 페스티벌

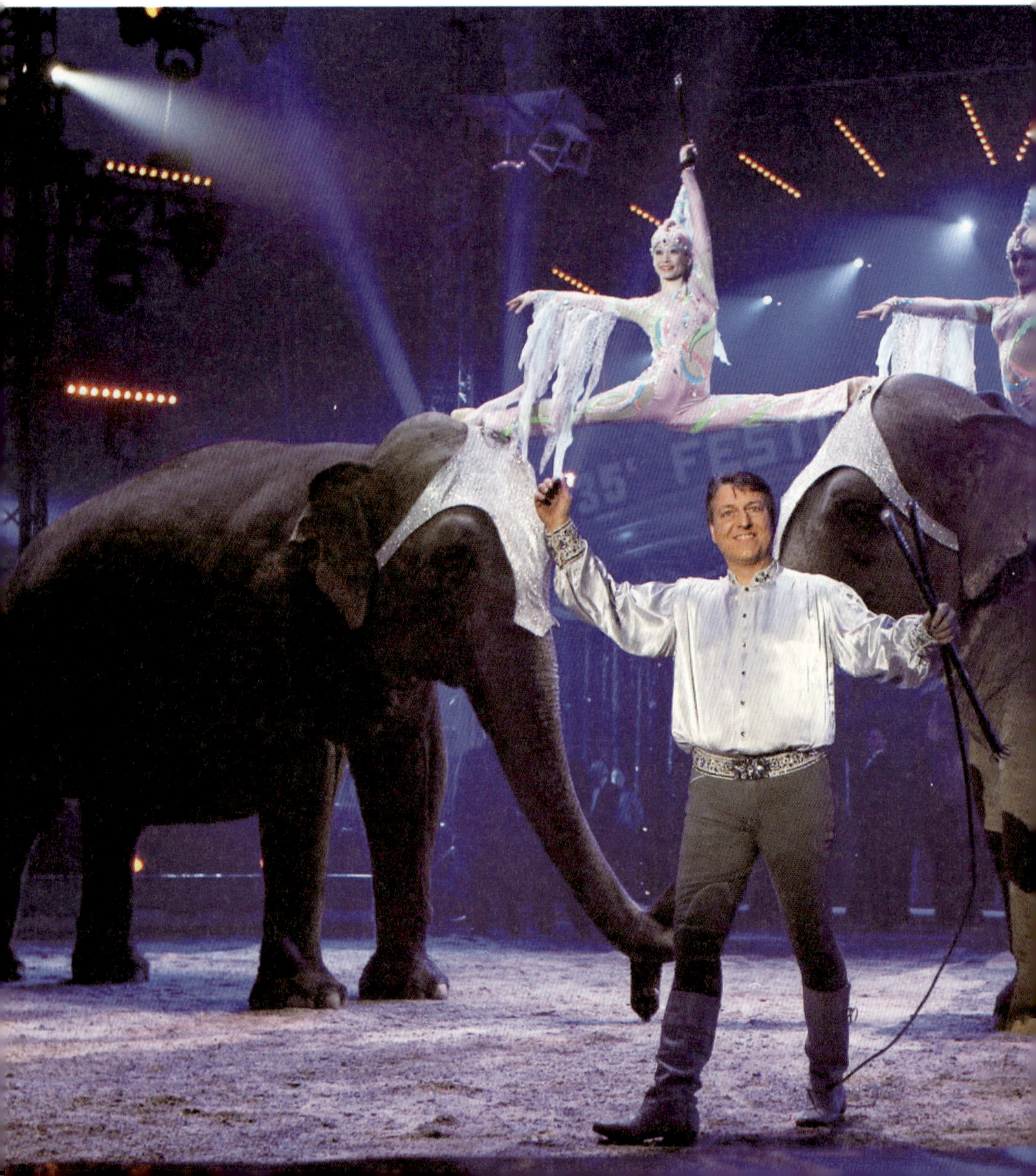

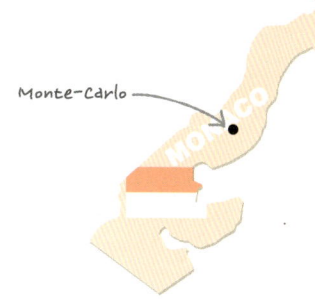

기본 정보
공식명칭 몬테카를로 서커스 페스티벌
　　　　　(Festival International du Cirque de Monte-Carlo)
장르 서커스
개최시기 매년 1월 하순경
　　　　　(10일간 / 2012년 1월 19일~29일)
개최도시 모나코 몬테카를로
시작연도 1974년
규모 매년 200여 개 이상의 서커스팀 또는 개인이 참가
방문객수 약 4만여 명의 관람객 방문
주최 Federation Mondiale du Cirque

문의 및 찾아가기
공식홈페이지 http://www.montecarlofestivals.com
티켓예약 사이트 http://www.montecarlofestivals.
　　　　　　com/Page/index.aspx?param=1
티켓가격 10~180유로
전화문의 +377-92-05-23-45
메일문의 불가능
장소 Quartier Fontvielle의 전용극장.
　　　 Monte-Carlo Festivals, 5, avenue des
　　　 Ligures, MC 98000, Monaco
찾아가는 방법
파리 리옹역에서 모나코 테제베(TGV)로
5시간 30분 정도 소요되며 요금은 30유로다.
프랑스 전역에서 비행기와 기차로 쉽게 연결되어
있고, 이탈리아 국경에서도 매우 가깝다.

◀ 머리에 은색 띠를 두른 코끼리와 마술사 같은 차림의
배우, 채찍을 든 조련사의 모습이 영락없는 영화 속 추억의
서커스를 연상시킨다.

축제 소개

한국에서 서커스가 사라져가는 것처럼 유럽에서도 서커스를 전문으로 하는 아티스트들의 입지가 점점 위축되고 있다. 이따금씩 유럽의 일부 도시에서 사라져가는 서커스를 되살리겠다며 거리극 축제에 서커스 장르를 과감히 포함하고 있긴 하지만 턱없이 부족한 실정이다.

그런 서커스만을 위한 최대 축제가 카지노의 도시 모나코 몬테카를로에서 펼쳐진다. 이름하여 '몬테카를로 서커스 페스티벌'인데 정통 서커스와 현대 서커스 등 서커스만을 전문으로 하는 축제로서 색깔이 분명하고 역사와 정통성을 겸비한 보기 드문 축제다. 그런 이유로 몬테카를로 서커스 페스티벌을 두

> 홈페이지의 예약 페이지는 개최 전년도 여름부터 오픈한다. 그러나 축제의 규모에 비해 인기가 높으므로 예약을 서둘러야 한다.

고 '서커스의 올림픽'이라고 부를 만큼 명성이 자자하다. 오랜 기간 동안 서커스 올림픽으로서 성장해올 수 있었던 것은 모나코 왕가의 지속적 후원을 받고 있기 때문이다. 모나코가 국가적으로 장려하고 있는 정통 서커스 축제인 셈이다.

몬테카를로 서커스 페스티벌은 이미 세계적으로 실력을 검증받은 팀들의 화합과 경쟁을 통해 볼거리를 제공하고 흥미로운 축제의 분위기를 유도한다. 심사를 거쳐 Gold Clown(광대), Silver Clown, Bronze Clown 상을 수여하는 등 확실한 후원과 명예, 커뮤니티 등 서커스인이라면 반드시 참여해볼 만한 최고의 기회라 할 수 있다. 1974년 당시 모나코 왕자였던 레니에 3세에 의해 시작되었고, 지난 2006년부터는 그의 딸인 스테파니 공주의 지휘 아래 진행되고 있다. 한국의 우수한 서커스팀들도 기회가 된다면 참여해 세계적 팀들과 교류하는 것도 해외 진출에 좋은 계기가 될 수 있으니 꼭 시도해보길 바란다.

◀ 끊임없이 돌아가는 철제 구조물 속을 자유자재로 뛰어다니던 배우가 익살스런 포즈를 취하며 격려의 박수를 유도하고 있다.

벨기에 나뮈르
Belgium Namur

Namur en Mei

나뮈르 장터극 페스티벌

기본 정보

공식명칭 나뮈르 장터극 페스티벌(Namur en Mei)
장르 거리극, 유랑극, 서커스, 무용,
　　　신기술을 활용한 장르극, 행위예술 등
개최시기 매년 예수승천일 주말
　　　　(5일간 / 2011년 6월 1일~5일)
개최도시 벨기에 나뮈르
시작연도 1996년
규모 매년 70여 개 국제 공연팀 참가
방문객수 2010년에 약 20만 명 방문
주최 Promotion des Arts Forains asbl

문의 및 찾아가기

공식홈페이지 www.artsforains.com
티켓예약 사이트 http://librairie.be
티켓가격 평균 3~15유로, 전체 공연의 절반은 무료,
　　　　공연패스는 18~54유로
전화문의 +32-81-22-20-42
메일문의 info@artsforains.com
장소 Rue des Brasseurs,
　　　160-5000 Namur, Belgium
찾아가는 방법
브뤼셀 샤를루아 공항 또는 브뤼셀 국제공항에서
나뮈르까지 기차로 이동한다. 나뮈르역에
도착해 Saint-Aubain을 찾으면 축제와
티켓 정보를 얻을 수 있다. 도착해서는 도보로
어디든 갈 수 있다.

◀ 똑같은 거리공연 축제라도 광장 문화가 발달했던 중세의 유럽풍을 찾아보기란 쉬운 일이 아니다. 나뮈르 장터극 페스티벌은 거리극 축제 중에서도 인간적 교류와 화합을 가장 중시하는 축제로, 소개되는 공연물마다 배우들의 땀과 해학, 익살스러움이 묻어난다.

©Namurimage-Marianne Grimont

축제 소개

"자, 자, 날이면 날마다 오는 것이 아닙니다. ……" 옛날 시골 장터에서나 봄 직한 약장수 같은 공연팀, 그런 서민적이고 소박한 장터 느낌의 공연 축제가 벨기에의 지방도시에서 열린다. 이름하여 나뮈르 장터극 페스티벌이다. 매년 초여름, 예수승천일 주말에 열리는데 약 70~80개 팀이 5일 동안 나뮈르 시내 전체에서 공연한다. 지난 2009년에는 '스트리트 가든'이라는 축제 콘셉트로 도심 골목골목을 잔디로 뒤덮었다. 도시 전체를 독특한 초록무대로 연출함으로서 재미와 화제성을 동시에 높인 것이다. 가히 유럽 내 최고의 축제라 해도 손색이 없었다.

무엇보다 나뮈르 장터극 페스티벌에서 주목할 점은 인간의 순수함, 아이 같은 장난기를 끄집어낼 수 있도록 축제 분위기를 이끌고 있다는 점이다. 나뮈르 페스티벌 기간이 되면 마리오네트, 바디페인팅, 가면극, 유럽형 마당놀이, 서커스, 야외 실험극, 불을 활용한 퍼포먼스 등 광장에서 시민들이 쉽게 즐길 수 있는 소박한 공연물만 엄선하여 초청하기 때문에 유럽형 장터극 페스티벌로는 가장 이상적인 모델이라 할 수 있겠다.

특히 나뮈르는 고요하고 평화로운 분위기의 지방 소도시이기 때문에 벨기에와 네덜란드 등지에서 휴가를 위해 사람들이 곧잘 찾아가는 곳이다. 고요하게 흐르는 강을 중심으로 아름답게 조성된 자연경관, 멀리 보이는 고성(古城)과 평화롭게 노니는 백조까지, 여행자라면 축제 시즌에 맞춰 한번쯤 꼭 방문해보라고 권하고 싶다. 특히 매 주말마다 강을 따라 길게 벼룩시장이 열리는데, 나뮈르 페스티벌 역시 예수승천일 주말에 펼쳐지므로 시기가 겹친다. 축제와 벼룩시장을 함께 즐겨보면 훨씬 더 재미있는 축제여행이 될 것 같다.

©Serge Charlier

©Namurimage-Marc Antoine

`축제 참여하기 ①`

청년인턴십 및 축제 자원봉사

신청자격 미소를 잃지 않는 긍정적인 자세의 소유자
신청시기 연중 내내
신청방법 이메일
정보공개 웹사이트 www.artsforains.com
축제측 지원사항 급여는 없으나 식사와 음료를 제공한다.
　　　　　　　　　숙박이 필요하다면 지원해준다.
선정시 우선 고려사항 밝고 긍정적인 자세

`축제 참여하기 ②`

아티스트

참가공연 초청방법 공식초청작 100%(등록되지 않은 작품은 작은 거리공연조차 불가능하다)
작품선정시 고려사항 특별히 제한하는 기준은 없다.
신청시기 연중 내내
신청방법 우편 접수
신청자격 누구나
신청비용 추후결정(소요비용 논의 후 결정)
선호장르 장터극 축제에 적합한 모든 공연물(야외물을 선호하지만 실내 공연물도 있다)
선호하는 문의방법 이메일 〉 전화문의
접수시 구비서류 공연 소개서, 프로필, 동영상, 사진, 테크니컬 라이더, 비용 제안서 등
문의시 사용 가능한 언어 프랑스어 〉 영어
아티스트를 위한 문의처 info@artsforains.com

`한국 아티스트를 위한 축제측 코멘트`

"우리는 초청작을 매우 조심스럽게 선정하는데, 우리가 공식초청한 작품만 공연할 수 있습니다. 허가되지 않은 즉흥 공연팀들은 나뮈르 거리에서 공연할 수 없습니다. 함께하고 싶다면 사전에 주최측으로 공연을 소개하는 서류들을 보내주세요."

◀ 나뮈르 시내 중심에 위치한 성당 광장의 야경. 한밤중에도 나뮈르 시민들이 나와 축제를 즐기고 있다.

벨기에 루뱅
Belgium Leuven

Leuven in scene
루뱅 페스티벌

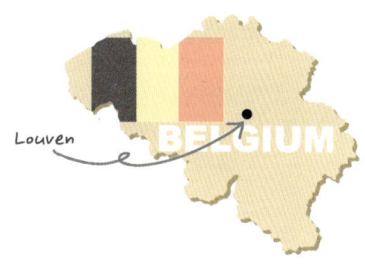

기본 정보
공식명칭 루뱅 페스티벌(Leuven in scene)
장르 거리공연, 서커스, 야외 신체극 등
 (거리극과 서커스를 격년으로 진행한다)
개최시기 매년 5월 말~6월 초
 (성령강림절 시즌 / 2011년 6월 3일~4일)
개최도시 벨기에 루뱅
시작연도 1989년
규모 전 세계에서 초청된 20여 개 공연팀
방문객수 2010년 이틀간 약 12만 명 방문
주최 Leuvenement vzw

문의 및 찾아가기
공식홈페이지 www.leuveninscene.be
티켓예약 사이트 없다.
티켓가격 대부분 무료 공연
 (약간의 입장료를 받는 공연물도 간혹 있다)
전화문의 +32-16-22-70-99
메일문의 ingrid.nackaerts@leuveninscene.be
장소 Brusselsestraat, 63 B 3000 Leuven, Belgium
찾아가는 방법
벨기에 수도 브뤼셀 공항까지 간 다음 거기서
루뱅까지는 기차로 이동한다(소요시간 15분).

◀ 야외 공연물이 발달한 유럽의 축제는 허공마저 예술로 물든다. 유럽 축제에서 가장 볼 만한 주요 공연물들은 대체로 허공을 활용한 퍼포먼스가 대세다.

©Henry Krul

축제 소개

벨기에의 루뱅 페스티벌은 크지도 작지도 않은 적당한 규모의 지역 축제지만, 시민들의 참여를 높이고 재미를 배가시키기 위해 축제의 주제를 매년 바꾸는 아이디어가 신선하고 재미있다.

루뱅 페스티벌은 거리극 축제이자 서커스 축제이기도 하다. 한 해에는 마임, 신체극, 행위예술, 다양한 거리 퍼포먼스 등 온 도시가 들썩이는 야외 거리극 축제로 찾아오지만, 이듬해엔 다소 클래식하고 소박한 웃음을 주는 서커스 축제로 변신한다. 축제는 딱 이틀 동안만 진행되는데 기간도 짧고 프로그램이 다채로워 루뱅 시민들뿐만 아니라 인근 국가에서도 휴가를 겸하여 찾아오는 관광객이 매년 꾸준히 늘고 있는 추세다.

축제가 시작되는 성령강림절 주말에는 우리나라의 의정부 시만한 루뱅 시 전체가 거대한 무대로 변신한다. 그중에서도 아름다운 주요 광장들은 경이로운 디오라마(diorama)로 탈바꿈하고, 골목골목마다 흘러넘치는 볼거리와 이를 즐기려는 관광객들로 북새통을 이룬다.

지난 2010년 축제는 서커스가 주제였는데, 유럽형 줄타기 묘기 등 화려한 볼거리를 관람하기 위해 12만여 명이 이틀간 루뱅을 방문했다고 하니 축제 기간을 감안하면 결코 작은 축제라 할 수 없을 것 같다. 또한 루뱅 페스티벌은 유럽에서 점차 잊혀져가는 서커스 예술을 널리 알리고 많은 시민들이 서커스의 재미와 가치를 경험할 수 있도록 새로운 기회를 제공하기 위한 축제를 지향하고 있다. 그래서인지는 모르겠으나, 주최측에 따르면 서커스 축제에는 거리극 축제보다 가족 단위 관객들이 유난히 많이 몰린다고 한다. 언제고 유럽을 방문할 예정이라면 매년 다른 분위기의 축제를 골고루 맛보는 것도 좋겠다.

축제 참여하기 ①

청년인턴십 및 축제 자원봉사

신청자격 나이 제한은 없다. 영어 능통자
신청시기 매년 10월~11월경
신청방법 공식홈페이지를 통해 신청가능
정보공개 웹사이트 www.leuveninscene.be
축제측 지원사항 숙식과 교통경비, 기술지원을 해준다.
선정시 우선 고려사항 성실성 > 독창성 > 지원비용 규모

축제 참여하기 ②

아티스트

참가공연 초청방법 공식초청작 100%(전체적 작품 수준을 유지하기 위해)
작품선정시 고려사항 예술적 가치 > 창조성 > 독창성 > 야외 공연 가능 여부
신청시기 매년 10월~11월경
신청방법 홈페이지 또는 우편
신청자격 창작 공연물 또는 흥미로운 프로젝트를 가진 아티스트나 단체
신청비용 초청작으로 선정되면 모든 비용은 주최측에서 부담한다.
선호장르 거리극, 서커스, 댄스, 설치미술 등 야외 공연물
선호하는 문의방법 이메일 또는 우편
접수시 구비서류 프로젝트나 공연의 설명서, 아티스트 프로필, 사진 또는 동영상
문의시 사용 가능한 언어 영어 > 프랑스어 > 네덜란드어
아티스트를 위한 문의처 +32-16-22-70-99 /
  총책임자 이메일 Ingrid.nackaerts@leuveninscene.be /
  프로그래머 이메일 Fabien@miramiro.be

한국 아티스트를 위한 축제측 코멘트

"한국 아티스트들이 유럽의 다양한 축제에 참가할 때는 작은 규모의 투어가 가능해야만 훨씬 더 유리할 것 같습니다. 비용이 적게 들기 때문이죠. 또한 열린 마음을 가져야 합니다. 작품 해석만 해도 한국과 유럽이 서로 다를 수 있어요. 예를 들면 웃음코드 같은 것들이죠. 대범함과 자신감을 가지세요. 만약 일이 잘 풀리지 않는다면 그 축제의 예술책임자와 이야기해보세요. 어쩌면 그들로부터 도움을 받을 수도 있을 겁니다."

016

벨기에 겐트

Belgium Ghent

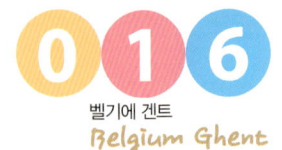

Miramiro Festival

미라미로 페스티벌

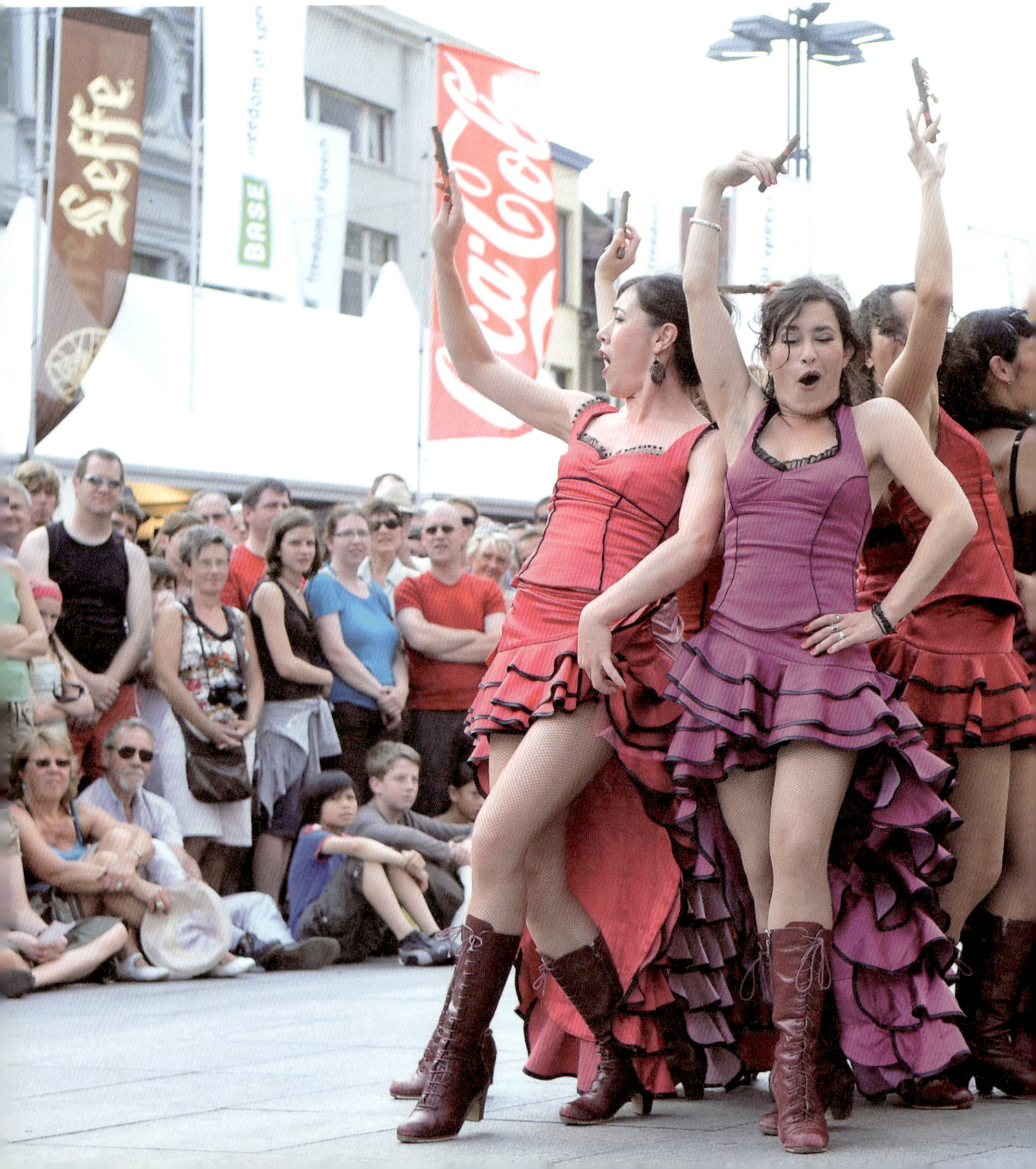

기본 정보
공식명칭 미라미로 페스티벌(Miramiro festival)
장르 거리극, 서커스, 야외 무용극
개최시기 매년 7월 하반기
(4일간 / 2011년 7월 21일~24일)
개최도시 벨기에 겐트
시작연도 1990년
규모 매년 평균 25개 공연팀
방문객수 2010년 4만5,000여 명 방문
주최 Internationaal Straattheater festival Vzw

문의 및 찾아가기
공식홈페이지 www.miramiro.be
티켓예약 사이트 없다.
티켓가격 전체 무료 야외 공연
전화문의 +32-9-324-36-63
메일문의 miramiro@miramiro.be
장소 Stapelplein 32, B 9000 Ghent, Belgium
찾아가는 방법
브뤼셀 공항에서 겐트의 담푸르트(Dampoort)역까지 기차를 이용해 25분이면 갈 수 있다.

◀ 공식 초청받은 거리 퍼포먼스 그룹이다.
신나게 플라멩코를 추다가도 순간순간 코믹한 마임과 애드립으로 관객을 사로잡는다.

축제 소개

벨기에의 루뱅에 거리극과 서커스를 선보이는 루뱅 페스티벌이 있다면, 겐트에는 종합장르의 겐트 페스티벌과 함께 다양한 거리극을 선보이는 미라미로 페스티벌이 있다. 미라미로 페스티벌은 거리극, 서커스예술, 연극, 설치미술, 플라스틱아트, 댄스 등 작은 야외 공연물부터 거대한 대중행사에 이르기까지 야외에서 보일 수 있는 모든 장르의 공연물을 소개하고 다양한 프로그램을 선보이는 축제다.

거리극 축제로 자리 잡기 시작한 미라미로 축제는 오랜 역사와 경험을 통해 수준 높은 거리공연물을 선보이며 다양한 볼거리로 매년 관객들의 뜨거운 반응을 일으키고 있다. 특히 이 축제를 진행하는 집행위원회는 이 축제의 성격을 독특하고 현대적인 감각으로 이끌며 지속적으로 혁신할 수 있는 방법을 모색하고 있다.

예를 들면 젊은 아티스트들의 작품을 적극적으로 검토하여 가능성이 있는 작품에는 함께 제작에 참여하거나 도움을 주어 공동 제작하고, 새로운 아이디어를 구현하는 데 적극적으로 돕기도 한다. 또한 이미 공연된 적 있는 기성 작품이라 할지라도 새로운 각색 작업을 통해 더욱 새롭고 완성도 높은 작품들로 승화시켜 축제의 질도 높이고 공연마켓으로서의 순기능도 해낼 수 있는 사회적 미션을 축제를 통해 다하고자 노력하고 있다.

좋은 야외 공연물이라면 국적을 불문하고 환영한다니 다국적 공연팀들이 나흘 동안 펼치는 거리극 축제에 한국의 여행자들과 공연팀들도 적극 참여를 시도해보면 좋지 않을까.

축제 참여하기 ①

청년인턴십 및 축제 자원봉사

신청자격 나이 제한은 없다. 영어 능통자
신청시기 매년 10월~11월경
신청방법 공식홈페이지를 통해 신청 가능
정보공개 웹사이트 www.miramiro.be
축제측 지원사항 숙식과 교통경비를 지원한다.
선정시 우선 고려사항 열정 〉 비용

축제 참여하기 ②

아티스트

참가공연 초청방법 공식초청작 100%
작품선정시 고려사항 예술적 가치 〉 창조성
신청시기 매년 10월~11월경
신청방법 홈페이지 또는 우편
신청자격 아티스트 또는 단체 누구나
신청비용 초청되면 주최측이 비용 전액을 부담한다.
선호장르 야외에서 공연 가능한 모든 작품
선호하는 문의방법 이메일 또는 우편
접수시 구비서류 공연 소개서, 프로필, 동영상
문의시 사용 가능한 언어 영어 〉 프랑스어 〉 네덜란드어
아티스트를 위한 문의처 담당자 Celine Verkest(+32-9-324-36-63 / miramiro@miramiro.be)

한국 아티스트를 위한 축제측 코멘트

"공연작품에 관한 비디오를 보내주시거나 홈페이지 링크가 있다면 이메일로 보내주세요. 성의껏 검토하겠습니다."

0 1 7

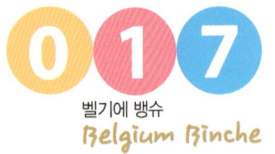

벨기에 뱅슈

Belgium Binche

Le Carnival de Binche

뱅슈 카니발

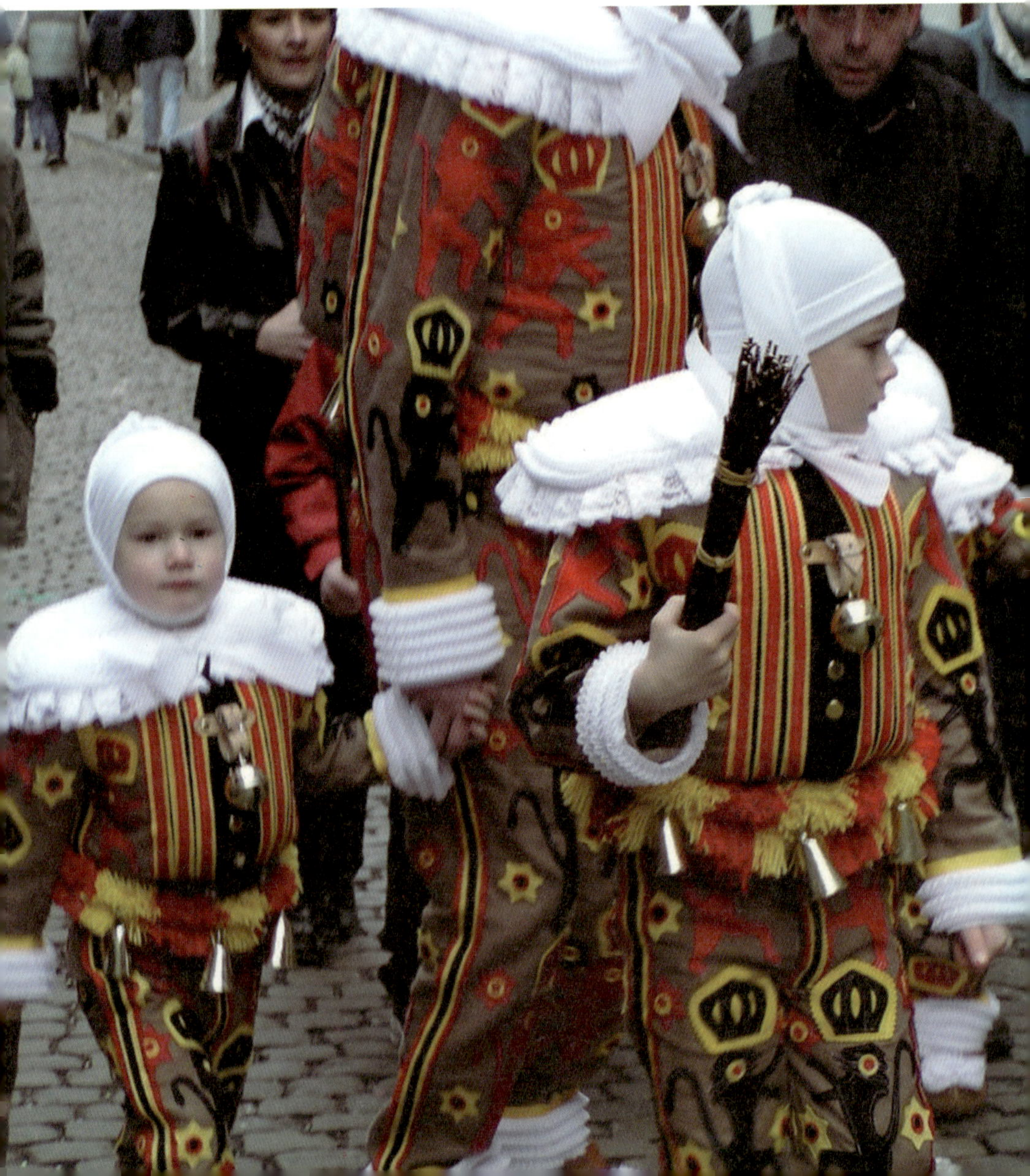

기본 정보
공식명칭 뱅슈 카니발(Le Carnival de Binche)
장르 전통 퍼레이드
개최시기 매년 2월 중(3일간)
개최도시 벨기에 뱅슈
시작연도 15세기 경으로 추정
규모 1,000여 명의 퍼포먼스
방문객수 매년 약 7만여 명 이상의 관람객 방문
주최 뱅슈 시

문의 및 찾아가기
공식홈페이지 http://www.carnavaldebinche.be
티켓예약 사이트 http://www.carnavaldebinche.be
티켓가격 모두 무료
전화문의 +32-(0)-64-33-67-27
메일문의 tourisme@binche.be
장소 뱅슈 시내의 시청 광장 앞
찾아가는 방법 브뤼셀에서 기차로 30분 거리에 있다.

◀ 카니발에 출연하는 벨기에의 작은 배우를
질(gille)이라고 부른다. 요렇게 요정처럼 작은 질도 있고,
턱수염이 덥수룩한 뚱뚱한 질도 있다. 3살이 되면서부터
자신들이 태어난 뱅슈를 축복하기 위해 매년
질이 되어본다는 건 일종의 축복이 아닐까.

축제 소개

뱅슈는 벨기에 남서쪽에 위치한 에노 주의 작은 도시로, 인구 3만 명이 채 되지 않는 작은 지역이다. 장터극 축제로 잘 알려진 나뮈르와 지척에 있고, 브뤼셀에서도 50킬로미터 정도밖에 떨어져 있지 않다. 이곳에서 도시의 풍요와 사람들의 만수무강을 위하여 마을 사람들이 직접 출연하는 카니발이 펼쳐진다. 카니발의 규모는 작지만 오랜 전통과 풍습을 가장 잘 보존하고 있어서 유네스코에서 세계문화유산으로 지정할 만큼 역사가 깊은 벨기에 최고의 카니발이다.

뱅슈 카니발은 매년 2월경, 사순절 이전 월요일을 기점으로 전후일 합쳐 총 3일간 펼쳐진다. 그래서 매년 날짜가 바뀐다. 카니발은 보통 7주 전부터 준비를 시작하는데 날짜가 임박해올수록 이를 축복하는 길거리 공연이나 도시 데

▲ 오후의 퍼레이드에선 성인 질들이 가면을 쓰고 거리의 시민들에게 행복을 기원하는 오렌지를 던진다.

코레이션이 나타나기 시작한다.

　무엇보다 뱅슈 카니발이 주목을 받는 것은 카니발에 참여하는 배우는 벨기에 출신 남자만 할 수 있다는 특징 때문이다. 그것도 1,000여 명에 가까운 벨기에 남자들만 참여한다고 하니 벨기에선 엄청나게 큰 전통 축제인 셈이다. 이 카니발의 배우들을 '질(gille)'이라고 하는데, 화려한 드레스를 입고 밀랍 마스크와 독특한 전통 나막신을 신기도 한다. 보통 800~1,000여 명의 질들이 있으며, 관례상 3세부터 60세까지의 벨기에 국적의 남자만 참여할 수 있게 되어 있다. 질들은 뱅슈 중심에 나타나 드럼 소리에 맞춰 춤을 추기도 하고, 손에 들고 있는 막대로 악귀를 쫓아주기도 한다. 또 오렌지 바구니를 들고 도심을 무리지어 행진하면서 관중들에게 오렌지를 던져 행복을 기원해주기도 한다.

　규모와 상관없이 유럽 사람들의 다소 촌스럽지만 소박하고 서민적인 전통 카니발을 가까이서 보고 싶다면 뱅슈 카니발이 열리는 2월을 놓치지 말기를 바란다.

018

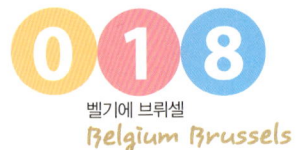

벨기에 브뤼셀

Belgium Brussels

Ommegang Festival

오메강 페스티벌

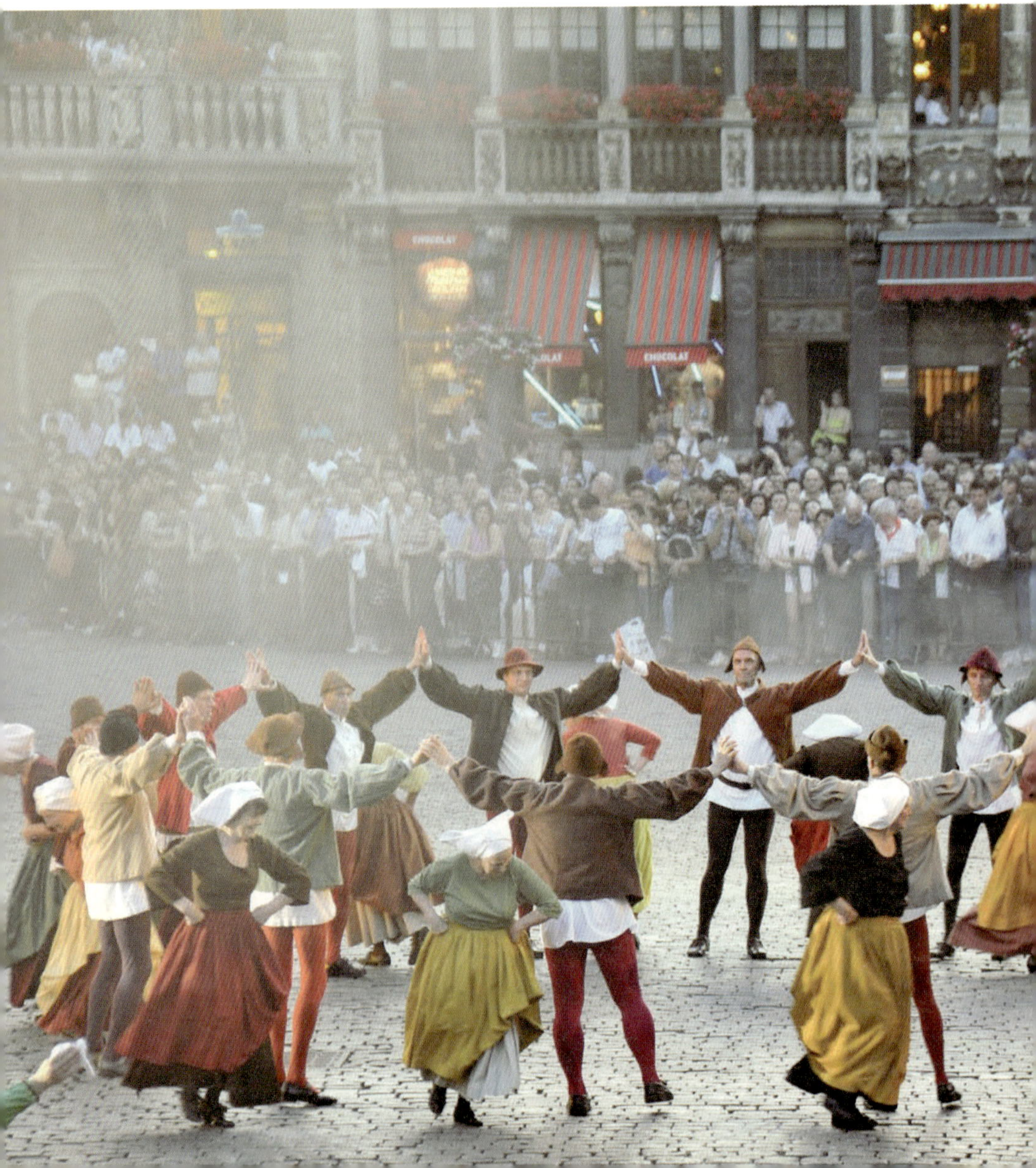

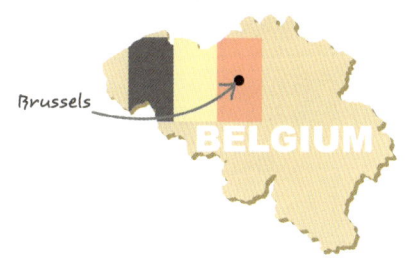

기본 정보
공식명칭 오메강 페스티벌(Ommegang Festival)
장르 가장행렬(퍼레이드)
개최시기 매년 7월 첫째 주 목요일
　　　　　(2011년 7월 5일~7일)
개최도시 벨기에 브뤼셀
시작연도 1549년
규모 약 1,400여 명의 아티스트 참가
방문객수 하루 방문객 약 2만여 명 이상
주최 벨기에 예술재단, 브뤼셀 시

문의 및 찾아가기
공식홈페이지 http://www.ommegang.be/index2.
　　　　　php?idx=2&lg=en
티켓예약 사이트 http://www.ommegang.be/
　　　　　index2.php?idx=7&lg=en
티켓가격 35~74유로
전화문의 +32-(0)2-512-19-61
메일문의 ommegang-brussels@skynet.be
장소 그랑플라스, 브뤼셀 중심의 광장
찾아가는 방법
브뤼셀은 유럽 전역에서 저가항공과 기차가 몇 분 단위로 끊임없이 연결되는 유럽 교통의 중심지다. 브뤼셀역에서 내리면 시내 중심부로 향하는 그랑플라스 방향 표시가 되어 있으므로 쉽게 찾을 수 있다.

◀ 쉽게 말하자면 벨기에판 강강술래 축제다.
난생처음 색동저고리를 입은 아이처럼 벨기에 사람들은 때론 수줍게, 때론 기쁘게 오메강 페스티벌을 즐긴다.

축제 소개

　벨기에는 좁은 땅덩이에 비해 문화적 역량이 넘치는 나라다. 그중 매년 7월에 열리는 오메강 페스티벌은 짧은 축제지만, 폭발력 있는 전통과 멋스러움이 묻어나는 역사적인 문화행사에 속한다. 매년 7월 첫째 주 목요일에 열리며, 벨기에의 수도인 브뤼셀의 그랑플라스(Granplace)에서 가장행렬 형식으로 진행된다. 1549년 샤를 5세와 그의 친인척들이 그랑플라스를 통해 브뤼셀로 입성하던 것을 재현하면서 유래하였다.

　'오메강'이라 불리는 이 축제는 독일말로 '산책하다'라는 뜻을 가지고 있는데, 역사가들은 1549년 당시의 오메강은 종교적인 행사였다고 말한다. 그러나

현재의 오메강은 종교적인 의미보다는 벨기에의 민속성과 전통을 잇는 방향으로 끊임없이 재창조되고 있다. 더불어 현대의 벨기에를 방문하는 여행객들에게 벨기에의 역사는 물론이고 문화와 예술, 경제적인 부분의 개요를 알게 하는 데 큰 역할을 담당하고 있다.

오메강 페스티벌이 열리는 그랑플라스는 브뤼셀을 방문하는 사람이라면 누구나 거치게 되는 대표 관광지로 정평이 나 있는 곳이다. 이 거대한 광장은 12세기부터 시장이 열렸고, 자연스럽게 도시의 중심이 되었다. 17세기 프랑스의 침략으로 광장의 대부분이 무너졌지만 다시 모습을 갖추는 데 성공했다. 이곳은 중세시대부터 르네상스, 바로크 길드 양식까지 갖추고 있어 당시의 문화적, 사회적 건축 양식을 생생하게 보여주는 명소가 되고 있다. 여기에는 브뤼셀 시 청사도 포함되어 있는데 오메강 퍼레이드가 펼쳐지면, 벨기에의 귀족과 왕족들은 이 시 청사의 발코니에서 오메강 퍼레이드를 함께 관람한다.

> 오메강 페스티벌이 진행되는 그랑플라스는 3,000여 명이 입장할 수 있는 비교적 작은 광장이다. 좌석에 앉아서 편안히 관람하려면 반드시 예약을 해야 한다. 그러나 광장 주변에서 관람하는 것은 무료이므로 부담 없이 가보아도 된다.

◀ 한밤중까지 이어지는 그랑플라스의 모습.
중세시대부터 내려온 건물들 사이로 새어 나오는 불빛이 너무나 아름답다.

019

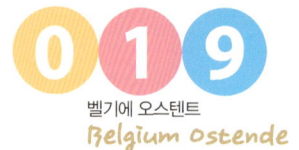

벨기에 오스텐트

Belgium Ostende

TAZ, Theatre by the Sea

타즈 페스티벌

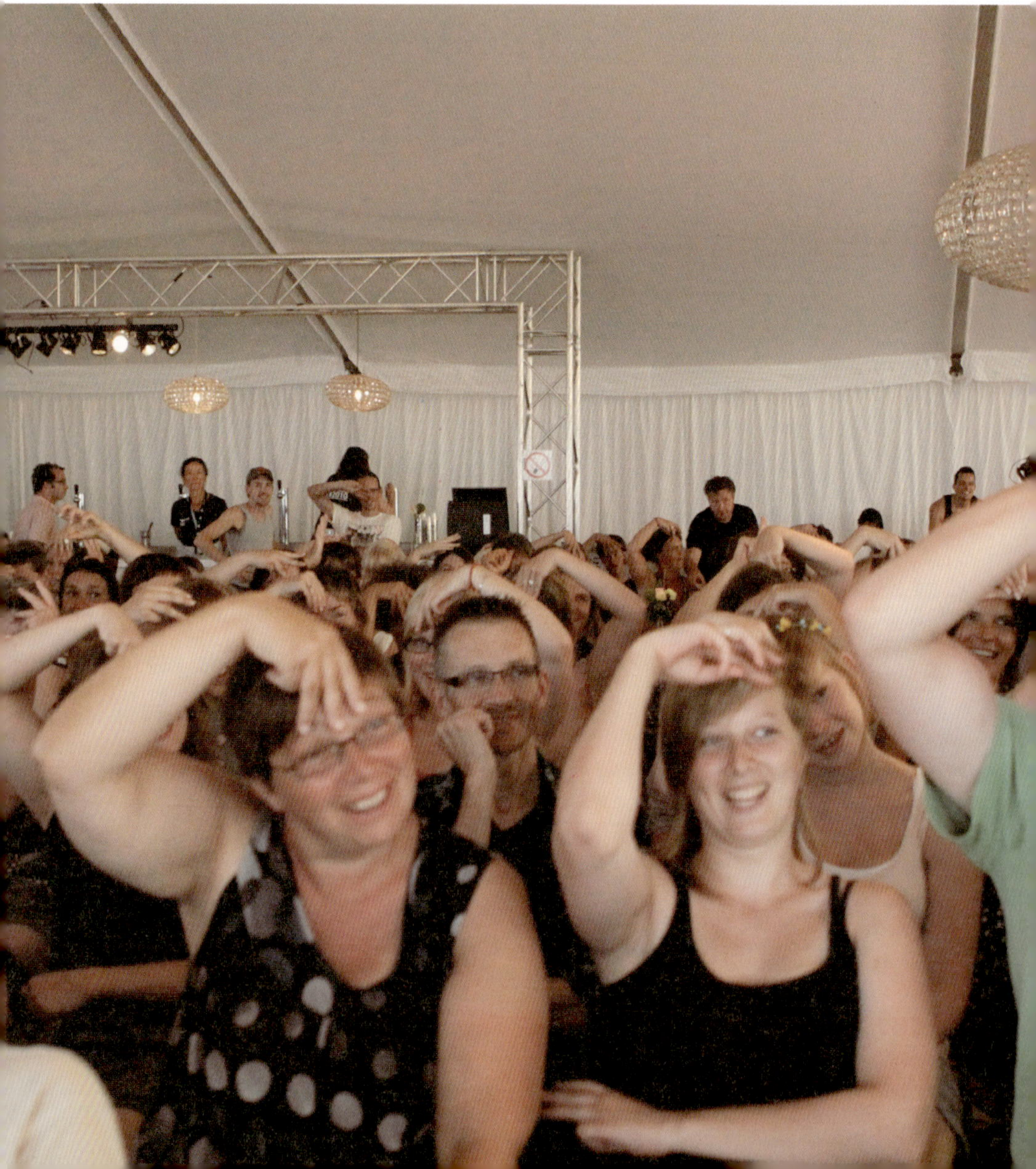

기본 정보
공식명칭 타즈(TAZ, Theatre by the Sea)
장르 바닷가가 배경인 종합장르
개최시기 매년 7월 말~8월 초(2011년 7월 28일~8월 6일)
개최도시 벨기에 오스텐트의 해변
시작연도 1997년
규모 매년 100여 개의 공연팀 참여,
　　　소개되는 작품은 300여 개 이상
방문객수 유료 관객 2만5,000여 명,
　　　　무료 공연 관객 8만여 명
주최 TarTarT Vzw

문의 및 찾아가기
공식홈페이지 http://www.theateraanzee.be,
　　　　http://www.visitoostende.be
티켓예약 사이트 http://www.theateraanzee.be
티켓가격 5~15유로, 무료 공연도 있다.
전화문의 +32-56-20-16
메일문의 theateraanzee@tartart.be
장소 Jan Declerckstraat 2A, 8400
　　　Ostende, Belgium
찾아가는 방법
브뤼셀역에서 기차로 이동하는 것이 가장 편리하다.

◀ 경쾌한 웃음을 주는 배우의 구령에 맞춰 관객들이 동작을 취하고 있다. 한국의 지역 축제에는 분위기를 살리기 위해 말솜씨 좋은 레크리에이션 강사를 초빙하지만, 유럽선 재치 있는 싱글 퍼포머들이 이 역할을 담당한다. 예술성도 있고 재미도 있는 일석이조 효과다.

축제 소개

벨기에의 항구도시 오스텐트의 타즈 페스티벌은 올해로 15회째를 맞는 문화 축제로, 바닷가를 배경으로 펼쳐지는 것이 특징이다. 매년 7월 하순부터 8월 초까지 열리며, 대략 100개 이상의 공연팀들이 1주일 동안 오스텐트의 몇몇 주요 공연장을 포함한 항구 곳곳에서 공연을 펼친다. 또 참여한 단체들도 자신들이 보유하고 있는 다수의 작품들을 골고루 선보여 색다른 재미를 연출한다.

페스티벌 기간에는 바닷가라는 독특한 해안무대를 중심으로 흥미진진한 연극과 음악, 댄스, 문학강의, 포럼 등 다양한 장르의 예술 행사들을 도시 곳곳에서 볼 수 있는데, 벨기에 전체의 문화정책과 맞물려 이 축제에서도 전도유망한 신세대의 새로운 연극과 음악 공연 등이 다수 포함되어 있다. 벨기에 출신 신세대 아티스트들의 작품들이 참여할 수 있는 기회가 많이 제공된다.

특히 축제를 기다리는 관람객들을 위해 매년 특별한 코너가 마련되는데, 특정 분야의 탁월한 재능을 가진 벨기에 아티스트 두 명을 연극 또는 음악 프로그램에 중요한 게스트로 참여시킨다. 이를 통해 인지도가 높은 두 명의 아티스트들은 직접 자신들의 작품을 선보이거나 특별한 프로그램에 함께 참여하여 전체 축제의 흥미를 돋구는 데 중요한 역할을 하게 된다.

또한 최근에는 '가족공원'이라는 어린이 관객들을 위한 프로그램이 마련되어 인기를 누리고 있는데, 이제 막 걸음마를 뗀 유아들과 어린이들을 위한 실외공연과 체험놀이가 준비되어 있어 축제 속의 또 다른 축제로 각광받고 있다.

축제 참여하기 ①

청년인턴십 및 축제 자원봉사

신청자격 18세 이상, 영어 능통자
신청시기 매년 4월경
신청방법 이메일(theateraanzee@tartart.be)
정보공개 웹사이트 http://www.theateraanzee.be
축제측 지원사항 자원봉사자에게 급여와 숙식을 지원하고 수료증도 발급해준다.
선정시 우선 고려사항 언어 〉 열정 〉 경험

축제 참여하기 ②

아티스트

참가공연 초청방법 공식초청작 100%
작품선정시 고려사항 거리극 제외, 예술적 가치
신청시기 매년 12월경
신청방법 이메일
신청자격 누구나
신청비용 추후 결정(협상 필요)
선호장르 거리극 제외, 연극과 음악 공연 선호
선호하는 문의방법 이메일
접수시 구비서류 공연 소개서, 프로필, 동영상
문의시 사용 가능한 언어 영어
아티스트를 위한 문의처 theateraanzee@tartart.be

한국 아티스트를 위한 축제측 코멘트

"축제의 수준을 유지하기 위해 저희가 공식초청하는 작품만 참여할 수 있습니다. 바닷가에서 열리는 축제임을 감안해서 좋은 공연이 있다면 먼저 저희에게 보내주세요."

스위스 몽트뢰
Swiss Montreux

Montreux Jazz Festival
몽트뢰 재즈 페스티벌

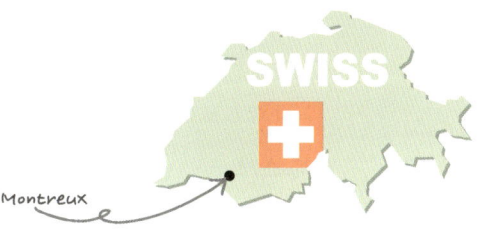

기본 정보
공식명칭 몽트뢰 재즈 페스티벌(Montreux Jazz Festival)
장르 재즈를 위주로 한 음악 장르
개최시기 매년 7월 첫째 주에서 중순까지
　　　　(2주간 / 2011년 7월 1일~16일)
개최도시 스위스 몽트뢰
시작연도 1967년
규모 음악 분야 아티스트만 1,000명 이상
방문객수 2010년 25만여 명 방문
주최 Fondation du Festival de Jazz de Montreux

문의 및 찾아가기
공식홈페이지 http://www.montreuxjazz.com
티켓예약 사이트 http://www.montreuxjazz.com
티켓가격 80스위스프랑 또는 30유로 정도이며,
　　　　무료 공연도 있다.
전화문의 +41-21-966-44-44
메일문의 info@mjf.ch
장소 2m2c Grand-Rue 95 CH-1820
　　　Montreux, Swiss
찾아가는 방법
제네바에서 기차로 이동하면 매우 가깝다.
취리히에서도 기차를 이용해 움직일 수 있고,
프랑스 리옹에서는 기차로 1시간 30분 거리이다.
몽트뢰역에서 내려 계단 아래 호수 쪽으로 걸은 후,
몽트뢰 팰리스 호텔에서 우회전하면
2m2c를 쉽게 찾을 수 있다.

◀ 록큰롤의 황제 레이 찰스도 이곳을 다녀갔다.
주옥같은 그의 노래가 알프스 산자락에 울려 퍼졌다니,
생각만 해도 짜릿하다. 그런 확실한 뮤지션만이 설 수 있는
축제, 몽트뢰는 지상 최고의 자연 무대다.

©Montreuxjazz Festival

축제 소개

음악을 사랑하는 유럽 사람들에게 스위스의 몽트뢰는 '평화로운 예술로의 귀향', '숲과 산으로 둘러싸인 자연극장의 감동' 그 자체다. 혹은 그 이상의 특별한 공간으로 인식된다. 몽트뢰는 스위스의 서쪽 제네바 인근에 있는 작은 도시인데, 알프스 산자락에 아늑하게 자리 잡아 경이로운 자연경관을 자랑하는 스위스 최고의 휴양도시다. 스위스에서도 대표적인 예술도시로 각광받고 있는 몽트뢰는 매년 여름 2주간 진행되는 재즈 페스티벌 덕분에 여름 시즌에는 숙소를 예약하기도 버거울 정도다.

몽트뢰 재즈 페스티벌은 1967년 클로드 놉스(Claude Nobs)라는 재즈 광팬에 의하여 처음 시작되었는데, 시간이 흐르면서 다양한 프로그램들이 더해지고 수준 높은 뮤지션들이 다녀가면서 국제적 명성을 쌓게 되었다.

올해로 44년째가 되는 몽트뢰 재즈 페스티벌은 현재까지도 독특하고 다양한 음악적 호기심을 추구하며, 매년 새로운 축제 분위기를 연출하고 있다. 더욱이 아름다운 알프스의 품 안에서 자연경관을 방음벽 삼아 즐기는 재즈 선율은 색다른 감동과 재미를 선사한다. 최고 실력의 재즈 뮤지션과 조니 캐시, 에릭 클랩튼, 레이 찰스, 프린스 등 세계적 명성의 뮤지션들이 축제기간에 몽트뢰를 찾으면서 더욱 이름을 떨치게 되었고, 2009년에는 한국의 김덕수 사물놀이패가 신명나는 공연으로 몽트뢰 벌판을 멋지게 장식한 바 있다.

▲ 레만 호수의 전경.

축제 참여하기 ①

청년인턴십 및 축제 자원봉사

신청자격 18세 이상, 프랑스어가 유창하고 단기 체류시 법적 하자가 없는 사람
신청시기 매년 2월~4월
신청방법 홈페이지의 'staff' 코너 참고
정보공개 웹사이트 http://www.montreuxjazz.com
축제측 지원사항 일당으로 10~50유로(15~75스위스프랑)를 지급하고,
　　　　　　　　 2주간 모든 콘서트 자유 입장이 가능하다.
　　　　　　　　 또 전 일정 식비를 지원해주고, 2장의 축제 기념 티셔츠도 제공한다.
선정시 우선 고려사항 언어 〉 근로 허가증(발급받기 매우 까다로움) 〉 열정 〉 경험

축제 참여하기 ②

아티스트

참가공연 초청방법 2개의 대표 무대는 공식초청이며,
　　　　　　　　　　나머지 무료 공연은 자율적으로
　　　　　　　　　　참가를 신청할 수 있다.
작품선정시 고려사항 예술적 가치와 음악 수준
신청시기 9월~12월
신청방법 이메일
신청자격 음악 활동 경험자
신청비용 없다.
선호장르 빅 밴드, 록, 살사, DJ하우스, 일렉트로닉 뮤직 등
선호하는 문의방법 이메일 〉 우편
접수시 구비서류 아티스트 프로필, 사진, 비디오 영상
문의시 사용 가능한 언어 영어, 프랑스어, 독일어, 이탈리아어
아티스트를 위한 문의처 담당자 Claudia Regolatti(vernex@mfj.ch)

한국 아티스트를 위한 축제측 코멘트

"우리 축제엔 2개의 메인 무대가 있는데, 공식초청된 작품만 공연할 수 있습니다. 그러나 the Parc Vernex, the Montreux Jazz Cafe, the Studio 41, 이 세 장소에서 공연되는 무료 콘서트는 뮤지션과 DJ 모두 자유롭게 신청할 수 있습니다. 관심 있는 분들은 이메일로 연락주세요."

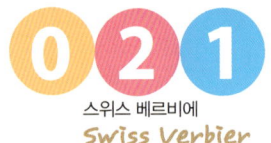

0 2 1
스위스 베르비에
Swiss Verbier

Verbier Festival

베르비에 페스티벌

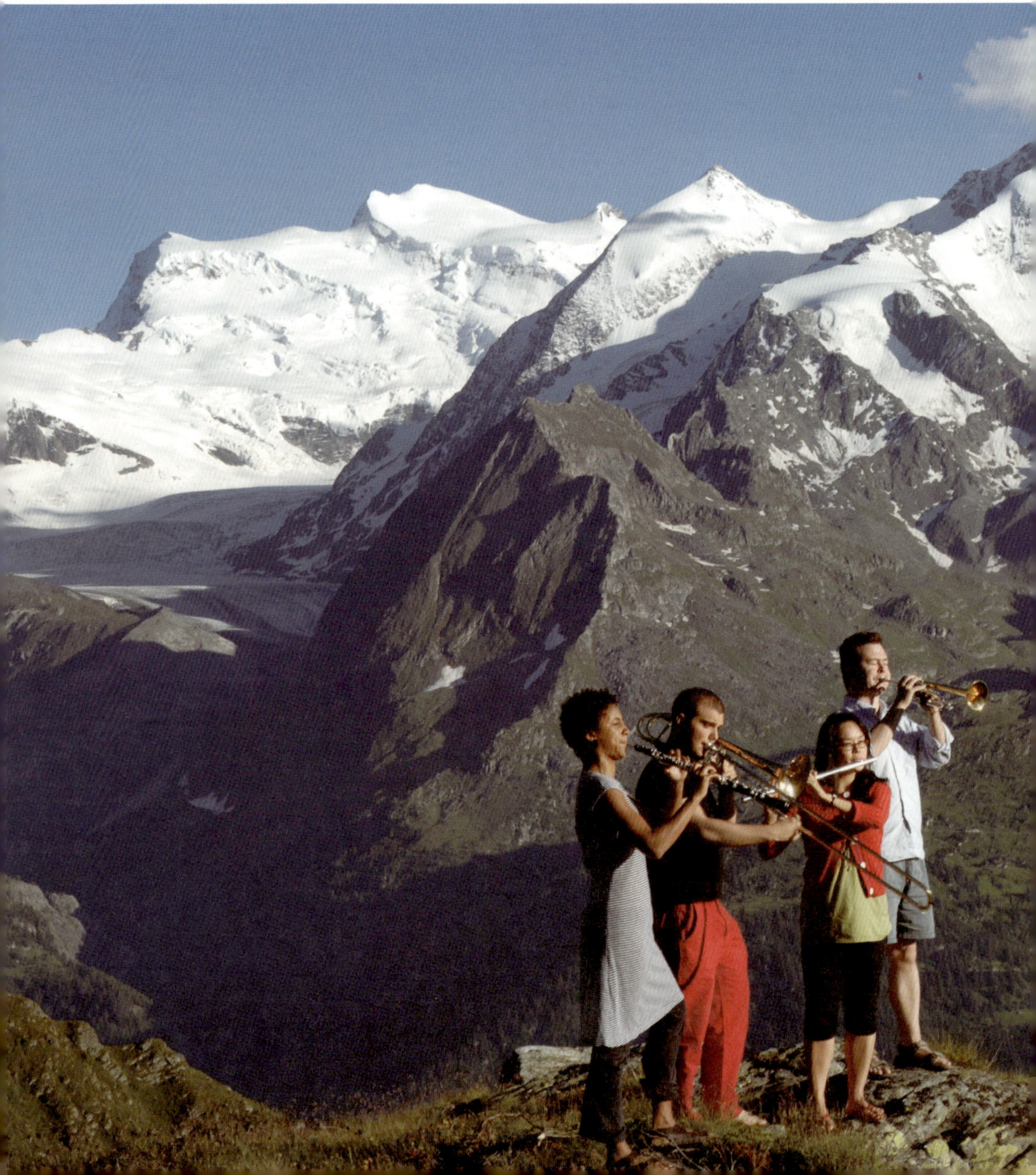

기본 정보
공식명칭 베르비에 페스티벌(Verbier Festival)
장르 클래식 음악
개최시기 매년 7월 중순에서 8월 초까지
　　　　　(17일간 / 2011년 7월 15일~31일)
개최도시 스위스 베르비에
시작연도 1994년
규모 약 60여 개의 세계적 클래식 아티스트 참가
방문객수 매년 4만여 명 이상의 관람객 방문
주최 베르비에 재단
　　　　(Fondation du Festival et Academie de Verbier)

문의 및 찾아가기
공식홈페이지 http://www.verbierfestival.com
티켓예약 사이트 http://www.verbierfestival.com/programme-tickets/how-to-purchase-tickets/
티켓가격 30~160스위스프랑
전화문의 +41-21-925-90-60
메일문의 info@verbierfestival.com
장소 'Verbier Festival' 1936 Verbier, Swiss
찾아가는 방법
비행기로 제네바 또는 취리히 공항에 도착한 후 기차를 이용해 로잔으로 이동한다. 다시 그곳에서 마티니(Martigny)로 가 버스로 갈아타거나 케이블카를 이용하여 베르비에로 간다. 축제가 열리는 기간 동안 마티니에서 베르비에까지 축제용 왕복버스를 운행하니 사전에 홈페이지를 검색하면 이용정보를 얻을 수 있다.

◀ 알프스 산 위에서 들려오는 플루트의 하모니. 더 이상 어떤 설명이 필요할까. 유명 뮤지션이 아니라, 약장수가 노래를 해도 아름다운 멜로디로 들릴 것 같다.

©Verbier Festival

축제 소개

올해로 18년째를 맞는 베르비에 페스티벌은 알프스의 중심에 위치한 최상의 클래식 음악 전문 축제로, 매년 전 세계에서 60여 팀 이상의 수준 높은 아티스트와 오케스트라가 참여해 17일 동안 웅장하고 아름다운 음악의 향연을 펼친다. 축제를 준비하는 베르비에 재단은 깨끗하고 아름다운 알프스의 자연 속에서 듣는 클래식의 감동을 죽기 전에 꼭 한번 경험해봐야 한다며, 알프스의 클래식 전문 축제로서의 자부심을 강하게 드러냈다.

또한 수준급 실력을 자랑하는 프로 뮤지션을 다양하게 만나볼 수 있을 뿐만 아니라 각국에서 찾아온 젊은 음악가들을 위한 교육 개념의 프로그램을 성공적으로 운영하고 있다. 두 그룹의 오케스트라와 아카데미로 구성되는데, 흔히 만나볼 수 없는 세계적 명인의 지도 아래 펼쳐지는 2주간의 축제에 매년 200여 명 이상의 젊은 음악가들이 베르비에로 몰려들고 있다. 참가비는 매년 프로그램에 따라 조금씩 변경되며, 관심 있는 우리의 젊은 뮤지션들이라면 매년 봄쯤 미리 공식 홈페이지를 찾아가 자세한 정보를 살펴볼 필요가 있겠다.

특히 스위스의 몽트뢰 페스티벌과 베르비에 페스티벌은 각각 재즈와 클래식이라는 장르 간의 차이는 있지만 같은 시기의 음악 축제

▲ 피아니스트와 오케스트라의 협연공연(2010년) 모습.

라는 유사점이 있다. 그래서 이 두 축제가 서로 겹치지 않도록 몽트뢰는 7월 초순, 베르비에는 7월 중순부터 시작하도록 했다. 방문객의 분산을 막고 시민들에게 축제의 즐거움을 다양하게 즐길 수 있도록 하는 등 다양한 측면에서의 축제 간 윈윈 효과를 유도하며 상생하고 있다는 점도 눈에 띈다.

축제 참여하기

청년인턴십 및 축제 자원봉사

신청자격 20세 이상이면 축제 아카데미와 오케스트라 인턴십이 가능하다.
신청시기 오케스트라는 매년 12월 초 마감, 아카데미는 매년 1월 31일 마감
신청방법 홈페이지 접수
정보공개 웹사이트 http://www.verbierfestival.com/orchestras,
　　　　　　　　　http://www.verbierfestival.com/academy
축제측 지원사항 장학금 가능
선정시 우선 고려사항 음악적 재능

한국 아티스트를 위한 축제측 코멘트

"인기 있는 클래식 공연은 일찌감치 매진됩니다. 현지 주민들은 물론이고 해마다 휴가철에 이곳을 찾아오는 외지인들이 사전 예약을 하기 때문이죠. 되도록 숙소와 공연 티켓은 미리미리 확보하는 게 좋습니다. 자세한 정보는 웹사이트를 참조해주세요."
www.myswitzerlnad.com
http://www.bfm.admin.ch/bfm/fr/home/themen/einreise/merkblatt_einreise.html

022
스위스 취리히
Swiss Zurich

Sechselauten Festival
섹세로이텐 페스티벌

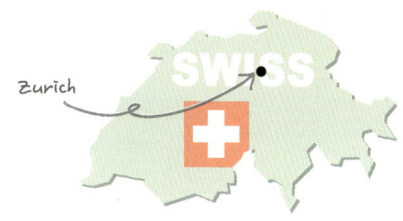

기본 정보

공식명칭 섹세로이텐 페스티벌(Sechselauten)
장르 퍼레이드
개최시기 매년 4월 셋째 주 월요일
　　　　　(하루 전 시작 / 2011년 4월 10일~11일)
개최도시 스위스 취리히
시작연도 14세기부터 시작되어 현재 페스티벌의
　　　　　모습을 갖춘 건 20세기 초
규모 3,000명의 퍼레이드 참가팀 및 기수 350명,
　　　마차 50여 대, 관악대 30명 등 참가
방문객수 대략 5만여 명 방문 및 참여
주최 Zurich city & Sechselauten

문의 및 찾아가기

공식홈페이지 http://www.sechselaeuten.ch
티켓예약 사이트 없다.
티켓가격 입장료를 받지 않는다.
전화문의 +41-(0)-44-215-40-00
메일문의 information@zuerich.com
장소 취리히 오페라하우스 앞
찾아가는 방법
유럽 전역에서 저가항공을 이용해 갈 수 있다.
인터라켄(Interlaken)에서 베른(Bern)을 거쳐
취리히로 가는 데 2시간 15분가량 걸린다.
루체른(Luzern)에서 취리히로 가면
3시간 정도 걸린다.

◀ 스위스의 전통 장신구를 허공에 매달아놓고
살짝 건드리면 빙빙 돌아간다. 마치 살아 움직이는 것 같다.

축제 소개

스위스 취리히에서는 가장 소박하며 전통적인 봄맞이 행사로 섹세로이텐 페스티벌이 매년 열린다. 섹세로이텐 페스티벌은 아주 오래전 취리히의 교역 상인들에 의해 처음 시작되었다.

섹세로이텐이란 이름은 '여섯 시에 울리는 종소리'라는 뜻인데, 교역 상인들이 겨울에는 오후 다섯 시까지만 근무하다가 봄이 되면 근무시간이 여섯 시로 옮겨진 데서 유래되었다. 그때마다 근무시간을 마치는 신호로 종을 울렸기 때문에 오늘날 축제의 이름이 되었다고 한다. 즉 고된 근무시간을 마친 뒤의 휴식이며, 길고 추웠던 겨울을 보내는 작별의 의식인 셈이다.

▲ 섹세로이텐 페스티벌의 하이라이트는 스위스 음악대와 기마병이 이끄는 퍼레이드로 시작된다.

겨울에서 봄으로 넘어가는 근무시간 변경일은 원래 3월 21일이었다. 하지만 오늘날 근무시간이 점차 개인화되고 축제 기념 날짜의 중요성이 사라지게 되자, 취리히 축제 관계자들이 날씨의 이점을 이용해 축제의 날을 4월의 셋째 주 월요일로 옮기게 되었다. 술을 곁들인 시끌벅적한 파티는 '린덴호프'라는 취리히의 오래된 마을에서 열리며, 특별 게스트를 초청해 관악대의 연주와 함께 금요일 저녁부터 펼쳐진다. 토요일에는 도시 곳곳에서 다양한 문화행사가 열리고, 일요일에는 2,000명의 아이들과 900여 명의 음악대로 구성된 거리 퍼레이드가 이어진다.

페스티벌에서 가장 인기 있는 행사는 역시 피날레인데, 추웠던 겨울을 떠나보낸다는 의미로 '뵈그(Boogg)'라고 부르는 봉제인형을 태우는 행사가 펼쳐진다. 벨레뷰 광장에 도착하면 뵈그를 모닥불 위로 옮기고 정각 6시가 되면 연주와 함께 불태운다. 뵈그의 머리가 빨리 터질수록 여름이 빨리 온다고 하니, 더위를 많이 타는 사람들은 미리 가서 그해의 여름 더위를 점쳐봐도 좋겠다.

스위스 취리히
Swiss Zurich

Freestyle ch Zurich
프리스타일

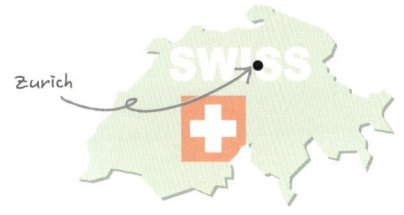

기본 정보
공식명칭 프리스타일 취리히(freestyle.ch Zurich)
장르 프리스타일의 스포츠 이벤트
개최시기 매년 9월 마지막 주말(2011년 9월 24일~25일)
개최도시 스위스 취리히
시작연도 1995년
규모 매년 새로운 스타일의 스포츠 이벤트팀이 다양하게 참여
방문객수 이틀 동안 4만여 명 방문
주최 freestyle.ch AG

문의 및 찾아가기
공식홈페이지 www.freestyle.ch
티켓예약 사이트 www.starticket.ch
티켓가격 25~250유로
전화문의 +41-43-444-7-444
메일문의 info@freestyle.ch
장소 Gustav Maurer-Strasse 10 CH-8702 Zollikon-Zurich, Swiss
찾아가는 방법
기차 S8, S24를 이용해 볼리스호펜(Wollishofen) 역까지 간 다음 내려서 란트비제(Landiwiese)까지 5분 정도 걸으면 된다. 취리히로 왕복 가능한 다른 기차들도 있으니 'www.sbb.ch'를 참고하기 바란다. 트램, 버스, 전철로 취리히와 축제 장소를 왕복 이동할 수 있다. 뷔르크플라츠(Burkliplatz)와 란트비제에서 7~5분마다 있는 161번과 165번을 이용해 갈 수 있다(www.zvv.ch 참고).

◀ 참가자의 표정이 귀엽고 익살스럽다. 그러다 한순간 하늘로 솟구치듯 날아오르는 모습이 마치 3D영화를 보는 듯하다.

축제 소개

한여름, 유럽의 중심에서 스포츠와 록음악의 열정이 만난다. 스위스의 취리히에서는 매년 9월 마지막 주말 이틀 동안 옆 사람의 고함소리조차 들리지 않을 정도로 열기가 뜨거운 젊은 축제가 펼쳐진다. 말 그대로 젊은이들의 폭발적인 자유와 개성을 살린 스타일리시한 스위스의 스포츠&음악 페스티벌이다.

프리스타일 취리히는 유럽에서도 가장 큰 프리스타일 스포츠 행사로, 젊은이들에게 인기 있는 겨울 스포츠를 도심 속 축제의 소재로 재구성한 개성 넘치는 문화 축제다.

축제는 취리히의 란트비제를 중심으로 펼쳐지는데 세계적인 스노우보더, 프리스키어, FMX 파일럿, 스케이트보더가 공중에서 몸을 뒤집고, 점프하고 날아다니는 듯한 대담한 기술을 선보인다. 한마디로 보는 이로 하여금 짜릿한 스릴과 쾌감을 불러일으키는 재미가 있다. 게다가 스포츠를 통한 관중들의 열

▲ 스포츠와 록의 만남. 누군가는 눈이 쌓인 구조물에는 관심도 없다.
한밤의 록 콘서트가 시작되면 술에 취한 유럽의 젊은이들은 자연스럽게 몸을 흔들며 그들만의 축제를 시작한다.

기를 더욱 북돋우기 위하여 록, 전자음악, 펑크 등 젊은이들에게 인기 있는 세계적 수준의 뮤지션을 매년 초청하고 있다. 젊음과 낭만, 음악, 열정, 묘기에 가까운 스포츠의 짜릿함까지 더한 색다른 이색 축제다.

때문에 유럽의 젊은이들이 가장 사랑하는 여름 축제, 여름방학에 꼭 가보고 싶은 음악 축제로 손꼽히는 대표적인 축제라 할 수 있다. 이 글을 읽고 있는 자신이 혹시 리듬에 둔감한 '몸치'라고 생각하는 사람이라면 속는 셈치고 꼭 찾아가보길 권한다. 감춰져 있던 또 다른 나를 발견할 수 있을 것이다.

축제 참여하기 ①

청년인턴십 및 축제 자원봉사

신청자격 유창한 독일어 필수
신청시기 매년 봄
신청방법 홈페이지를 통한 접수
정보공개 웹사이트 www.freestyle.ch
축제측 지원사항 하루에 70유로를 지급한다.
선정시 우선 고려사항 언어 〉 경험 〉 열정

축제 참여하기 ②

아티스트

참가공연 초청방법 공식초청작 100%
작품선정시 고려사항 콘서트는 스위스 국내 1팀, 해외 1팀만 선정한다. 따로 신청을 받지 않는다.

아일랜드 더블린
Ireland Dublin

International Dublin Gay Theatre Festival
더블린 국제 게이 연극 페스티벌

INTERNATIONAL
DUBLIN
GAY THEATRE FESTIVAL
2011

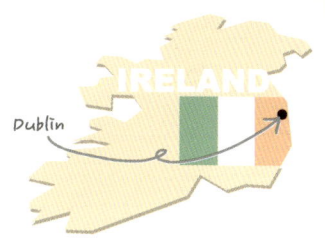

기본 정보
공식명칭 더블린 국제 게이 연극 페스티벌
(International Dublin Gay Theatre Festival)
장르 연극, 음악, 코미디, 댄스
개최시기 매년 5월 첫 번째 월요일 시작
(2주간 / 2011년 5월 2일~15일)
개최도시 아일랜드 더블린
시작연도 2004년(오스카 와일드 탄생 150주년을
기념하여 설립)
규모 매년 동성애를 다룬 각국의 20여 개
공연팀이 참가
방문객수 매년 5,000여 명 관람
주최 administered by an Executive Committee

문의 및 찾아가기
공식홈페이지 www.gaytheatre.ie
티켓예약 사이트 http://www.gaytheatre.ie
티켓가격 10~15유로, 무료 공연도 있다.
전화문의 +353-87-657-37-32
메일문의 info@gaytheatre.ie
장소 IDGTF 179 South Circular Road,
Dublin 8, Ireland
찾아가는 방법
유럽 어디에서나 20분 간격으로 운행하는 저가항공을 이용하면 된다. 심지어 5유로에도 더블린을 다녀가는 관광객이 있을 정도로 선택의 폭이 넓다. 공항에서 더블린이라고 써져 있는 이층버스를 타고 시내로 나오면 중심부에 위치한 축제 공연장들이 금세 눈에 띌 것이다.

◀ 이 페스티벌은 더블린 출신의 작가, 오스카 와일드의 삶을 기리기 위해 시작되었다.

축제 소개

예술을 위한 예술이라는 표어로 탐미주의를 주창했던 시인이자 소설가, 극작가였던 오스카 와일드는 아일랜드의 더블린에서 태어났다. 부유한 집안에서 좋은 교육을 받고 자란 그는 더블린의 트리니티 대학교와 영국 옥스퍼드 대학교에서 수학 후 일찍이 천재성을 인정받았고, 행복한 가정을 꾸리기도 했다. 그러나 그가 동성애자라는 게 드러나는 사건을 겪고 나서는 영국에서 추방당하고 프랑스 파리에서 쓸쓸하게 인생을 마감했다.

이런 위인의 동성애가 이 시대의 성소수자에게는 어찌 보면 큰 힘이 될지 모르겠다. 오스카 와일드의 안타까운 삶을 기리기 위해 탄생 150주년이 되는 지난 2004년, 프로페셔널한 자원자와 시민 자원봉사단에 의해 처음 게이 연극 페스티벌이 실행됐다. 아일랜드 더블린은 성소수자에 대한 이미지가 비교적 우호적인 편이라 그런지 매년 봄에 열리는 이 연극 축제를 보기 위해 찾아오는 관객이 해마다 늘었다. 현재는 전 세계에서 동성애를 소재로 한 공연이나 게이 작가들이 직접 이 축제에 참가하기 위해 열의를 보이고 있다.

동성애를 무조건적으로 비판하고 비정상적인 것이라고 판단하는 이를 제외한다면 한번쯤 그네들의 상상과 고통, 독특한 예술세계, 그들의 존재감을 예술을 통해 바라보는 것도 새로운 경험이 될 것이다. 축제 장소는 시내 중심에서 걸어다닐 수 있는 거리에 위치하며, 2주간 더블린의 시티센터 극장을 중심으로 펼쳐진다. 또한 매일 밤 축제 클럽은 무료로 입장할 수 있다.

축제 참여하기 ①

청년인턴십 및 축제 자원봉사

신청자격 나이 제한은 없다. 성소수자 환영. 무대 또는 마케팅 분야 경험자 환영
신청시기 매년 4월 말부터
신청방법 이메일 volunteers@gaytheatre.ie
정보공개 웹사이트 www.gaytheatre.ie
축제측 지원사항 자원봉사자만을 원하며, 일체의 지원은 없다. 모든 공연은 무료 관람이 가능하다.
선정시 우선 고려사항 2주간 줄곧 함께하면서 축제를 즐길 수 있는 사람이면 되고, 기술적 역량이나 성적 취향은 따지지 않는다. 영어 능력은 필요하다.

축제 참여하기 ②

아티스트

참가공연 초청방법 공식초청작 100%
작품선정시 고려사항 예술적 가치 〉 독창성 〉 새로운 극작, 목소리, 다양성, 평등, 인권 등
신청시기 매년 12월 1일까지 제출 마감
신청방법 이메일 접수
신청자격 상호 문호적 대화나 긍정적 게이 정체성을 담은 작품이라면 누구나
신청비용 경우에 따라 다르다.
선호장르 동성애 소재의 연극, 코미디, 퍼포먼스, 음악, 카바레 등
선호하는 문의방법 이메일, 우편
접수시 구비서류 홈페이지 신청서 작성, 대본, 아티스트 프로필, 사진, 동영상 등
문의시 사용 가능한 언어 영어
아티스트를 위한 문의처 info@gaytheatre.ie / +353-876-573-732

> **한국 아티스트를 위한 축제측 코멘트**
> "우리는 아시아의 아티스트들과 관객을 따뜻하게 환영합니다. 또 성 정체성을 테마로 활동하는 게이 작가, 아티스트들의 예술작품을 홍보해주기도 합니다. 가끔은 대사가 너무 많아 초청이 어렵지만, 작품이 탁월하게 좋을 경우 자막 처리를 해서 공연하기도 하니 참고하세요."

아일랜드 더블린
Ireland Dublin

Dublin Theatre Festival
더블린 국제 연극제

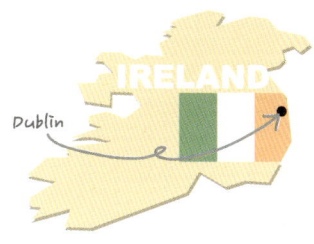

기본 정보
공식명칭 더블린 국제 연극제(Dublin Theatre Festival)
장르 연극
개최시기 매년 가을(9월 말~10월 중순 /
 2011년 9월 29일~10월 16일)
개최도시 아일랜드 더블린
시작연도 1957년
규모 대략 25~30여 개의 프로덕션, 300여 개의
 공연작품과 100여 개의 스페셜 행사
방문객수 매년 5만여 명 관람객 방문
주최 Ulster Bank Dublin Theatre Festival

문의 및 찾아가기
공식홈페이지 www.dublintheatrefestival.com
티켓예약 사이트 http://www.dublintheatrefestival.com
티켓가격 10~40유로
전화문의 +353-01-679-8439
메일문의 info@dublintheatrefestival.com
장소 44 East Essex Street, Temple Bar,
 Dublin 2 Ireland
찾아가는 방법
유럽 어디에서나 20분 간격으로 운행하는
저가항공을 이용하면 된다.
혹은 런던을 경유해서 갈 수도 있다.

◀ 더블린 중심가를 가로질러 흐르는 리피강의 모습.
더블린은 축제기간에도 떠들썩하기보다는 늘 한산하고
조용한 게 특징이다.

축제 소개

유럽에서도 아일랜드는 희곡, 시, 문학이 발달된 도시로 알려져 있다. 때문에 오늘날 아일랜드의 수도인 더블린과 북부 아일랜드의 벨파스트 등 아일랜드의 주요 도시들은 정통 연극과 어린이를 위한 공연이 가장 발달된 나라로 기억되고 있다.

특히 아일랜드를 대표하는 더블린 국제 연극제는 가을이 시작되는 10월경에 약 보름간 더블린 시내 곳곳에서 펼쳐지는데, 전 세계에서 초청된 300여 작품과 기타 심포지움, 워크숍, 클럽데이, 아카데미 등 다양한 축제 프로그램을 선보이고 있다.

또한 세계적으로 인정받는 유수의 연극작품을 한꺼번에 소개함과 동시에 아일랜드 출신 거장들의 작품을 연극으로 올려 자국의 문학적 자부심을 표출하기도 한다. 몇 해 전에는 한국의 극단 '산울림'의 대표이자 연출가 임영웅의 〈고도를 기다리며〉가 공식초청되어 큰 호응을 얻은 바 있다.

축제가 열리는 기간 동안은 여행자를 위한 숙소를 구하기가 어려울 때가 많으므로 축제기간의 여행은 미리 세심한 준비를 할 필요가 있다.

축제 참여하기 ①

청년인턴십 및 축제 자원봉사

신청자격 나이 제한은 없다. 영어 능통자
신청시기 매년 5월경
신청방법 홈페이지를 통한 신청
정보공개 웹사이트 www.dublintheatrefestival.com
축제측 지원사항 자원봉사는 수당이 없으나,
　　　　　　　　　공연 무료 관람과 식사 제공 등의 혜택이 있다.
선정시 우선고려사항 언어 〉 경험 〉 헌신

축제 참여하기 ②

아티스트

참가공연 초청방법 공식초청작 100%
작품선정시 고려사항 예술적 가치 〉 창의성
신청시기 언제나
신청방법 이메일 접수
신청자격 우수한 연극작품 창작자라면 누구나
신청비용 공식초청작으로 선정되면 무료
선호장르 연극
선호하는 문의방법 이메일, 우편
접수시 구비서류 공연예술 소개서, 아티스트 프로필, 사진 또는 동영상
문의시 사용 가능한 언어 영어
아티스트를 위한 문의처 info@dublintheatrefestival.com

한국 아티스트를 위한 축제측 코멘트

"한국 연극은 많이 접해보지 못했습니다. 앞으로 좋은 연극을 통해 다양한 교류가 이루어지길 고대합니다. 더블린 국제 연극제는 공식초청작만 공연할 수 있기에 참여를 원하는 극단은 사전에 작품에 대한 정보를 보내주세요."

026

영국 런던

England London

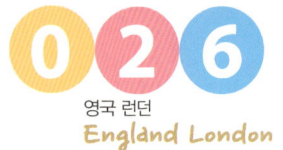

Notting Hill Carnival

노팅힐 카니발

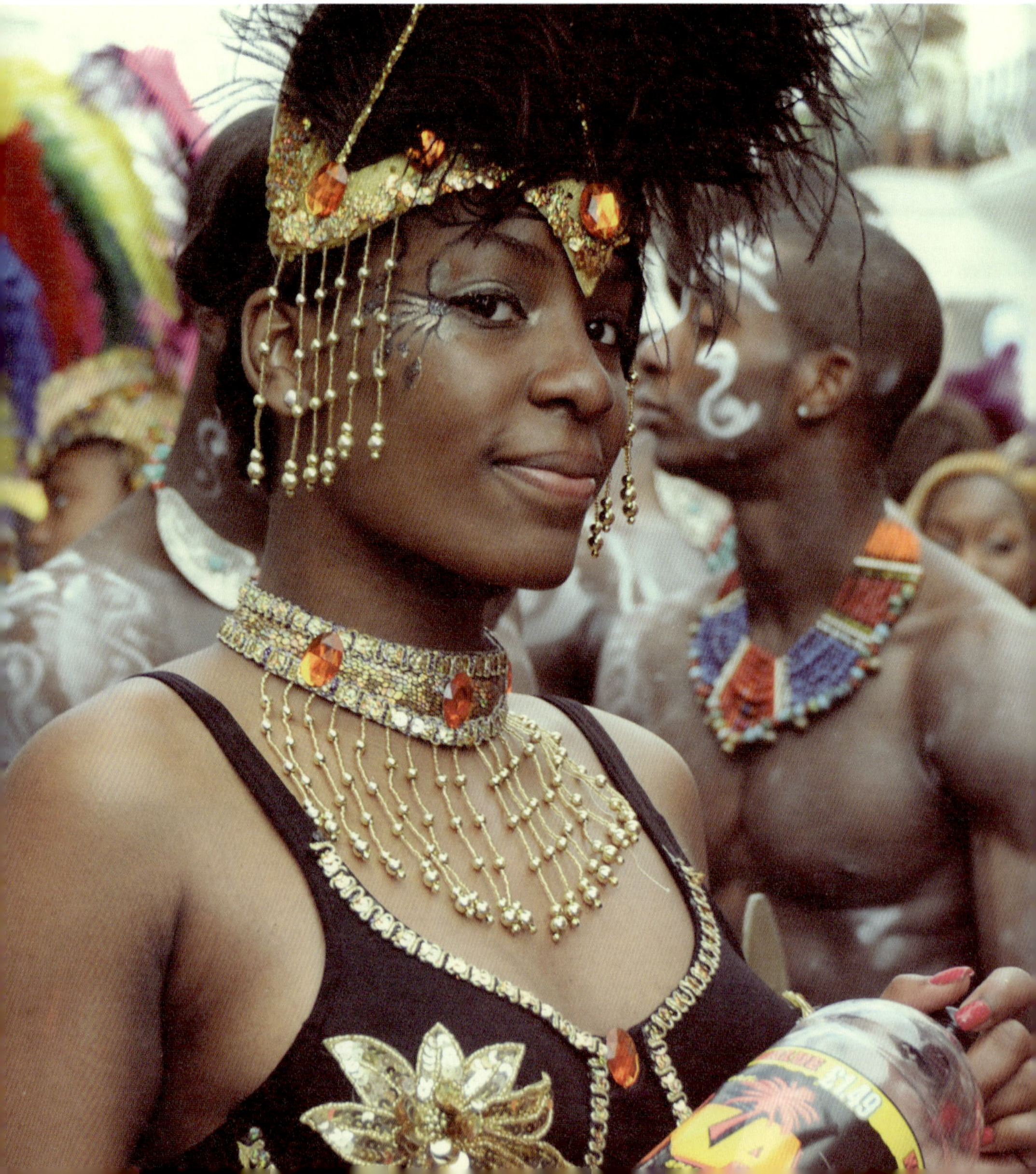

기본 정보
공식명칭 노팅힐 카니발(Notting Hill Carnival)
장르 카니발
개최시기 매년 8월 마지막 주 주말
　　　　　(이틀간 / 2011년 8월 28일~29일)
개최도시 영국 런던
설립연도 1964년
규모 매년 참가자만 4만여 명 이상
방문객수 매년 평균 200만 명 이상의 관람객 방문
주최 Notting Hill Carnival Ltd

문의 및 찾아가기
공식홈페이지 http://www.thenottinghillcarnival.com
티켓예약 사이트 http://www.thenottinghillcarnival.com
티켓가격 무료(심야의 에프터 파티는 장소에 따라
　　　　　입장료가 있다)

찾아가는 방법
켄싱턴 중심가나 홀란드 파크 또는 퀸스
파크역에서 내려 걸어갈 것을 추천한다.
주변의 역은 축제기간 중 행선지나
정지 포인트가 자주 바뀌곤 하는데,
모든 지하철역에서 구할 수 있는 변동사항
소책자를 확인하면 된다.

◀ 1년 중 이 날만을 기다리지 않았을까. 온갖 화려한 장신구와 반짝이는 의상을 갖춰 입고 온몸을 사정없이 흔드는 젊은이들이 자그마치 4만 명이다.

축제 소개

한국에도 잘 알려진 런던의 노팅힐 카니발은 축제가 열리는 단 이틀 동안 200만 명 이상의 관람객을 불러들일 만큼 폭발력 있는 유럽의 대표적인 카니발이다. 매년 8월의 마지막 주말, 런던 서부에 위치한 노팅힐 전역에서 펼쳐지는데 32킬로미터에 달하는 카니발 행렬이 노팅힐의 메인 거리를 가득 채운다. 화려한 의상을 입은 행렬과 곳곳에 설치된 40여 개의 대형 스피커, 수백 개의 캐리비안 노점상 등 노팅힐 전체가 그야말로 폭발 직전의 화약고처럼 들썩거린다. 노팅힐 카니발에 참가하는 음악 밴드와 가장행렬, 공연팀 등 순전히 아티스트로 참가하는 사람만 4만여 명이 넘으며 노팅힐 카니발을 보기 위해 런던을 방문하는 사람만 자그마치 200만 명이 넘는다. 그야말로 문화 축제를 넘어 경제적 파급 효과가 상상을 초월하는 축제 상품인 셈이다.

노팅힐 카니발은 1964년 서인도의 캐리비안에서 이주해온 흑인 노동자들이 결속을 위해 자그마치 시작했던 행사였는데, 오늘날에는 영국을 상징하는 대표 축제로 꼽힐 만큼 런던의 명물이 되었다. 전통 철제 드럼 소리와 함께 화려하고 이색적인 카니발 차량, 스피커에서 울려퍼지는 신나는 음악과 노점상들의 들뜬 모습이 전 세계의 이목을 집중시키고 있다. 노팅힐 카니발의 코스는 노팅힐의 그레이트 웨스턴 로드(Great Western Road)에서

시작하여 쳅스토 로드(Chepstow Road), 웨스트
본 그로브(Westbourne Grove)에서 래드브로
크 그로브(Ladbroke Gorve)까지 이어진다. 카
니발이 끝나고 날이 저물면 노팅힐 곳곳에
서 에프터 파티가 열리는데 이왕 인산인
해의 카니발 군중 속에 파묻혔다면 현지
의 젊은이들과 함께 카니발의 화려한 밤을 만끽해도 좋을 것 같다.

축제 참여하기

청년인턴십 및 축제 자원봉사

신청자격 누구나
신청시기 매년 4월 초
신청방법 홈페이지를 통해 지원하거나 이력서를 직접 우편으로 접수
    (Advisory Board LNHCL Unit 5, Baseline Studios Whitchurch Road London W11 4AT)
정보공개 웹사이트 http://www.nottinghill-carnival.co.uk/job
축제측 지원사항 없다.
선정시 우선 고려사항 팀의 일원으로서 창의적이고 자신의 능력을 최대한 발휘할 수 있는 사람,
    커뮤니케이션 능력이 훌륭한 사람, 경험이 많고 이해력이 높은 사람

축제가 열리는 이틀 동안 200만 명 이상이 운집하는 대형 행사다. 그만큼 소매치기가 들끓으니 각별히 조심해야 한다. 또한 메인 퍼레이드가 펼쳐지는 월요일에는 대중교통 이용조차 까다로우니 미리 염두에 두어야 한다. 공중화장실도 턱없이 부족한 실태인데 노팅힐 주민들이 자신들의 화장실을 2파운드 정도에 쓸 수 있게 해주는 집이 많아서 이를 이용하는 것도 방법이다. 또 한 가지, 여느 축제와 마찬가지로 축제기간에는 물가가 매우 비싸지니 물이나 휴지 같은 간단한 생필품은 떠나기 전에 미리 준비하는 것이 좋다.

027

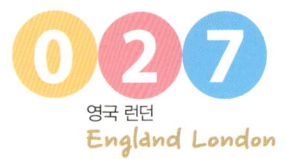

영국 런던

England London

Dance Umbrella

댄스 엄브렐러 페스티벌

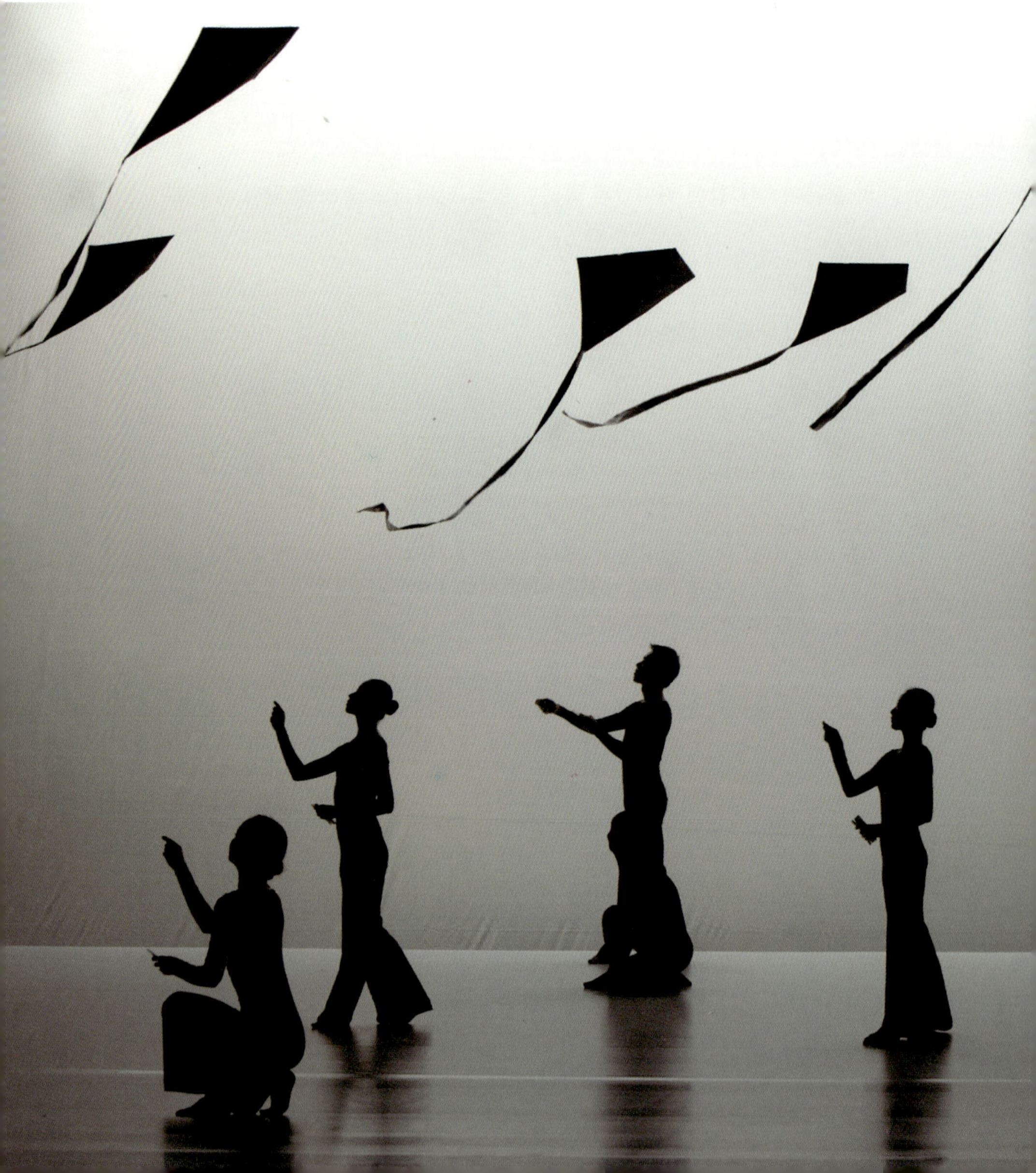

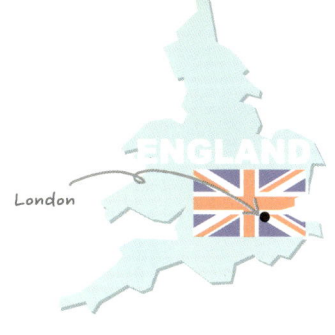

축제의 기본 개요
공식명칭 댄스 엄브렐러 페스티벌(Dance Umbrella)
장르 현대 무용
개최시기 매년 10월(4~5주간 / 2011년 10월 1일~30일)
개최도시 영국 런던
시작연도 1978년
규모 매년 약 20~25개 무용단체 참가
방문객수 2만여 명의 유료 관람객
주최 Dance Umbrella Ltd.

문의 및 찾아가기
공식홈페이지 http://www.danceumbrella.co.uk
티켓예약 사이트 www.danceumbrella.co.uk
티켓가격 무료~40파운드
전화문의 +44-207-407-1200
메일문의 admin@danceumbrella.co.uk
장소 35 Little Russell Street,
       London WC1A 2HH, England
찾아가는 방법
런던 중심가에서 체류하는 것이 좋다.
축제가 런던 구석구석의 공연장이나 광장에서
열리기 때문이다.

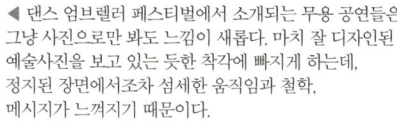

◀ 댄스 엄브렐러 페스티벌에서 소개되는 무용 공연들은 그냥 사진으로만 봐도 느낌이 새롭다. 마치 잘 디자인된 예술사진을 보고 있는 듯한 착각에 빠지게 하는데, 정지된 장면에서조차 섬세한 움직임과 철학, 메시지가 느껴지기 때문이다.

축제 소개

"댄스 엄브렐러는 현대 무용의 세계 최대 규모이자 초일류 축제 중 하나다 (Dance Umbrella - one of the world's largest and most prestigious festivals of modern dance)." 몇 해 전 런던에서 펼쳐지는 댄스 엄브렐러의 현장을 보고 뉴욕타임스가 쏟아낸 찬사다. 말 그대로 한 해 동안 전 세계에서 소개된 현대 무용 중 최고의 작품만을 선보이고 무용계의 최근 트렌드를 한자리에서 살펴볼 수 있는 절호의 기회이자, 몸을 활용한 순수예술의 잔치다.

댄스 엄브렐러는 주최측의 공연장뿐만 아니라 의외의 곳에서도 곧잘 공연되기 때문에 무료 또는 매우 저렴한 비용으로 관람할 수 있다는 것도 무척 매력적인 포인트다. 특정 분야의 축제로 하여금 많은 사람들이 무용예술에 대한 경험과 도시의 활력을 찾길 바라며, 이러한 분위기에서 무용계 자체가 건강하게 성장해 나가야 한다는 철학을 갖고 운영되고 있다.

특히 참가작들을 통해 무용계의 새롭고 재능 있는 인물과 작품을 발굴, 육성하고 아티스트를 지원하거나 장기적 관계에서 성장할 수 있도록 도와주는 역할을 톡톡히 하고 있어 젊은 무용가라면 누구든지 초청되어 함께 참여하고 싶은 세계 최고의 무용 전문 예술 축제다.

언어가 필요 없고 단지 몸짓으로 표현하는 현대 무용에 관심이 많은 사람이라면 매년 가을 런던을 찾아가면 그 현장을 직접 만나볼 수 있다.

축제 참여하기 ①

청년인턴십 및 축제 자원봉사

신청자격 인턴십만 해당한다. 열정, 훌륭한 문장력, 원활한 의사소통 능력, 뛰어난 PC 능력, 기본적인 행정기술, 런던에 대한 일반지식과 대중교통 시스템을 이해하고 있어야 하며, 영어는 필수다.
신청시기 매년 7월(프로젝트 인턴은 필요시마다 홈페이지에 공지)
신청방법 이메일(admin@danceumbrella.co.uk)
정보공개 웹사이트 http://www.danceumbrella.co.uk/page/3032/Internships
축제측 지원사항 여행경비를 지원하지만 수당은 없다.
선정시 우선 고려사항 언어 > 열정 > 경험

축제 참여하기 ②

아티스트

참가공연 초청방법 공식초청작 100%
작품선정시 고려사항 예술적 가치와 수준 > 타이밍과 예산 > 축제와의 조화 및 연계성
신청시기 연중 내내 **신청방법** 이메일
신청자격 능력 있는 무용수라면 누구나
신청비용 신청비는 없다. **선호장르** 무용
선호하는 문의방법 이메일, 우편
접수시 구비서류 공연정보를 담은 소개서와 아티스트 프로필, DVD 등
문의시 사용 가능한 언어 영어
아티스트를 위한 문의처 http://www.danceumbrella.co.uk/page/3010/FAQs+for+Artists
추가사항 코멘트 오디션이나 인턴십으로 참가하고자 하는 아티스트는 2명의 추천인을 포함한 자기소개서와 이력서를 메일로 보내길 바란다. A4 1장을 넘기지 않게 인생의 목표에 인턴십이 어떤 도움이 될지를 서술하면 된다.

> **한국 아티스트를 위한 축제측 코멘트**
>
> "웹페이지에 아티스트들이 궁금해하는 다양한 이야기들이 나와 있습니다. 그 밖에 더 상세한 정보가 궁금하다면 이메일을 보내주세요. 오디션이나 인턴십으로 참가하고자 하는 아티스트는 2명의 추천인을 포함한 자기소개서와 이력서를 메일로 보내주세요. 인생의 목표에 인턴십이 어떤 도움이 되는지 서술하되, A4 1장을 넘기진 마세요."

028

영국 런던

England London

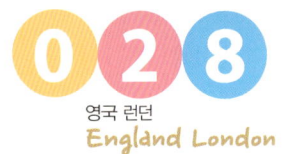

London International Mime festival

런던 마임 페스티벌

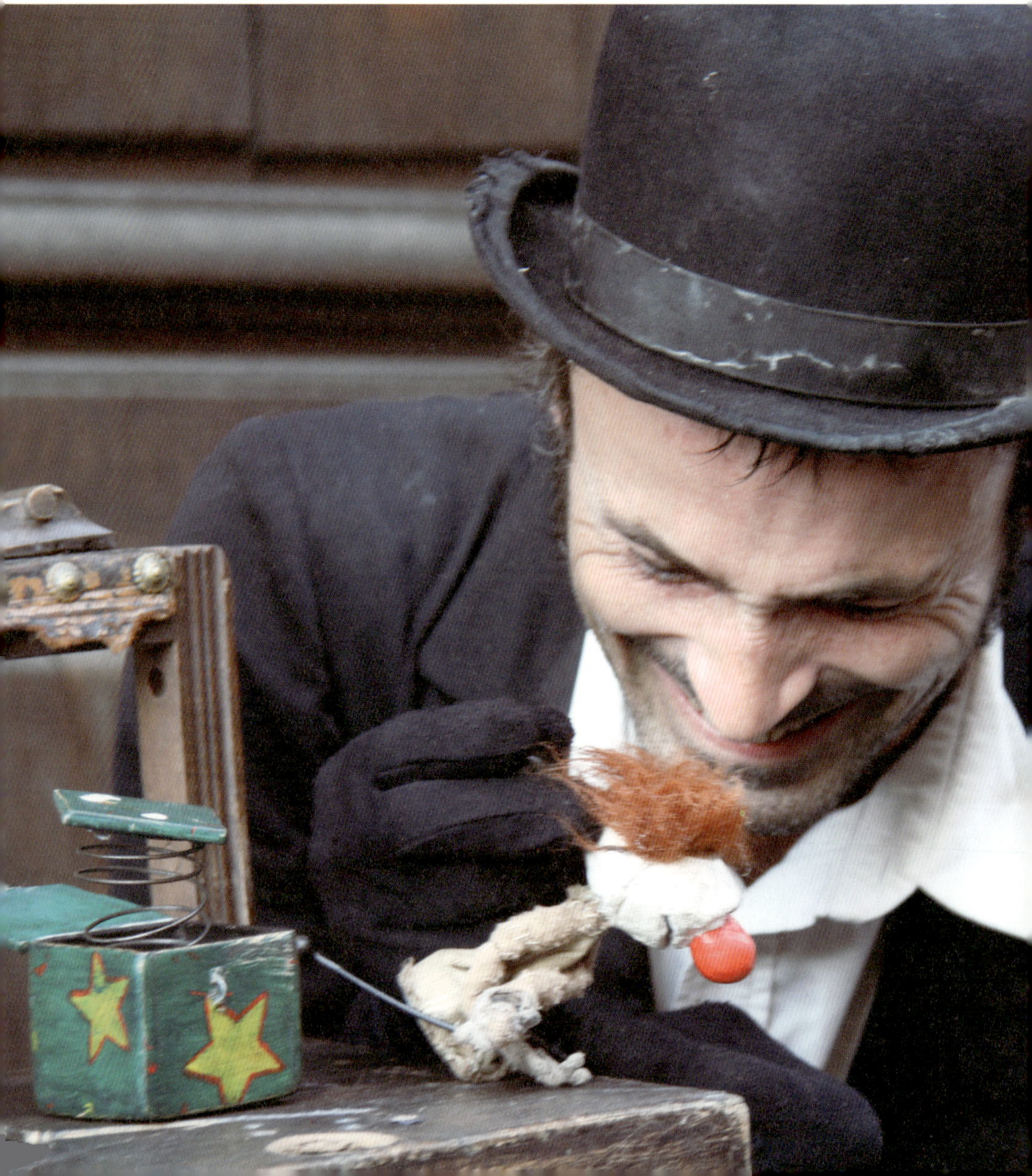

기본 정보
공식명칭 런던 마임 페스티벌
(London International Mime festival)
장르 마임, 현대 비주얼 공연물(실내 공연물로 제한)
개최시기 매년 1월 중순에 시작
(16일간 / 2012년 1월 14일~29일)
개최도시 영국 런던
시작연도 1977년
규모 전 세계에서 엄선한 16개 작품이 16일 동안 공연
방문객수 2만여 명의 유료 관람객
주최 London International Mime festival

문의 및 찾아가기
공식홈페이지 www.mimelondon.com
티켓예약 사이트 www.mimelondon.com
티켓가격 평균 6~28파운드
전화문의 +44-20-7637-5661
메일문의 direction@mimelondon.com
장소 35 Little Russell Street,
London WC1A 2HH, England
찾아가는 방법
런던은 흔히 알고 있듯 한국에서 바로 가는
비행기 노선이 많다. 런던 도착 후에는
홈페이지를 통해 원하는 극장을
찾아가면 된다. 주요 공연장에서만 펼쳐지니,
어디나 쉽게 찾아갈 수 있다.

◀ 런던 마임 페스티벌은 전 세계적으로도 잘 알려져 있는
프랑스 미모스 페스티벌과 함께 마임 페스티벌의 양대
산맥으로 알려져 있다. 미모스보다는 런던 마임 페스티벌이
형식과 연극적 구성면에서 완성도 높은 작품을
선보이는 편이다.

축제 소개

런던 마임 페스티벌은 긴 설명이 필요 없을 정도로 마임, 현대적 비주얼 공연물 분야에서는 독보적 입지를 구축하고 있는 축제다. 또한 전 세계의 마임 축제 중 프랑스의 미모스와 함께 양대 축을 형성하고 있는 영국의 대표적인 축제다.

다만 프랑스의 미모스와 비교하자면 런던 마임 페스티벌이 나아가야 할 장기적 전략을 기반으로 현대적 비주얼 무대, 특히 비언어극 위주로 서커스와 인형극, 오브젝트 무대, 마임, 라이브아트, 인체적 공연물 등 다양한 새로운 장르를 포함하여 우수작을 참여시킨다. 댄스나 거리극, 전통적인 하얗게 분장한 얼굴의 판토마임은 프로그램에서 아예 제외시키고 있다. 반면 프랑스의 미모스는 거리나 광장에서 쉽게 볼 수 있는 마임극의 비중이 매우 크다.

매년 1월 중순경 런던 사우스뱅크 극장 등 런던 곳곳의 7개 주요 극장에서 16편의 작품이 펼쳐진다. 역사적 배경과 신뢰를 바탕으로 작품 수준에 대한 기대치가 높아 사전 예매를 하지 않으면 티켓 구하기가 어려울 수 있으니 반드시 사전에 축제 참여 준비를 하는 것이 좋다.

축제 참여하기 ①

청년인턴십 및 축제 자원봉사

신청자격 공식적 자원봉사 시스템은 없다.
신청시기 매년 4월경
신청방법 홈페이지
정보공개 웹사이트 www.mimelondon.com
축제측 지원사항 공식적인 자원봉사 시스템은 없지만, 하게 될 경우
기본급은 없고 숙식 제공 및 수료증을 발급해준다.
선정시 우선 고려사항 언어 〉 열정 〉 경험

축제 참여하기 ②

아티스트

참가공연 초청방법 공식초청작 100%
작품선정시 고려사항 최고 수준의 전문적이고 독창적인 현대 공연물
신청시기 매년 6월 접수마감
신청방법 admin@bathfringe.co.uk 또는 공식 홈페이지의 'contact us'를 활용
신청자격 전문 아티스트
신청비용 없다(공식초청작은 공연과 숙식을 제공. 여행경비는 직접 조달해야 한다).
선호장르 비주얼 공연(55분 미만의 작품, 영어자막이 가능해야 한다, 댄스와 거리극 제외)
선호하는 문의방법 이메일, 우편
접수시 구비서류 공연의 설명서와 아티스트 관련 소개서, DVD
문의시 사용 가능한 언어 영어
아티스트를 위한 문의처 direction@mimelondon.com

한국 아티스트를 위한 축제측 코멘트

"우리는 공연시간이 55분 미만인 비언어, 현대 비주얼 작품만을 찾고 있습니다. 일단, 작품 전체가 담긴 DVD 자료가 필요한데, 우리 축제와 어울린다고 판단되면 라이브로 볼 수 있도록 노력하겠습니다. 한국어 공연물은 모두 영어자막이 필요하며, 비언어 작품을 선호합니다. 최고 수준의 작품과 고해상도 사진을 반드시 보내주세요."

029

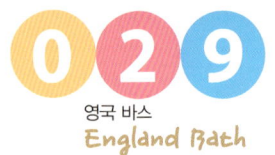

영국 바스

England Bath

Bath Fringe Festival

바스 프린지 페스티벌

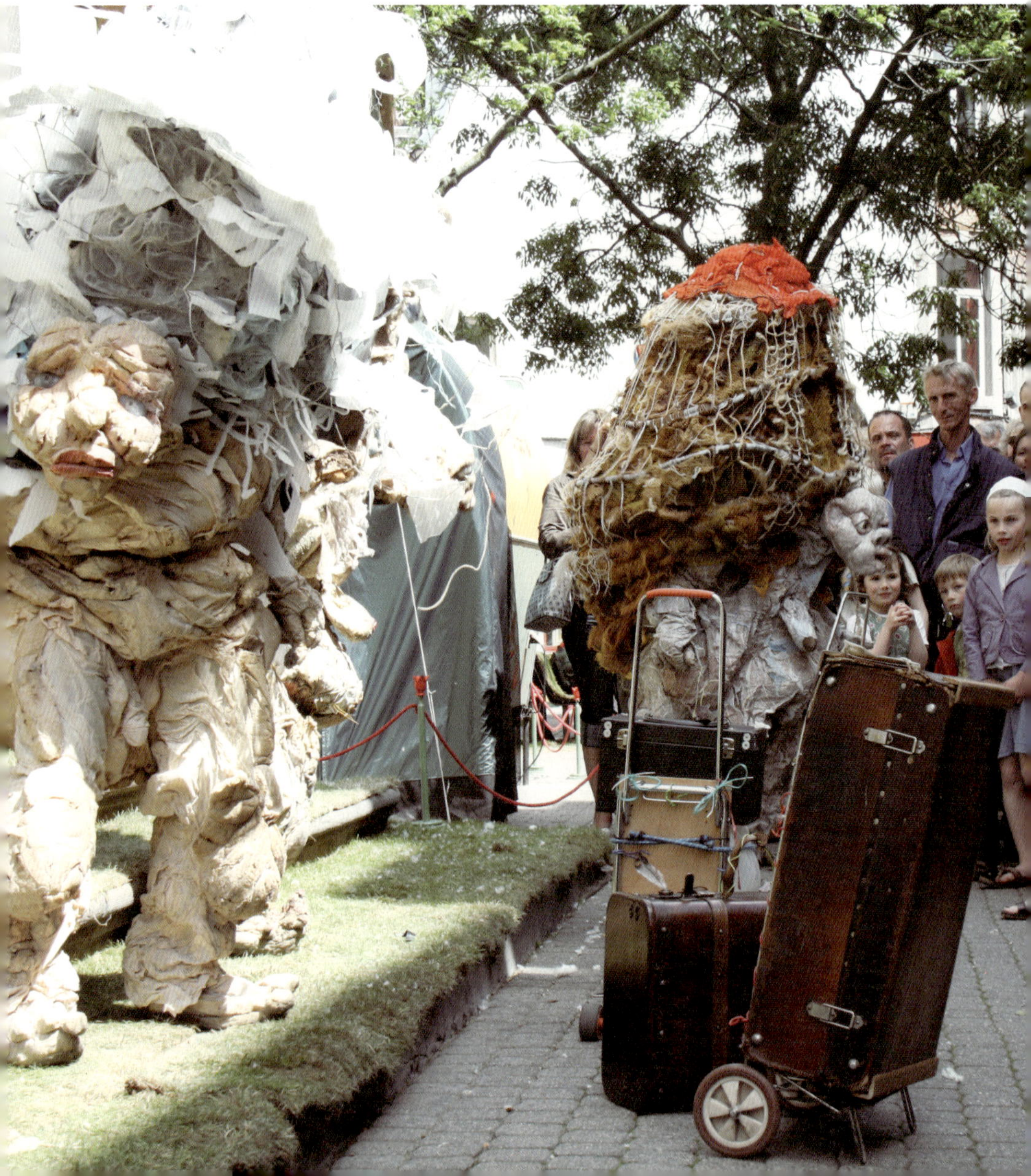

기본 정보
공식명칭 바스 프린지 페스티벌(Bath Fringe Festival)
장르 종합장르(새로운 형식의 공연 환영)
개최시기 매년 5월 말~6월 초
  (2011년 5월 27일~6월 12일)
개최도시 영국 바스
시작연도 1981년
규모 200여 개의 공연팀 참가
방문객수 2~3만여 명 관람객 방문
주최 Bath Fringe Festival

문의 및 찾아가기
공식홈페이지 www.bathfringe.co.uk
티켓예약 사이트 www.bathfringe.co.uk
티켓가격 평균 10파운드, 비싸도 보통 20파운드를
  넘지는 않는다. 무료 공연도 많다.
전화문의 +44-01-225-480-079
메일문의 admin@bathfringe.co.uk
장소 103 Walcot Street, Bath, Somerset,
  BA1 5BW, England
찾아가는 방법
런던 히드로 공항과 게츠윅 공항에서 바로 기차나
버스를 이용하여 바스로 올 수 있다.
런던을 경유하지 않는다면 바스 인근의
큰 공항은 브리스톨 공항이다. 런던 시내에서는
패딩턴역에서 기차로 바스 스파역으로
이동하면 편리하다.

◀ 종이와 누더기 천을 이용해서 만들었다는 어느 거리
예술가의 공연 의상이다. 뚱뚱한 늙은 노파의 모습 같기도
하고 외계인 같기도 한 생물체가 거리에 등장하자,
동네 사람들이 모여들어 시끌벅적하다.

축제 소개

"모든 축제는 어떤 축제가 될지 모르기 때문에 더욱 매력적이다." 바스 프린지 페스티벌을 주최하는 관계자의 말이다. 이 말처럼 바스 프린지 페스티벌은 매해 새롭게 등장하는 공연물들을 위주로 자유롭게 펼쳐지는 축제를 지향한다.

축제가 열리는 바스는 영국 서머싯 카운티의 북동부에 위치해 있고, 런던을 중심으로 보면 정확히 서쪽으로 4시간 떨어진 거리에 있는 작은 온천도시다. 고대 로마시대의 건축양식이 그대로 남아 있는 바스는 많은 귀족과 문호들이 휴식을 위해 거주했던 도시로, 오랜 옛날부터 온천이 유명해 도시 이름 자체도 목욕탕이란 말에서 나왔다. 거기다 이 자유참가 방식의 축제는 런던 남부 항구도시인 브라이튼 프린지 페스티벌(5월)과 며칠 간격으로 연이어 개최되기 때문에 영국 남부를 여행하는 사람에게는 여행과 예술 축제를 함께 볼 수 있는 이상적인 코스를 제시한다.

바스 프린지 페스티벌은 모든 종류의 음악을 포함한 코미디, 연극, 비주얼 아트, 실외 및 거리공연, 어린이를 위한 공연, 카바레, 시와 스포큰워드(가수가 노래 대신 이야기를 들려주는 음악 장르) 등 기존에 흔히 볼 수 없었던 새로운 장르까지 자유롭게 참가하여 선보일 수 있는 지극히 혁신적인 시도를 하고 있다.

©Chris Greenwood

©Chris Greenwood

축제 참여하기 ①

청년인턴십 및 축제 자원봉사

신청자격 나이 제한은 없다. 유창한 영어 필수
신청시기 매년 3월경
신청방법 이메일
정보공개 웹사이트 admin@bathfringe.co.uk
축제측 지원사항 공식적인 인턴제도는 없다. 이 지역에 거주하는 젊은이 중 지원을 원하면 이메일로 먼저 자기소개서를 보내주길 바란다고 한다.
선정시 우선 고려사항 인근 지역 거주자 〉 영어 능통자

축제 참여하기 ②

아티스트

참가공연 초청방법 자유참가 100%
작품선정시 고려사항 자유롭게 참가 가능하다. 공연장소, 기타 문제점 등을 함께 고민해줄 수 있다.
신청시기 매년 1월~2월
신청방법 이메일(admin@bathfringe.co.uk)
신청자격 누구나
신청비용 없다.
선호장르 모든 장르
선호하는 문의방법 이메일, 우편(전화는 사양)
접수시 구비서류 신청 공연물을 볼 수 있는 링크를 포함하여 소개서를 메일로 접수
문의시 사용 가능한 언어 영어, 다른 유럽 국가의 언어도 가능
아티스트를 위한 문의처 admin@bathfringe.co.uk

한국 아티스트를 위한 축제측 코멘트

"작품에서 어떤 언어를 쓰든 상관없습니다. 다만, 공연할 장소는 스스로 해결한 후 신청하세요. 축제에 참가하고자 하는 의지가 높다면 기꺼이 함께 고민해드리겠습니다. 또 거리의 어쿠스틱 밴드인 버스킹 스타일(Busking Style)의 공연도 가능합니다. 여러분의 공연 가능성과 현실성에 대해 상담해드릴 수 있으니, 사전에 연락주세요."

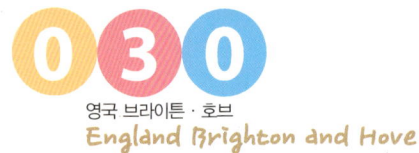

030
영국 브라이튼 · 호브
England Brighton and Hove

Brighton Festival Fringe

브라이튼 프린지 페스티벌

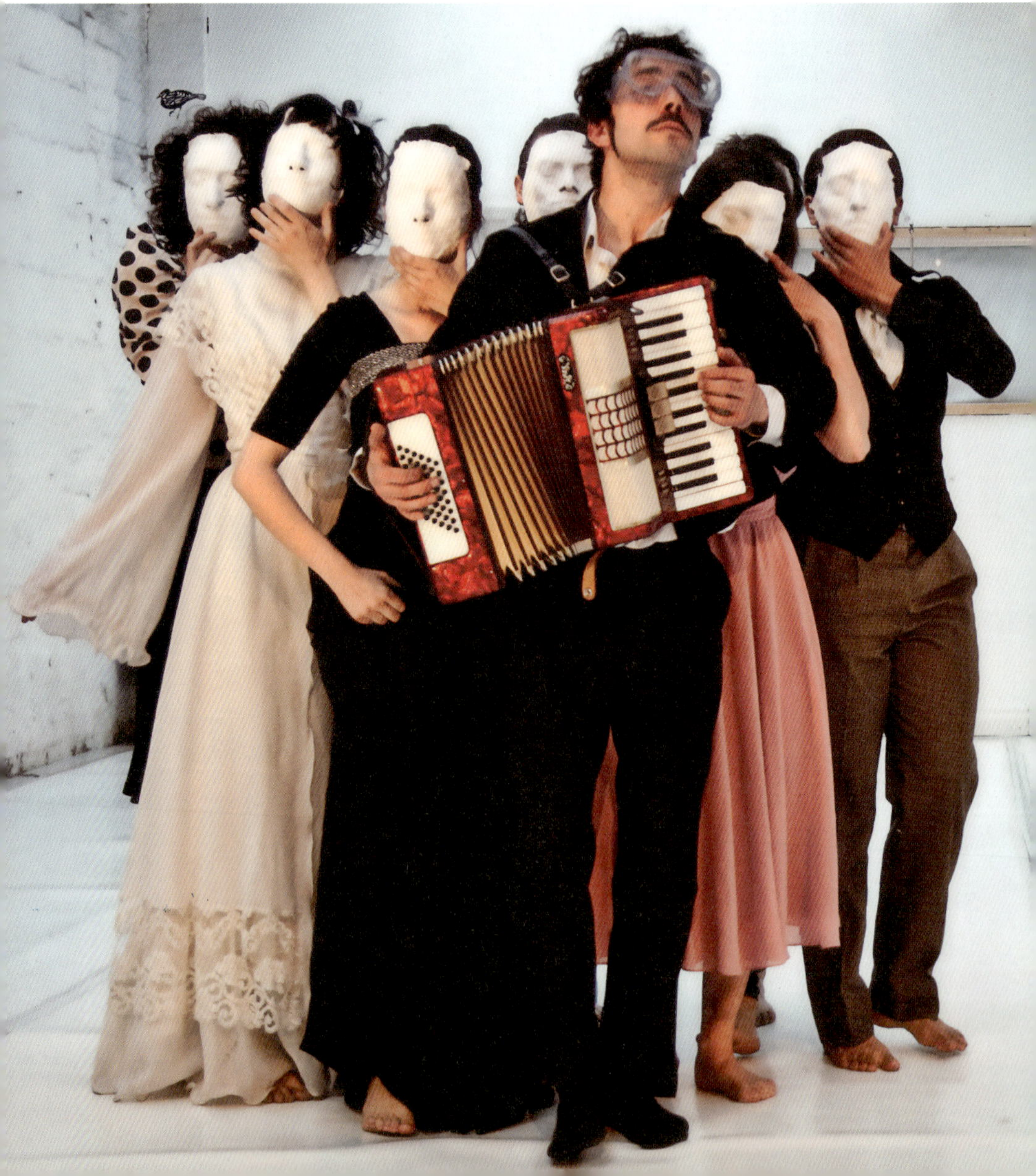

기본 정보

공식명칭 브라이튼 프린지 페스티벌
(Brighton Festival Fringe)
장르 종합장르
개최시기 매년 5월(2011년 5월 7일~30일)
개최도시 영국 브라이튼
시작연도 1967년 브라이튼 페스티벌과 더불어 프린지 활동 시작, 2006년부터 독립
규모 2010년 665개 공연물 참가. 브라이튼 시내 200여 곳이 극장으로 활용
방문객수 2010년 티켓 10만여 장 판매, 18만여 명 방문
주최 Brighton Festival Fringe

문의 및 찾아가기

공식홈페이지 www.brightonfestivalfringe.org.uk
티켓예약 사이트 www.brightonfestivalfringe.org.uk
티켓가격 평균 10파운드 정도
전화문의 +44-01-273-764-905
메일문의 boxoffice@brightonfestivalfringe.org.uk
장소 Brighton Festival Fringe, 5 Palace Place, Brighton BN1 1EE, England
찾아가는 방법
가장 가까운 공항은 게츠윅 공항이다. 익스프레스 버스를 이용하여 브라이튼으로 곧장 갈 수 있으며, 런던 시내에서는 빅토리아역의 버스터미널에서 갈 수 있다.

◀ 하얀 석고가면을 쓴 배우들이 아코디언 소리에 맞춰 거리 퍼포먼스를 벌이고 있다.

축제 소개

영국의 축제를 떠올릴 때 스코틀랜드의 에든버러 페스티벌만 생각한다면 오산이다. 영국 남부를 대표하는 자유참가 페스티벌, 즉 런던에서 수직으로 아래에 위치한 항구도시 브라이튼의 '프린지 페스티벌'이 있다.

이 축제는 공식적으로 1967년부터 브라이튼 페스티벌의 일환으로 몇 십 년간 진행되어 왔는데, 지난 2006년부터 완전히 독립하게 되었다. 재미있게도 현재는 모체인 브라이튼 페스티벌보다 브라이튼 프린지 페스티벌의 명성이 훨씬 더 높다.

브라이튼 프린지 페스티벌은 매년 5월 경 아티스트들의 자유참가 방식으로 치러지는데, 에든버러 프린지 페스티벌과 운영방식은 비슷하다. 참가를 희망하는 아티스트들이 축제 홈페이지 또는 집행위원회와 연계하여 일정 등록비를 지불하고 자신이 공연하고자 하는 장소를 물색하여 등록하면 된다. 참가자들은 축제기간 동안 자유롭게 공연을 펼칠 수 있으며, 일정 부분 수익을 가져갈 수 있다.

축제 장소는 브라이튼 시내 곳곳과 인근 소도시인 호브의 대략 200여 곳에 장소를 선정해 치른다. 지난 2010년에도 각국에서 몰려온 총 665개의 공연팀이 활발한 야외 공연을 펼쳤다니 영국 여행을 가면 남쪽으로 발길을 옮겨보는 것도 좋겠다.

▲ 브라이튼을 찾은 마이미스트가 말쑥한 정장 차림을 하고 코믹한 마임 공연을 펼치고 있다.

> 축제 참여하기 ①

청년인턴십 및 축제 자원봉사

신청자격 나이 제한은 없다. 영어 능통자
신청시기 매년 2월경
신청방법 홈페이지를 통한 신청
정보공개 웹사이트 www.brightonfestivalfringe.org.uk
축제측 지원사항 자원봉사자를 매해 선발하는 것은 아니다.
선정시 우선 고려사항 언어 > 경험

> 축제 참여하기 ②

아티스트

참가공연 초청방법 자유참가 100%
작품선정시 고려사항 자유참가이므로 선정기준은 없다.
신청시기 매년 11월~이듬해 2월
신청방법 홈페이지를 통한 접수
신청자격 누구나
신청비용 매해 다르므로 홈페이지를 눈여겨봐야 한다.
선호장르 종합장르
선호하는 문의방법 이메일
접수시 구비서류 홈페이지의 신청서 양식에 맞춰 접수
문의시 사용 가능한 언어 영어
아티스트를 위한 문의처 Info@brightonfestivalfringe.org.uk / +44-01-273-764-900

한국 아티스트를 위한 축제측 코멘트

"누구라도 브라이튼 프린지에 참여할 수 있습니다. 다만, 비자가 문제될 수 있으니 한국에서 확인하고 오세요. 또한 등록하기 전에 먼저 공연장부터 예약해야 합니다."

031
영국 에딘버러
England Edinburgh

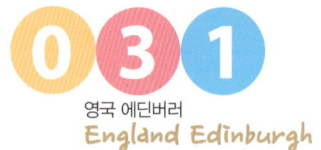

Edinburgh Festival
에딘버러 페스티벌

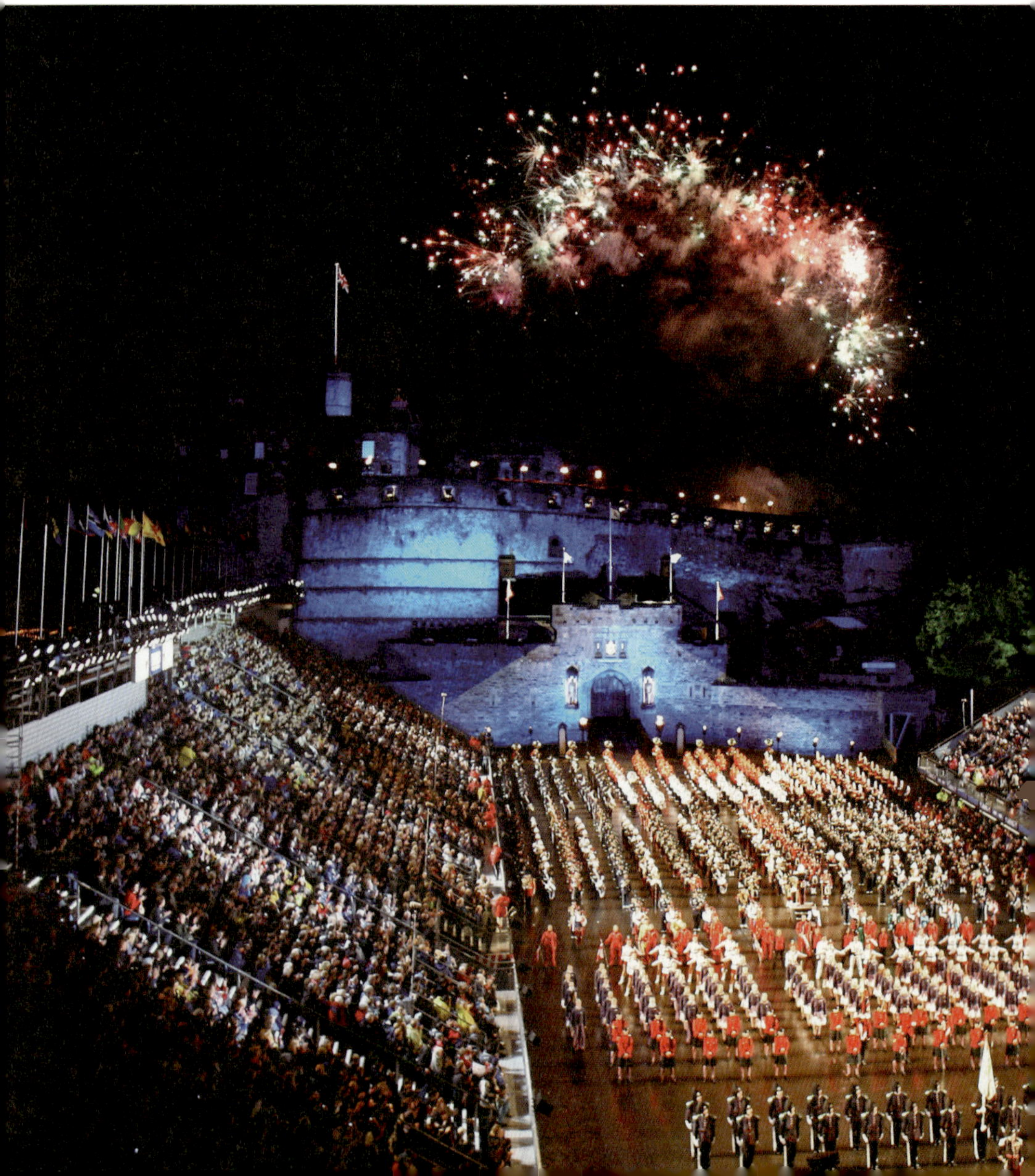

기본 정보
공식명칭 에딘버러 페스티벌(Edinburgh Festival)
장르 종합장르
개최시기 매년 8월 초순~9월 초순
　　　　　(2011년 8월 12일~9월 4일)
개최도시 영국 에딘버러
시작연도 1947년
규모 2,050여 개 이상의 공연팀이 참가
방문객수 매년 1,200만 명 이상의 관람객 방문
주최 스코틀랜드 내셔널트러스트

문의 및 찾아가기
공식홈페이지 http://www.edinburghfestivals.co.uk/
티켓예약 사이트
http://www.edinburghfestivals.co.uk,
http://www.hubtickets.co.uk/default.asp
티켓가격 무료~100유로까지 다양
전화문의 +44-(0)131-473-2001
메일문의 info@festivalsedinburgh.com
장소 에딘버러 전체
찾아가는 방법
런던 빅토리아 코치역이나 킹스크로스역에서 코치(고속버스)를 타고 에딘버러까지 10시간 소요된다. 기차의 경우 4시간 30분으로 코치보다 빠르지만 값은 조금 더 비싸다. 대략 40파운드.
일찍 예약할수록 대폭 할인된 가격으로 구입할 수 있으니, 일정이 정해졌다면 최대한 빨리 구매하기를.

◀ 에딘버러 페스티벌의 대표 프로그램 중 하나인 밀리터리 타투(Edinburgh Military Tattoo)의 한 장면. 밀리터리 타투는 스코틀랜드 군 의장대의 사열과 행진을 공연화한 것인데, 에딘버러 페스티벌의 하이라이트다.

축제 소개

에딘버러 페스티벌은 세계에서 가장 큰 예술 축제이자 공연마켓이다. 매년 8월 초순부터 한 달여간 스코틀랜드의 에딘버러에서 펼쳐지는데, 그 안에는 우리가 일반적으로 알고 있는 프린지 페스티벌을 시작으로 에딘버러 영화 페스티벌, 에딘버러 도서 페스티벌, 에딘버러 인터넷 페스티벌, 에딘버러 휴먼 페스티벌 등 다양한 소규모 축제들이 연결되어 있다.

에딘버러 페스티벌이 시작되면 전 세계에서 손꼽히는 클래식 음악, 연극, 오페라, 무용, 시각예술 작품들이 에딘버러 시내의 6개 메인 극장과 콘서트홀 그리고 곳곳에 흩어져 있는 각종 간이무대에서 온종일 다양하게 펼쳐진다. 관객들의 반응에 따라 입소문이 퍼지면 티켓 구하기가 어려워진다. 공연이 어떤지 잘 모를 경우는 조금 기다렸다가 당일 반값 티켓으로 관람할 수도 있다. '프린지' 공식 티켓 발부처에 가면 바로 앞쪽에 'Fringe Half Price Hut'이 있다. 당일 공연에 한해서 50% 할인해주며 교환이나 환불은 안 된다.

에딘버러 페스티벌은 1947년 2차 세계대전 이후 척박해진 유럽의 인간성을 일깨우고자 시작된 축제였다. 에딘버러 인터내셔널 페스티벌이 그 시초였고, 같은 해 이 '인터내셔널'에 끼지 못한 8개의 작은 극단들이 페스티벌에 무단 참여(?)하면서 오늘날 그 유명한 '에딘버러 프린지 페스티벌'의 기원이 되었다. 현재의 에딘버러 프린지 페스티벌은 대략 25일간 2,000개가 넘는 작품들이 참가하며, 공연 횟수로는 3만 회 이상의 공연이 에딘버러에서 펼쳐진다. 또 참가국으로 따지면 60개국이 넘고 아티스트만도 2만여 명에 이른다. 공연을 희망하는 아티스트가 축제측에 직접 참가 신청을 하면 된다. 심사위원은 따로 없으며 관객과 미디어가 그 역할을 대신하는 편이다.

축제 참여하기 ①

청년인턴십 및 축제 자원봉사

신청자격 고등학교 졸업자면 누구나
신청시기 매년 5월 31일까지 신청
신청방법 info@internshipscotland.com로 먼저 문의한 후 안내하는 단체로 재신청한다.
정보공개 웹사이트 http://www.internshipscotland.com
축제측 지원사항 인턴기간 동안의 숙박, 공항에서부터의 이동 수단, 오리엔테이션, 주말(1회) 활동, 건강보험, 이동전화, 스태프 어시스턴트, ISIC 카드 등의 혜택이 주어진다.
선정시 우선 고려사항 스코틀랜드에 대해 알고 싶은 재학생이라면 누구든지 환영한다.

축제 참여하기 ②

아티스트

참가공연 초청방법 프린지의 경우 누구나 참가 신청 가능
작품선정시 고려사항 특별한 구분은 없다.
신청시기 2월 21일: 등록페이지 오픈
  3월 30일: 등록비 할인 및 정보 제공
  4월 18일: 프로그램 책자에 소개될 공연 등록 마감
  6월 1일: 등록 페이지 재오픈(edfringe.com에만 소개)
신청방법 온라인 접수로 edfringe.com에 가입 후
  www.edfringe.com/participants/show?registration에서 등록서류를 작성하고 접수
신청자격 특별한 구분은 없다.
신청비용 Full Run-295.20유로(3회 이상의 퍼포먼스),
  Limited Run-96.00유로(1회 혹은 2회의 퍼포먼스)
선호장르 특별한 구분은 없다.
선호하는 문의방법 전화 또는 이메일
접수시 구비서류 온라인 접수서
문의시 사용 가능한 언어 영어
아티스트를 위한 문의처 +44-(0)131-226-0026 / participants@edfringe.com

032
오스트리아 뫼르비슈
Austria Morbisch

Seefestspiele Mörbisch

뫼르비슈 오페레타 페스티벌

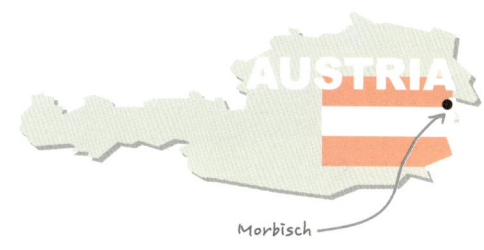

기본 정보
공식명칭 뫼르비슈 오페레타 페스티벌
　　　　　(Seefestspiele Morbisch)
장르 오페라
개최시기 매년 7월~8월 말까지
　　　　　(2011년 7월 14일~8월 28일)
개최도시 오스트리아 뫼르비슈
시작연도 1957년
규모 매년 대표하는 오페라 한 작품만 공연
방문객수 2010년 18만여 명 관람객 방문
주최 Seefestspiele Morbisch

문의 및 찾아가기
공식홈페이지 www.seefestspiele-moerbisch.at
티켓예약 사이트 http://www.seefestspiele-moerbisch.at
티켓가격 23~77유로
전화문의 +43-26-82-662-100
메일문의 tickets@seefestspiele-moerbisch.at
장소 7000 Eisenstadt, Joseph Haydn-Gasse 40/1, Austria
찾아가는 방법
비엔나에서 뫼르비슈까지 왕복 셔틀버스가 있다. 이것을 타고 이동한 다음 다시 시골버스를 타고 축제장까지 가야 한다.

◀ 뫼르비슈 오페레타 페스티벌은 호수에서 불어오는 선선한 저녁바람을 맞으며 야외 오페라를 맛볼 수 있는 여름 축제다. 웬만한 무대조명은 호숫가에 비친 오스트리아의 달빛이 대신했다.

축제 소개

　오스트리아에는 동쪽과 서쪽 국경 근처에 호수무대를 기본 콘셉트로 한 대표적인 호수 오페라 축제가 두 곳 있다. 하나는 오스트리아의 서쪽 국경 호수에서 펼쳐지는 축제로 한국에도 익히 알려져 있는 브레겐츠 페스티벌이고, 다른 하나는 동쪽 국경 근처 호숫가에서 펼쳐지는 뫼르비슈 오페레타 페스티벌이다.

　뫼르비슈 오페레타 페스티벌은 1957년 알버트 알센(Herbert Alsen)이라는 오스트리아의 유명 오페라 가수가 아름다운 호수를 배경으로 오페라를 선보이겠다는 야망에서 처음 시작되었는데, 거기서 아리아를 들은 관객들의 반응은 폭발적이었다고 한다. 이를 계기로 매해 꾸준한 성장을 해온 뫼르비슈 페스티벌은 1978년 알센이 죽은 후부터 여러 명의 예술감독을 거쳐 오늘날의 명성을 얻게 되었다.

　브레겐츠 페스비벌과 뫼르비슈 페스티벌은 작품의 수준과 환경적 여건 등에서 매우 유사하다. 보통 브레겐츠는 해외에서도 휴양을 위해 많이 찾아오고, 반면 뫼르비슈 페스티벌은 비엔나와 3시간 거리에 있어 비엔나에서 찾아오는 관객 비율이 전체 관객의 50퍼센트 이상을 차지할 정도다. 또한 호수가 헝가리 국경과 맞닿아 있어 헝가리에서 찾아오는 관객들도 많다.

　브레겐츠까지 찾아가기 어려운 여행객이라면 한여름 호숫가에서 펼쳐지는 반세기 역사의 오페라 페스티벌을 꼭 경험해보면 좋겠다.

축제 참여하기 ①

청년인턴십 및 축제 자원봉사

신청자격 클래식 가수, 독일어 능통자
신청시기 언제나 가능
신청방법 이메일(Zierler@seefestspiele-moerbisch.at)
정보공개 웹사이트 홈페이지를 통한 정보공개는 없다.
축제측 지원사항 모든 인턴십 성악가는 계약 후 급여를 지급한다.
선정시 우선 고려사항 독일어 필수, 뛰어난 재능

축제 참여하기 ②

아티스트

참가공연 초청방법 공식초청자 100%
작품선정시 고려사항 재능 〉 의사소통 능력
신청시기 연중 내내
신청방법 이메일로만 가능
신청자격 성악 교육을 잘 받은 사람이라면 누구나 가능
신청비용 없다.
선호장르 클래식
선호하는 문의방법 이메일
접수시 구비서류 경력 소개서, 아티스트 프로필, 사진, 비디오 및 CD
문의시 사용 가능한 언어 영어, 독일어
아티스트를 위한 문의처 담당자 Ms. Elke Zierler
(Zierler@seefestspiele-moerbisch.at / +43-26-82-66-210)

한국 아티스트를 위한 축제측 코멘트

"우리는 매해 최고의 오페라를 단 한 편만 공연합니다. 전 세계에서 온 100여 명의 성악가들이 참여하는데, 매해 규칙적으로 오디션을 치르는 것은 아닙니다. 그러니 지원하고 싶다면 개인적으로 신청해주세요. 우리가 신청서를 받은 뒤, 오디션이 가능한지 여부를 알려드리겠습니다."

◀ 2009년 공연했던 오페라 〈마이 페어 레이디〉의 한 장면.

033

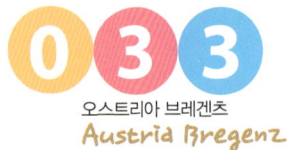

오스트리아 브레겐츠

Austria Bregenz

Bregenzer Festspiele

브레겐츠 페스티벌

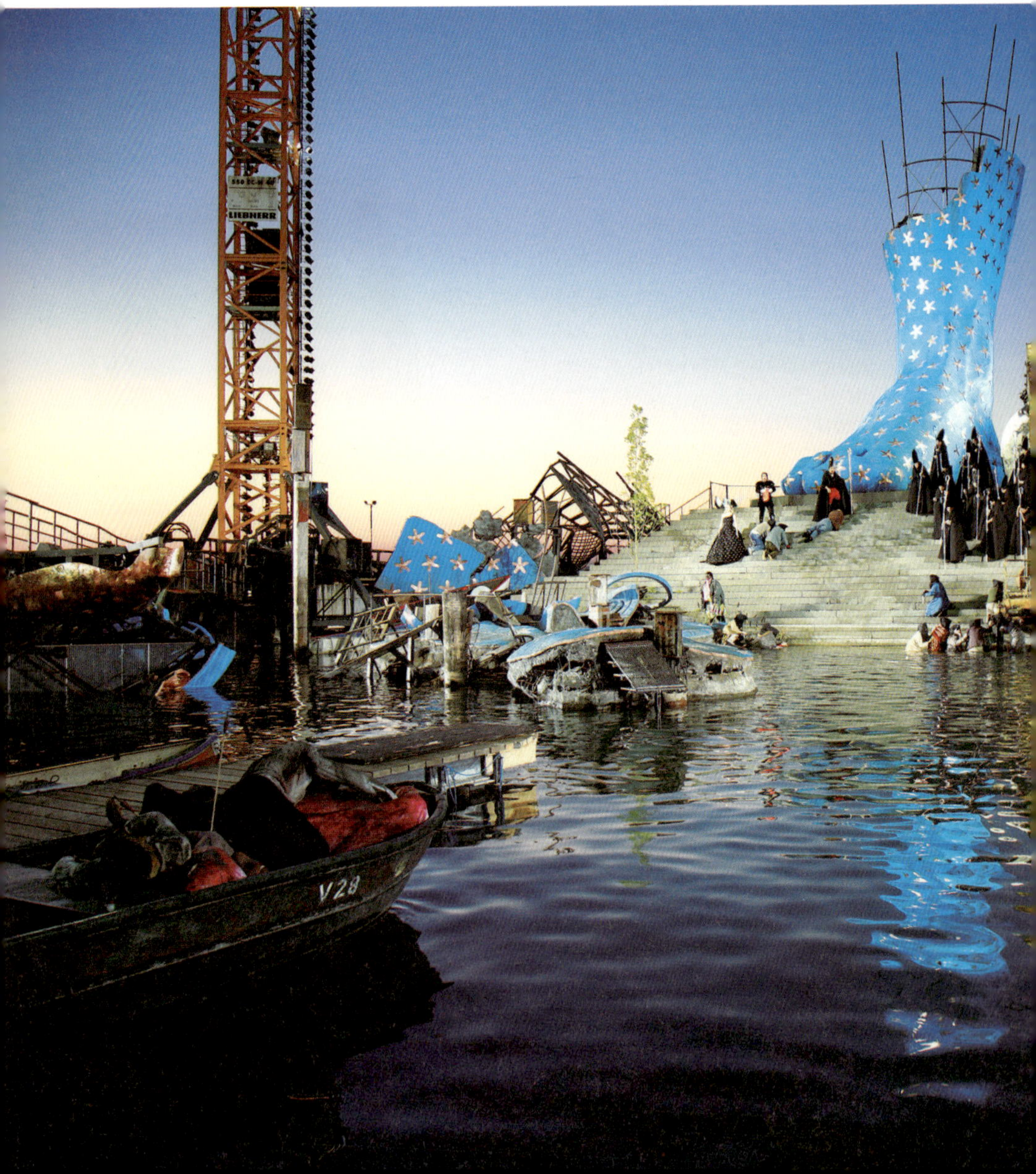

AUSTRIA

Bregenz

기본 정보

공식명칭 브레겐츠 페스티벌(Bregenzer Festspiele)
장르 오페라(콘서트, 오케스트라도 일부 포함)
개최시기 매년 7월~8월(2011년 7월 20일~8월 21일)
개최도시 오스트리아 브레겐츠
시작연도 1946년
규모 메인 오페라 이외에도 100여 편 이상의 클래식 음악, 오케스트라 공연이 펼쳐진다.
방문객수 유료 관람객만 3만여 명 이상
주최 Bregenzer Festspiele GmbH

문의 및 찾아가기

공식홈페이지 http://www.bregenzerfestspiele.com
티켓예약 사이트 http://www.bregenzerfestspiele.com
티켓가격 28~280유로
전화문의 +43-5574-407-6
메일문의 ticket@bregenzerfestspiele.com
장소 브레겐츠역 주변에 위치한 seebuhne 무대
찾아가는 방법
오스트리아의 인스부르크에서 기차로
1시간 30분가량 소요되며, 스위스의 취리히 등
인근 도시에서도 기차로 편리하게 갈 수 있다.
브레겐츠는 스위스와도 아주 가깝기 때문에
페스티벌 기간에는 스위스 사람들이
자전거를 타고 공연을 보러 오기도 한다.

◀ 세계적으로도 몇 되지 않는 호숫가 무대라는
차별성 이외에도 독특하고 개성 넘치는 수상 무대로 매년
세간의 주목을 받고 있다. 직접 현장에 가보면 브레겐츠
기차역 바로 옆에 이런 수상 공연장이 있다는 사실이
놀랍기만 하다.

©Bregenzer Festspiele

축제 소개

오스트리아를 대표하는 축제들은 실로 다양하지만, 세계적 인지도를 고려했을 때 단연 으뜸인 축제라면 브레겐츠 페스티벌을 꼽을 수 있겠다. 브레겐츠는 오스트리아의 서쪽 끝 콘스탄스 호숫가에 있는 작은 마을인데, 이 호수를 사이에 두고 독일, 스위스, 오스트리아 3국이 국경을 맞대고 있다. 그러나 언제부턴가 매년 여름 펼쳐지는 브레겐츠 페스티벌의 명성 덕분에 세계인의 마음속에 콘스탄스 호수를 '브레겐츠의 호수', '오스트리아의 호숫가 공연장'만으로 기억하게 만들었다.

브레겐츠 페스티벌의 키워드는 딱 세 가지로 정리할 수 있다. 호수 위에 펼쳐진 수상 공연장, 매년 특별하고 새로운 무대 디자인, 한여름밤 야외 오페라다. 매년 7월 셋째 주부터 8월 셋째 주까지 약 한 달 동안 펼쳐지는데 세계적으로 잘 알려진 오페라만을 공연하며, 주제 공연은 2년에 한 번씩 바뀐다.

Travel Tip

날짜가 임박할수록 티켓 구하기는 하늘의 별따기다. 반드시 여행일정에 맞춰 숙소와 공연 티켓을 미리 확보하고 브레겐츠행 기차를 타는 것이 현명한 여행자의 자세다.

　브레겐츠는 유럽의 부유한 노년층이 말년을 편하고 여유롭게 보내기 위해 주로 찾는 고급 휴양지로 생동감은 조금 떨어지는 평화로운 곳이며, 인구는 3만 명이 채 되지 않는다. 그럼에도 불구하고 물 위에 펼쳐진 신비한 무대를 보기 위해 전 세계에서 매년 도시 인구의 열 배에 달하는 관광객들이 브레겐츠를 찾아오곤 한다.
　관객석에서 호수가 무대 배경으로 보이게 7,000여 개의 좌석이 설치된 야외 오페라극장 'seebuhne'와 전통 오페라하우스를 보유하고 있으며, 오페라를 좋아하지 않는 사람이라도 물 위에 구현된 이들의 뛰어난 상상력과 디자인 감각을 직접 볼 수 있는 것만으로도 브레겐츠는 꼭 한번 방문할 필요가 있는 곳이다.

034
오스트리아 푀르트샤흐
Austria Poertschach

World Body painting Festival
세계 보디페인팅 페스티벌

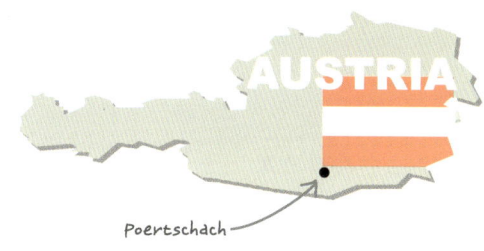
Poertschach

기본 정보
공식명칭 세계 보디페인팅 페스티벌
(World Body painting Festival)
장르 보디아트 위주의 음악, 패션, 공연예술, 사진
개최시기 매년 7월 첫째 주말(2011년 6월 27일~7월 3일)
개최도시 오스트리아 푀르트샤흐,
뵈르터제 호수(Lake Woerthersee)
시작연도 1998년
규모 매년 200여 명의 보디아티스트 그룹 참여
방문객수 매년 3만여 명 이상의 관람객이 방문
주최 WB-Production

문의 및 찾아가기
공식홈페이지 http://www.bodypainting-festival.com
티켓예약 사이트 http://www.bodypainting-festival.com
티켓가격 입장료 10.5 유로
전화문의 +43-4245-24-637
메일문의 world@bodypainting-festival.com
장소 Portschach am Worthersee, Austria
찾아가는 방법
클라겐푸르트 공항에서 셔틀버스로 10분 소요된다.
기차로는 푀르트샤흐에 바로 갈 수 있다.

◀ 이것이 진짜 살아 있는 인간의 몸이란 말인가.
확인하고 싶은 충동을 참을 수 없었다. 여성의 몸에 그린
세계지도, 세상에 이보다 잘 보이는 지도가 또 있을까?

축제 소개

세계에서 가장 컬러풀한 축제가 있다. 매년 여름 오스트리아의 산골 작은 호숫가에서 펼쳐지는 세계 보디페인팅 페스티벌이다. 오스트리아에서도 중남부에 위치해 슬로베니아에서 가까운 곳인데, 처음 가는 사람들에게는 기차를 타고 다시 시골버스를 갈아타야 하는 오스트리아의 깊은 산골로 들어가는 여정이 흥미로울지도 모르겠다.

축제의 주제는 몸을 활용한 페인팅, 사람의 몸이 아름다운 캔버스가 되어 온갖 상상과 독특한 관점의 아트페인팅이 펼쳐진다. 한국에서는 흔히 접하지 못하는 독특한 예술의 경지를 한꺼번에 경험해볼 수 있는 색다른 기회가 될 것이다. 올해로 14회째를 맞는 세계 보디페인팅 페스티벌은 처음에는 영화나 미술 분야의 특수 분장과 특수 효과의 기술과 정보를 교류하고 경쟁하기 위해서 시작되었다고 한다. 그렇게 몇 해 지내오는 동안 아티스트들의 작품이 워낙 흥미로워 관심을 끌기 시작했고, 자신들에게도 축제를 통해 본격적으로 선보일 수 있는 장치가 필요해 오늘날 세계적인 축제로 발돋움하게 된 것이다.

매년 세계적 수준을 보유한 보디페인팅 아티스트 200여 팀 이상이 이곳을 찾아오고, 축제 프로그램이 시작될 때까지 서로의 콘셉트가 노출되지 않도록 경계하는 모습이 여느 축제와는 사뭇 다른 긴장감을 준다. 최근에는 전 세계의 사진작가들이 몰려들어서 다시 한번 유명세를 탔다.

축제 참여하기 ①

청년인턴십 및 축제 자원봉사

신청자격 18세 이상, 영어 능통자
신청시기 매년 11월~4월
신청방법 홈페이지를 통한 접수
정보공개 웹사이트 http://www.bodypainting-festival.com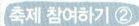
축제측 지원사항 급여는 없지만 숙식을 지원하고 수료증을 발급해준다.
선정시 우선 고려사항 언어 능력

축제 참여하기 ②

아티스트

참가공연 초청방법 자유참가 100%
작품선정시 고려사항 매해 공지하는 지정된 가이드라인만 준수하면 된다.
신청시기 매년 11월~이듬해 4월
신청방법 홈페이지 등록
신청자격 지정된 가이드라인 준수
신청비용 신청비용은 없고, 소액의 보증금을 지불해야 한다.
선호장르 보디아트
선호하는 문의방법 이메일
접수시 구비서류 공연 활동 프로필, 자기소개서, 사진 및 동영상 등
문의시 사용 가능한 언어 영어, 독일어, 이탈리아어, 러시아어, 슬로바키아어, 스페인어
아티스트를 위한 문의처 alex@wb-production.com / +43-4245-24-637

한국 아티스트를 위한 축제측 코멘트

"우리는 각계에서 활동하고 있는 전문가들이 함께 교류하고 아마추어들과 함께 배워볼 수 있는 아카데미 프로그램을 갖고 있습니다. 관심 있는 사람은 홈페이지를 참조하세요."

035
오스트리아 그라츠
Austria Graz

Steirischer herbst festival
슈타이리셔 헤르프스트 페스티벌

기본 정보
공식명칭 슈타이리셔 헤르프스트 페스티벌
　　　　　(Steirischer herbst festival)
장르 종합장르(연극, 퍼포먼스, 비주얼 아트,
　　　　음악, 이론, 문학 등)
개최시기 매년 9월 하순
　　　　　(3주간 / 2011년 9월 23일~10월 16일)
개최도시 오스트리아 그라츠
시작연도 1968년
규모 37개국의 248개 공연팀, 800여 명 이상의
　　　아티스트 참여
방문객수 2010년 5만여 명의 관람객 방문
주최 GMBH

문의 및 찾아가기
공식홈페이지 http://www.steirischerherbst.at
티켓예약 사이트 http://www.steirischerherbst.at
티켓가격 6~50유로, 무료 공연도 있다.
전화문의 +43-316-81-60-70
메일문의 info@steirischerherbst.at
장소 Sackstraße 17, A-8020 Graz, Austria
찾아가는 방법
비엔나에서 그라츠로 가는 열차편이 있다.
그라츠 공항으로 가는 비행기편을 이용해도 좋다.

◀ 축제를 알리는 빨래다. 공연 이미지가 담긴 빨래는 슈타이리셔 헤르프스트 페스티벌을 알리는 홍보 포스터 역할도 한다. 독특한 분위기만큼이나 다양한 메시지와 개성 넘치는 도전, 새로운 실험이 교차하는 이 축제는 가을 문턱의 종합문화 축제다.

©Wolfgang Silveri

축제 소개

해마다 오스트리아 그라츠에서 펼쳐지는 슈타이리셔 헤르프스트 페스티벌은 50년 가까이 지속되어 온 전통 있는 문화 축제다. 연극, 퍼포먼스, 음악, 전시, 문학, 시, 전위예술 등 다양한 장르의 공연들이 펼쳐지는데 지난 2010년에만도 전 세계 800여 명의 아티스트들이 슈타이리셔 헤르프스트 페스티벌을 찾았다. 공연팀만도 매년 250여 개 이상이 참가한다.

무엇보다 이 축제의 특징은 여느 축제들보다 훨씬 더 학구적이고 연구 위주의 프로그램을 편성하거나 실행한다는 점이다. 공연되는 작품들은 프로그램 중 단지 눈에 보이는 부분일 뿐 축제로 인해 문화예술이 진보하고 발전된다는 사실 자체에 의미를 가진다. 참가하는 공연팀들도 축제측과 지속적 연계를 통해 업그레이드된 버전을 여러 차례 선보이곤 한다.

축제를 통해 문화예술의 주체적 목소리를 가지고자 노력하고, 다양한 문화예술간의 교류를 권장, 홍보하며 미학적 차원의 이론적 담론을 연계시키고 이에 공헌하고자 한다. 이런 분위기 때문인지 유럽에서도 그라츠는 조용하고 차분한 도시 분위기와 함께 다양한 학계 심포지엄 등이 많이 열리기로 유명하다.

비교적 규모도 크고 수준 높은 공연이 다양하게 펼쳐지는 종합장르 축제이나 전반적으로 축제 분위기가 차분하고 진지하기 때문에 흥겹고 왁자지껄한 축제를 기대했다면 다른 축제를 찾아보는 것이 좋을 것이다. 만약 방문 의사가 있다면 학생에게는 할인율이 높으니 국제학생증을 가지고 가면 좋다.

©Wolfgang Silveri

`축제 참여하기 ①`

청년인턴십 및 축제 자원봉사

신청자격 나이 제한은 없으나 독일어 또는 영어 능력은 필수다.
직무적 관심 분야를 신청서에 표시하기 바란다.
신청시기 매년 3월~4월
신청방법 우편 또는 이메일, 홈페이지를 통해
각 부서 팀장에게 직접 접수
정보공개 웹사이트 http://www.steirischerherbst.at
축제측 지원사항 기본급을 지급한다.
선정시 우선 고려사항 언어 〉 열정 〉 경험

©Wolfgang Silveri

`축제 참여하기 ②`

아티스트

참가공연 초청방법 공식초청자 100%
작품선정시 고려사항 예술적 가치 〉 신선한 예술적 시도를 지향하는 공연팀
신청시기 연중 내내
신청방법 이메일
신청자격 새로운 개념의 아트 앙상블, 단체
신청비용 없다.
선호장르 모든 공연물이 가능하며 무용도 선호한다. 하지만 전통적인 방식의 공연물은 제외한다.
선호하는 문의방법 이메일
접수시 구비서류 짧게 집약된 작품 소개와 비디오 영상 등
문의시 사용언어 영어
아티스트를 위한 문의처 담당자 Johanna Rainer(rainer@steirischerherbst.at / +43-316-823-007-82)

`한국 아티스트를 위한 축제측 코멘트`

"우리는 새로운 예술을 추구하기 때문에 주로 실험적 공연물을 목표로 하는 단체들과 작업합니다. 때문에 기존에 작업했던 팀들과 더 많은 협조를 하는 편입니다. 이미 완성된 작품이나 다른 곳에서 많이 공연한 작품에 힘을 쏟는 일은 절대 없습니다. 이런 이유로 공식적 초청 공연은 아주 극소수의 게스트 공연만 선정되는 편입니다. 매해 축제의 여건과 저희가 추구하는 방향이 달라질 수 있으니 홈페이지 내용을 꼭 참고해주세요. 만약 지난해의 프로그램을 참고해서 여러분의 작품과 연계성이 있다고 판단되면 우리에게 상세한 자료를 보내주세요."

036

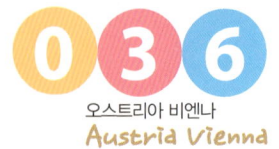

오스트리아 비엔나
Austria Vienna

ImPulsTanz-Vienna International Dance Festival
임펄스탄츠-비엔나 국제 무용제

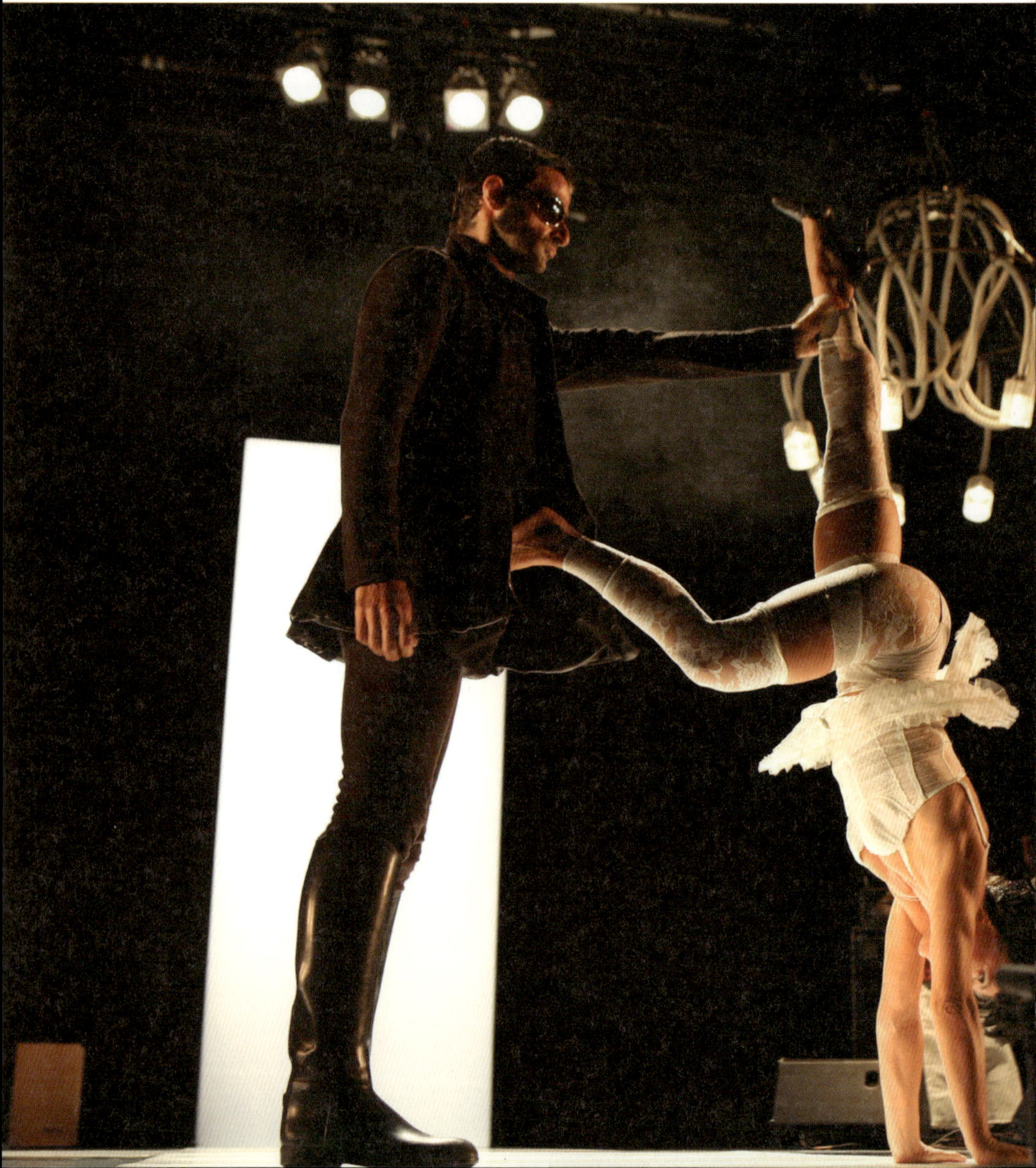

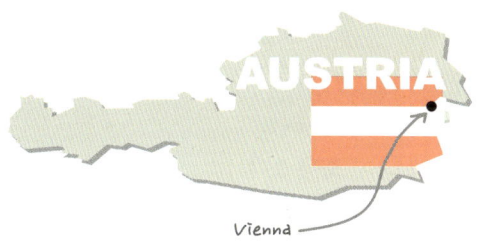

기본 정보

공식명칭 임펄스탄츠-비엔나 국제 무용제
(ImPulsTanz-Vienna International Dance Festival)
장르 무용
개최시기 매년 7월~8월
(한 달간 / 2011년 7월 14일~8월 14일)
개최도시 오스트리아 비엔나
시작연도 1984년
규모 10여 개의 대표 극장에서 40개 이상의
세계적 무용팀 소개
방문객수 평균 3만 명 이상
주최 임펄스탄츠(ImPulsTanz)

문의 및 찾아가기

공식홈페이지 www.impulstanz.com
티켓예약 사이트 http://www.impulstanz.com/
festival10/performances/
tickets/en/
티켓가격 10~65유로
전화문의 +43-1-523-55-58
메일문의 info@impulstanz.com
장소 ImPulsTanz Museumstraße 5/21 A-1070
Wien Osterreich, EUROPE
찾아가는 방법
비엔나까지 가면 축제는 시내 중심에서
벌어지므로 쉽게 찾을 수 있다.
먼저 홈페이지에서 보고 싶은 공연을 선택하고,
비엔나 시티투어를 한 다음 저녁 공연시간에
맞춰 공연장으로 가면 된다.

©Impulstanz

축제 소개

　임펄스탄츠-비엔나 국제 무용제는 영국의 댄스 엄브렐러와 함께 유럽의 대표적인 현대 무용 페스티벌 중 하나다. 매년 7월과 8월 사이에 약 한 달간 40여 개 이상의 무용팀들이 현대 무용의 진수를 보여준다. 이 축제는 이미 비엔나에서도 오랜 전통과 명성을 갖고 있기 때문에 인기 있는 공연팀일 경우는 사전에 예약하지 않으면 티켓을 구하기가 어려울 정도다.

　1984년 비엔나의 문화기획자 칼 레젠부르거(Karl Regenburger)라는 사람에 의해 처음 축제가 시작되었다고 한다. 이후부터는 전 세계에서 몰려든 무용수들의 공연을 선보일 수 있는 플랫폼 역할을 함과 동시에 이들 간의 상호교류 및 성공적인 워크숍을 다양하게 개최해 젊은 아티스트들로부터 엄청난 지지를 얻게 되었다.

　때문에 임펄스탄츠-비엔나 국제 무용제는 단순히 현대 무용 전문 페스티벌로서만 의미가 있는 것이 아니라 매년 여름 전 세계의 무용수들이 교류하기 위해 모여드는 현대 무용 워크숍 페스티벌이라고 해도 과언이 아니다. 대략 80여 명 이상의 프로 무용수와 3,000여 명 이상의 아마추어 무용수들을 위한 200여 개 이상의 무용 전문 워크숍이 펼쳐진다.

축제 참여하기 ①

청년인턴십 및 축제 자원봉사

신청자격 뛰어난 언어 능력 필수(영어 및 독일어), 공연 경험 여부
신청시기 매년 1월~3월
신청방법 이메일(info@impulstanz.com)로 자기소개서를 보내 신청한다.
정보공개 웹사이트 http://www.impulstanz.com/festival10/workshops/fees/en
축제측 지원사항 상황에 따라 달라질 수 있다.
선정시 우선 고려사항 언어 > 지식 > 경험 > 헌신

축제 참여하기 ②

아티스트

참가공연 초청방법 공식초청자 100%
작품선정시 고려사항 예술적 가치
신청시기 연중 내내
신청방법 이메일 가능
신청자격 뛰어난 재능을 가진 누구나
신청비용 없다.
선호장르 현대 무용
선호하는 문의방법 이메일
접수시 구비서류 이메일을 통한 공연 소개 및 공연 스케줄
문의시 사용 가능한 언어 영어, 독일어
아티스트를 위한 문의처 info@impulstanz.com

한국 아티스트를 위한 축제측 코멘트

"모든 공연물은 예술감독과 스태프들이 국내·외적으로 접했던 라이브공연을 근거로 결정됩니다. 공식적인 신청서는 없습니다. 만약 여러분의 작품을 축제측에 소개하고 싶다면, 공연 소개서와 향후 계획된 공연 스케줄을 알려주세요. 최대한 직접 볼 수 있는 방안을 강구할 것입니다. 안타깝지만, 우리의 제한적인 상황과 스태프 사정으로 인해 요청하지 않은 DVD나 보도자료는 받지 않습니다. 염두에 두세요."

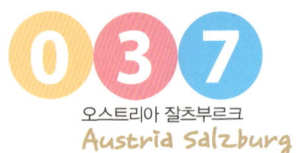

037
오스트리아 잘츠부르크
Austria Salzburg

Salzburg Festival
잘츠부르크 페스티벌

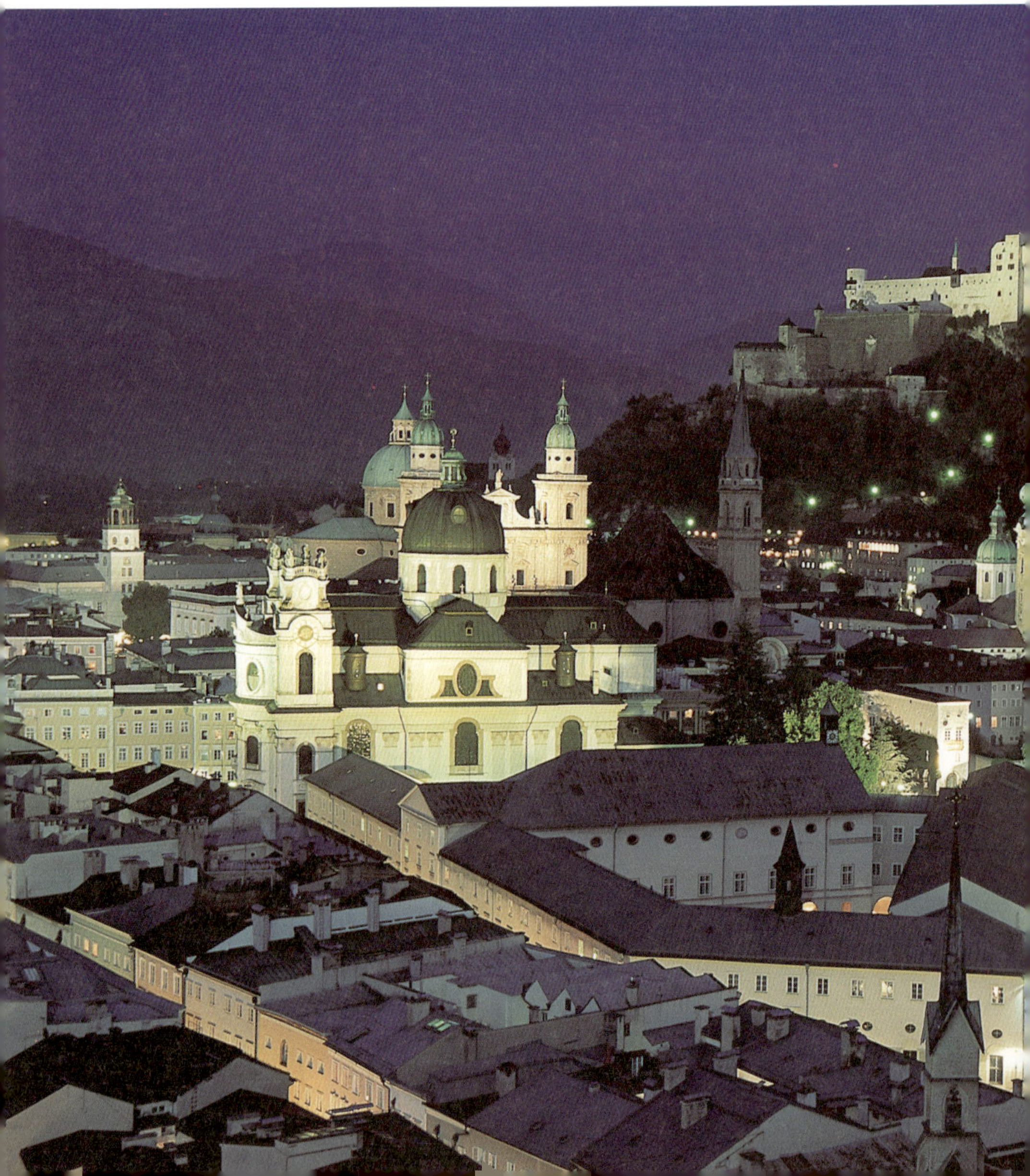

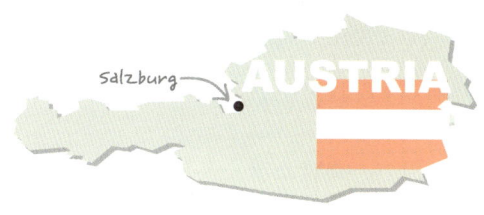

기본 정보

공식명칭 잘츠부르크 페스티벌(Salzburg Festival)
장르 오페라, 콘서트, 드라마
개최시기 매년 8월(35일간 / 2011년 7월 27일~8월 30일)
개최도시 오스트리아 잘츠부르크
시작연도 1920년
규모 매년 185개 공연팀 참가
방문객수 수를 셀 수 없을 정도로 성황을 이룬다.
주최 Salzburg Festival & city of Salzburg

문의 및 찾아가기

공식홈페이지 www.salzburgerfestspiele.at
티켓예약 사이트 www.salzburgerfestspiele.at
티켓가격 15~370유로
전화문의 +43-662-8045-390
메일문의 u.kalchmair@salzburgfestival.at
장소 Salzburger Festspiele, Hofstallgasse 1,
       5010 Salzburg, Austria
찾아가는 방법
잘츠부르크는 비엔나에서 기차를 타고 가는 것이
가장 편리하다. 인근의 대표 도시로는
오스트리아의 인스부르크와 린츠가 있고,
독일과 국경을 접하고 있어서 뮌헨에서
기차로 쉽게 이동할 수 있다.

◀ 성당의 종소리가 울릴 때마다 눈부신 빛이 날아오를 것만
같은 잘츠부르크의 아름다운 야경이다. 모차르트의 고향이자
세계적 음악 축제의 고장인 잘츠부르크는 음악 축제의
명성 때문에 오늘날 유럽 최고의 관광명소가 되었다.

축제 소개

잘츠부르크 페스티벌은 바이로이트 바그너 페스티벌과 함께 유럽의 대표적인 클래식 음악 페스티벌로 손꼽힌다. 잘츠부르크 하면 이미 모차르트와 축제를 떠올릴 만큼 세계적 명성을 갖추었기 때문에 긴 설명이 필요 없을 정도다. 1920년 휴고 폰 호프만스탈의 불멸의 작품 〈예더만(Jedermann)〉을 상영하면서 큰 반향을 일으키자 이듬해부터 잘츠부르크 출신인 모차르트의 대표 작품을 올리면서 본격적인 축제의 틀을 잡기 시작했다.

축제가 열리는 잘츠부르크의 대표 극장들도 하나같이 독특하고 역사적인 공간으로 정평이 나 있다. 잘츠부르크 페스티벌의 메인 무대로 활용되고 있는 2,400석 규모의 대축제 극장을 중심으로 과거 대주교의 마구간을 개조하여 만들었다는 1,320석의 소축제 극장을 갖추고 있다.

또한 주로 연극을 상연하는 '펠젠라이트슐레'는 '바위의 승마학교'라는 뜻으로, 바위를 뚫어 만든 독특한 형태의 공연장이라 더욱 유명세를 타고 있다. 이 밖에도 잘츠부르크 시내 곳곳에 퍼

> **Travel Tip**
> 8월에 열리는 축제지만 인기 공연의 경우 연초에 매진되는 경우도 종종 있다. 예약은 필수라고 할 수 있기 때문에 이메일(info@salzburgfestival.at)이나 전화(+43-662-8045-500)로 보고 싶은 공연의 표를 확보하는 게 안전하다(Ticket Office_P.O. Box 140, 5010 Salzburg, Austria).

져 있는 총 14개 공연장을 모두 활용하여 8월 한 달간 연극, 콘서트, 오페라 등 200여 개에 가까운 공연을 쉴 새 없이 펼친다.

축제의 명성만큼이나 세계적 연주팀이 출연하는 대형 오페라 및 콘서트가 연이어 올려지기 때문에 보고 싶은 공연을 찾는 것도 어려울 지경이다. 때문에 이 시기에 잘츠부르크를 방문하는 여행자들은 사전에 공식 프로그램을 확인한 후 티켓 구매를 하는 것이 안전하다.

◀ 2009년 공연됐던 모차르트의 오페라 〈코지 판 투테(Cosi fan tutte, 여자는 다 그래)〉의 한 장면.

한국 아티스트를 위한 축제측 코멘트
"아쉽게도 개별 아티스트들의 공연 제안서를 별도로 받기가 어렵습니다. 예술감독이 세계적인 아티스트들과 직접 연계하여 초청하기 때문입니다."

038
오스트리아 장크트 마르가레텐
Austria St, Margarethen

Opernfestspiele St, Margarethen
장크트 마르가레텐 오페라 페스티벌

St. Margarethen

기본 정보
공식명칭 장크트 마르가레텐 오페라 페스티벌
(Opernfestspiele St. Margarethen)
장르 오페라
개최시기 매년 여름(7월~8월 / 2011년 7월 19일~8월 28일)
개최도시 오스트리아 장크트 마르가레텐
시작연도 1996년
규모 매년 엄선한 오페라작품 한 편만 공연
방문객수 매년 평균 20~25만여 명 방문
주최 Opernfestspiele St. Margarethen GmbH&CoKG

문의 및 찾아가기
공식홈페이지 http://www.ofs.at
티켓예약 사이트 http://www.ofs.at
티켓가격 28~111유로
전화문의 +43-(0)2680-420-42
메일문의 tickets@ofs.at
장소 Festspielburo St. Margarethen,
   Osterreich Ticket Sud Ost GmbH,
   A-7062 St. Margarethen, Austria
찾아가는 방법
오스트리아에서 기차로 아이젠스타트까지 이동,
다시 시내버스를 타고 장크트 마르가레텐에
도착, 장크트 마르가레텐 시내에서 채석장까지
20분가량 걷거나 택시를 이용해야 한다.
여행자라면 비엔나 당일 왕복 셔틀버스 티켓을
예약하는 것이 가장 안전하다.

◀ 사진에선 멋지게 장식된 무대세트와 조명 때문에
뒤쪽 배경이 잘 보이지 않지만, 밝은 낮에 보면 황량한 암벽이
무대 뒤로 보인다. 그래서 더욱 짜릿한 경험을 할 수 있다.
관계자에 따르면 채석장의 암벽 덕택에 음향 반사 장치가
따로 필요치 않다고 한다.

축제 소개

전 세계에서 가장 독특하고 전혀 어울릴 것 같지 않은 황량한 곳에서 펼쳐지는 신비한 동화 같은 축제가 있다. 바로 오스트리아 비엔나에서 동남부로 3시간가량 떨어져 있는 장크트 마르가레텐에서 펼쳐지는 오페라 페스티벌이다. 장소는 다름 아닌 돌을 깨고 부수던 채석장이다.

장크트 마르가레텐 오페라 페스티벌이 열리는 채석장은 그야말로 거대한 산을 두 개로 쪼개어 그 절벽 사이에 존재하는 신비한 공간이다. 절벽 아래까지 내려가는 길을 산 위에서부터 내려가기 좋도록 지그재그식으로 계단을 만들어놓은 모양새인데 그 자체만으로도 신비감을 주기에 충분하다. 또한 채석장의 절벽 아래쪽에 생긴 넓은 공간을 객석 삼아 3,000여 석의 의자를 배치하고 절벽은 자연스럽게 무대 배경으로 활용한다.

월요일, 화요일 공연이 없으니 여행 일정을 짤 때 참고하길 바란다. 작은 마을이기 때문에 숙소를 미리 잡지 않으면 낭패를 보기 쉽다. 공연이 밤 12시가 다 되어 끝이 나기 때문이다. 숙소를 잡지 못했다면 홈페이지에 들어가 축제기간 동안 운행하는 비엔나 왕복 셔틀버스 티켓을 반드시 확보해야 한다.

한밤중에 절벽을 향해 쏜 조명과 이에 버금가는 절경의 무대, 채석장의 암벽을 방음막 삼아 묵직하게 울려퍼지는 산중의 아리아는 그야말로 온 객석을 감동시키는데, 마치 시간이 멈춘 블랙홀 속으로 빨려 들어가는 것 같은 신비감에 젖게 한다. 거기다 공연 도중 흘러나오는 오페라 음악에 취한 듯 절벽 틈에 사는 새들까지 날아든다. 그러면서 한밤중 채석장에서 펼쳐지는 야외 공연은 절정에 다다른다. 진정한 축제의 묘미를 맛보고 싶다면 기꺼이 시간을 쪼개 오스트리아의 장크트 마르가레텐 채석장으로 향하길 바란다. 진짜 축제가 보일 것이다.

039
프랑스 샤를르빌 메지에르
France Charleville-Mézières

World Festival of Puppets Theatres
국제 마리오네트 페스티벌

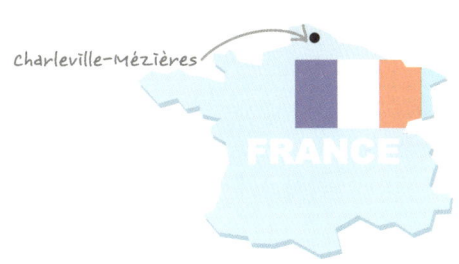
charleville-Mézières
FRANCE

기본 정보
공식명칭 국제 마리오네트 페스티벌
(World Festival of Puppets Theatres)
장르 인형극
개최시기 격년 9월 말(10일간 / 2011년 9월 16일~25일)
개최도시 프랑스 샤를르빌 메지에르
시작연도 1961년
규모 매년 200여 이상의 국제적 인형극단 참가
방문객수 2009년 15만여 명 방문
주최 Association 'Les Petits Comediens de Chiffons'

문의 및 찾아가기
공식홈페이지 http://www.festival-marionnette.com
티켓예약 사이트 http://www.festival-marionnette.com
티켓가격 무료 또는 9~16유로
전화문의 +33-3-24-59-94-94
메일문의 festival@marionnette.com
장소 BP 249-08103 Charleville-Mézières, France
찾아가는 방법
샤를르빌까지 가는 방법은 오직 기차와 자동차뿐이다. 파리와 브뤼셀, 룩셈부르크에서 기차로는 2~3시간이면 갈 수 있다.

◀ 성인 남자가 인형 안에 들어가 조종하는 건데, 동작이 어찌나 빠르고 민첩한지 순식간에 관객의 모자며 가방을 낚아채간다. 간단한 원리지만 한국 꼬마들에게도 인기 최고일 것 같다.

축제 소개

샤를르빌 국제 마리오네트 페스티벌은 매년이 아닌 2년에 한 번씩만 열리는 마리오네트 전문 페스티벌이다. 수없이 많은 예술장르 중에 딱 한 가지 인형극만 모았는데도 이토록 멋지고 화려한 축제가 될 수 있다는 것이 믿기지 않을 정도다.

축제가 열리는 샤를르빌은 프랑스의 지방 중소도시지만, 마리오네트 전문학교가 있을 만큼 인형극으로는 인지도가 높은 도시다. 프랑스와 벨기에의 국경에 인접해 있는데 룩셈부르크, 장터극 페스티벌로 유명한 벨기에 남부의 나뮈르와도 인접해 있고, 파리에서는 교육도시로 알려져 있는 레임스를 거쳐 기차로 3시간쯤이면 쉽게 도착할 수 있으니 접근성도 좋은 편이다.

2011년은 개최 50주년이 되는 해다. 오랜 역사만큼이나 그 동안 전 세계의 전문 인형극단이라면 이 축제를 거쳐 가지 않은 극단이 없을 정도로 독보적인 위치를 갖고 있다. 최근에는 한국의 공연팀들도 다수 참가하고 있으니 200여 개가 넘는 공연팀들 중에 한국의 공연을 찾는 재미도 쏠쏠할 것 같다. 지난 2009년에는 특별히 '한국의 해'라는 특집코너를 만들어 한국의 주요 인형극과 아티스트들이 주목받기도 했다.

축제 참여하기 ①

청년인턴십 및 축제 자원봉사

신청자격 17세 이상
신청시기 연중 내내
신청방법 홈페이지를 통한 접수
정보공개 웹사이트 www.festival-marionnette.com
축제측 지원사항 급여는 없다.
선정시 우선 고려사항 열정 > 경험 > 언어

축제 참여하기 ②

아티스트

참가공연 초청방법 공식초청작 50%, 자유참가작 50%
작품선정시 고려사항 예술적 가치
신청시기 페스티벌이 개최되는 전년도에 마감하며, 오프와 거리인형극은 3월 마감한다.
신청방법 우편 접수
신청자격 누구나
신청비용 각 공연단과 협의
선호장르 인형극
선호하는 문의방법 이메일, 우편
접수시 구비서류 사진, 비디오, 공연내용 설명서, 공연 날짜, 아티스트 프로필
문의시 사용 가능한 언어 프랑스어 > 영어
아티스트를 위한 문의처 festival@marionnette.com

한국 아티스트를 위한 축제측 코멘트

"우리는 공식초청으로 진행되는 프로그램이 100여 개이고, Off페스티벌(무료 공연)에서 펼쳐지는 40여개의 거리공연팀과 60여 개의 무대공연 일정을 갖고 있습니다. 몇몇 공연단은 자체적인 방법으로 참가하기도 합니다. 2년에 한번 열리는 축제기 때문에 사전에 충분히 검토할 수 있도록 미리 신청해주길 바랍니다."

040

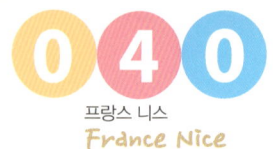

프랑스 니스

France Nice

Carnival de Nice

니스 카니발

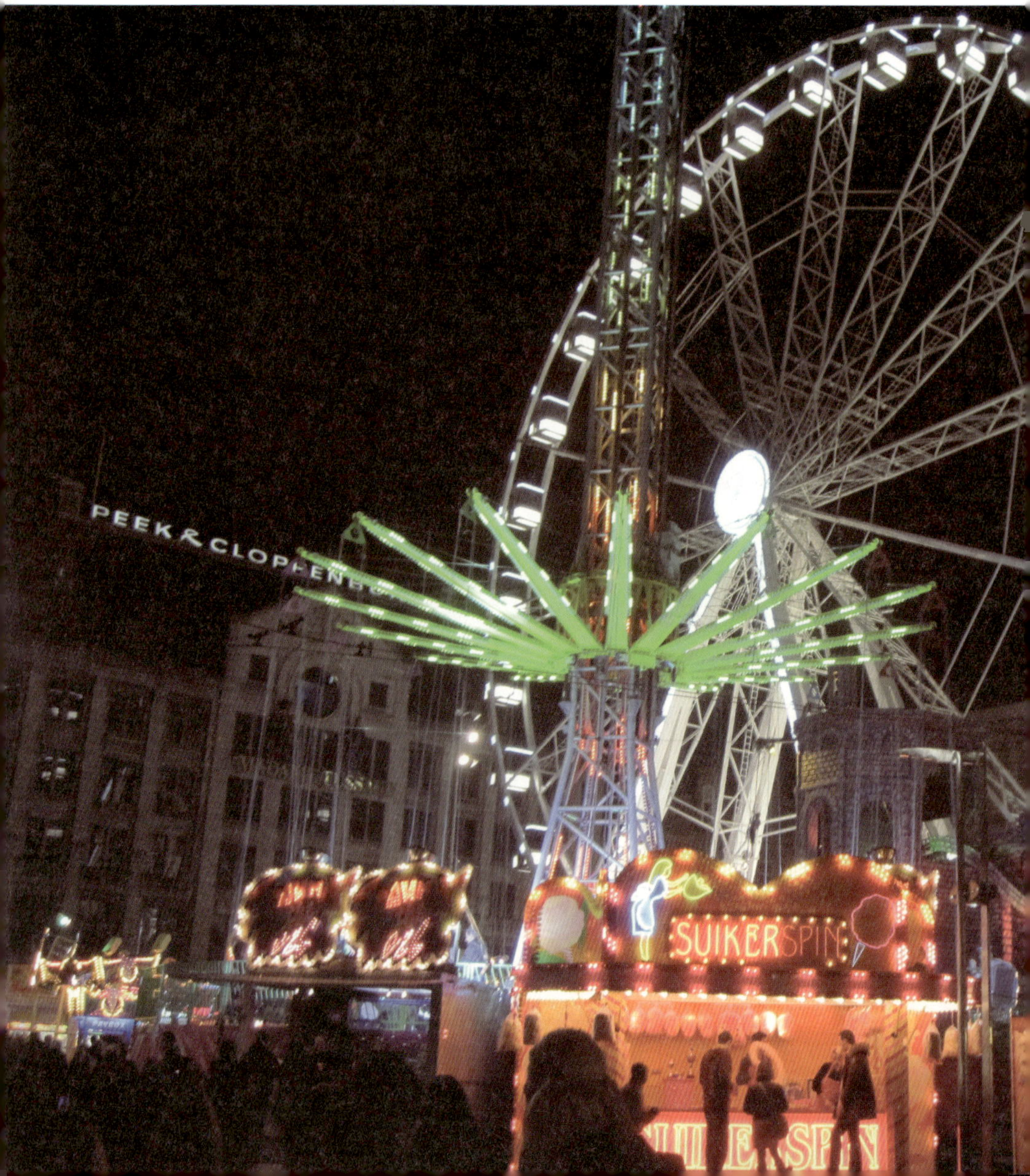

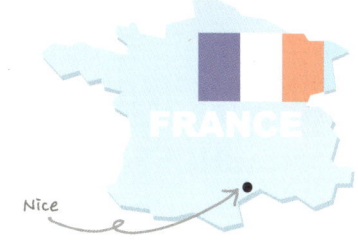

기본 정보
공식명칭 니스 카니발(Carnival de Nice)
장르 대형 야외 퍼레이드
개최시기 매년 2월 중순
　　　　　(2주간 / 2011년 2월 18일~3월 8일)
개최도시 프랑스 니스
시작연도 1830년
규모 2주간 대형 야외 퍼레이드 3회
방문객수 매년 국내외 관람객 10만여 명 방문
주최 니스 페스티벌 공식위원회

문의 및 찾아가기
공식홈페이지 http://www.nicecarnaval.com/
　　　　　　　en/index.php
티켓예약 사이트 http://www.nicecarnaval.com/en/
　　　　　　　　reservation/point-vente.php
티켓가격 6세 미만 무료, 각 퍼레이드별 5~10유로
전화문의 +33-0-892-707-407
메일문의 http://www.nicecarnaval.com/en/
　　　　　contact/index.php
장소 5, promenade des Anglais, Nice, France
찾아가는 방법
니스는 프랑스 남부의 지중해 연안 도시이므로
유럽 어디에서나 비행기로 접근이 가능하다.
프랑스와 이탈리아 국경 근처에 위치하고 있으며
기차로는 칸, 니스, 모로코가 교외선 한 정거장
거리에 있기 때문에 지중해 기차여행을
즐기며 찾아가면 된다.

◀ 니스 카니발에 가면 꼭 한번 타봐야 할 것 같은 관람차는
천천히 돌면서 니스 시내를 둘러볼 수 있게 해준다.
이외에도 다양한 놀이시설들이 카니발 기간에 맞춰
등장하는데 한밤중에 타는 재미가 훨씬 좋았다.

축제 소개

프랑스 남부의 니스 카니발은 매년 2월과 3월에 걸쳐 2주일간 대형 야외 퍼레이드로 치러지는 세계 3대 퍼레이드 축제로 손꼽힌다. 니스 카니발은 공식적인 역사만도 200여 년 가까이 되는 세계적으로도 유례를 찾아보기 힘들 정도로 오랜 역사와 전통을 자랑하는 프랑스 대표적 문화 축제이기도 하다.

첫 기원을 찾아보면 1294년 샤를 2세(Charles d'Anjou)의 기록에 니스 카니발과 유사한 형태의 전통 행사가 언급되어 있다고 하니 실제 역사는 훨씬 더 오래되었을 수도 있다고 본다. 과거에는 프랑스 예술문화의 강점이었던 광장형 놀이문화로 야외 거리극 형태였다가 18세기 무렵 이탈리아 베니스 카니발의 영향으로 가면무도회 양식이 도입되면서 오늘날의 형태를 이루게 되었다.

니스 카니발은 매해 새로운 테마를 정하여 보다 흥미롭게 꾸며지는데, 주제를 구현한 퍼레이드 또는 꽃과 빛으로 구성된 퍼레이드가 대표적이다. 매년 새

 퍼레이드가 잘 보이는 자리를 차지하려면 예약을 하는 것이 좋다. 퍼레이드 전체 또는 대부분을 아우르는 72시간, 48시간, 24시간 패스도 사전예약이 가능하다. 72시간짜리는 54유로다. 예약을 못했을 경우 퍼레이드 서킷에서 시작 2시간 전에 임시 매표소가 열리니 이용하기 바란다.

로 정해진 테마에 맞춰 디자인된 20여 개의 퍼레이드 행렬로 구성되며 각 카니발들은 전문성보다는 열정이 강조되는 카니발의 궁극적 요소를 표현하면서 프랑스 장인들이 꼼꼼하게 만들어낸 대형 인형들을 줄줄이 등장시킨다. 테마의 주인공격인 '축제의 왕'은 축제가 끝나는 마지막 밤에 불로 태워 날려보내는 피날레와 함께 사라진다.

  문화, 예술 축제의 신비로운 재미와 멋 그리고 숨은 저력을 경험해보지 못한 여행자라면 첫 테이프를 니스 카니발과 함께 하는 것도 좋을 것이다. 그렇다면 아마도 축제의 중독에서 영원히 빠져나올 수 없을지도 모른다.

041
프랑스 모를레
France Morlaix

FAR du Pays de Morlaix
모를레 거리극 페스티벌

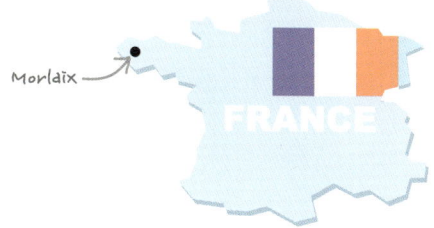

기본 정보
공식명칭 모를레 거리극 페스티벌
　　　　　(FAR du Pays de Morlaix)
장르 거리극
개최시기 매년 8월 초
　　　　　(3~4일간 / 2011년 8월 3일~5일)
개최도시 프랑스 모를레
시작연도 1987년
규모 매년 약 90여 개의 공연팀이 참가
방문객수 2010년 3만8,260명 관람객 방문
주최 Le Fourneau, National Centre for Street
　　　Arts, in Brest

문의 및 찾아가기
공식홈페이지 http://www.artsdanslarue.com/far
티켓예약 사이트 http://www.artsdanslarue.com/far
티켓가격 무료
전화문의 +33-2-98-46-19-46
메일문의 bonjourbonsoir@lefourneau.com
장소 11 quai de la Douane 29200 Brest, France
찾아가는 방법
파리에서 기차로 모를레까지 가는 방법이
가장 수월하다.

◀ 거리극 축제에서의 백미는 독특한 캐릭터로 분한
배우들의 거리 활보가 아닐까. 어린아이들에게는 이보다
더 실감나고 짜릿한 모험은 없다. 잠시 휴식을 취하는 동안,
마귀할멈 복장을 한 배우가 내 음료수를 빼앗아갔다.
마귀할멈도 목이 마른 게지.

축제 소개

모를레 거리극 페스티벌은 오리악 거리극 페스티벌보다 규모는 작은 편이나, 파리에서의 접근성이 용이하고 프랑스의 북서부에 위치해 있기 때문에 도버 해협을 끼고 영국의 휴양객들까지 찾아온다. 유럽에서의 인지도는 오리악 못지않은 위상을 갖고 있다. 한마디로 오리악 거리극 페스티벌보다 관람객의 연령층이 다소 높고, 외국인 관광객 빈도는 낮다.

그렇다고 거리공연의 콘텐츠가 부실하다고 생각하면 오산이다. 역사적으로도 오리악 페스티벌이 생긴 이듬해에 비슷하게 시작돼 오랜 전통을 바탕으로 현재까지 프랑스 거리공연의 명소로 각광받고 있는 대표 거리극 축제 중 하나다. 또한 작은 도시 규모에 비해 시민들의 연극 사랑이 넘쳐나 모를레 연극 시상식이라는 명예로운 예술상의 근거지이기도 하다.

무엇보다 모를레 거리극 페스티벌의 포인트는 시민들의 거주지와 최대한 가까이 있어야 한다고 믿는 예술적 존재감, 즉 공공장소에 대한 축제의 철학이다. 단순히 거리극만을 공연하는 데서 그치지 않고 일상생활에서의 재미와 유머, 문학과 힘, 느낌, 심지어 웃음거리조차 모두가 함께 생활하는 공공장소 즉 거리에서 구현되게 만드는 것이 축제를 만드는 철학이다.

축제를 통해 다양한 거리공연을 볼 수 있는 것도 유쾌하지만, 시민들의 일상적 삶을 예술을 통해 아름답게 승화시킨다는 축제의 의미가 더욱 눈길을 끄는 축제다.

▲ 지친 광대가 그늘에서 쉬는 동안 젊은 거리의 악사가 신명나게 악기를 연주하고 있다.

축제 참여하기 ①

청년인턴십 및 축제 자원봉사

신청자격 프랑스어, 영어 능통자 선호
신청시기 매년 5월~6월경
신청방법 우편 또는 이메일, 전화
정보공개 웹사이트 www.lefourneau.com
축제측 지원사항 급여는 없지만 식사를 제공한다. 스태프는 주로 캠핑을 한다.
선정시 우선 고려사항 나이 〉언어 〉경력 〉열정 등

축제 참여하기 ②

아티스트

참가공연 초청방법 공식초청작 100%
작품선정시 고려사항 예술성 〉창의성 〉흥미성 〉잠재성
신청시기 매년 9월 15일~11월 15일
신청방법 이메일 또는 우편
신청자격 전문 거리극 아티스트나 단체
신청비용 없다(초청작은 모든 비용 축제측 부담).
선호장르 거리극
선호하는 문의방법 이메일 또는 우편
접수시 구비서류 아티스트 프로필, 단체 소개서, 공연 소개서, 사진 또는 동영상
문의시 사용 가능한 언어 프랑스어 〉영어
아티스트를 위한 문의처 bonjourbonsoir@lefourneau.com

한국 아티스트들을 위한 축제측 코멘트

"여러분의 공연이 혹시 프랑스 또는 가까운 곳에서 공연될 예정이라면 우리가 참관해서 볼 수 있도록 먼저 알려주시기 바랍니다. 축제에서 함께 즐길 수 있기를 고대합니다. 궁금한 사항은 이메일로 문의해주시면 언제든지 성의껏 논의하겠습니다."

042

프랑스 페리그

France Périgueux

Mimos

미모스 페스티벌

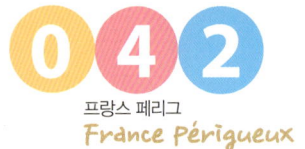

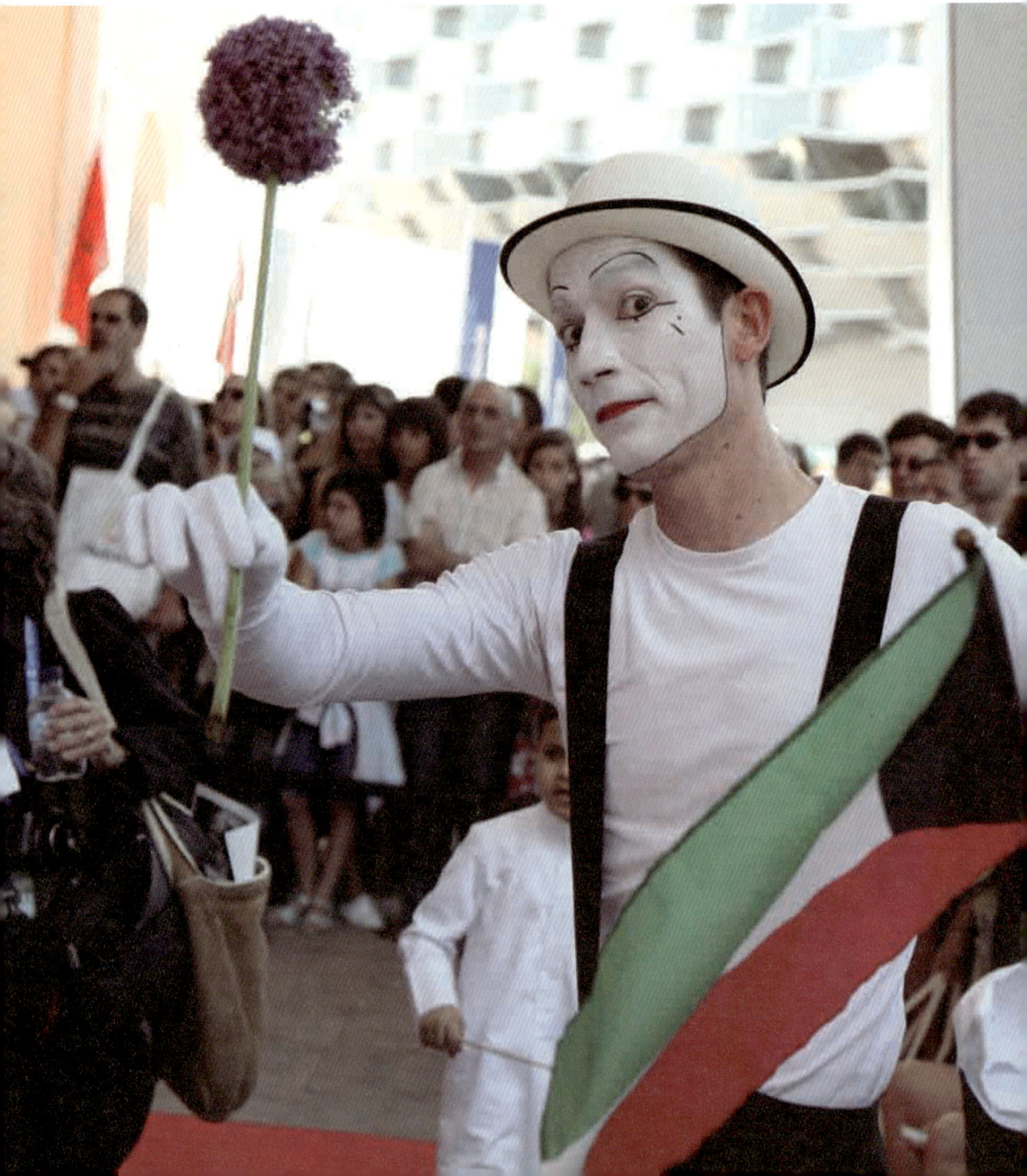

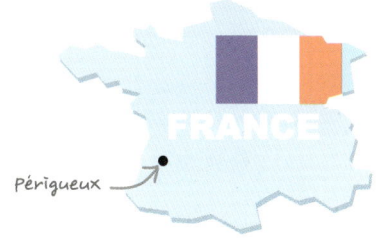
Périgueux
FRANCE

기본 정보
공식명칭 국제 미모스 페스티벌(Mimos)
장르 마임
개최시기 매년 8월 첫째 주 월요일~토요일까지
　　　　　(6일간 / 2011년 8월 1일~6일)
개최도시 프랑스 페리그
시작연도 1983년
규모 매년 110여 개 이상의 마임 공연팀 참가
방문객수 매년 13만여 명 이상의 관람객 방문
주최 L'Odyssée

문의 및 찾아가기
공식홈페이지 http://www.mimos.fr
티켓예약 사이트 http://www.mimos.fr/pagesEditos.
　　　　　asp?IDPAGE=276&cnf=1%7C5FB2332
티켓가격 평균 12유로, 야외 공연은 대부분 무료
전화문의 +33-5-53-53-18-71
메일문의 mimos@perigueux.fr
장소 24000 Périgueux, Dordogne, Aquitaine, France
찾아가는 방법
유럽 전역에서 보르도로 가는 저가항공을 타면
가장 빠르고 편하게 갈 수 있다. 기차로는 파리의
오스테를리즈역에서 Limogez Benedicti를 거쳐
페리그역으로 가면 되고 소요시간은 4시간이다.
보르도에서 기차로는 생진역에서 페리그역으로
가는 직행을 타면 1시간 20분이 소요된다.

◀ 마임은 모든 공연예술 중에 가장 정직한 장르가 아닌가
싶다. 페리그의 광장에서 무려 40분 동안 마임 공연을
펼치던 이 배우에게 격려의 박수를 보낸다.

축제 소개

마임은 오직 몸짓으로만 표현하는 가장 정직한 장르다. 모름지기 마임으로 연기를 배운 사람이라면 어떤 장르로 전환을 시도하더라도 탄탄한 기초 실력을 바탕으로 연기에 힘이 실리게 된다. 그만큼 정직하고 순수한 예술장르라는 뜻이다. 오늘날 다양한 공연물들이 귀가 찢어질 듯한 음악과 요란한 의상, 화려한 조명 등 온갖 기술로 포장을 하지만, 마임은 언어를 배제한 채 오직 몸짓으로만 관객과 호흡하기에 더욱 인간적이고 친근하게 다가온다. 때문에 대부분의 마임에는 동화를 소재로 한 가족극 형태가 많고 생활 속의 소재들을 인용한다.

그런 마임 공연을 단 6일 동안 한자리에서 100여 개 이상 팀을 볼 수 있다면 어떨까. 그게 바로 미모스다. 미모스는 프랑스 남서부의 페리그에서 매년 여름 딱 6일 동안만 펼쳐지는 마임 전문 축제로, 영국의 런던 마임 페스티벌과 더불어 세계 마임 축제의 양대 축을 이루고 있다. 마임 축제에 대한 관심이 없는 사람이라도 공연이나 연극을 좋아한다면 매년 여름 보르도 인근의 이 작은 도시를 찾아가볼 만하다. 마임을 주제로 한 모든 움직임, 스윙, 서커스, 춤, 플라스틱 아트와 음악 등 다양한 형태의 마임 공연팀들이 전 세계에서 몰려와 한꺼번에 쏟아내기 때문에 도시 자체에서 뿜어져 나오는 열정과 흥분은 전혀 색다른 재미와 감동을 선사한다. 또한 축제기간에는 모든 공연들이 6

미모스 페스티벌의 실내 공연을 제외한 대부분의 야외 공연은 무료로 진행되고, 티켓 판매처는 매 공연 시작 30분 전부터 해당 극장의 앞에 준비되며, 전화로 예약을 받지 않는다. 예약 시스템이 편리하진 않아서 홈페이지의 예약 페이지에서 형식을 내려 받아 작성한 후 현지로 보내야 한다. 결제는 예약 페이지에 동봉하거나 차후에 전화를 걸어 카드로 할 수 있다.

일 내내 공연되는 것이 아니고 2~3일 정도씩만 공연을 하므로 특별히 관심 갖는 공연이 있다면 반드시 미리 공연 스케줄을 확인하는 것이 좋다.

축제 참여하기

아티스트

참가공연 초청방법 미모스 오프를 통한 참가 가능
작품선정시 고려사항 작품성
신청시기 당해년도 5월까지
신청방법 홈페이지 'Mimoff'에서 양식을 내려 받아 작성 후 우편으로 보내면 된다
 ("Mimoff" L'Odyssée Esplanade Robert Badinter 24 000 Périgueux, France).
신청자격 누구나
신청비용 10유로
선호장르 마임 및 신체극
선호하는 문의방법 이메일
접수시 구비서류 홈페이지에 기재된 양식 활용
문의시 사용 가능한 언어 영어, 프랑스어
아티스트를 위한 문의처 ludovic.becker@periueux.fr

043
프랑스 샬롱 쉬르 손
France Chalon-sur-Saône

Chalon Dans La Rue
샬롱 거리극 페스티벌

France Chalon-sur-Saône

기본 정보
공식명칭 샬롱 거리극 페스티벌(Chalon Dans La Rue)
장르 거리극
개최시기 매년 7월 셋째 주(2011년 7월 20일~24일)
개최도시 프랑스 샬롱 쉬르 손
시작연도 1987년
규모 매년 150여 편 이상의 거리극 참가
방문객수 매년 7만여 명 이상의 관람객 방문
주최 Chalon Dans La Rue

문의 및 찾아가기
공식홈페이지 http://www.chalondanslarue.com
티켓예약 사이트 http://www.chalondanslarue.com
티켓가격 대부분 무료
전화문의 +33-3-85-90-94-70
메일문의 전화로만 문의 가능
장소 Chalon dans la Rue / L'Abattoir, 52, quai St-Cosme, 71100 Chalon-sur-Saône, France
찾아가는 방법
프랑스 파리의 리옹역에서 테제베를 타고 리옹 방향으로 가다가 샬롱 쉬르 손에서 하차하면 된다. 역부터 도심까지는 가까우니 걸어가도 된다. 다만 미리 숙소를 예약하지 않았다면 큰 불편을 감수해야 한다. 축제기간 동안은 숙소 잡기가 매우 어렵다.

◀ 샬롱 쉬르 손의 골목들은 유난히 좁고 촘촘했다. 좁은 골목길을 따라 가다보면 중세시대의 건축 양식들이 즐비한 광장들이 나오는데, 유럽의 맥주를 가장 유쾌하게 맛볼 수 있는 장소다.

축제 소개

샬롱 거리극 페스티벌은 오리악 페스티벌과 함께 유럽 거리극의 전시장 역할을 하는 대표 주자다. 오리악 페스티벌보다 규모는 약간 작지만 파리에서의 교통편이 좋아 유럽 내의 여행객들도 쉽게 찾아간다. 전체적인 거리극의 형태나 축제 분위기를 비교해보면, 오리악은 금방 사고라도 터질 것 같은 격렬함과 자유와 젊음이 넘치는 반면 샬롱 거리극 페스티벌은 온화하고 평화로우며 여유로운 분위기다.

샬롱 거리극 축제는 1987년 피에르 라야와 자크 캉뎅이라는 두 지역 예술가에 의해서 처음 시작되었다. 휴가철에 대부분의 공연장들이 문을 닫아 시민들이 문화예술을 즐길 수 없게 되자 거리예술을 테마로 축제를 만들어보자는 제안을 당시 샬롱 시장에게 건넸던 것이 첫 기원이었다.

샬롱 거리극 페스티벌 기간에는 30여 편 정도의 공식 극단과 130여 편 내외의 비공식 극단들이 자유롭게 참여한다. 앞서 언급했듯 오리악 페스티벌보다 규모가 약간 작다고 했지만, 이것은 샬롱 시의 축제 질서 유지를 위한 의도적 정책이다. 도시 자체가 크지 않기 때문에 적당한 관람객들의 유입과 공연의 예술적 질을 유지하기 위해 일부러 축제의 팽창을 제한하는 것이다. 최근에

여름 야외 공연 축제의 묘미는 무료라는 것. 샬롱 거리극 페스티벌은 대부분 야외에서 즉흥적으로 일어나기 때문에 그냥 마음에 드는 공연이 있으면 함께 둘러앉아 즐겁게 감상만 하면 된다. 이따금 텐트극장에서 하는 유료 공연이 있지만 공연시간 전에 가서 단 몇 유로에 구입할 수 있다. 단, 여름에는 도시가 너무 더우니 물을 꼭 준비하길.

는 한국의 야외 공연팀들도 곧잘 눈에 띄기 때문에 한국 아티스트를 찾아보는 재미도 쏠쏠하다. 바람처럼 달리는 테제베로 도착한 샬롱역이 너무 작고 조용하다고, 또 역에 사람이 없다고 의심하지는 말자. 그만큼 조용한 지방도시다.

축제 참여하기

아티스트

참가공연 초청방법 공식초청 100%(그러나 신청한 공연물 내에서의 초청 비율이 비교적 높다)
작품선정시 고려사항 예술성(4월 15일까지 최종 참가작을 결정)
신청시기 당해년도 2월 28일까지
신청방법 이메일
신청자격 누구나
신청비용 없다(항공료, 숙박료 등의 비용은 축제측이 전액 부담).
선호장르 야외 거리극
선호하는 문의방법 이메일
접수시 구비서류 신청의사가 담긴 레터와 공연 내용이 담긴 프로필, 영상, 웹사이트 등
문의시 사용 가능한 언어 영어, 프랑스어
아티스트를 위한 문의처 cnar.projets@chalondanslarue.com

◀ 성당 앞 광장에 나타난 거리공연팀. 같은 시간대에 이 광장에서만 여섯 팀 정도가 공연을 펼쳤다.

044
프랑스 아비뇽
France Avignon

Avignon Festival
아비뇽 페스티벌

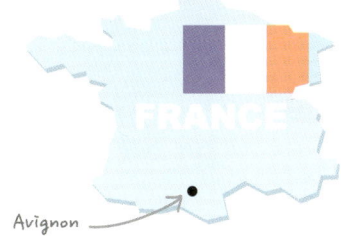
Avignon

기본 정보
공식명칭 아비뇽 페스티벌(Avignon Festival)
장르 연극
개최시기 매년 7월경(2011년 7월 6일~26일)
개최도시 프랑스 아비뇽
시작연도 1947년
규모 1,000개 이상의 공식, 비공식 연극 공연팀 참가
방문객수 한 달간 약 10만여 명 이상의 관람객 방문
주최 Festival d'Avignon

문의 및 찾아가기
공식홈페이지 http://www.festival-avignon.com/en
티켓예약 사이트 http://www.festival-avignon.com/en/Reservation
티켓가격 25세 미만은 모든 공연이 13유로
　　　　(전화 예매만 가능), 일반은 15~30유로
전화문의 +33-(0)4-90-14-14-60
티켓예매 관련 +33-(0)4-90-14-14-14
메일문의 infodoc@festival-avignon.com
장소 Cloitre St-Louis, 20 rue du portail Boquier, 84000 Avignon, France
찾아가는 방법
파리 샤를 드골 공항에서 아비뇽까지 테제베로 2시간 거리이다. 리옹역에서 출발하는 직행은 2시간, 경유는 3시간이 걸린다. 축제가 열리는 아비뇽 성 교황청은 테제베역이 아닌 중앙역 바로 앞이다.

◀ 자, 어떤 공연을 볼지 골라보자. 여기는 한 달여간 1,000여 개의 공연물이 쏟아지는 아비뇽 현장이다. 전 세계에서 몰려든 공연팀들의 개성 넘치는 포스터만 보더라도 신선한 놀라움과 설렘, 환희에 빠져 아비뇽에서는 시간가는 줄을 모른다.

축제 소개

　1947년에 출발한 아비뇽 페스티벌은 매년 7월 프랑스의 중서부 아비뇽에서 펼쳐진다. 대략 20여 일간 펼쳐지며 이 시기에 전 세계에서 몰려든 아티스트만 1,000여 개 그룹이 넘고 다양한 공연을 실컷 보기 위해 방문하는 관광객은 10만여 명이 넘는다. 이중에는 목말랐던 연극예술의 진수를 맛보기 위한 여행객도 있고, 축제 가운데 최대 규모인 아비뇽의 실체를 직접 보고 싶은 아티스트도 있다. 또 그런 숨은 아티스트를 발굴하기 위해 모여드는 공연 바이어들도 뜨거운 여름에 아비뇽을 찾기도 한다.

　축제의 구성은 크게 공식(IN)과 비공식(OFF) 초청작들로 나뉜다. 공식초청작들의 경우는 축제측이나 프랑스 또는 문화부의 지원을 받아 제작, 초청된 작품을 말하는데 주로 메인 무대로 지정된 장소에서 공연되며 작품성이 이미 인증된 작품들이라고 볼 수 있다. OFF 공연의 경우는 축제측의 지원은 없지만 그들의 작품을 알리고 대중과 소통하기 위해 공연을 기획한 단체 스스로가 자원한 형태로 아비뇽 성 안팎에서 골고루 펼쳐진다.

　주최측이 말하는 아비뇽 페스티벌의 특징은 사회적 담론이 담긴 작품이 주로 선정된다는 점과 아직까지 무대에 오르지 않았던 작품들이 선정된다는 점이다. 그러나 보다 객관적인 시점에서 보이는 차이점은 한 마디로 일축할 수 있다. 연극장르 세계 최대 시장이라는 점이다. 때문에 주최측이 주장하는 기능적인 면에 크게 공감하지 않더라도 아비뇽 페스티벌은 연극장르에 있어서 가장 활발한 마켓 기능을 담당하고 있다. 때문에 공연예술을 사랑하는 사람 또는 직업적 연계가 있는 사람은 좋든 싫든 보고 익혀야 하는 필수 코스인 셈이다. 축제기간 동안은 숙소 잡기가 너무 어렵기 때문에 사전에 면밀한 준비가 필요하다.

축제 참여하기 ①

청년인턴십 및 축제 자원봉사

신청자격 7월에 참가할 수 있는 자, 축제 주최측과 교육기관 간의 동의가 필요
신청시기 정해진 데드라인은 없으나, 일반적으로 축제 시작 5개월 전
신청방법 등록처에 이력사항과 축제에 대한 관심을 밝힌 편지를 보내야 한다.
정보공개 웹사이트 http://www.festival-avignon.com/en/Job
축제측 지원사항 없다.
선정시 우선 고려사항 관련된 업종 또는 학업중인 사람을 우선적으로 선발한다.

축제 참여하기 ②

아티스트

참가공연 초청방법 In Festival의 경우 축제측에서 직접 선정(신청 불가),
　　　　　　　　　　Off Festival은 아티스트 본인이 자율적으로 신청 가능
작품선정시 고려사항 예술성과 참신성
신청시기 전년도 9월~당해년도 5월
신청방법 공식홈페이지의 'Lieux de Off' 코너에서 원하는 장소의
　　　　　　적절한 극장을 고른 후 해당 극장과 직접 협의해야 한다.
신청자격 특별한 심사과정은 없으나, 주요 공연장의 경우 예술적 완성도를 중시한다.
신청비용 작품의 규모와 성격에 따라 달라진다.
선호장르 없다.
선호하는 문의방법 이메일(contact@avignonleoff.com)
접수시 구비서류 공연이 확정된 극장과 협의 후 요구하는 서류를 제출하면 된다.
문의시 사용 가능한 언어 영어, 프랑스어
아티스트를 위한 문의처 contact@avignonleoff.com / +33-(0)490-85-1308

045
프랑스 엑상프로방스
France d'Aix-en-Provence

Festival d'Aix-en-Provence
엑상프로방스 페스티벌

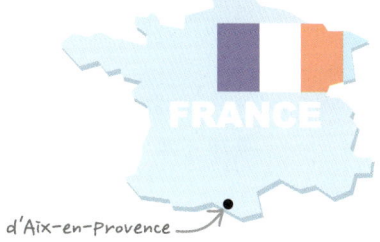

▼ 이토록 우아하고 고풍스러운 마을에서 태어난다면 우리도 세잔처럼 멋진 걸작을 그릴 수 있을까. 엑상프로방스에서는 누구도 뛰는 사람이 없다. 너무도 평화로운 엑상프로방스의 분위기에 취해 당연히 그래야하는 것처럼 평온을 맞는다.

기본 정보
공식명칭 엑상프로방스 페스티벌
(Festival d'Aix-en-Provence)
장르 종합장르
(클래식 음악을 위주로 한 오페라, 무용, 미술 등)
개최시기 매년 6월 말~7월 말(2011년 6월 22일~7월 25일)
개최도시 프랑스 엑상프로방스
시작연도 1948년
규모 매년 5~8편의 대형 오페라와 20여 회 이상의 클래식 콘서트
방문객수 2010년 6만 1,000여 명 방문
주최 Festival d'Aix en Provence&city hall

문의 및 찾아가기
공식홈페이지 http://www.festival-aix.com
티켓예약 사이트 http://www.festival-aix.com/index.php?id=28&L=1
티켓가격 15~280유로, 어린이는 13~15유로, 단체 또는 학생 할인 가능
전화문의 +33-8-20-922-923
메일문의 billetterie@festival-aix.com
장소 Palais de l'Ancien Archevêché-Place des martyrs de la résistance - F-13100 Aix-en-Provence, France

찾아가는 방법
파리 리옹에서 테제베를 탄 후 엑상프로방스역에서 내린다(1시간에 1~2편, 3시간 소요). 축제 장소까지는 시내버스를 타고 이동하면 된다. 니스에서도 리옹과 마찬가지로 테제베를 타고 와서 시내버스로 갈아타면 된다(1일 5편, 2시간 40분 소요). 마르세유에서는 테제베가 시간도 더 걸리고 추가 버스 요금도 드니, 일반열차를 타고 엑상프로방스로 가길 바란다(30분에 1편, 40분 소요).

195

축제 소개

 더운 여름, 프랑스 남부에 있는 엑상프로방스로의 휴가는 프랑스 여행을 꿈꾸는 한국 여행객들에게도 로망이지만, 현지인들에게도 프랑스 최고의 고급 휴양지로 각광받는 곳이다. 한국으로 치면 부산과 같은 프랑스에서 두 번째로 큰 도시인 마르세이에서 불과 30분 거리에 있으며, 근대 회화의 아버지라 불리는 세잔의 고향으로도 유명한 도시다. 엑상프로방스라는 이름은 기원전 124년, 섹스티우스라는 로마 시대의 장군이 이곳을 점령했다가 샘물이 많이 난다 하여 '섹스티우스의 물'이라고 불렀던 것에서 유래했다.

 축제는 1948년 도심의 성당 곳곳에서 크고 작은 10여 개의 공연이 열리면서 출발했지만, 그 이듬해인 1949년에 모차르트의 〈돈 지오반니〉를 제작하면

▲ 엑상 프로방스 거리에는 거대한 아름드리 플라타너스와 은행나무가 많다. 그 나무들 주변에서 장이 서는데, 여행자라면 토마토나 체리 같은 싱싱한 과일을 꼭 사서 먹어보자. 도심 곳곳에 수돗가도 마련되어 있다.

서부터 사람들의 주목을 받기 시작했다. 처음에는 작은 음악회로 출발하였고 한국에도 음악 페스티벌로 알려져 있지만, 현재는 오페라와 음악을 위주로 한 종합예술 페스티벌로 성장했다. 엑상프로방스 페스티벌은 전통적으로 모차르트의 곡이나 오페라가 축제의 대미를 장식하지만, 그 외에 바그너나 로시니, 오펜바흐와 같은 전설적인 작곡가들의 음악으로 짜임새 있게 구성된다. 무엇보다 프랑스 남부의 평화로운 경치를 배경으로 아름다운 클래식 음악을 들으며 맛보는 여름휴가가 결코 잊을 수 없는 신비한 체험을 안겨줄 것이다.

2010년의 경우 전체 유료 객석률이 96퍼센트였기 때문에, 가능하다면 사전 예약을 하는 것이 좋다. 이메일이나 전화 예약도 날짜와 시간이 정해져 있으니 홈페이지의 예약 페이지를 꼭 확인하길 바란다. 또한 여름에는 늦은 밤에도 해가 지지 않기 때문에 야외 오페라의 경우, 밤 10시에 시작하여 새벽 1시 이후에 끝나는 경우도 많으므로 반드시 끝나는 시간과 귀가 문제를 사전에 확인해두어야 한다.

046

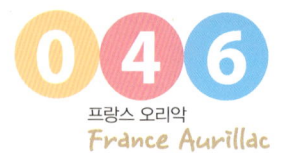

프랑스 오리악

France Aurillac

International Street Theater Festival of Aurillac

오리악 거리극 페스티벌

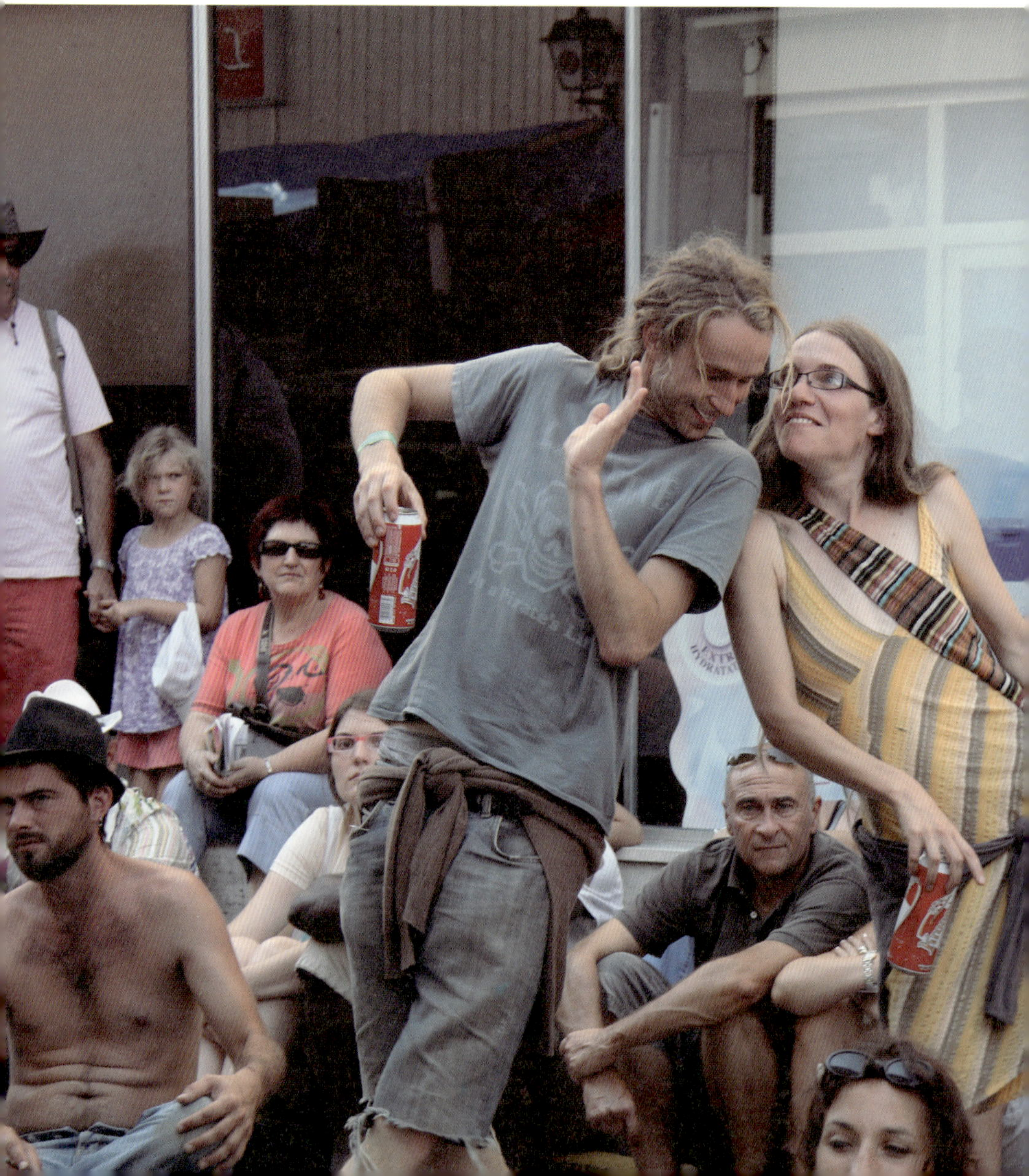

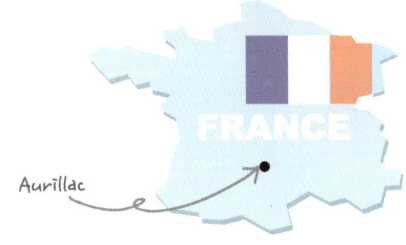

기본 정보
공식명칭 오리악 거리극 페스티벌
　　　　　(International Street Theater Festival of Aurillac)
장르 거리극, 다양한 공연물
개최시기 매년 8월 셋째 주
　　　　　(4일간 / 2011년 8월 16일~20일)
개최도시 프랑스 오리악
시작연도 1986년
규모 매년 약 500여 개 이상의 국제 공연팀 참가
방문객수 2010년 13만여 명의 관람객 방문
주최 Association Eclat

문의 및 찾아가기
공식홈페이지 http://www.aurillac.net
티켓예약 사이트 http://www.aurillac.net
티켓가격 5~20유로, 무료도 있다.
전화문의 +33-4-71-43-43-70
메일문의 festival@aurillac.net
장소 BP 205-15002 Aurillac cedex-France
찾아가는 방법
도시가 작아 항공편은 없다. 기차나 버스를 이용해야 하는데 버스 시간도 용이하지가 않다. 파리에서 일단 기차로 클레르몽 페랑(Clermont FD)까지 가서 지역버스로 다시 갈아타야 한다. 요즘은 클레르몽 페랑에서 오리악까지 가는 기차가 생겼다. 특히, 축제기간에 오리악을 방문한다면 반드시 파리로 돌아가는 티켓을 사전에 확보하길 바란다.

◀ 거리극 축제 중에서도 프랑스 중부의 오리악 페스티벌은 젊음과 자유, 개성이 넘치는 젊은 축제에 속한다.

축제 소개

축제의 본고장 프랑스에서도 거리극의 최고봉으로 불리는 것이 프랑스 남부의 오리악 거리극 페스티벌이다. 오리악은 지도상으로 중서부의 보르도와 중동부의 리옹을 사이에 두고 정중앙에 위치하고 있는 작은 도시인데, 오늘날에는 25년의 역사를 자랑하는 세계 최고의 거리극 축제 도시로 명성을 날리고 있다.

또한 지리적으로 접근이 매우 불편한 곳임에도 불구하고 지역 아티스트에 의해 자연발생적으로 생겨나 오늘날 세계적 규모로 성장한 것에 대한 자부심도 엄청나다. 축제가 처음 시작됐던 1986년에는 6개의 공식 극단과 1개의 비공식 극단으로 처음 시작했지만 지금은 공식적인 직접 연계 단체만도 20여 개에 달하고, 자유롭게 축제에 참가하여 공연을 펼치는 각국의 아티스트 그룹은 자그마치 500여 개가 넘는다.

명성만큼이나 축제기간이 되면 전 세계에서 몰려드는 아티스트와 여행객들로 작은 도시는 북새통을 이루는데, 누구 할 것 없이 거리로 뛰쳐나와 박수를 치고 몸을 흔들며 거리의 악사들과 어울리는 모습이 예술성을 바탕으로 한 유럽 축제의 진수를 보여준다. 또한 오리악 페스티벌은 프랑스의 젊은 히피족들이 가장 선호하는 축제로도 잘 알려져 있어 축제에 가면 히피풍의 자유스런 복장에 개를 끌고 다니는 프랑스의 젊은이들을 많이 만날 수 있다. 최근에는 한국의 공연팀들도 곧잘 눈에 띄니 발견하면 힘껏 응원해주길 바란다.

축제 참여하기 ①

청년인턴십 및 축제 자원봉사

신청자격 나이 제한은 없다. 영어 능통자
신청시기 매년 4월경
신청방법 우편 또는 이메일
정보공개 웹사이트 www.aurillac.net
축제측 지원사항 기본급여가 있으며 숙식, 공연 무료 관람, 기념품 제공 등의 혜택이 주어진다.
선정시 우선 고려사항 자원봉사 가능한 환경적 여건 > 경험 > 언어

축제 참여하기 ②

아티스트

참가공연 초청방법 공식초청작 100%
작품선정시 고려사항 예술적 가치 > 독창성
신청시기 매년 1월경
신청방법 우편 이용
신청자격 누구나
신청비용 없다(경우에 따라 다르다).
선호장르 거리극
선호하는 문의방법 이메일
접수시 구비서류 공연예술 소개서, 아티스트 프로필, 사진, 비디오 영상 등
문의시 사용 가능한 언어 프랑스어 > 영어
아티스트를 위한 문의처 festival@aurillac.net

한국 아티스트를 위한 축제측 코멘트

"초청 방식으로 진행되지만, 기본적으로 간단한 등록 절차를 통해 참가신청을 한 후 프로그램에 삽입되면 자유롭게 공연할 수도 있습니다. 등록비가 발생하는 경우도 있으나, 모든 공연물이 그런 것은 아닙니다. 만약 축제에 참여하고 싶다면 사전에 정보를 보내주세요. 그런 다음 우리와 협의하면 됩니다. 공연장소도 아티스트가 직접 정하는 경우도 있고, 축제측이 지정하는 경우도 있습니다."

047

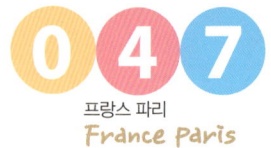

프랑스 파리

France Paris

Les Rencontres d'Ici et d'Ailleurs

오포지토 거리극페스티벌

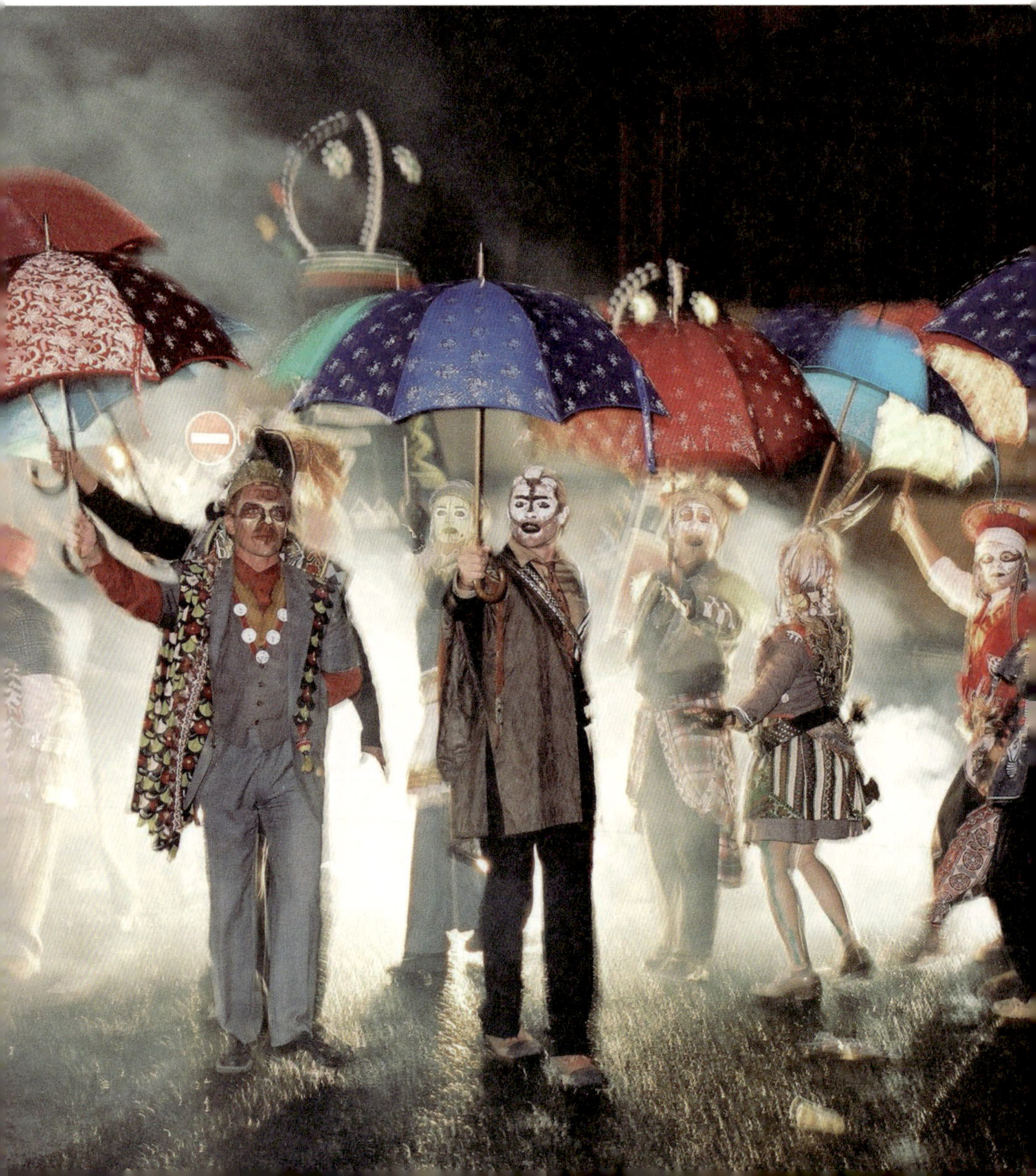

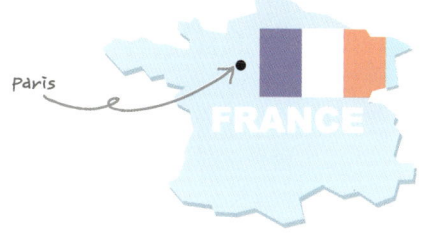

기본 정보
공식명칭 오포지토 거리극 페스티벌
(Les Rencontres d'Ici et d'Ailleurs)
장르 거리극
개최시기 매년 5월경(3일간 / 2011년 5월 20일~22일)
개최도시 프랑스 파리 노르지섹(Noisy-le-Sec)
시작연도 1982년
규모 매년 15개가량의 거리예술단 참여
방문객수 2010년 8,000여 명의 관람객 방문
주최 Compagnie Oposito

문의 및 찾아가기
공식홈페이지 www.oposito.fr
티켓예약 사이트 없다.
티켓가격 무료
전화문의 +33-1-48-02-80-96
메일문의 Contact@oposito.fr
장소 Compagnie Oposito-Le Moulin Fondu-53,
  rue de merlan 93130 Noisy-le-Sec, France
찾아가는 방법
파리 북역(Gare-du-Nord)에서 전철 RER-E선을
타고 노르지섹에서 내리면 된다(10분 소요).

◀ 모든 이의 시선을 잡아끄는 비주얼, 신화적 감동, 친근한 소품, 다수의 배우가 한꺼번에 관객을 사로잡는 압도감, 야외놀이하기 딱 맞는 여름밤의 선선함…, 어느 것 하나 부족하지 않다. 그네들의 상상력이 부러웠고 죽도록 훔치고 싶다는 생각을 멈출 수가 없었다.

©Oposito

203

축제 소개

오포지토 거리극 페스티벌은 지극히 서민적이고 인간미 넘치는 파리 외곽의 거리예술 축제다. 규모도 얼마나 작은지 마치 시골학교 운동회 같은 느낌마저 든다. 그럼에도 불구하고 매년 5월 파리를 여행하는 사람에게는 파리의 그 어떤 화려한 공연장보다 꼭 방문하길 권하고 싶은 축제다.

이 축제는 30여 년의 역사를 가지고 있는 파리 북동부의 뇨르지섹역 주택가에서 매년 초여름 딱 사흘간만 펼쳐진다. 한국으로 치면 서울에서 의정부 가는 길목의 어느 지하철역 마을에 자리를 튼 작은 극단에 의해 만들어진 동네축제인 셈이다. 주택가에 자리를 튼 이 작은 극단의 이름이 오포지토다. 오포지토의 사람들은 1년 내내 자신들이 땀 흘려 만든 예술공연을 함께 어울려 사는 동네 사람들에게 매년 한 번씩 공연으로 보답하는 기회를 마련하기 시작했고, 그것이 오늘날 작지만 강한 오포지토의 위상을 낳게 했다. 거기다 여기는 30여 년이 지난 지금까지도 가난하고 범죄율이 높은 파리의 대표적인 빈민가

▲ 오래 전 작품을 찍은 사진이지만, 지금도 이 장소에서 매년 오포지토 거리극 페스티벌이 열린다.

에 속하는데 작으나마 이 예술 축제로 인해 범죄율도 줄고 마을 분위기도 한층 밝아졌다고 한다. 평범한 이웃 같은 오포지토 극단의 축제가 시작되면 바로 옆집 꼬마가 창틀에 걸터앉아 광대를 바라보는 모습이 지금까지 잊히지 않는다. 아름다운 예술과 따뜻한 민심과 천진난만한 동심이 한데 묶인, 보기 드문 광경이니 절대로 선택을 후회하지 않을 것이다.

외국 방문객들에게 호텔과 공연장을 찾도록 안내도 해주고, 놔르지섹이 파리 중심가에서 멀지 않기 때문에 편안한 마음으로 축제를 찾아가봐도 좋겠다.

축제 참여하기

아티스트

참가공연 초청방법 공식초청작 100%
작품선정시 고려사항 예술적 가치 > 독창성 > 흥미로움
신청시기 매년 11월경
신청방법 우편 접수
신청자격 누구나
신청비용 없다(공연이 결정되면 모든 경비 지원).
선호장르 거리공연
선호하는 문의방법 이메일
접수시 구비서류 공연 소개서, 아티스트와 단체 프로필, 동영상, 사진, 비용 제안서 등
문의시 사용 가능한 언어 프랑스어 > 영어
아티스트를 위한 문의처 Contact@oposito.fr

한국 아티스트를 위한 축제측 코멘트

"구조적으로 한국 거리공연팀의 참가비용을 전액 지원하기는 어렵습니다. 한국 공연팀을 환영하지만, 무작정 받길 수는 없는 실정이랍니다. 혹시 유럽 투어가 계획되어 있다면 다른 후원 파트너들과 비용을 나누어보는 방법도 생각해볼 수 있을 것 같습니다."

048

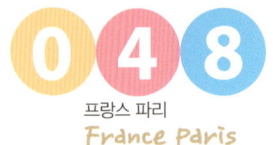

프랑스 파리

France Paris

Nous N'Irons Pas à AVIGNON

우리는 아비뇽에 가지 않을 거야 페스티벌

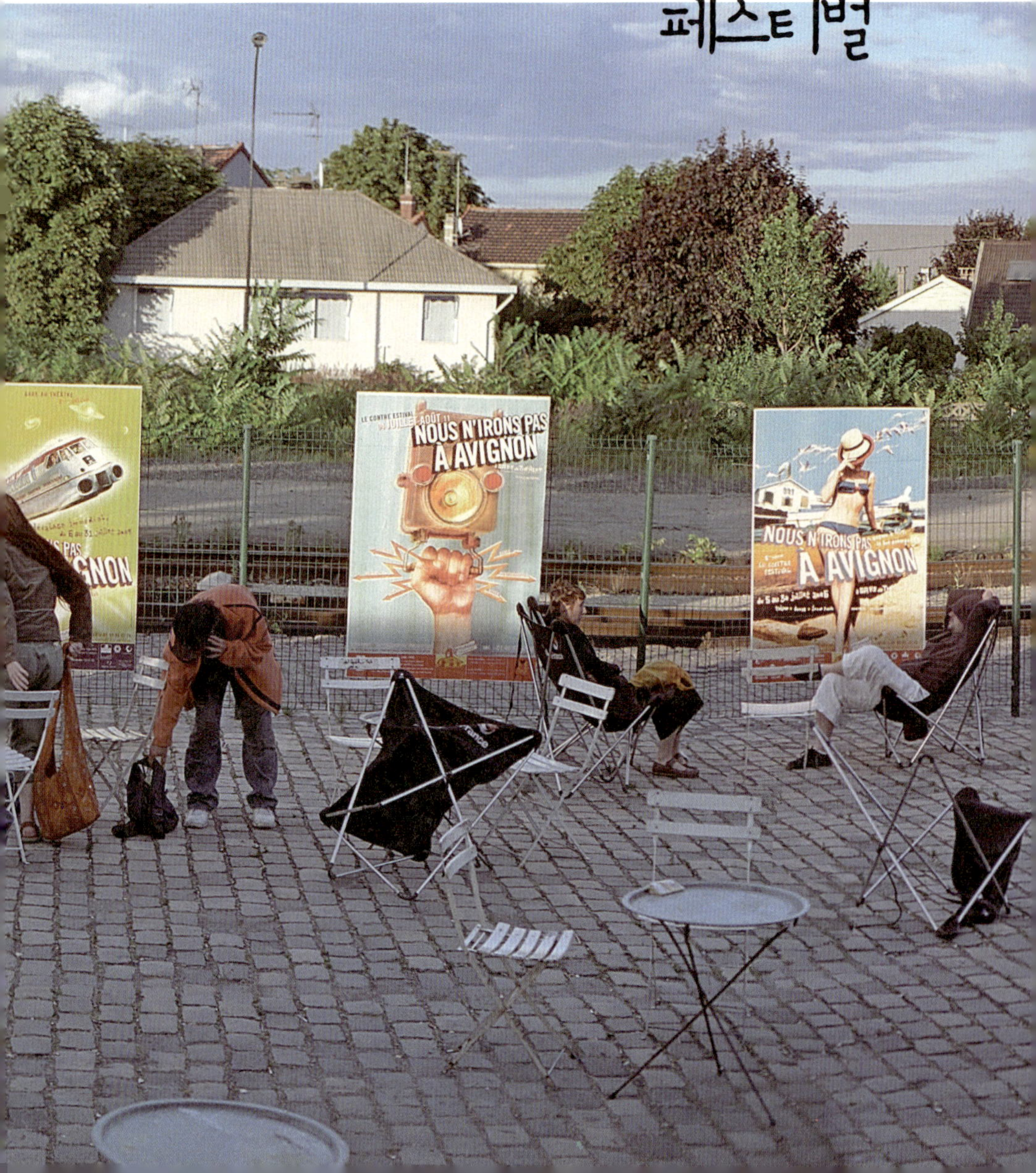

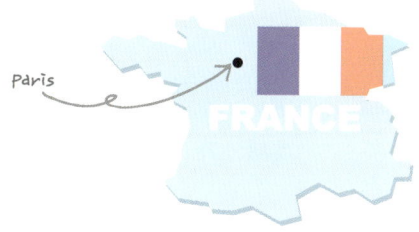

기본 정보
공식명칭 우리는 아비뇽에 가지 않을 거야 페스티벌
(Nous N'Irons Pas à Avignon)
장르 현대 창작예술(연극, 무용, 마임, 퍼포먼스, 거리극 등)
개최시기 매년 7월(2010년 6월 30일~7월 25일)
개최도시 프랑스 파리
비트리 수르 세인느(Vitry-sur-Seine)
시작연도 1999년
규모 매년 20~40여 개 공연팀이 참가
방문객수 2010년 5,000여 명의 관람객 방문
주최 Nous N'Irons Pas à Avignon

문의 및 찾아가기
공식홈페이지 http://www.gareautheatre.com
티켓예약 사이트 http://www.gareautheatre.com
티켓가격 7~13유로
전화문의 +33-1-55-53-22-22
메일문의 contact@gareautheatre.com
장소 13, rue Pierre S mard, 94400
Vitry-sur-Seine, France
찾아가는 방법
파리에서 RER-C 기차(Mona 또는 Romy 기차)를 타고 비트리 수르 세인느역에 하차하면 된다. 공연장이 역 바로 옆에 위치하고 있다.

◀ 사람들이 한가롭게 휴식을 취하고 있는 사진 속의 장소가 바로 축제가 열리는 비트리 수르 세인느역 인근의 개조된 기찻길 축제장이다. 낡은 철로를 뒤로하고 발칙한 타이틀의 축제 포스터가 철망 위에 걸려 있다.

축제 소개

잘못 본 것이 아니다. 축제의 제목은 정확히 '우리는 아비뇽에 가지 않을 거야 페스티벌(We are not going to Avignon Festival)'이다. 그 잘난 아비뇽엘 안 가겠다니 이게 웬 말일까. 잠시 사적인 언급을 하자면 필자는 '우리는 아비뇽에 가지 않을 거야 페스티벌'을 처음 알았을 때 비로소 해외에는 우리가 알고 있는 것보다 훨씬 더 다양하고 독특한 축제가 많이 있음을 한국의 젊은이들에게 소개해야겠다는 결심을 하게 되었다. 지독히도 반항적이면서도 충분히 납득이 되는 젊은이다운 축제의 설립 배경이 마음에 들었기 때문이다.

간단히 축제를 소개하자면 말 그대로 세계적 유명세를 타고 있는 프랑스 아비뇽 페스티벌을 비난하며 그 대안적인 방편으로 만든 파리 인근의 소규모 공연 축제다. 현재의 아비뇽 페스티벌은 예술의 근거지로서의 프랑스를 알리는 데 큰 역할을 하지만, 운영방식에 있어서의 문제점과 지나치게 변질된 상업적 코드, 비주류 아티스트들에 대한 공감대 부족, 새로운 양식에 대한 거부 등 문제점이 많다. 이 같은 현재의 아비뇽 페스티벌의 문제점을 역설하고, 그 대안으로 '그들만의 아비뇽 페스티벌'을 직접 만든 것이다.

이 축제에서는 매년 20~40여 개의 국내외 공연팀들이 참가하는데, 대략 4주간 수요일부터 일요일까지 하루 평균 4개의 공연이 펼쳐진다. 특히 재미있는 것은 파리 인근의 비트리 수르 세인느 지역의 폐쇄된 기차역을 개조해 만든 '기찻길 축제장'이란 점이다. 허름하고 부실하지만 그래서 더 멋스러운 소박한 예술 축제다. 모두가 예상하는 바처럼 비교적 열악한 환경에서 운영되는 젊은 공연 축제지만 그 의지와 열정만은 남부럽지 않은, 진정 프랑스의 숨은 힘을 느낄 수 있는 축제라 하겠다.

축제 참여하기 ①

청년인턴십 및 축제 자원봉사

신청자격 일반인 누구나
신청시기 매년 1월경
신청방법 홈페이지를 통해 신청
정보공개 웹사이트 www.gareautheatre.com
축제측 지원사항 급여는 없으며 식사 제공이 가능하다.
선정시 우선 고려사항 없다.

축제 참여하기 ②

아티스트

참가공연 초청방법 참가신청 후 공식초청
작품선정시 고려사항 현대 문학가이거나 현대 창작예술물이어야 한다.
신청시기 매년 1월경
신청방법 이메일 또는 전화 또는 직접 내방
신청자격 누구나
신청비용 없다.
선호장르 무대공연, 무용, 아이들을 위한 연극, 주제가 있는 무대공연 등
선호하는 문의방법 이메일
접수시 구비서류 아티스트 프로필, 사진 또는 영상물 등
문의시 사용 가능한 언어 프랑스어 〉 영어
아티스트를 위한 문의처 contact@gareautheatre.com

한국 아티스트를 위한 축제측 코멘트

"해외 아티스트들을 환영하지만 접대를 하지는 않습니다. 대단히 죄송합니다. 호텔은 직접 알아보셔야 합니다. 공연판매 수익금을 나누는 방식으로 운영하며, 주최측에서 일방적으로 공연을 사지는 않습니다. 또 아티스트들이 반드시 알아야 할 점이 있습니다. 우리는 넓은 지역을 사용하고 있는 작은 조직이므로 축제기간에는 모두가 나서서 많은 일을 해줘야 합니다. 참가를 희망하는 공연팀과 무대에서 만나고, 또 함께 작업한다고 생각하면 기쁘기 그지 없습니다. 한국의 아티스트들과 하루빨리 만나볼 수 있기를 바랍니다."

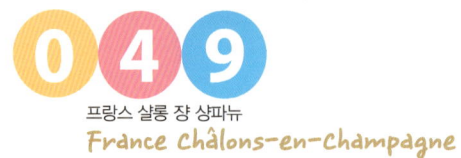

049

프랑스 샬롱 쟝 샹파뉴

France Châlons-en-Champagne

Furies festival

퓨리에 페스티벌

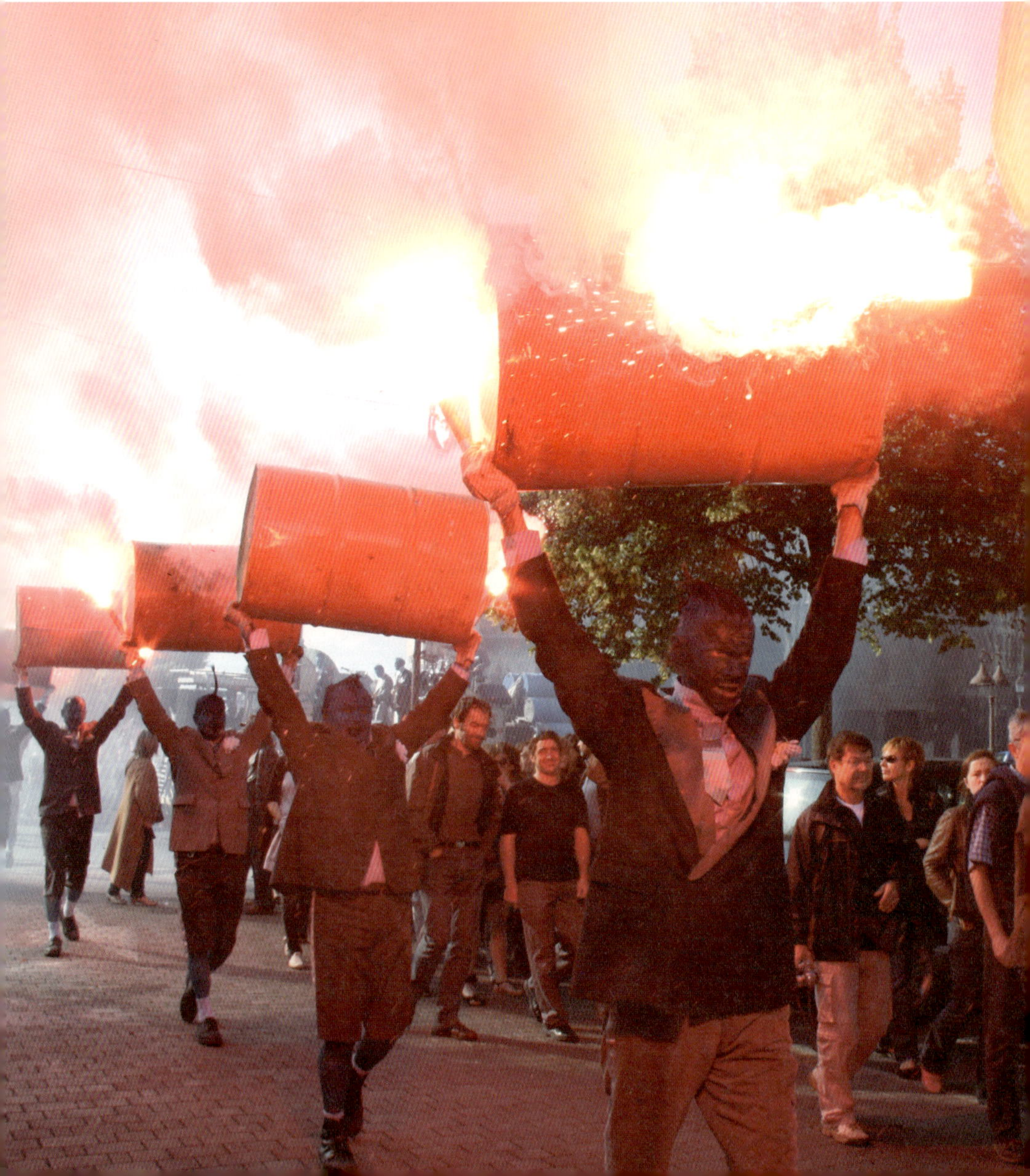

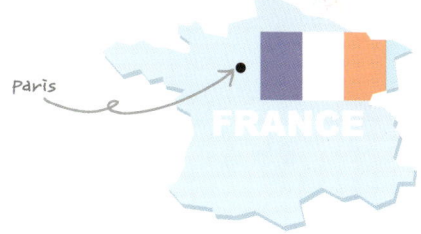

기본 정보
공식명칭 퓨리에 페스티벌(Furies festival)
장르 서커스와 거리극
개최시기 매년 6월 상반기
　　　　　(1주일간 / 2011년 6월 6일~11일)
개최도시 프랑스 샬롱 쟝 샹파뉴
시작연도 1990년
규모 매년 20여 개의 국제적 거리공연팀 참가
방문객수 2010년 2만5,000여 명 방문
주최 Furies festival & Châlons-en-Champagne

문의 및 찾아가기
공식홈페이지 www.festval-furies.com
티켓예약 사이트 없다.
전화예약 +33-326-65-90-06
티켓가격 무료 또는 3~12유로
전화문의 +33-26-65-73-55
메일문의 furieusement@wanadoo.fr
장소 BP 60101-51 007 Châlons-en-Champagne
　　　 Cedex France
찾아가는 방법
파리에서 기차로 샬롱 쟝 샹파뉴에 도착해서
축제 마을까지 걷거나 택시를 타고 이동해야 한다.

◀ 이렇게 작고 고요한 마을에서 저런 요란한 괴물들이
떼로 등장할 거라고 누가 상상이나 했을까.
퓨리에 페스티벌의 하이라이트를 장식한 공연팀이
퍼포먼스 퍼레이드를 펼치고 있다.

축제 소개

　퓨리에 페스티벌은 파리에서 두 시간 반 거리의 동쪽에 위치하고 있는 샬롱 장 샹파뉴의 대표 축제다. 매년 6월 중, 딱 1주일간만 펼쳐지는데 20여 년의 세월이 지나도록 규모를 크게 키우지 않는 이유는 그만큼 자신 있고 확실한 국내외 대표 거리공연팀들만 엄선하기 때문이다.

　축제가 열리는 샬롱 장 샹파뉴는 발음만 들어도 향기가 나는 도시 이름처럼 실제 분위기도 클래식한 정통 프랑스풍의 우아한 매력을 풍긴다. 축제는 도심 한가운데 있는 넓은 공원에 설치된 서커스 텐트촌을 중심으로 펼쳐지는데, 밤낮으로 이 공원을 중심으로 도시의 크고 작은 광장과 길목을 무대 삼아 다양한 거리극들이 펼쳐진다. 축제측은 퓨리에 페스티벌을 통하여 지역의 현대적 창작 활동을 후원하고 젊은 인재들을 발굴하는 데 큰 역할을 하고 있다고 한다. 앞으로도 시민들과 더욱 친화적인 도시 분위기를 위해 퓨리에 페스티벌을 중요한 소통의 장으로 만들고자 한다고 하니 더욱 기대되는 시민 밀착형 축제가 아닌가 싶다.

▶ 시내 공원에 마련된 페스티벌의 아지트. 서커스를 연상시키는 텐트가 사방에 설치되고, 밤이 되면 맥주병을 든 사람들이 하나둘씩 몰려든다.

축제 참여하기

아티스트

참가공연 초청방법 공식초청작 100%
작품선정시 고려사항 예술적 가치, 창의성, 새로운 창작물, 거리공연과 서커스의 조합 등
신청시기 매년 9월~이듬해 2월
신청방법 이메일 또는 우편 접수
신청자격 누구나
신청비용 없다.
선호장르 거리공연과 서커스
선호하는 문의방법 이메일 〉 우편
접수시 구비서류 작품 전체를 볼 수 있는 동영상 및 관련 서류
문의시 사용언어 프랑스어 〉 영어
아티스트를 위한 문의처 예술감독 Jean Marie Songy (furieusement@wanadoo.fr)

한국 아티스트를 위한 축제측 코멘트

"안녕하세요, 퓨리에 예술감독 Jean Marie Songy입니다. 우리는 많은 아시아의 아티스트를 환영하며, 또 만나길 희망합니다. 보다 솔직하게 말하면, 여러분의 공연을 직접 보는 것이 우리에게 확신을 줄 수 있는 최상의 방법입니다. 그러니 유럽 공연이 계획돼 있다면 날짜를 알려주세요. 최선을 다해 보겠습니다."

Part 2

동유럽
Eastern Europe

슬로바키아 | 체코 | 폴란드 | 헝가리

실험적이고 혁신적인 연극이 돋보이는 **슬로바키아** 50
프라하의 봄을 만끽할 수 있는 **체코** 51 52
쇼팽의 선율이 예술 속에 녹아든 **폴란드** 53 54 55 56 57
음악 축제로 빛나는 **헝가리** 58 59

050

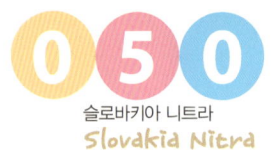

슬로바키아 니트라
Slovakia Nitra

International Theatre Festival Divadelná Nitra

국제 연극 페스티벌

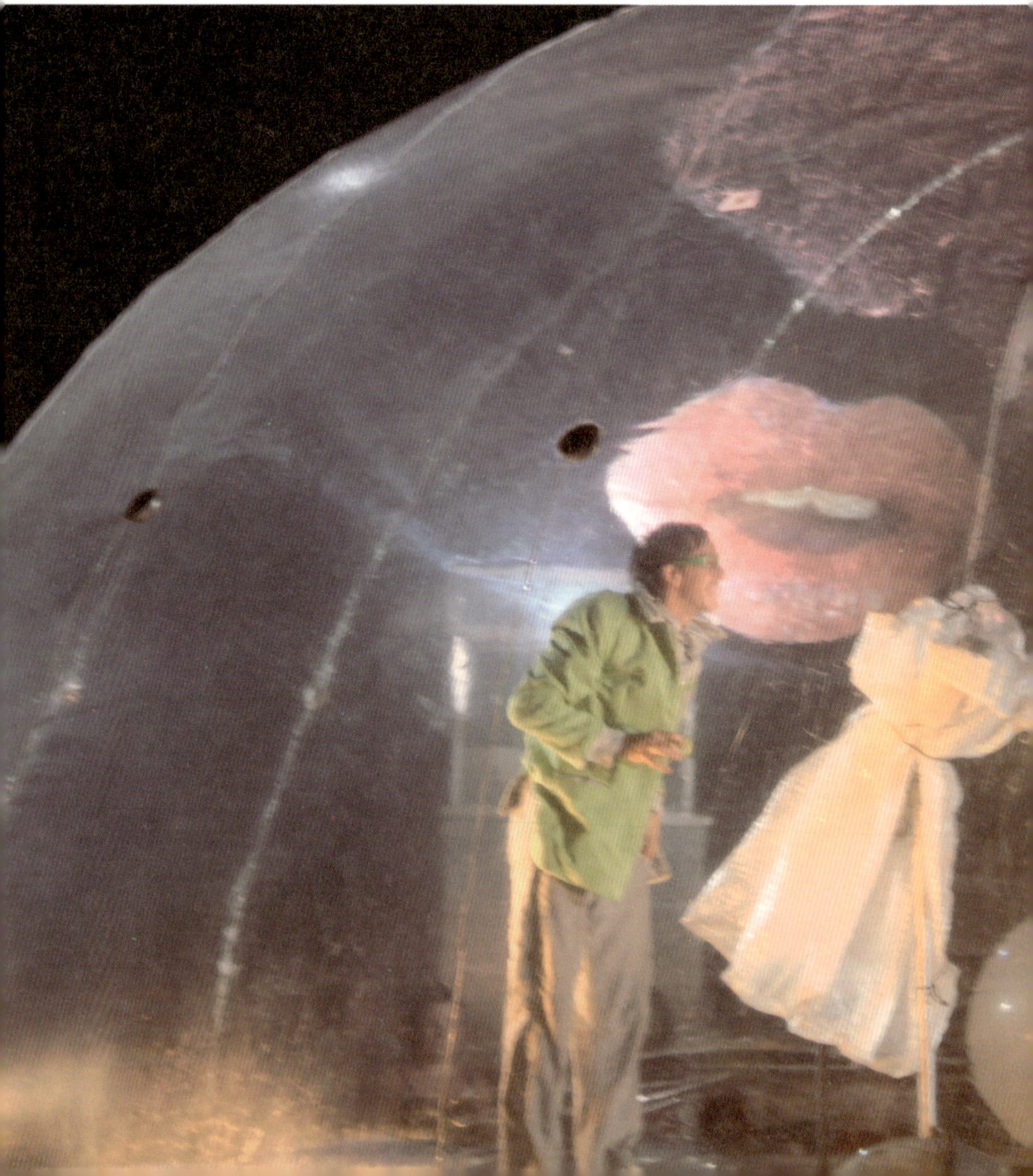

SLOVAKIA
Nitra

기본 정보
공식명칭 국제 연극 페스티벌
　　　　　(International Theatre Festival Divadelná Nitra)
장르 연극
개최시기 매년 9월 마지막 주
　　　　　(6일간 / 2011년 9월 23일~28일)
개최도시 슬로바키아 니트라
시작연도 1991년
규모 매년 15~20여 개의 국제적 작품 소개
방문객수 5,000여 명
주최 Association Divadelná Nitra, civic organization

문의 및 찾아가기
공식홈페이지 www.nitrafest.sk
티켓예약 사이트 http://www.nitrafest.sk
티켓가격 7~20유로
전화문의 +421-00421-386-524-870,
　　　　　+421-00421-903-554-475
메일문의 nitrafest@nitrafest.sk
장소 Svätoplukovo nam. 4, 950 53 Nitra, Slovakia
찾아가는 방법
비엔나에서 버스나 기차를 이용해
브라티슬라바에 도착, 지역버스로 갈아타서
니트라로 가면 된다.

◀ 배우들은 투명한 비닐캡 안에서 단 한번도 나오지 않았다. 보이지 않는 장벽을 만들며 어리석게 살아가고 있는 현대인을 풍자하듯 배우들은 갇힌 세상 속에서 끊임없이 번뇌했다. 그리고 비닐캡에 반사된 빨간 입술이 마치 거울 속에 비친 우리 같았다. 꼼짝달싹 못하면서 입으로만 몸부림치는 현대인….

축제 소개

슬로바키아의 가장 큰 연극예술 축제는 중심부에 위치한 '니트라'라는 소도시에서 열린다. 연극장르뿐 아니라 슬로바키아의 대표적 문화행사로도 손꼽히는 축제인데 매년 9월 마지막 주에 약 6일간 도심 곳곳의 크고 작은 공연장에서 펼쳐진다.

이 축제는 유럽 전체적으로 볼 때 비교적 작은 축제에 속하지만, 예술성이 높은 우수 연극작품만 선보이는 것으로 유명한 연극 전문 축제다. 15~20여 개의 선정된 작품들을 위주로 소개하고 있지만 허용 가능한 범주의 댄스, 음악, 인형극 또는 시각적 무대예술 작품들도 비경쟁으로 공연되기도 한다. 근래의 유럽 축제들이 대부분 그렇듯이 단순히 전통적 양식에만 몰입하는 공연보다는 새로운 형식의 시도, 혁신적인 표현양식, 감동적인 메시지 등 새롭고 실험적인 작품들을 적극적으로 선보이고자 노력하는 축제이기도 하다.

슬로바키아는 체코, 폴란드, 오스트리아, 헝가리로 둘러싸인 나라로 오스트리아의 비엔나에서 수도인 브라티슬라바를 거쳐 2~3시간이면 니트라에 도착할 수 있으며, 헝가리 부다페스트에서도 버스로 5시간이면 충분히 갈 수 있는 거리다. 동유럽을 여행하는 사람들이라면 한번쯤 그네들의 문화생활을 엿보며 즐겨보는 것도 좋은 추억이 될 것이다.

축제 참여하기 ①

청년인턴십 및 축제 자원봉사

신청자격 영어 능통자(내국인 지역봉사자만 지원이 가능)
신청시기 매년 4월경
신청방법 홈페이지를 통해서 접수
정보공개 웹사이트 www.nitrafest.sk
축제측 지원사항 급여는 없지만 숙식을 제공하고, 수료증을 발급해준다.
선정시 우선 고려사항 언어 〉 열정 〉 경험

축제 참여하기 ②

아티스트

참가공연 초청방법 공식초청작 100%
작품선정시 고려사항 연극(기타 비경쟁 부문으로 댄스, 음악, 전시 등 가능)
신청시기 매년 10월~이듬해 5월
신청방법 이메일 또는 우편
신청자격 누구나
신청비용 없다.
선호장르 연극, 무용
선호하는 문의방법 이메일
접수시 구비서류 시놉시스, 단체 소개서, 아티스트 프로필, 제안할 DVD 등
문의시 사용 가능한 언어 영어
아티스트를 위한 문의처 nitrafest@nitrafest.sk

한국 아티스트를 위한 축제측 코멘트

"슬로바키아에서 한국의 연극은 접할 기회가 없습니다. 훌륭한 한국 아티스트들과 만나보고 싶습니다. 현 시점의 다양한 시대적 주제, 새로운 경향, 표현의 다양성, 사고의 확장 등 국제적 작품들을 통해 다양한 교류를 희망합니다."

051

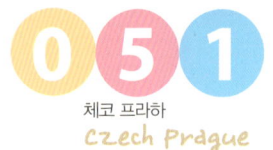

체코 프라하

Czech Prague

The Prague Spring International Music Festival

프라하 봄 페스티벌

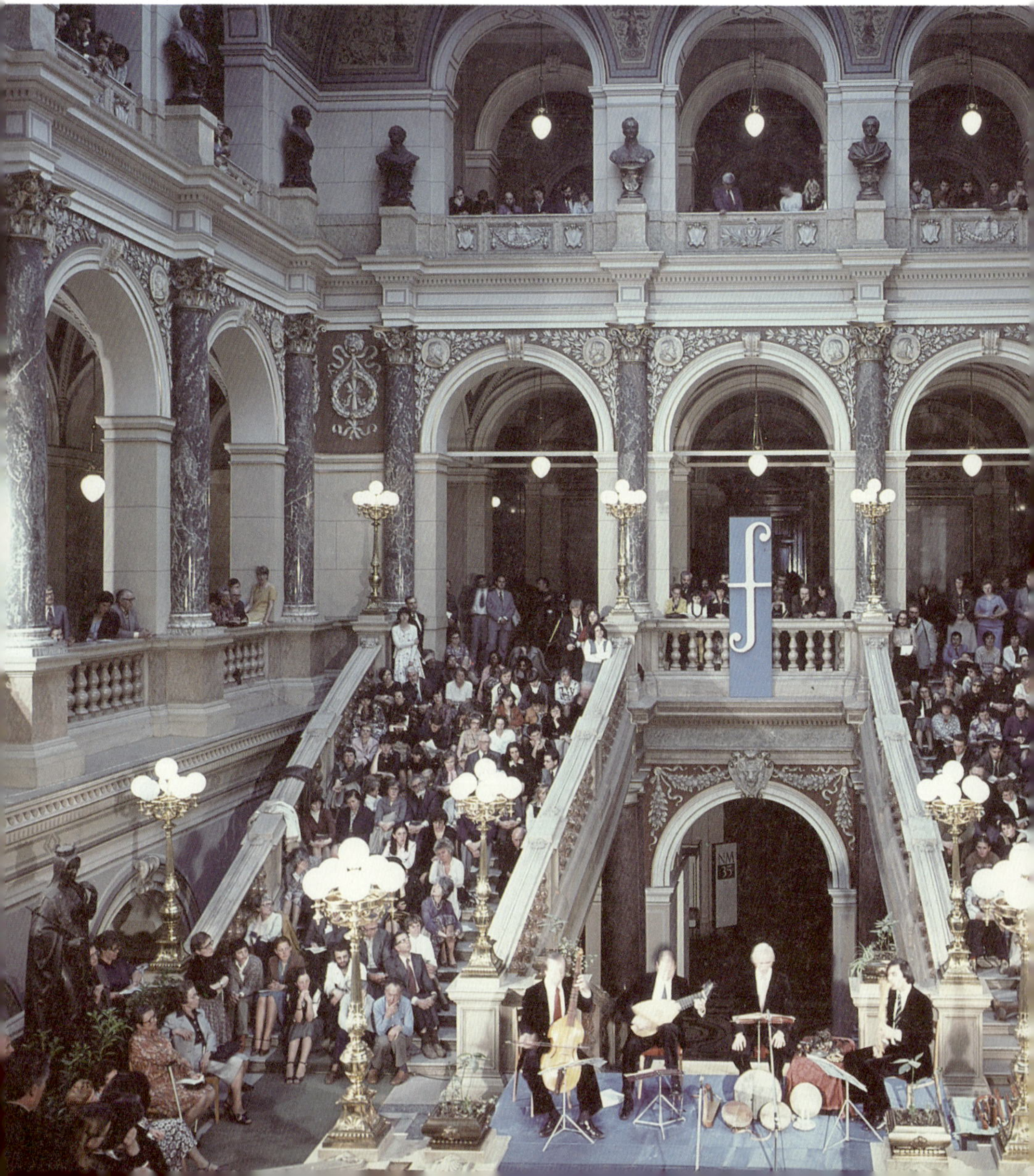

Prague CZECH REPUBLIC

기본 정보
공식명칭 프라하 봄 페스티벌
  (The Prague Spring International Music Festival)
장르 클래식 음악
개최시기 매년 5월 12일부터 대략 한 달간
  (2011년 5월 12일~6월 4일)
개최도시 체코 프라하
시작연도 1946년
규모 약 70여 팀의 클래식 오케스트라 및
  다양한 연주회
방문객수 유료 관람객만 약 9만여 명
주최 Prague Spring International Music
  Festival & city of Prague

문의 및 찾아가기
공식홈페이지 http://www.prague-spring.net
티켓예약 사이트 http://www.ticketpro.cz/jnp/en/
  prazske-jaro/528886-pj-2011.html
티켓가격 75~1,000코루나(Kc / 한화 4,500~67,000원)
전화문의 +420-257-312-547
메일문의 info@festival.cz, competition@festival.cz
장소 Prague Spring(Prazska jaro, o. p. s.) Hellichova
  18, 118 00 Prague 1, Czech Republic
찾아가는 방법
체코 프라하로 가는 직항노선은 다양하다.
개막식이 열리는 스메타나 홀은 프라하 시내
중심에 위치하며, 어떤 지도에도 가장 크게
표기되어 있다. 편안하게 걷다보면 만나게 된다.

◀ 이따금씩 우리는 본질을 잊고 부수적인 것에만 매달릴
때가 있다. 건물 계단에 기꺼이 양복바지를 짓이겨가면서도
행복해하는 프라하의 사람들을 보면서 든 생각이다.
겨우 2시간인 걸 좀 불편하면 어떠랴.

축제 소개

'동유럽의 봄' 하면 첫 번째로 떠오르는 것은 역시 프라하 봄 페스티벌이다. 반세기가 넘는 오랜 역사를 통해 동유럽 최고의 예술 축제로 자리매김했을 뿐만 아니라, 바이올리니스트 데이빗 오이스트라흐를 포함하여 러시아의 위대한 피아니스트 스비아토슬라프 리히테르, 첼리스트 므스티슬라프 로스트로비치 같은 거장들도 '프라하 봄 페스티벌'을 통해 데뷔하는 등 이미 수많은 거장들을 배출한 사실만으로도 최고의 축제로서 입지가 탄탄한 음악 축제이다.

프라하 봄 페스티벌은 2차 세계대전의 종전과 함께 필하모니의 50회 생일을 축하하면서 1946년 처음으로 축제의 틀을 갖추게 되었다. 갖은 정치적 압박과 문화의 소용돌이 속에서도 그 전통성을 이어올 수 있었던 것은 체코인

▲ 프라하 필하모니 합창단의 모습. 공연이 시작되기 전에 전원 차렷 자세로 찍었단다.

들의 음악에 대한 사랑과 진정한 예술
성을 맛보려는 열의가 그대로 담겨 있
기 때문이다. 특히 대중들에게는 화려
하고 웅장한 개 · 폐막식 행사가 가장
잘 알려져 있다.

 개막식은 체코의 민족음악가 스
메타나의 서거일에 맞춰 스메타나
홀에서 열리며, '나의 조국' 연주로 축제의 시작을 알리
게 된다. 그리고 같은 장소에서 '기쁨의 송가'에 이어 베토벤의 교향곡 9번 '합
창'을 끝으로 축제도 막을 내린다. 페스티벌 기간인 매년 5월 12일부터 약 한
달 동안 프라하 전역에서 다양한 클래식 연주회가 열리므로 이 시기에 맞춰
서 체코 여행을 하면 동유럽 여행의 감동과 기쁨을 두 배로 만끽할 수 있는 좋
은 방법이 될 것이다.

> **Travel Tip**
> 프라하 봄 페스티벌의 개막식과 폐막식 공연은 인기가 높아 전년도 12월
> 에 예매해도 늦는 경우가 많다. 이 밖에도 스메타나 홀이나 프라하 시내의
> 주요 공연장에서 펼쳐지는 프로그램의 경우는 되도록 미리 예매를 하는
> 것이 안전하다. 모든 공연장들은 프라하 시내 중심에 위치해 있어 이동시
> 간은 크게 염려하지 않아도 좋다.

052

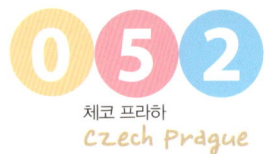

체코 프라하

Czech Prague

Prague Fringe

프라하 프린지 페스티벌

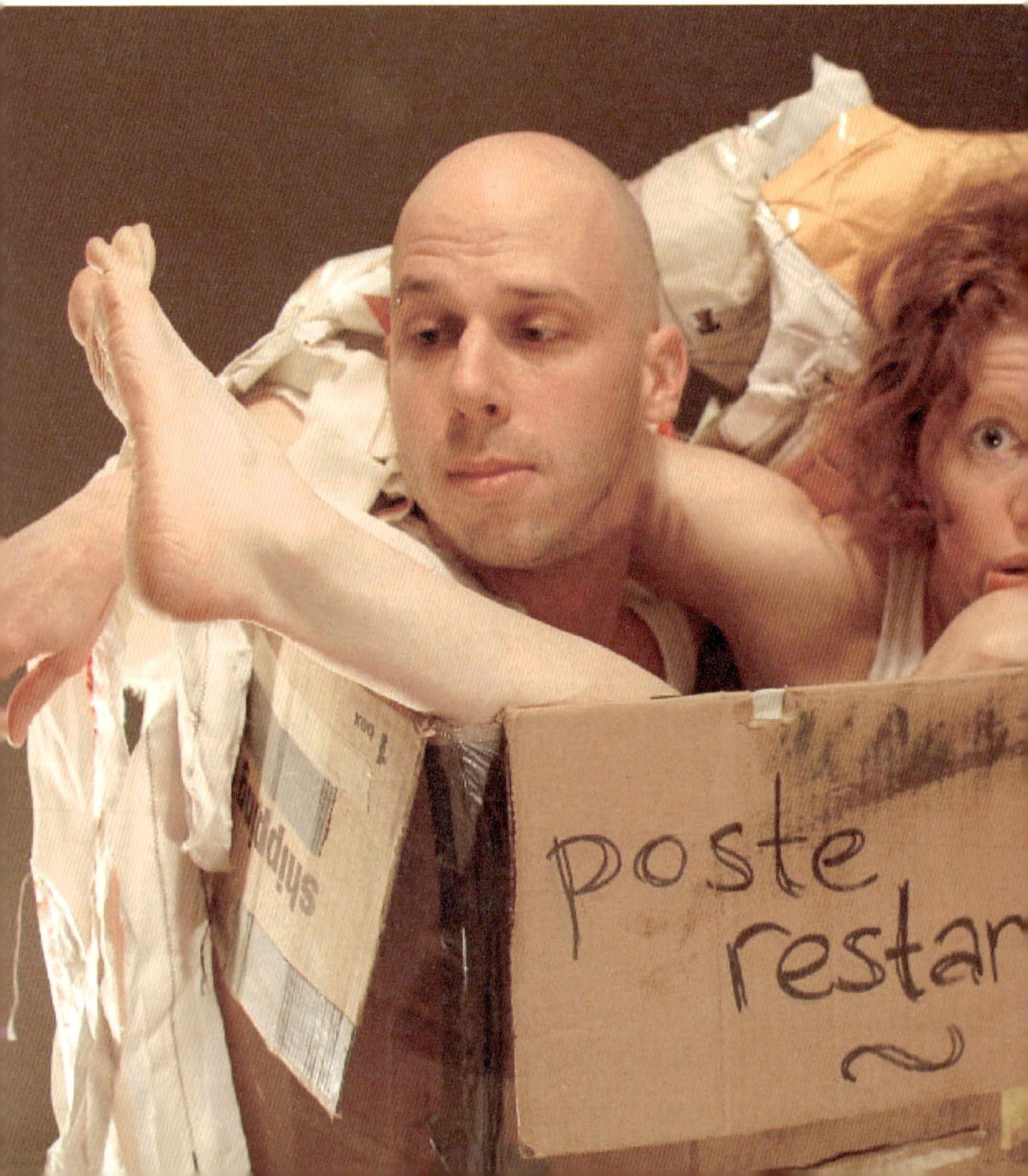

기본 정보
공식명칭 프라하 프린지 페스티벌(Prague Fringe)
장르 종합장르(거리극 제외)
개최시기 매년 5월 말~6월 초
(9일간 / 2011년 5월 27일~6월 4일)
개최도시 체코 프라하
시작연도 2002년
규모 매년 40여 개 해외 팀이 참가하며 240여 공연이 펼쳐진다.
방문객수 5,000여 명의 유료 관객
주최 Prague Fringe Festival

문의 및 찾아가기
공식홈페이지 www.fringe.cz
티켓예약 사이트 www.fringe.cz
티켓가격 5유로 안팎
전화문의 축제 사무실을 상시로 열지는 않는다.
메일문의 info@fringe.cz
장소 Budecska 16, 120 00 Prague 2, Czech Republic
찾아가는 방법
프라하로 향하는 직항노선은 전 세계 어디에서나 있다. 프라하 프린지 페스티벌은 프라하 중심부의 작은 소극장들에서 펼쳐진다. 홈페이지에 안내가 잘 되어 있으니 참고하면 쉽게 찾아갈 수 있다.

◀ 전 세계의 프린지 페스티벌을 살펴보면 비교적 파격적이고 비정상적이어서 조금은 튀는 듯한 이미지가 많은 것 같다. 프라하 프린지 페스티벌에 참가한 어느 연극의 한 장면이다.

축제 소개

'체코 프라하' 하면 제일 먼저 드라마 〈프라하의 연인〉이나 프라하 봄 페스티벌을 떠올리는 이가 적지 않다. 그러나 최근에는 클래식뿐만 아니라 다양한 장르를 아트 페스티벌 형식으로 집대성한 프라하 프린지 페스티벌의 인지도가 높아지고 있다. 진행 형식은 영국의 에딘버러 프린지 페스티벌과 유사하고, 거리극은 포함하지 않으며 연극적인 색채가 짙은 작품들을 선호한다.

프라하 프린지가 열리는 동안에는 고풍스런 프라하 도심의 말라 스트라나(Mala Strana)의 거대한 성곽 주변, 구불구불한 도로를 따라 세워진 작은 극장들 또는 현지인들이 많이 찾는 클럽과 바에서 공연이 펼쳐진다. 여행객들이 현지인들과 야간에 함께 즐길 수 있는 공연들도 상당수 포함되어 있는데, 공연장에 직접 갔다가 티켓이 없어 낭패 보는 일이 생길 수 있다. 되도록 예매를 하고, 공식홈페이지에서 프라하 숙박 정보도 제공하고 있으니 밤낮으로 축제를 즐기기 전에 미리 대비해두길 바란다.

최근에는 호주, 캐나다, 스코틀랜드, 노르웨이, 이스라엘 등 다양한 국가들에서 매년 적극적으로 참여하고 있고 연극을 비롯한 풍자극, 노래, 서커스, 댄스, 클래식, 대사, 코미디, 카바레, 거기다 즉흥극의 묘미까지 다양한 장르를 경험할 수 있는 주요 축제로 자리 잡았다.

축제 참여하기 ①

청년인턴십 및 축제 자원봉사

신청자격 영어 능통자
신청시기 매년 1월경
신청방법 홈페이지를 통해 접수
정보공개 웹사이트 www.fringe.cz
축제측 지원사항 제한적으로 숙식 제공이 가능하다.
선정시 우선 고려사항 공연장 업무 유경험자 〉사람들과의 협업에 능통한 자

축제 참여하기 ②

아티스트

참가공연 초청방법 사전 신청을 통한 참가작 100%
작품선정시 고려사항 거리극과 대형 공연물은 대상에서 제외
신청시기 매년 10월 초(8월 초부터 홈페이지에 게재)
신청방법 홈페이지를 통한 신청서 작성
신청자격 아티스트 단체 또는 솔로 아티스트
신청비용 없다(작품의 규모와 필요한 설비 여건에 따라 달라질 수 있다).
선호장르 없다.
선호하는 문의방법 이메일(info@fringe.cz)
접수시 구비서류 온라인으로 신청서 작성(사진과 비디오 자료들은 검토하기 쉽도록 링크를 걸어준다)
문의시 사용 가능한 언어 영어
아티스트를 위한 문의처 예술감독 Steven Gove(steve@fringe.cz)

한국 아티스트를 위한 축제측 코멘트

"프라하 프린지에서는 일부 아시아 공연팀이 이미 참가하고 있습니다. 한국 공연팀들이 관심을 가지고 신청해준다면 대단히 기쁘겠습니다. 언제든지 환영합니다."

0 5 3

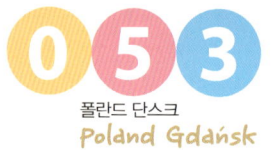

폴란드 단스크

Poland Gdańsk

Gdańsk Shakespeare Festival

단스크 셰익스피어페스티벌

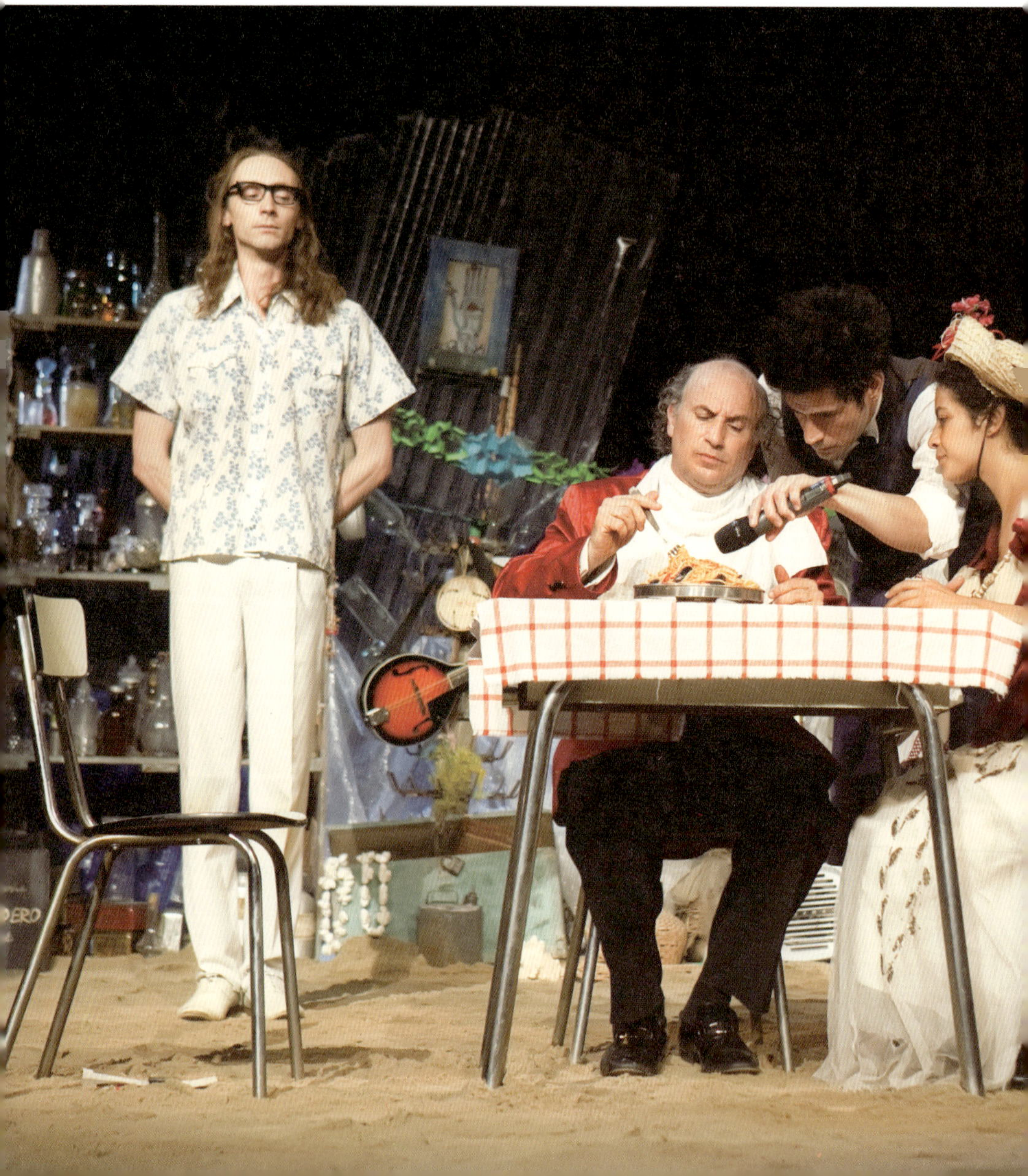

기본 정보

공식명칭 단스크 셰익스피어 페스티벌
(Gdańsk Shakespeare Festival)
장르 셰익스피어 작품의 전통적 실내 연극
개최시기 매년 8월 첫째 주(2011년 7월 30일~8월 7일)
개최도시 폴란드 단스크
설립연도 1997년
규모 매년 10여 개의 해외 작품과
폴란드 국내 작품 4편 참가
방문객수 1만1,000여 명 관람객 방문
주최 The Gdańsk Shakespeare Theatre together with Theatrum Gedanense Foundation

문의 및 찾아가기

공식홈페이지 www.festiwalszekspirowski.pl
티켓예약 사이트 미공개
티켓가격 5~30유로
전화문의 +48-58-683-08-18
메일문의 festiwal@ftg.pl
장소 ul. Ogarna 101, 80-286 Gdańsk, Poland
찾아가는 방법
유럽의 주요 도시에서 한번에 가는 단스크행 저가항공을 이용하는 것이 좋다.
나머지 다른 도시에서는 대부분 바르샤바를 통해 기차 또는 버스로 가야 한다(3시간 소요).

◀ 축제기간 동안 전 세계의 아티스트들에 의해 새롭게 해석된 셰익스피어를 끊임없이 만나게 되는데, 시끌벅적한 여느 축제들과는 사뭇 다른 감동을 맛볼 수 있다. 차분하게 가라앉은 듯하지만, 관객들의 가슴엔 뭔지 모를 뜨거운 감동이 맺히고, 축제는 날이 갈수록 폭발할 듯한 열기로 물든다.

©W. Czerniawski

축제 소개

유럽에는 셰익스피어 작품만을 다루는 연극, 문학 축제가 거의 모든 나라에 있다. 그중 가장 대표적인 곳이 영국, 독일, 체코와 폴란드다. 폴란드는 예술가들 사이에서 정통 연극이 두드러지게 발달한 나라로 정평이 나 있다. 주로 쇼팽과 관련된 음악 행사는 바르샤바를 중심으로 이루어지고 있고, 셰익스피어 연극은 폴란드의 북부에 위치한 단스크를 중심으로 행해지고 있다.

단스크 셰익스피어 페스티벌은 1993년 단스크의 '셰익스피어의 날'을 기념하기 위해 시작되었다가 1997년부터 공식적으로 축제의 틀을 갖추어 개최되기 시작했다. 이후 한국에도 잘 알려진 피터 부룩과 같은 세계적 명성의 연출가들이 각자의 표현법으로 셰익스피어를 공연하기 시작했고, 지난 2007년에는 한국의 극단 '여행자(대표 양정웅)'의 〈한여름밤의 꿈〉이 성황리에 공연을 펼치기도 했다. 이 축제에는 매년 10여 개 이상의 해외 우수작들이 초청되고, 폴란드 극단 중에서도 그 해 선발된 최우수 4팀만이 이 축제에 참가한다.

©T. Zerek

단스크는 발트해 연안에 있는 아름다운 휴양도시로, 폴란드 사람들에게도 여름 휴양지로 각광을 받고 있다. 때문에 동유럽을 여행하는 사람이라면 폴란드의 북쪽 끝까지 올라가 그들의 셰익스피어를 꼭 만나보면 좋겠다. 그곳에서 동양인 만나기는 하늘에 별따기다.

©T. Zerek

`축제 참여하기 ①`

청년인턴십 및 축제 자원봉사

신청자격 인터뷰를 통해 선발하며, 폴란드 대학생을 우선으로 한다.
신청시기 매년 6월경
신청방법 홈페이지를 통한 질문지 작성 접수
정보공개 웹사이트 www.festiwalszekspirowski.pl
축제측 지원사항 축제 관련 기념품 제공과 전 공연 무료 관람 등의 혜택이 주어진다.
선정시 우선 고려사항 인성 〉태도 〉전문성

`축제 참여하기 ②`

아티스트

참가공연 초청방법 공식초청작 100%
작품선정시 고려사항 예술적 가치와 독창성
신청시기 축제가 끝난 9월부터 이듬해 2월까지
신청방법 이메일 〉전화 〉우편
신청자격 누구나
신청비용 없다(소요 금액은 상당 부분 축제측이 부담하며 경우에 따라 협상할 수 있다).
선호장르 없다.
선호하는 문의방법 이메일
접수시 구비서류 소개서, 사진, DVD, 리뷰, 극단 설명서
문의시 사용 가능한 언어 영어
아티스트를 위한 문의처 담당자 Joanna Sniezko-Misterek(festiwal@ftg.pl / +48-58-683-07-72)

한국 아티스트를 위한 축제측 코멘트

"아시아의 아티스트들에게 강력하게 말씀드립니다. 자체적으로 후원을 받아 여행 경비와 세트 경비를 마련하시는 게 좋습니다. 아시아 공연팀을 초청하는 비용은 매우 많기 때문에 축제측이 전액 부담하는 것은 쉽지 않습니다."

폴란드 크라코우
Poland Kraków

Lajkonik Festival
라이코닉 페스티벌

기본 정보

공식명칭 라이코닉 페스티벌(Lajkonik Festival)
장르 거리극
개최시기 매년 성체축일(Corpus Christi Feast) 후
첫 번째 목요일(2011년 6월 30일)
개최도시 폴란드 크라코우
시작연도 1287년부터 이어져온 전통 행사로
축제 시작일을 예측할 수 없다.
규모 라이코닉 퍼포먼스팀 외 40여 명
방문객수 매년 3,000여 명의 관람객 방문
주최 Historical Museum of the City of Kraków

문의 및 찾아가기

공식홈페이지 www.mhk.pl
티켓예약 사이트 없다.
티켓가격 무료
전화문의 +48-12-619-23-00
메일문의 folklor@mhk.pl
장소 Krzysztofory Palace Rynek Główny 35
(35 Main Square) 31-011 Kraków, Poland
찾아가는 방법
바르샤바에서 비행기로 가는 것이 용이하다. 포츠난과 바르샤바에서 기차 또는 버스로 갈 수 있지만 상당한 시간이 소요된다.

◀ 폴란드의 역사적 사실을 모티브로 한 일종의 코믹 풍자극이다. 어린이들에게는 민족적 자존감을 심어주고, 어른들에게는 즐거운 놀이이자 자랑스러운 기념 행사가 되는 축제다.

축제 소개

　라이코닉 페스티벌은 크라코우라는 폴란드 남부 도시의 역사적 사실에서 기인한 소박한 민속 축제의 하나다. 축제의 기원을 살펴보면 폴란드의 옛 수도였던 크라코우의 역사에 등장하는 몽골전쟁에 있다고 한다. 13세기경 몽골이 폴란드를 침략했을 당시, 크라코우 인근에 주둔해 있던 몽골군을 한밤중에 어느 폴란드인이 재공격하여 무찔렀던 사건이 있었다. 이를 본 시민들이 몽골군의 옷을 코스프레하듯 걸쳐 입고 우스꽝스러운 모습으로 크라코우로 달려가 승전보를 전한 것이 오늘날의 축제가 되었다고 한다.

　때문에 6월 말경 축제일에 맞춰 크라코우에 가보면 스케일이 크고 왁자지껄한 여느 축제와는 달리 긴 수염이 달린 말을 탄 퍼포먼스팀들이 거리 곳곳을 활보하며 간단한 전쟁놀이나 다양한 거리극 형태의 공연을 펼치는 모습을 쉽게 볼 수 있다. 특히 라이코닉은 말의 형태를 한 가장행렬처럼 보이기 때문에 어린이들에게 인기가 좋다. 신나서 달려드는 어린이들을 위해 달콤한 사탕을 던져주는 한편 밴드와 함께 군중 사이에 어우러져 춤을 추곤 한다.

화려한 볼거리는 없지만 시작점을 알 수 없을 정도의 오랜 역사와 전통을 가진 민속 축제이니 꼭 한번 찾아가보길 바란다. 참고로 크라코우에는 아돌프 히틀러가 만행을 저질렀던 아우슈비츠 수용소가 있어서 해마다 전 세계에서 관광객들이 끊이지 않고 찾아오고 있다. 다만 독일 관광객은 찾아보기 어렵다.

축제 참여하기 ①

청년인턴십 및 축제 자원봉사

신청자격 나이 제한은 없으나 폴란드어와 중급의 영어 실력이 필요하다.
신청시기 매년 5월경
신청방법 이메일(folklor@mhk.pl)
정보공개 웹사이트 www.mhk.pl
축제측 지원사항 수료증 발급
선정시 우선 고려사항 언어 〉 열정

축제 참여하기 ②

아티스트

참가공연 초청방법 100% 자체 제작한 공연팀만 참가하기 때문에 초청공연에 대한 정보가 없다.

◀ 승전기를 들고 있는 라이코닉 배우가 공연이 펼쳐질 광장으로 시민들을 모아 행렬을 하고 있다.

055
폴란드 포츠난
Poland Poznan

Malta Festival

말타 페스티벌

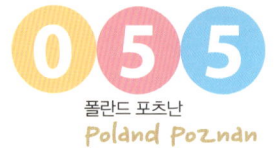

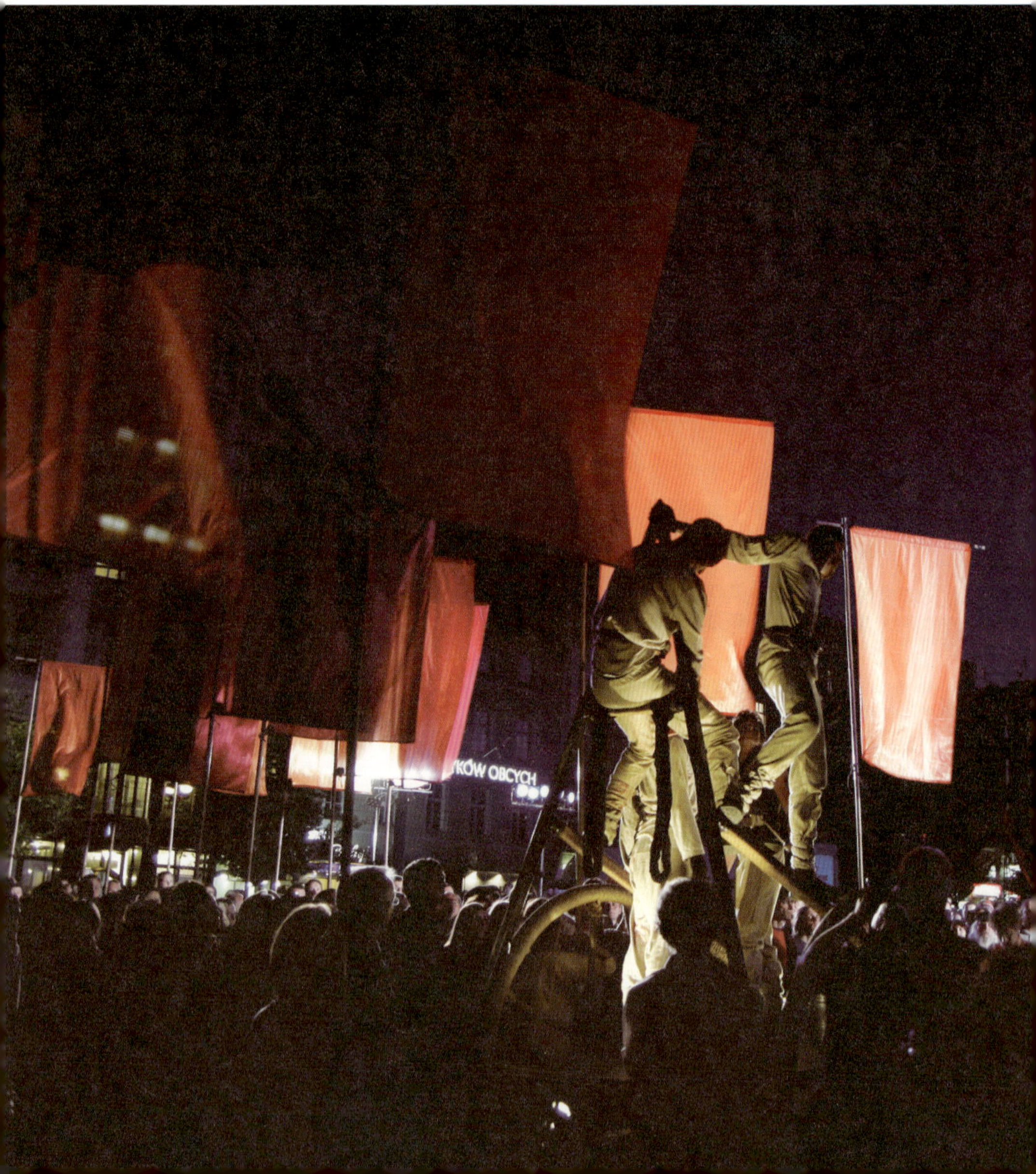

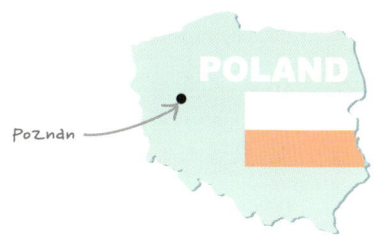

기본 정보

공식명칭 말타 페스티벌(Malta Festival)
장르 종합장르(연극, 음악, 댄스, 영화, 비주얼 아트 등)
개최시기 매년 6월 말~7월 초
　　　　　(약 1주일간 / 2011년 7월 4일~9일)
개최도시 폴란드 포츠난
시작연도 1991년
규모 2010년 9일간 약 206개의 공연팀 참가
방문객수 2010년 대략 5만여 명의 관람객 방문
주최 Malta Foundation

문의 및 찾아가기

공식홈페이지 www.malta-festival.pl
티켓예약 사이트 www.eventim.pl
티켓가격 2.5~45유로, 무료도 있다.
전화문의 +48-61-64-65-243
메일문의 office@malta-festival.pl
장소 ul.sw. Marcin 80/82; 61-809 Poznan, Poland
찾아가는 방법
한국에서 출발한다면 바르샤바 또는 베를린까지 비행기로 간 다음 그곳에서 기차를 타고 포츠난에 도착하는 것이 가장 편리하다.

◀ 말타 페스티벌은 매년 초여름에 개최되는 포츠난의 대표 예술 축제다. 1주일 동안 말타 시내 곳곳에서 펼쳐지는데, 한낮에는 시내 투어를 하고 저녁에는 포츠난 사람들과 어우러져 재미있는 야외 공연을 보는 재미가 일품이다.

축제 소개

베를린에서 폴란드 바르샤바를 향해 국경을 넘으면 2시간쯤 지나 포츠난에 닿을 수 있다. 포츠난 시내에 있는 거대한 호수 옆 구역이 축제가 열리는 말타 지역이다. 말타 페스티벌은 올해로 20주년이 되는 명실공히 폴란드의 대표 공연예술 축제로 매년 7월경, 약 1주일간 포츠난 도시 곳곳에서 200여 개 이상의 공연이 한꺼번에 쏟아진다. 7월이지만 아침저녁으로 제법 쌀쌀한 바람이 부는데도 사람들은 이런 야외 축제와 연극 관람이 익숙한 듯 축제기간에도 질서정연한 모습이 꽤 인상적이다.

축제의 시작은 몇몇의 거리공연팀에 의해 시작됐다고도 하고, 회복된 자유를 축하하기 위해 공공장소에서 함께 오락을 즐기다 자연스럽게 축제가 되었다고도 한다. 정확하지 않은 축제의 기원이지만 현재 포츠난의 말타 페스티벌 기간이 되면 전 세계 수십여 개의 국가에서 대표적인 공연팀들이 앞다투어 경쟁, 비경쟁 부문으로 참여를 희망해오고 있다.

거기다 축제기간이 되면 도시의 큰 저택이나 성의 뜰, 시장, 광장, 공원, 산업지역, 공장, 폐쇄된 공연장 등 도시의 모든 시설물들이 축제를 위해 일괄적으로 기능적 협의를 이룬다. 처음에는 간단한 거리공연으로 시작했지만 현재는 작품성을 갖춘 연극을 필두로 한 음악, 무용, 영화, 비주얼 아트와 기타 다양한 인터렉티브 장르 등 온갖 새롭고 신선한 작품들을 맘껏 볼 수 있는 축제로 자리 잡았다.

축제 참여하기 ①

청년인턴십 및 축제 자원봉사

신청자격 18세 이상, 영어 능통자
신청시기 매년 4월경
신청방법 홈페이지 통한 접수
정보공개 웹사이트 www.malta festival.pl
축제측 지원사항 보험 가입과 자원봉사자 승인서 수여의 혜택이 주어진다.
선정시 우선 고려사항 언어 > 열정 > 경험

축제 참여하기 ②

아티스트

참가공연 초청방법 공식초청작 100%
작품선정시 고려사항 예술적 가치(실내외 공연 모두)
신청시기 전년도 10월까지
신청방법 이메일 접수
신청자격 누구나
신청비용 경우에 따라 다르다.
선호장르 모든 장르(실내형, 실외형 구분)
선호하는 문의방법 이메일
접수시 구비서류 공연 소개서, 아티스트 프로필, 사진과 동영상 자료
문의시 사용 가능한 언어 영어
아티스트를 위한 문의처 담당자 Mikołaj Maciejewski(office@malta-festival.pl / +48-61-64-65-243)

한국 아티스트를 위한 축제측 코멘트

"나라마다 다르겠지만, 공연자의 경우 비자 요건이 어떤지 먼저 확인해주길 바랍니다. 공연이 결정되면, 폴란드어 자막을 협조해드릴 수도 있습니다. 공연초청에 대한 비용은 최대한 지원하고자 노력하나, 지나치게 높을 경우를 대비하여 사전에 함께 논의하기를 희망합니다."

056
폴란드 바르샤바
Poland Warsaw

International Festival of
Contemporary Music 'Warsaw Autumn'

바르샤바 가을 페스티벌

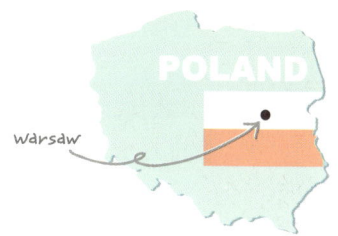

기본 정보
공식명칭 바르샤바 가을 페스티벌
(International Festival of Contemporary Music 'Warsaw Autumn')
장르 현대 음악
개최시기 매년 9월 하순(9일간 / 2011년 9월 16일~24일)
개최도시 폴란드 바르샤바
시작연도 1956년
규모 매년 약 22여 개의 음악 공연 및 문화행사
방문객수 유료 관객 1만여 명, TV와 라디오 생방송
주최 Polish Composers' Union

문의 및 찾아가기
공식홈페이지 http://www.warsaw-autumn.art.pl
티켓예약 사이트 http://www.warsaw-autumn.art.pl
티켓가격 5~15유로
전화문의 +48-22-831-06-07
메일문의 festival@warsaw-autumn.art.pl
장소 Rynek Starego Miasta 27,
　　　00-272 Warsaw, Poland
찾아가는 방법
바르샤바 시내의 주요 공연장에서 펼쳐지기 때문에 바르샤바 시내투어 중 여행정보센터에서 프로그램과 장소를 쉽게 안내받을 수 있다.

◀ 쇼팽의 고장에서 펼쳐지는 세계적 명성의 클래식 전문 페스티벌이다. 사진은 엄숙하고 진지한 분위기에서 펼쳐진 2010년 개막 콘서트 모습이다.

축제 소개

'폴란드' 하면 떠오르는 인물이 퀴리부인과 요한 바오로 2세 그리고 쇼팽이다. 사실 쇼팽은 프랑스인 아버지를 뒀지만 폴란드에서 태어났고, 실제 고향은 바르샤바에서 1시간 거리에 있는 젤라조바 볼라라는 작은 마을이었다고 한다. 그러나 태어나자마자 바르샤바로 이사를 와 바르샤바 대학까지, 줄곧 이곳에서 성장했기 때문에 수없이 많은 명곡을 남긴 쇼팽의 정신세계에 많은 부분을 차지하고 있는 곳이 바로 바르샤바다.

바르샤바 가을 페스티벌은 쇼팽 사후 100여 년이 지난 1956년 처음으로 쇼팽을 기리기 위한 축제로 개최되었고, 오늘날까지 반세기의 역사와 전통을 자랑하는 바르샤바의 대표 음악 축제가 되었다. 음악 축제로 체코 프라하의 봄 페스티벌, 헝가리 부다페스트의 봄 페스티벌이 있긴 하지만, 세기의 천재 작곡가를 기념하여 정통성과 정신을 이어가는 축제로 바르샤바 가을 페스티벌은 동유럽 최고의 정통 축제로 명성을 떨치고 있다.

현재 이 축제는 폴란드 작곡가연합에 의해 운영되고 있으며 매해 현대 음악에 기여하는 우수한 예술가들만 무대에 올리기로 정평이 나 있다. 쇼팽의 도시에서 가슴 뭉클한 감동을 맛보고 싶다면 되도록 폴란드 여행은 가을로 잡는

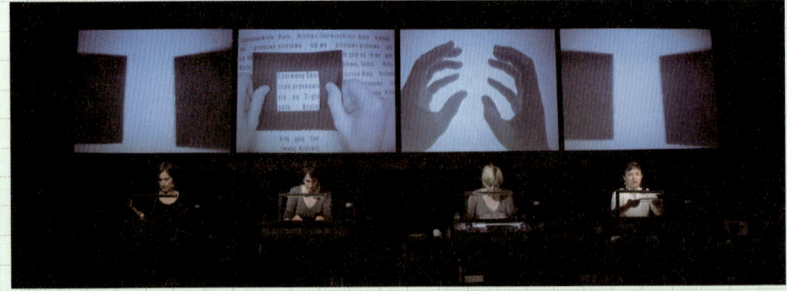

▲ 2009년 바르샤바 가을 페스티벌을 통해 소개됐던 'Ircam'라는 공연의 한 장면.
요즘은 클래식 공연에도 다양한 퍼포먼스가 녹아들어 재미를 더한다.

것이 좋겠다. 또한 유명 뮤지션의 공연은 사전 예매하는 것이 좋은데 8월 말까지 콘서트 티켓과 쿠폰북을 축제 사무소를 통해 구할 수 있다. 바르샤바 가을 페스티벌과 더불어 쇼팽 콩쿠르도 세계적 위상을 자랑하는 폴란드 대표 문화행사로 자리 잡고 있다.

축제 참여하기

아티스트

참가공연 초청방법 공식초청작 100%
작품선정시 고려사항 예술적 가치 〉 독창적 해석
신청시기 연중 내내
신청방법 이메일 또는 우편
신청자격 누구나
신청비용 없다.
선호장르 현대 음악
선호하는 문의방법 이메일
접수시 구비서류 공연 소개서, 아티스트 프로필, 녹음된 연주, 악보 등
문의시 사용 가능한 언어 영어
아티스트를 위한 문의처 festival@warsaw-autumn.art.pl

한국 아티스트를 위한 축제측 코멘트

"바르샤바 가을 페스티벌은 세계적 수준의 예술성을 인정받은 아티스트만 초청합니다. 또한 이 모든 결정은 바르샤바 가을 레퍼토리 위원회에서 논의합니다. 우리가 미처 알지 못한 보석 같은 연주자가 있다면 언제든지 환영합니다."

057
폴란드 바르샤바
Poland Warsaw

Crossroads, International Meeting of Live Arts
크로스로드 페스티벌

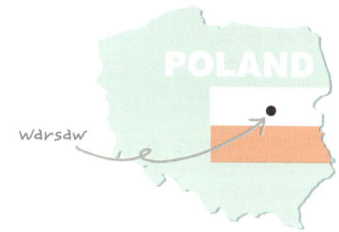

기본 정보
공식명칭 크로스로드 페스티벌
(Crossroads. International Meeting of Live Arts)
장르 비주얼 아트를 중심으로 한 신체이용극,
현대 무용 등
개최시기 매년 10월 하순~11월 초순
(3~4주간 / 2011년 10월 24일~11월 10일)
개최도시 폴란드 바르샤바
시작연도 1994년
규모 매년 엄선된 우수 작품 두 편만 공연
방문객수 약 2,000여 명의 유료 관람객 방문
주최 Centre for Contemporary Art Zamek Ujazdowski

문의 및 찾아가기
공식홈페이지 www.csw.art.pl
티켓예약 사이트 www.csw.art.pl
티켓가격 8~15유로
전화문의 +48-22-628-12-71
메일문의 csw@csw.art.pl
장소 Centre for Contemporary Art Zamek
Ujazdowski, ul. Jazdow 2,
00-467 Warsaw, Poland
찾아가는 방법
비행기로는 바르샤바 쇼팽 공항으로, 기차로는
바르샤바 중앙역으로 가면 된다. 기차를 타고
베를린에서 동쪽으로 7시간쯤 달려가면 포츠담을
지나 바르샤바 중앙역에 닿는다. 그곳에서 버스나
택시로 Zamek Ujazdowski로 가면 된다.

◀ 국내외 작품 가운데 딱 두 편만 엄선하고 또 엄선한다. 그러니 작품성은 염려할 필요가 없다. 한마디로 군더더기가 하나도 없는, 딱 부러지는 공연예술 축제라 할 수 있다.

축제 소개

　17년의 역사를 가진 폴란드의 크로스로드 페스티벌은 선택과 집중을 확실히 실천하는 보기 드문 공연 축제다. 폴란드와 해외의 예술이 만난다는 뜻의 공식명칭 'Crossroads. International Meeting of Live Arts'에서 보는 바와 같이 매년 가을 최고의 작품 수준을 자랑하는 국내외의 공연 두 편만을 엄선하여 바르샤바 중심에서 공연을 펼친다(해외 최고작 1편, 국내 최고작 1편). 물론 적은 횟수만큼 매회 공연은 일찌감치 매진되곤 한다.

　1994년 바르샤바 현대아트센터의 Zamek Ujazdowski에 의해 처음 개최되었는데 탁월한 작품 소개로 축제의 명성이 높아졌고, 현재는 축제 총감독인 Janusz Marek에 의해 초청공연이 결정된다.

　아직까지 한국의 작품은 초청된 바 없고, 비주얼적 감각이 높은 현대 무용이나 신체극 등이 주로 소개된다. 현재까지는 일본을 제외하면 주로 유럽의 국가들에서 주요 작품들을 초청해왔다. 학생들을 위한 할인이 많으니 꼭 국제학생증을 지참하고 찾아갈 것을 당부하고 싶다.

축제 참여하기 ①

청년인턴십 및 축제 자원봉사

신청자격 폴란드 대학생만 가능
신청시기 매년 9월경
신청방법 이메일 접수(janmarek@csw.art.pl)
정보공개 웹사이트 현재 제작 중
축제측 지원사항 모든 공연을 무료 관람할 수 있다.
선정시 우선 고려사항 폴란드어 〉 열정 〉 충분한 시간 할애

축제 참여하기 ②

아티스트

참가공연 초청방법 공식초청작 100%
작품선정시 고려사항 예술적 가치와 경쟁력
신청시기 연중 내내
신청방법 이메일
신청자격 예술적 수준을 갖춘 아티스트 누구나
신청비용 없다(선정된 작품은 전액 축제측이 부담한다).
선호장르 고품격 비주얼 신체극과 현대 무용
선호하는 문의방법 이메일
접수시 구비서류 공연작품과 아티스트에 대한 정보, 테크니컬 라이더, 동영상 자료
문의시 사용 가능한 언어 영어
아티스트를 위한 문의처 예술감독 Mr. Janusz Marek(janmarek@csw.art.pl / +48-22-625-55-41)

한국 아티스트를 위한 축제측 코멘트

"반갑습니다. 예술감독 Janusz Marek입니다. 아시아에서 온 아티스트는 지금까지 일본팀이 유일합니다. 예술감독으로서 한국의 흥미로운 작품을 발견할 수 있다면 매우 기쁠 겁니다. 좋은 공연이 있다면 언제든지 소개해주세요. 우리 모두가 함께할 수 있는 자리를 마련하겠습니다."

058
헝가리 부다페스트
Hungary Budapest

Budapesti Tavaszi Fesztivál
부다페스트 봄 페스티벌

Budapest
HUNGARY

기본 정보
공식명칭 부다페스트 봄 페스티벌
(Budapesti Tavaszi Fesztivál)
장르 클래식 음악
개최시기 매년 3월의 마지막 2주
(2011년 3월 18일~4월 3일)
개최도시 헝가리 부다페스트
시작연도 1980년
규모 100여 개의 오케스트라, 콘서트, 오페라, 전통 무용 등
방문객수 유료 관객 6만여 명과 거리의 관람객은 대략 10만 명 이상으로 추산
주최 Budapest Festival Center

문의 및 찾아가기
공식홈페이지 http://www.btf.hu
티켓예약 사이트 www.ticketportal.hu
티켓가격 15~280유로, 무료 공연도 많다.
전화문의 +36-1-486-3300
메일문의 info@festivalcity.hu
장소 Budapest Festival Center, Szervitatér 5, 1052-Budapest, Hungary
찾아가는 방법
오스트리아 비엔나에서 부다페스트까지 기차로 4시간 30분이 걸린다. 독일 뮌헨에서 부다페스트행 야간기차를 이용할 수 있고, 프라하에서는 부다페스트행 오렌지웨이즈 버스 또는 기차 이용이 가능하다.

◀ 부다페스트 봄 페스티벌에서 헝가리 민속의상을 입고 전통 춤을 추고 있다. 연주자들의 신나는 리듬에 맞춰 빠르게 움직이며 발을 구르는 모습이 우리의 강강술래와 닮았다.

축제 소개

　동유럽에서 가장 명성이 높은 봄 축제는 체코의 프라하 봄 페스티벌과 함께 헝가리의 부다페스트 봄 페스티벌이 단연 최고로 꼽힌다. 아무래도 헝가리보다는 체코 프라하가 한국인 인지도나 접근성이 조금은 더 나은 편이기에 체코 프라하의 봄 페스티벌이 더 많이 알려져 있는 듯하지만, 최근 동유럽에서는 헝가리 부다페스트 봄 페스티벌에 좀 더 힘을 실어주는 분위기다. 그만큼 양쪽 모두 음악 축제로서의 명성이 높다.

　부다페스트 봄 페스티벌의 역사는 여느 축제에 비해 오래되진 않았지만, 2010년에 이르러 세계 3대 음악 축제로 공식 선정되었다. 이제는 광범위한 예술의 끌림, 훌륭한 아티스트와 작품의 선택, 세계적인 스타와 젊은 아티스트의 이색적인 만남 등 해가 갈수록 세계적 음악 축제로서의 명성과 권위를 더욱 더 굳건히 지켜나가고 있다.

단순히 축제를 즐겨보고 싶은 사람이라면 예매를 하지 않고 그저 부다페스트 이곳저곳에서 자유롭게 펼쳐지는 음악 공연들을 구경만 해도 좋을 것이다. 그러나 클래식 음악의 마니아라면 한두 편이라도 미리 예매를 해서 축제의 중심으로 들어가보는 것도 색다른 경험이 될 것이다. 축제의 진가를 알 수 있는 기회가 될 테니 말이다.

보통의 음악 축제가 귀족형이어서 오전에는 실컷 늑장을 부리다가 오후 늦게 시작되는 것과 달리, 이 축제는 일찍 시작한다. 주로 아침 10시에 싱그러운 연주회를 시작으로 저녁 늦게까지 다양하고 풍성한 음악이 온종일 부다페스트 전체에 울려 퍼진다. 당연히 남녀노소 할 것 없이 축제에 대한 사랑과 열정은 이를 데가 없다.

또한 점심쯤부터는 오페라와 무용, 오케스트라, 실내악 연주 등 장르가 다양화되어 공연장 안팎이 모두 수준 높은 클래식의 향연으로 꽉꽉 채워진다. 거기다 건축학적으로도 수준 높은 특별한 공간들이 모두 축제에 참여하고 있기 때문에 아름다운 음악 이외에도 공간이 주는 행복감은 더할 나위가 없다.

31번째로 열린 2011년의 부다페스트 봄 페스티벌은 저명한 음악가와 많은 예술가의 참여로 성황리에 막을 내렸다. 특히 2011년의 부다페스트 봄 페스티벌은 피아노의 신이라 불리는 프란츠 리스트의 서거 200주년을 기념하여 더욱 풍성하게 꾸며졌다.

◀ 부다페스트 국립합창단의 공연 모습.
눈을 감고 들으면 200여 명에 달하는 합창단원의 소리가 마치 천장을 뚫고 들어오는 빛처럼 느껴진다.

059

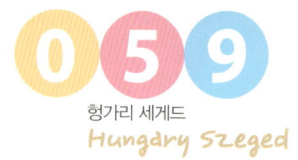

헝가리 세게드

Hungary Szeged

Armel Opera Competition and Festival Szeged

아멜 오페라 페스티벌

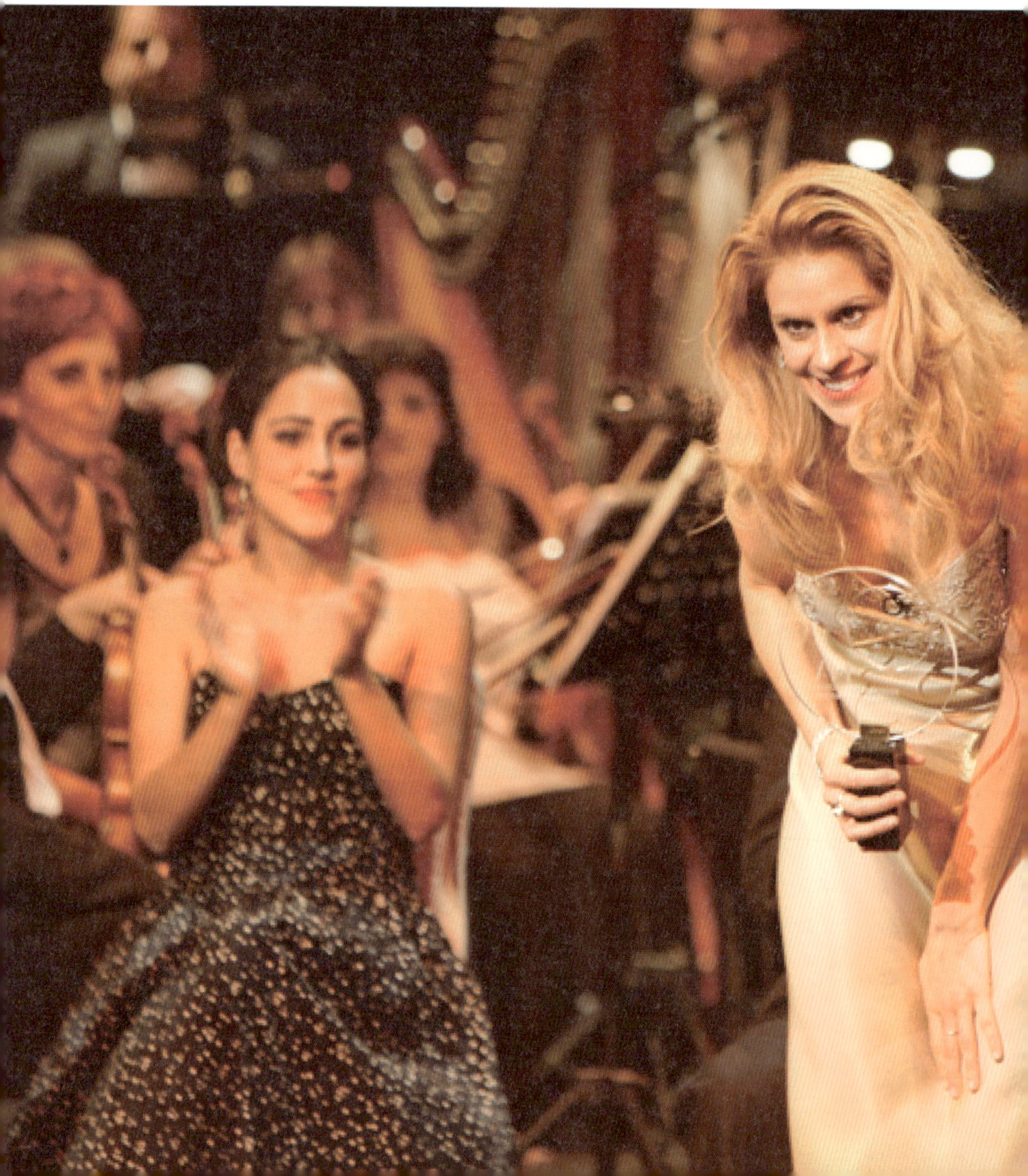

기본 정보
공식명칭 아멜 오페라 페스티벌
　　　　(Armel Opera Competition and Festival Szeged)
장르 현대 오페라
개최시기 매년 10월~11월경
　　　　(2주간 / 2011년 10월 6일~15일)
개최도시 헝가리 세게드
시작연도 2007년
규모 매년 70여 개 오페라 팀 참가
방문객수 세게드 공연장 관람객 + 생방송 시청자
주최 Armel Opera Competition and Festival Szeged

문의 및 찾아가기
공식홈페이지 http://operacompetition.hu
티켓예약 사이트 메일 info@armel.hu
　　　　　　　　전화 +36-30-630-4882
티켓가격 상황에 따라 다르다.
전화문의 +36-1-269-3882
메일문의 info@armel.hu
장소 H-1065 Budapest, Nagymezo utca 22-24, Hungary
찾아가는 방법
부다페스트에서 세게드까지는 기차 또는 버스로 이동하는 것이 가장 일반적이다.

◀ 동유럽 사람들에게는 신진 오페라 가수를 발굴하는 재미와 경쟁적 방식에서 오는 스릴, 최우수 공연을 한꺼번에 맛볼 수 있는 드문 기회가 되고 있다. 특히 유럽의 젊은 아티스트들에게 점차 인기가 높아지고 있는 축제다. 지난해 오페라 페스티벌의 갈라 콘서트에서 수상한 오페라 가수 크리스티나 바죠(Cristina Baggio)가 인사를 하고 있다.

축제 소개

아멜 오페라 페스티벌은 최근 전 세계적인 돌풍을 일으키고 있는 공개 경쟁의 방법을 오페라 축제에 접목시킨 독특한 방식의 페스티벌이다. 사실상 축제와 경쟁이라는 코드를 결합시켜 관객들에게 재미와 예술을 동시에 만끽하게 해주는 매우 혁신적인 축제라 할 수 있다.

지난 2007년 헝가리의 세게드에서 처음 시도되었는데, 독특한 방식의 예술축제라는 이유로 현지 방송사와 연계되는 등 헝가리에서는 그야말로 돌풍을 일으키고 있다. 세게드는 헝가리 중남부의 국경도시인데 루마니아와 세르비아, 헝가리 세 나라의 국경이 맞닿은 곳에 위치한 지방도시다.

축제의 룰은 대략 이렇다. 각국에서 신청한 프로 수준의 오페라 가수들이 이 축제 겸 대회에 참가한다. 이들은 정해진 5개국에서 각각 실제 오페라에 출연한 뒤 참가 심사위원들에 의해 1~4차의 평가를 받는다. 오디션에서 단순히 아름다운 목소리만 뽐내는 것이 아니라, 실제 공연에서 자연스런 연기와 무대 활동, 가창력, 전체적인 음악성을 모두 갖추어야 진정한 오페라 가수라는 철학이 담긴 것이다. 여기서 우승자는 5개국의 각 오페라 하우스에서 주

▲ 2010년에 이 축제를 통해 소개됐던 세르게이 프로코피에프의 〈불의 천사〉 공연 모습.

연으로 다시 오페라 무대에 서게 되고, 5개국에서 선발된 최종 다섯 작품의 주인공들이 축제의 본고장 헝가리 세게드에 와 본선을 펼치는 것이다. 이 과정부터가 진정한 의미의 예술 축제인 셈인데, 세게드 시민들은 복잡한 관문을 통과한 다섯 오페라 가수의 공연을 맘껏 즐긴다. 남녀 우승자의 상금은 각각 1만 유로씩이다.

축제 참여하기

아티스트

참가공연 초청방법 자유참가 100%
작품선정시 고려사항 가창력, 음악성, 연기력
신청시기 매년 2~3월
신청방법 홈페이지를 통한 접수
신청자격 누구나
신청비용 1만포린드(한화 약 58,800원, VAT 별도)
선호장르 오페라
선호하는 문의방법 이메일, 전화
접수시 구비서류 홈페이지의 신청서 작성, 경연대회 규칙 동의서, 사진 첨부된 CV
문의시 사용 가능한 언어 영어
아티스트를 위한 문의처 예술감독 Attila Vidny nszky(armel@armel.hu)

한국 아티스트를 위한 축제측 코멘트

"이제 4회째를 맞이하는 축제지만 이미 뉴욕, 스위스, 폴란드, 체코, 헝가리 등 다양한 국가에서 글로벌하게 진행되고 있습니다. 누구든지 자신의 노래와 연기 실력이 경쟁력 있다고 생각한다면 자유롭게 도전할 수 있습니다. 경쟁의 룰은 다소 복잡하니 홈페이지를 자세히 살펴보세요."

Part 3

남유럽
Southern Europe

그리스 | 불가리아 | 세르비아 | 스페인 | 슬로베니아 |
이탈리아 | 크로아티아 | 터키 | 포르투갈

재밌고 신나는 퍼레이드의 주인공이 될 수 있는 **그리스** 60 61

휴양지에서 펼쳐지는 연극 속에 빠져드는 **불가리아** 62 63

분쟁 속에서도 꺼지지 않은 열정이 느껴지는 **세르비아** 64 65 66

화끈하게 달리고, 던지고, 태우는 **스페인** 67 68 69 70 71 72 73

옛 유럽의 전통이 흐르는 **슬로베니아** 74 75

고대 로마의 정취에 취하고, 예술에 취하는 **이탈리아** 76 77 78 79 80 81 82 83 84

새롭고 신선한 공연예술이 눈길을 끄는 **크로아티아** 85

유럽의 선율과 이슬람 풍습이 묘하게 어울리는 **터키** 86 87 88 89

화려함보다 소박함이 좋아질 때는 **포르투갈** 90

060

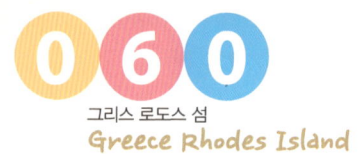

그리스 로도스 섬

Greece Rhodes Island

Medieval Rose Festival

중세 재현 페스티벌

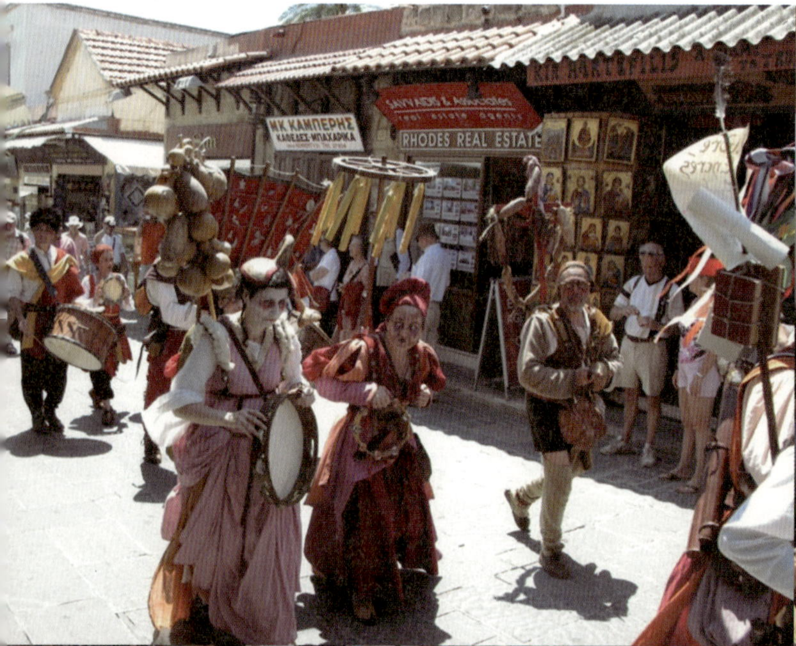

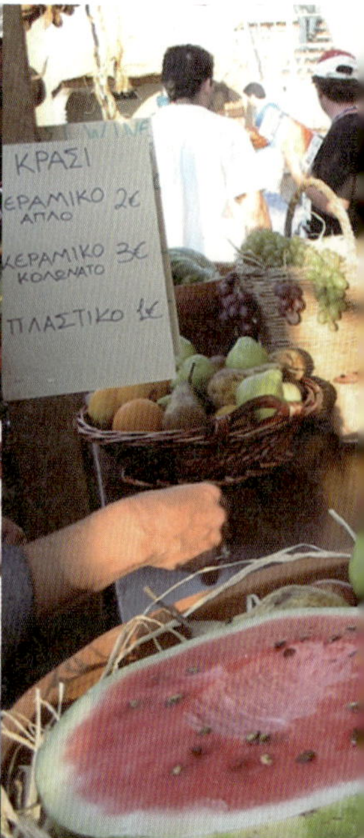

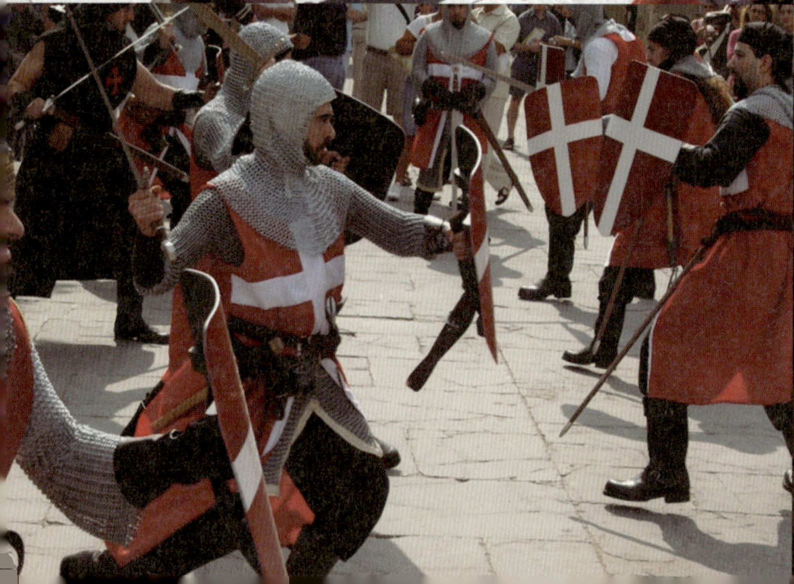

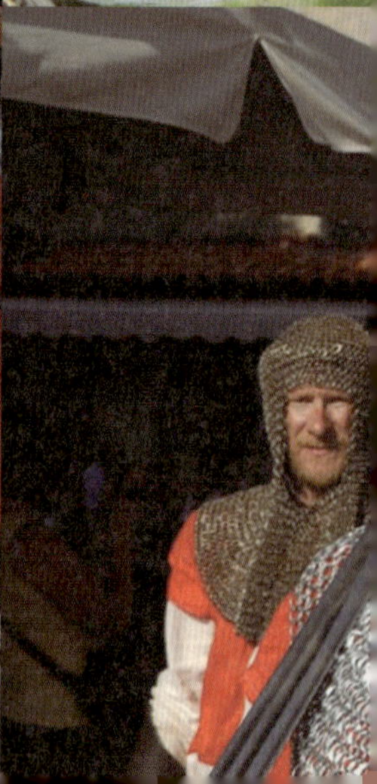

기본 정보
공식명칭 중세 재현 페스티벌(Medieval Rose Festival)
장르 중세시대를 재현한 역사축제
개최시기 매년 5월 중순~6월 말
　　　　　(주말 위주 편성 / 2011년 5월 15일~6월 27일)
개최도시 그리스 로도스 섬
시작연도 2006년
규모 매년 20여 개 유럽 공연팀 참가
방문객수 평균 1만여 명 이상의 관광객 방문
주최 The 'Medieval Rose' Association

문의 및 찾아가기
공식홈페이지 www.medievalfestival.gr,
　　　　　　www.medievalrose.org
티켓예약 사이트 www.medievalrose.org
티켓가격 평균 2~14유로, 대부분 무료
전화문의 +30-224-107-4405
메일문의 info@medievalrose.org
장소 2, Al. Ypsilanti str, GR-85100 Rhodes, Greece
찾아가는 방법
유럽 전역에서 로도스 섬으로 가는 비행기편이
자주 있다. 또 아테네에서 로도스행 페리가
40분 간격으로 운행되고 있다. 배편을 이용하면
에게해의 아름다운 풍경을 감상하며 갈 수 있다.

◀ 말 그대로 시민들과 배우들이 중세시대를 재현하는
축제다. 매년 5월 그리스의 로도스 섬에서 열리는데,
소박하지만 중세시대의 유럽을 흉내 내는 로도스 시민들과
해학과 재치가 넘치는 여름휴가를 보낼 수 있는
절호의 기회가 된다.

축제 소개

그리스를 여행하는 한국 여행자들이 첫 번째로 꼽는 아름다운 곳이 산토리니 섬이다. 그러나 현지인들에게 산토리니보다 더 사랑받는 아름다운 섬은 따로 있다. 바로 아테네로부터 남동쪽에 위치하고 있는 로도스 섬이다. 로도스 섬은 에게해의 남동쪽에 위치하며, 지도상으로 보면 터키

의 남서쪽에 위치한 거대한 섬이다. 섬의 북동쪽 끝에 있는 도시가 바로 로도스다. 이곳은 매년 여름 해외에서 찾아온 여행객들을 위해 화려한 중세 퍼레이드를 펼치는 축제의 도시다.

중세 재현 페스티벌은 로도스 시의 곳곳에 있는 작은 성채들에서 펼쳐지는데 매년 5월부터 6월에 걸쳐 약 한 달간 토요일과 일요일에 집중적으로 열린다. 산토리니가 푸른 지붕에 하얀 건물로 아름다운 경관을 자랑한다면 로도스는 중세시대의 고성들이 섬 곳곳에 그대로 남아 있는 세계적인 유적지이다. 이를 배경으로 중세시대의 복장과 먹을거리, 놀거리를 그대로 재현하여 로도스의 문화유산을 보존하자는 의미의 축제인 셈이다.

축제 시즌에는 중세시대의 갑옷과 창으로 군사놀이를 하는 프로그램을 진행하며 각종 거리공연, 전시, 게임, 테마투어 등이 골고루 펼쳐지는데 참가자들은 모두 중세시대의 복장을 해야 한다. 여행객 역시 예외는 아니다. 누더기 같은 옛날 옷이나 그리스 중세시대의 의상을 준비해 축제에 참가한다면 더욱 재미있는 추억을 만들 수 있다. 이 시기에 로도스 시내를 거닐다보면 이따금씩 중세시대의 연금술사를 만날 수도 있으니 속는 셈치고 미래를 점쳐보는 것도 좋겠다.

청년인턴십 및 축제 자원봉사

신청자격 만 18세 이상, 영어 능통자
신청시기 매년 3월경
신청방법 이메일(medieval.rose.festival@gmail.com)
정보공개 웹사이트 www.medievalrose.org
축제측 지원사항 급여는 지급되지 않으나 숙식 제공, 수료증 발급, 공연 무료 관람 등의 혜택이 있다(단, 사람이 많은 경우 숙박을 제한할 수 있다).
선정시 우선 고려사항 언어 〉 열정 〉 경험

아티스트

참가공연 초청방법 공식초청작 50%, 자유참가작 50%
작품선정시 고려사항 역사적 정통성 〉 예술적 가치 〉 창조성 〉 주제와 관련된 흥미성
신청시기 매년 1월경
신청방법 이메일 접수 또는 홈페이지 신청
신청자격 중세시대를 주제로 한 모든 공연팀
신청비용 없다(공식초청작은 전액 지원, 자유참가팀은 협의 후 결정).
선호장르 거리극
아티스트를 위한 문의처 cult@edievalrose.org /
　　　　　　　　　　　http://www.medievalrose.org/Eng/participation.asp?Page=3
선호하는 문의방법 이메일 〉 우편 〉 전화
접수시 구비서류 공연 소개서, 프로필, 프로젝트 설명서(콘셉트, 이야기, 역사적 고증자료 등), 사진과 동영상 등
문의시 사용 가능한 언어 영어, 그리스어

한국 아티스트를 위한 축제측 코멘트

"아직은 작은 축제이기 때문에 공식초청작은 많지 않습니다. 때문에 자유롭게 신청한 외부의 공연을 환영합니다. 2012년에는 특히 작품을 두 배 이상 늘릴 계획을 갖고 있으며, 참가를 원하는 아티스트를 위해 홈페이지에 'open call' 코너를 마련해놓았습니다. 공식초청작 이외에 자유참가팀의 경우는 숙박을 제공하고 공연료는 계약에 따라 달라집니다. 또한 중세시대를 재현하는 콘셉트의 축제이므로, 되도록 당시의 의상을 활용하거나 유사한 분위기를 연출하는 공연물이기를 희망합니다. 사용하는 악기의 경우도 중세시대의 것이거나 전통적이라면 좋겠습니다. 보다 자세한 사항은 이메일로 보내주세요. 좀 더 성실하게 답변해드리겠습니다."

0 6 1

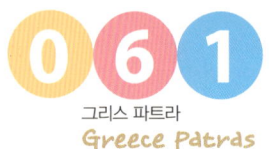

그리스 파트라

Greece Patras

Patrino karnaval

파트라 카니발

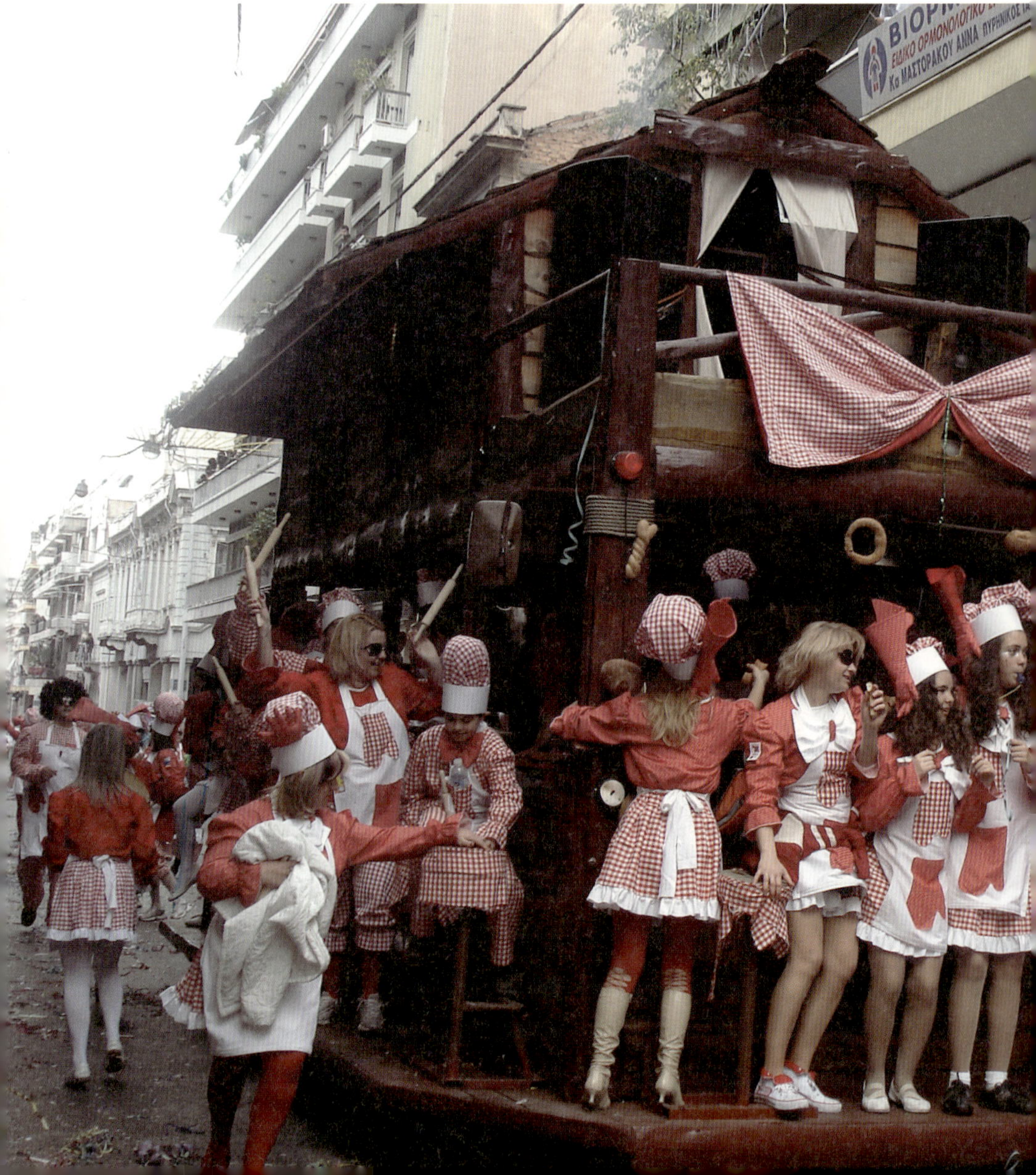

Patras

기본 정보
공식명칭 파트라 카니발(Patrino karnaval)
장르 카니발
개최시기 매년 1월 17일(부활절 40일 전)
개최도시 그리스 전역, 파트라
시작연도 19세기
규모 수만 명이 참가하는 퍼레이드와 각종 행사
방문객수 매년 30만 명 이상의 현지인 또는 관람객 방문
주최 Carnival of Patras

문의 및 찾아가기
공식홈페이지 http://www.carnivalpatras.gr
티켓예약 사이트 http://www.carnivalpatras.gr
티켓가격 무료
전화문의 +30-261-031-4486
메일문의 depap@otenet.gr
장소 게오르기우 광장, 파트라 항구
찾아가는 방법
아테네에서 교외철도를 타고 키아토스(Kiatos)까지 이동 후 인터시티 기차(InterCity: 대도시를 연결하는 고속열차)를 타고 파트라까지 이동하면 된다.

◀ 그리스 최대의 카니발이며, 유럽에서는 꽤나 이름이 알려진 편이다. 앞치마를 두른 어린 소녀들이 플롯카(퍼레이드 차량)에 올라타 축제의 흥을 돋우고 있다.

축제 소개

온 도시가 고대 유물로 가득한 그리스에는 어떤 축제가 발달했을까. 아직까지 아시아에는 많이 알려져 있지 않지만, 유럽 현지에서는 '그리스' 하면 떠올리는 대표 축제가 하나 있다. 수도 아테네가 아닌 제3의 도시 파트라에서 펼쳐지는 '파트라 카니발'이다. 파트라 카니발은 180년이나 된 그리스 최대 규모의 카니발이자, 그리스 전역에서 펼쳐지는 부활절 문화행사 중 가장 성대하고 화려한 축제로 꼽힌다.

매년 1월 17일, 파트라 중심의 게오르기우(Georgiou) 광장에서 공포와 함께 시작하고, 그 주의 토요일 저녁에 화려한 오프닝 세레모니가 이어진다. 카니발은 사순절의 월요일 저녁에 막을 내린다. 이중 가장 핵심적인 프로그램이 일요일 낮에 펼쳐지는 그랜드 퍼레이드이고, 그밖에도 가면무도회, 보물찾기, 어린이 카니발, 야외 공연, 전시회, 아마추어 펜헬레닉 연극 등 다채로운 행사들이 끊임없이 이어진다.

흥미로운 프로그램을 하나 소개하자면 '치크노뺌띠'다. 치크노뺌띠는 '고기를 구울 때 나는 연기'라는 뜻의 '치크노'와 목요일을 뜻하는 '뺌띠'의 합성어인데, 고기를 구워 그 냄새를 신이 맡아 기뻐하기를 기원하는 날이다. 당연히 이 날이 되면 온 도시 사람들이 너나없이 온갖 고기를 굽고 요리하느라 여념이 없는데, 마치 파트라 전체가 고깃집이 된 것 같다. 또 어린이 카니발은 5,000여 명의 어린이가 각종 분장을 하고 거리의 축제에 참여하는 행사로 이 또한 색다른 볼거리다.

2세기를 거쳐 관습처럼 이어져온 파트라 카니발은 그리스를 대표하는 문화 축제임과 동시에 그리스 지역의 인정 넘치는 푸근함을 맛볼 수 있는 절호의 기회가 될 테니 꼭 방문해보면 좋겠다. 특히 5만여 파트라 시민이 참가하는 보물찾기도 꼭 참여해보자.

> 요즘은 일반인도 받아들이는 추세이지만 전통적으로 카니발 퍼레이드에 참가하는 사람에 한해서 보물찾기에 참여할 수 있는 기회를 주었다. 때문에 카니발 기간에 파트라를 찾는 여행객들은 수줍어하지 말고 퍼레이드 행렬에 참여하여 보물찾기 놀이까지 즐겨보면 좋을 것이다. 또한 파트라는 이탈리아 바리에서 그리스 아테네로 가는 중간 지점이다. 이 경로를 지나는 여행객이라면 되도록 파트라 카니발의 일정을 놓치지 말기를.

◀ 자신이 태어난 고장의 대표 축제에 참가해 주인공이 되어보는 경험은 아마도 어린아이에게 엄청난 소속감과 자부심을 주지 않을까.

0 6 2

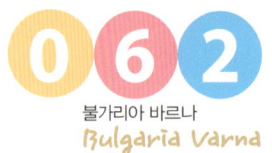

불가리아 바르나

Bulgaria Varna

International Puppet Festival 'The Golden Dolphin'

바르나 국제 인형극제

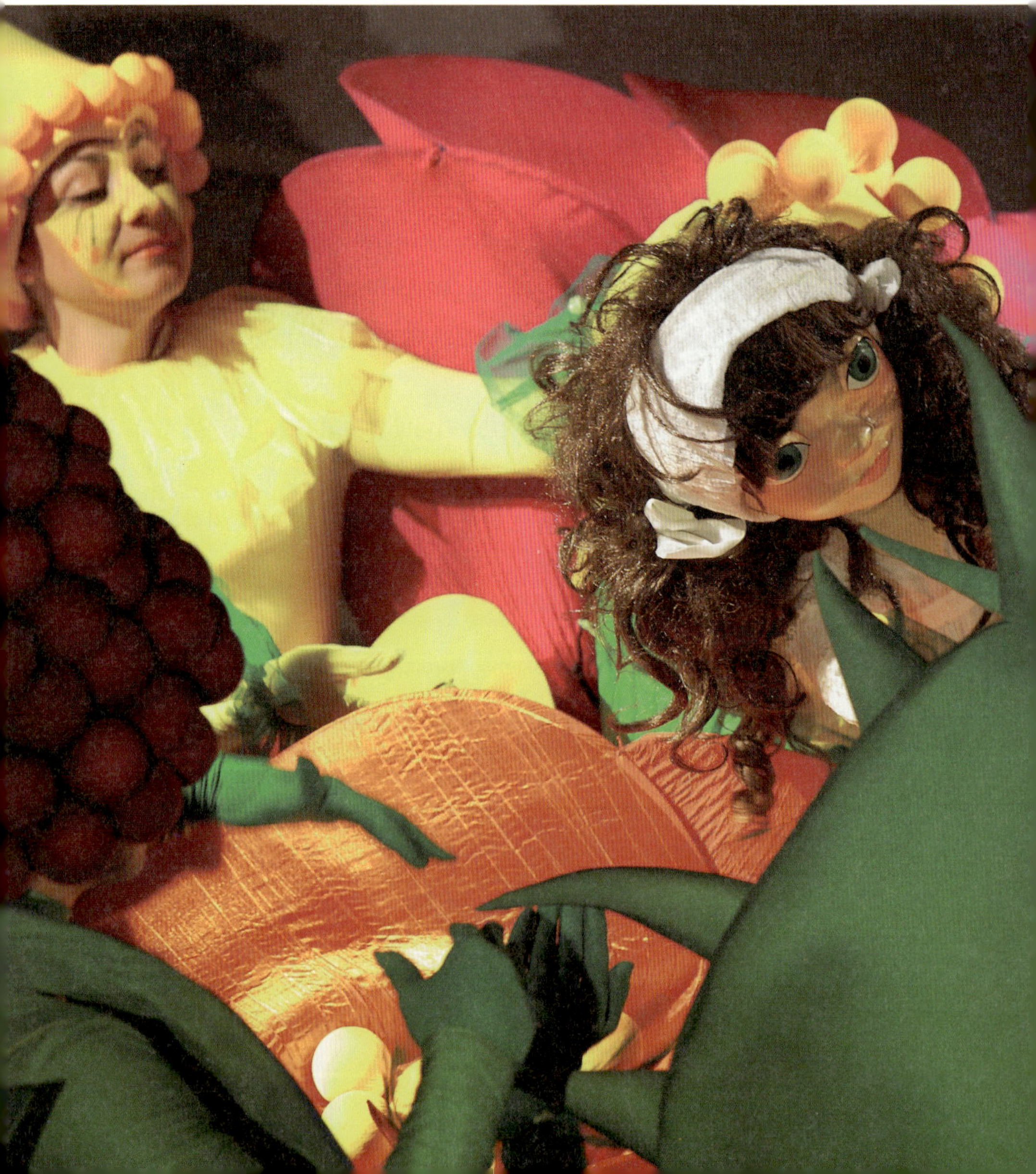

기본 정보

공식명칭 바르나 국제 인형극제(International Puppet Festival 'The Golden Dolphin')
장르 신개념 마리오네트, 인형극
개최시기 3년마다 개최, 10월 1일~6일
 (2011년 10월 1일~6일)
개최도시 불가리아 바르나
시작연도 1972년
규모 평균 22개 공연팀과 유럽의 축제 관계자, 무대 전문가 등 60여 명의 주요 관계자 방문
방문객수 7,000여 명의 관객 참여
주최 바르나 주립 인형극장 및 불가리아 아티스트연합, 바르나 지방자치단체

문의 및 찾아가기

공식홈페이지 www.vnpuppet.com
티켓예약 사이트 없다. 현장 판매
티켓가격 일반적으로 10유로. 축제 관계자는 무료
전화문의 +359-52-607-841
메일문의 office@vnpuppet.com, thegoldendolphin@vnpuppet.com
장소 State Puppet Theatre 4, Dragoman St. 9000 Varna, Bulgaria

찾아가는 방법
불가리아 소피아 국제공항에서 바르나 국제공항으로 환승하면 된다. 불가리아가 2007년에 공식적으로 EU에 가입했기 때문에 아직도 몇몇 국가의 국민들은 까다로운 입국 절차를 밟아야 한다. 단, 한국인은 비자 없이도 90일 동안은 불가리아에 체류할 수 있다.

◀ 작은 마을 한가운데에 어린이 인형극 전용극장이 턱하니 자리 잡고 있었다. 매일매일 대낮부터 다양하게 펼쳐지는 인형극의 작품 수준은 둘째 치고, 어린이들을 최우선으로 배려하고 지원하는 바르나 시민들의 철학과 교양이 부러웠다.

축제 소개

축제에도 경쟁이 있다면 좀 더 재미있고 스릴이 넘치지 않을까? 거기다 시장 수요를 감안하여 매년 같은 축제를 여느니, 과감하게 3년에 딱 한 번만 치르는 인형극 전문 축제가 있다면 어떨까? '골든 돌핀(The Golden Dolphin)'이라는 바르나의 국제 인형극제가 바로 그렇다. 1972년에 처음 설립되어 올해로 15회째를 맞는 바르나 국제 인형극제는 긴 역사와 불가리아 인형극의 발전을 위해 꾸준히 성장해온 대표적인 예술 축제라 할 수 있다.

더구나 축제를 단순히 '공연물의 일시적 집결'로만 보지 않고 경쟁 구도를 가미하여 참가 극단들의 선의의 경쟁을 유도하고 장기적으로는 불가리아 인형극 발전에 도움을 주고자 하는 점이 돋보인다. 특히 바르나 국제 인형극제의 특징은 이전에는 소개된 적 없는 새로운 창작물만 참가할 수 있기 때문에 새로운 인형극의 트렌드와 변화를 살필 수 있는 좋은 기회가 되기도 한다. 심사도 국제적 수준을 유지하기 위해 다양한 해외 심사위원단을 초청하여 객관적인 시각을 유지하고 드라마투르기(dramaturgie), 작품성, 예술성, 무대디자인 및 음악 분야를 시상한다.

이 밖에도 바르나 국제 인형극제는 불가리아 문화부가 직접 나서 적극적인 후원을 할 정도로 불가리아 인형극의 대중화에 힘을 불어넣기 위한 통로이자, 다양한 국가의 극장 전문가들과 불가리아 아티스트들을 연결시키기 위한 허브 역할을 톡톡히 해내고 있는 동유럽의 대표적인 인형극제다.

축제 참여하기 ①

청년인턴십 및 축제 자원봉사

신청자격 영어 능통자
신청시기 축제가 열리는 해의 4월 30일 이전
신청방법 이메일(홈페이지를 통해 지원동기, 자기소개 등 제출)
정보공개 웹사이트 www.vnpuppet.com
축제측 지원사항 숙식을 지원하며, 수료증도 발급해준다.
선정시 우선 고려사항 언어 〉 경험

축제 참여하기 ②

아티스트

참가공연 초청방법 공식초청작 100%
작품선정시 고려사항 예술적 가치 〉 창의성 〉 흥미성 〉 전문성
신청시기 축제가 열리는 해의 4월 30일 이전
신청방법 이메일 또는 우편 접수
신청자격 프로페셔널한 아티스트라면 누구라도 참여 가능
신청비용 없다(교통비를 제외한 모든 체류, 참가 경비는 축제측이 부담한다).
선호장르 인형극, 아동인형극
선호하는 문의방법 이메일 〉 우편
접수시 구비서류 제안서, 동영상, 극단 소개서, 언론자료, 사진, 프로그램, 테크니컬라이더 등
문의시 사용 가능한 언어 영어
아티스트를 위한 문의처 담당자 Mrs. Ana Aleksandrova(office@vnpuppet.com / thegoldendolphin@vnpuppet.com / +359-52-607-841)

한국 아티스트를 위한 축제측 코멘트

"아시아는 인형극의 모태입니다. 그래서 우리는 아시아의 전통 인형극뿐만 아니라 현대 인형극에 대해서도 특별한 관심을 갖고 있습니다. 현재까지 일본, 중국, 대만, 홍콩의 게스트 팀들이 초청되어 다녀갔는데 한국 공연팀은 아직 한번도 만나질 못했습니다. 우리는 함께할 준비가 되어 있으니, 많은 한국 공연팀들이 관심을 가져주면 좋겠습니다."

063

불가리아 바르나

Bulgaria Varna

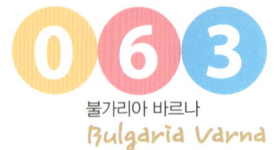

International Theatre Festival 'Varna Summer'

바르나 섬머 페스티벌

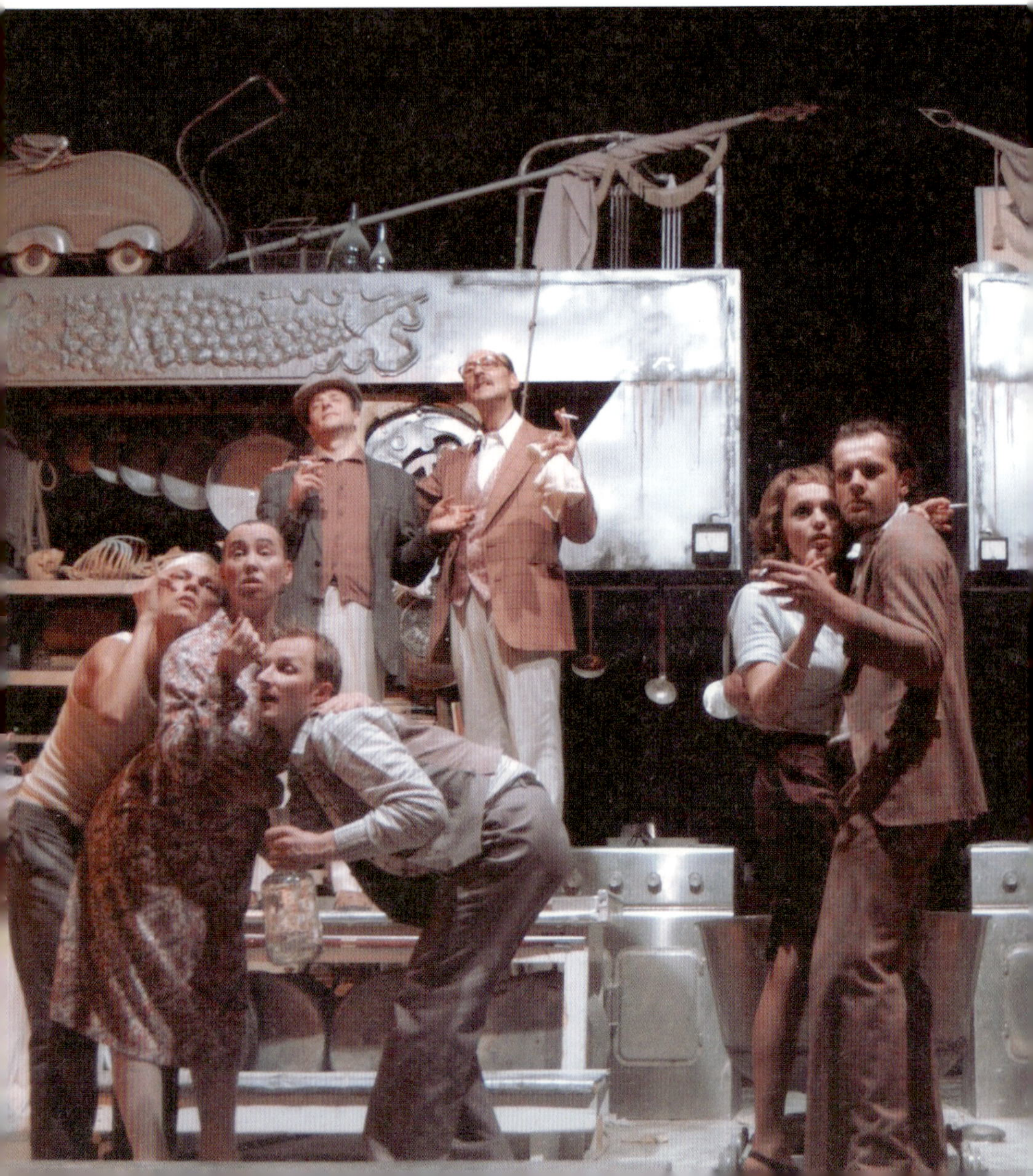

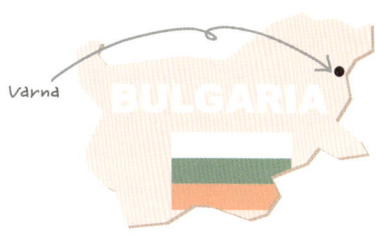

기본 정보

공식명칭 바르나 섬머 페스티벌
　　　　　(International Theatre Festival 'Varna Summer')
장르 연극 위주의 공연
개최시기 매년 6월 초 12일간
　　　　　(2011년 5월 31일~6월 12일)
개최도시 불가리아 바르나
시작연도 1992년
규모 매년 40여 개 국제 공연팀 참가
방문객수 평균 1만여 명의 관람객 방문
주최 International Theatre Festival
　　　'Varna Summer' Foundation

문의 및 찾아가기

공식홈페이지 www.theatrefest-varna.org
티켓예약 사이트 www.bgbileti.com
티켓가격 5~15유로
전화문의 +359-2-988-44-82
메일문의 info@theatrefest-varna.org
장소 Drama Theatre and Opera "St. Bachvarov",
　　　1 Nezavisimost sq, Varna 9000, Bulgaria
찾아가는 방법
해외에서 바르나로 직접 가는 항공편이 많지 않다. 보통 소피아 국제공항에서 바르나 국제공항 (http://www.varna-airport.bg)으로 환승하거나 기차를 이용한다. 루마니아에서 불가리아까지 기차로 이동할 경우, 국경도시 루세에서 하차하여 바르나행 완행기차를 갈아타면 된다. 남쪽으로, 즉 터키 이스탄불에서 국경을 넘어 버스로 가는 방법도 있다. 대략 7시간가량 소요되지만 시골 국경버스를 타는 재미도 있으니 배낭여행객에게는 추천할 만하다.

◀ 불가리아의 바르나 섬머 페스티벌은 흑해 연안에서 펼쳐지는 최대 규모의 축제이자, 한 해 동안 최고의 사랑을 받았던 우수 작품들을 한자리에서 볼 수 있는 드문 기회다.

축제 소개

불가리아의 행정적 수도는 '소피아'다. 그러나 현실적으로 불가리아의 진정한 문화예술을 다양하게 접할 수 있는 곳은 소피아가 아닌 '바르나'이다. 문화수도인 셈이다. 바르나는 불가리아의 동쪽 끝 흑해에 닿아 있는 아름다운 휴양도시로, 동유럽에서 가장 각광받는 해안도시이자 세계적인 발레 콩쿠르의 개최지이기도 하다.

그중에서도 불가리아의 바르나에서 열리는 '바르나 섬머 페스티벌'은 불가리아에서도 가장 큰 연극 축제로 손꼽힌다. 매년 여름이 시작되는 6월경 바르나의 오페라극장을 비롯해 해안가에 위치하고 있는 바르나 컨퍼런스 센터를 중심으로 각국에서 초청된 다양한 공연들이 2주일간 펼쳐지는데, 동유럽의 대표적인 예술도시답게 세계적인 작품 수준을 자랑한다.

무엇보다 축제를 주최하는 ITF재단측은 1년에 한 번씩 바르나 시민들과 방문객들에게 수준 높은 문화공연을 선사하고 더불어 세계적인 공연 트렌드를 소개하는 등 예술 축제로서의 기능적인 측면을 구현하기 위해 많은 노력을 기울이고 있다. 특히 국내 초청 작품의 경우에는 지역 극단의 발전에 역점을 두고 다양한 지원정책을 함께 펼치고 있으며, 국내외 극단들의 적극적인 교류를 위해서도 다양한 교류 프로

그램을 함께 운영하고 있어 좋은 반응을 얻고 있다. 이 밖에도 서로 다른 작품들 간의 협력 작업을 유도하기 위한 정보 제공과 커뮤니티 운영 등 축제를 통한 문화외교를 톡톡히 하고 있는 점이 눈에 띈다.

축제 참여하기

아티스트

참가공연 초청방법 공식초청작 100%(아티스트는 신청서 제출 후 초청장을 교부받으면 참가할 수 있다)
작품선정시 고려사항 높은 예술성 > 혁신적 무대언어 > 관객과의 소통
신청시기 특별한 접수기간을 두고 있지는 않지만, 대략 1년 전에 제안해주는 것이 좋다.
신청방법 이메일(info@theatrefest-varna.org)
신청자격 누구나
신청비용 없다.
선호장르 장르 제한은 없다. 그러나 텍스트 위주의 전통 연극, 아동극이나 상업적 공연은 지양한다.
선호하는 문의방법 이메일
접수시 구비서류 아티스트 또는 극단 프로필, 사진, 동영상 필수
문의시 사용 가능한 언어 영어
아티스트를 위한 문의처 info@theatrefest-varna.org

한국 아티스트를 위한 축제측 코멘트

"장르를 특별히 제한하지는 않지만, 텍스트 위주의 고루한 연극이나 상업적 공연물은 지역 관객에게 맞지 않기 때문에 되도록 기피합니다. 또한 규모가 아주 크거나 복잡한 기술을 요하는 작품도 수용하기 어렵습니다. 축제측에 작품을 소개하고 싶다면 전체 분량의 동영상을 보내주세요."

064
세르비아 구차
Serbia Guca

The Guca Trumpet festival
구차 트럼펫 페스티벌

기본 정보
공식명칭 구차 트럼펫 페스티벌
　　　　　(The Guca Trumpet Festival)
장르 트럼펫
개최시기 매년 8월 초순
　　　　　(5~10일간 / 2011년 8월 10일~14일)
개최도시 세르비아 구차
시작연도 1961년
규모 세계 각지에서 모여든 수백여 브라스밴드 및 집시밴드 총출동
방문객수 매년 60~80만여 명의 외부 관람객 방문
주최 구차 시

문의 및 찾아가기
공식홈페이지 http://www.guca.rs/eng
티켓예약 사이트 http://www.guca.rs/eng
티켓가격 5~8유로
전화문의 +381-63-8979-092
메일문의 info@guca.rs
장소 구차 시 전 지역
찾아가는 방법
유럽 주요 도시에서 비행기로 베오그라드에 들어가면 구차 인근 지역까지 가는 기차나 버스가 있다. 축제기간 중에는 구차에서 베오그라드까지 35유로짜리 왕복교통편이 짜여 있으니 이용하면 좋다.

◀ 맥주잔을 들고 지휘하고 있는 남자는 독일에서 왔다는데, 좀 전까지 우리 앞에서 춤을 추다가 집시들로 구성된 트럼펫 연주팀을 보더니 가운데로 들어가 환호를 질렀다. 기분이 좋다면 지폐 한 장을 연주자들의 트럼펫에 넣어주는 것이 예의다. 이때 동전은 금물.

축제 소개

구차 트럼펫 페스티벌은 1831년 미하일로 왕의 명령으로 군악대를 모이게 했던 것이 발단이 되었다. 세르비아에서 트럼펫 연주는 출산, 세례식, 결혼, 교회의 축제 등 주요 행사에 빠지지 않는다. 이후 자연스럽게 인구 1,000여 명에 이르는 남부의 작은 산골마을인 구차에서 경연대회의 형식으로 치러오던 것이 오늘날 세계적 명성을 날리는 최고의 트럼펫 전문 페스티벌로 각광을 받게 되었다. 유럽에서도 아는 사람들만 27시간씩 버스를 타고 보러갈 만큼 전문 축제의 절대 지존급이다.

이토록 트럼펫 페스티벌이 폭발력을 갖게 된 데는 또 하나의 굵직한 역할자가 있었다. 바로 거리의 예술가, 집시다. 오늘날 집시의 메카는 루마니아로 꼽힌다. 많은 집시들이 유럽으로 퍼져나갔지만 아직까지도 많은 집시의

주요 분포지가 루마니아와 옆 국가들인 세르비아 등지다. 때문에 축제기간이 되면 전 세계에서 모여든 각종 브라스밴드의 오케스트라와 그 빈틈을 화려하게 채우는 집시들의 황홀한 춤이 축제를 거의 열광의 도가니로 몰아넣는 것이다.

〈여왕 마고〉, 〈언더그라운드〉 등의 영화 음악으로 잘 알려진 고란 브레고비치(Goran Bregovic)가 세르비아 출신이다. 그래서인지 이 축제가 열릴 때면 거의 전폭적인 지지를 얻고 메인 게스트로 자주 초대된다. 브레고비치가 열혈 축제인들에게 둘러싸여 라이브로 노래하는 그 절정의 순간을 꼭 맛볼 것을 강력하게 권하고 싶다.

티켓 예약은 거의 필요 없을 정도다. 가끔 특별한 메인 이벤트가 있을 경우 약간의 입장료가 있을 수 있지만 굳이 예약을 하지 않아도 된다. 문제는 잠자리다. 숙소 잡기가 무척 힘들기 때문에 철저하게 준비하는 것이 좋다. 수도인 베오그라드에서 여행 중에 들르는 것도 방법이지만, 차로 5시간이나 걸리기 때문에 각오를 해야 한다. 필자의 경우 운이 좋아 저렴한 가격에 구차 민가에 머물렀지만, 보통은 '부르는 것이 값' 일 경우가 많다. 수도인 베오그라드에서 구차까지 이동하는 교통비와 4일 숙박비는 보통 240유로 정도다. 일단, 홈페이지를 통해 그 해의 숙소 상황을 먼저 확인해보자. 참고로 돈 없는 유럽의 젊은이들은 텐트를 가지고 간다.

◀ 구차 트럼펫 페스티벌에 참가하기 위해 찾아드는 트럼펫 연주자들의 모습.

065
세르비아 베오그라드
Serbia Belgrade

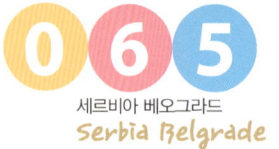

Belgrade International Theatre Festival

베오그라드 국제 연극 페스티벌

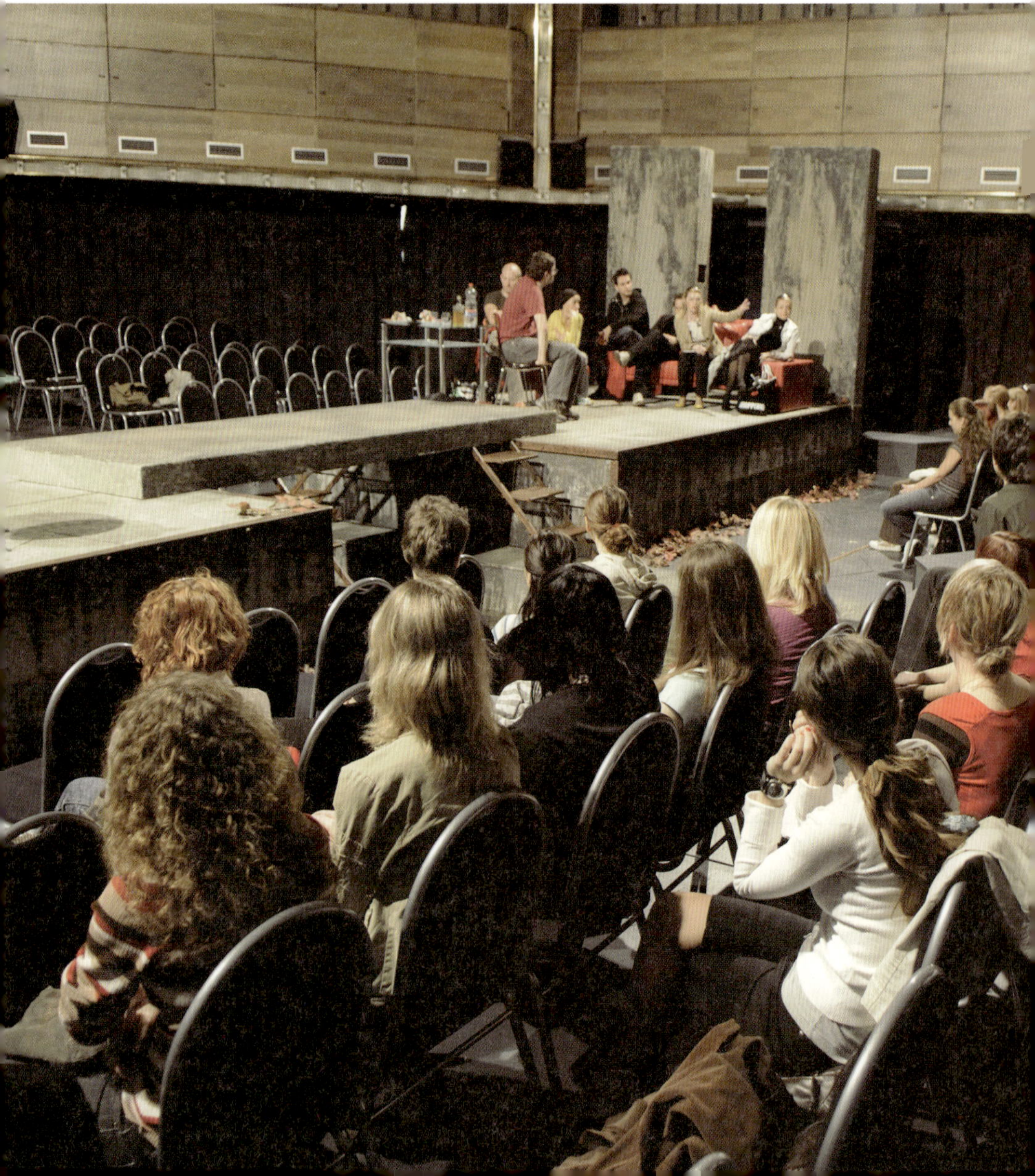

기본 정보
공식명칭 베오그라드 국제 연극 페스티벌
(Belgrade International Theatre Festival)
장르 연극
개최시기 매년 대략 9월 15일~25일
(2011년 9월 15일~25일)
개최도시 세르비아 베오그라드
시작연도 1967년
규모 매년 10~20여 개 연극 단체 참가
방문객수 평균 7,000~1만여 명의 관람객 방문
주최 BITEF

문의 및 찾아가기
공식홈페이지 http://www.bitef.rs/festival
티켓예약 사이트 http://www.bitef.rs/festival
티켓가격 10~25유로
전화문의 +381-11-32-43-108
메일문의 bitef@bitef.rs
장소 BITEF, 11 000 Belgrade, Serbia
찾아가는 방법
유럽 전역에서 베오그라드로 향하는
비행기가 있으며, 인근 국가들에서는
유로라인 버스와 기차가 연결되어 있다.

◀ 연극 축제지만, 먼저 몸풀기 프로그램으로 연극의 기본과 접근법에 대해 설명한다. "연극을 어떻게 이해할 것인가?"라는 주제로 워크숍을 진행하고 있는 장면이다.

축제 소개

베오그라드 국제 연극 페스티벌은 2차 세계대전이 끝난 후 끊임없는 갈등과 혼란 속에 구 유고슬라비아에 속했던 여섯 나라들의 정치적, 사회적 현상을 여실히 보여주는 그 시대의 상징적인 존재였다.

1967년 본격적인 축제의 형태를 가지게 되었으나, 그 뒤로도 수없이 많은 분리와 연합, 독립을 반복하였다. 현재는 세르비아의 수도인 베오그라드의 대표적인 연극 축제로 자리매김하고 있다.

세르비아는 지금까지도 정치□경제적으로 혼란이 끊이지 않는 나라이지만, 발칸반도의 서쪽에 위치하고 있어 서유럽 국가들과의 적극적인 교류를 통해 변화를 꾀하고 있다. 그중 다양한 문화 활동들은 중요한 채널이 되고 있는데, 특히 베오그라드 국제 연극 페스티벌을 통해 국경을 초월한 실험적이고 파격적인 작품 소개와 최신의 트렌드를 담아낼 수 있는 미래지향적 작품세계를 선보이고 있다. 때문에 축제를 진행하는 BITEF에서는 이 페스티벌이 지난 40여 년간 밟아온 역사는 사실상 발칸반도의 혼란스런 역사와 같다고 말할 정도다.

험난한 역사 속에 상처투성이로 40여 년의 명맥을 이어온 세르비아의 축제장 객석에 앉아 그네들이 말하고자 하는 이야기에 한번쯤 귀 기울여보는 경험은 전혀 예상치 못한 색다른 추억이 될 것이다.

축제 참여하기 ①

청년인턴십 및 축제 자원봉사

신청자격 나이 제한은 없고, 영어 능통자 선호
신청시기 매년 5월경
신청방법 홈페이지를 통한 접수
정보공개 웹사이트 http://www.bitef.rs/festival
축제측 지원사항 숙박료를 할인해주고, 수료증을 발급해준다.
선정시 우선 고려사항 경험 〉 언어 〉 열정

축제 참여하기 ②

아티스트

참가공연 초청방법 공식초청작 100%
작품선정시 고려사항 예술적 가치 〉 새로운 연극 트렌드
신청시기 축제 전년도 12월까지
신청방법 이메일
신청자격 전문 극단
신청비용 없다.
선호장르 드라마, 댄스, 멀티미디어 공연
선호하는 문의방법 이메일 〉 전화
접수시 구비서류 아티스트 프로필, 사진, 공연 DVD, 제안 작품의 상세 소개서 등
문의시 사용 가능한 언어 영어
아티스트를 위한 문의처 담당 예술감독 Jovan Cirilov(aleksandradelic@bitef.rs / +381-11-32-32-383)

한국 아티스트를 위한 축제측 코멘트

"잘 아시겠지만, 유럽의 실험적 작품들은 1960년대의 아시아 전통극의 영향을 받았답니다. 그래서 우리 축제에서는 전통적 아시아, 아프리카, 라틴 아메리카의 작품들을 1개 이상(최대 2~3개) 선보이고 있습니다. 아시아 작품에 대한 관심 또한 지대합니다. 공식초청될 경우 참가 경비 전액을 지원하는 게 원칙이나, 상황이 여의치 않을 경우도 있습니다. 궁금한 점은 이메일로 보내주세요. 축제를 통해 많은 아시아의 작품들을 만나고 싶습니다."

◀ 베오그라드 국제 연극 페스티벌에 참여한 연극 '삼사라 디스코(Samsara Disco)'의 한 장면.

066

세르비아 노비사드

Serbia Novi Sad

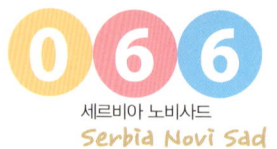

Exit Festival

엑싯 페스티벌

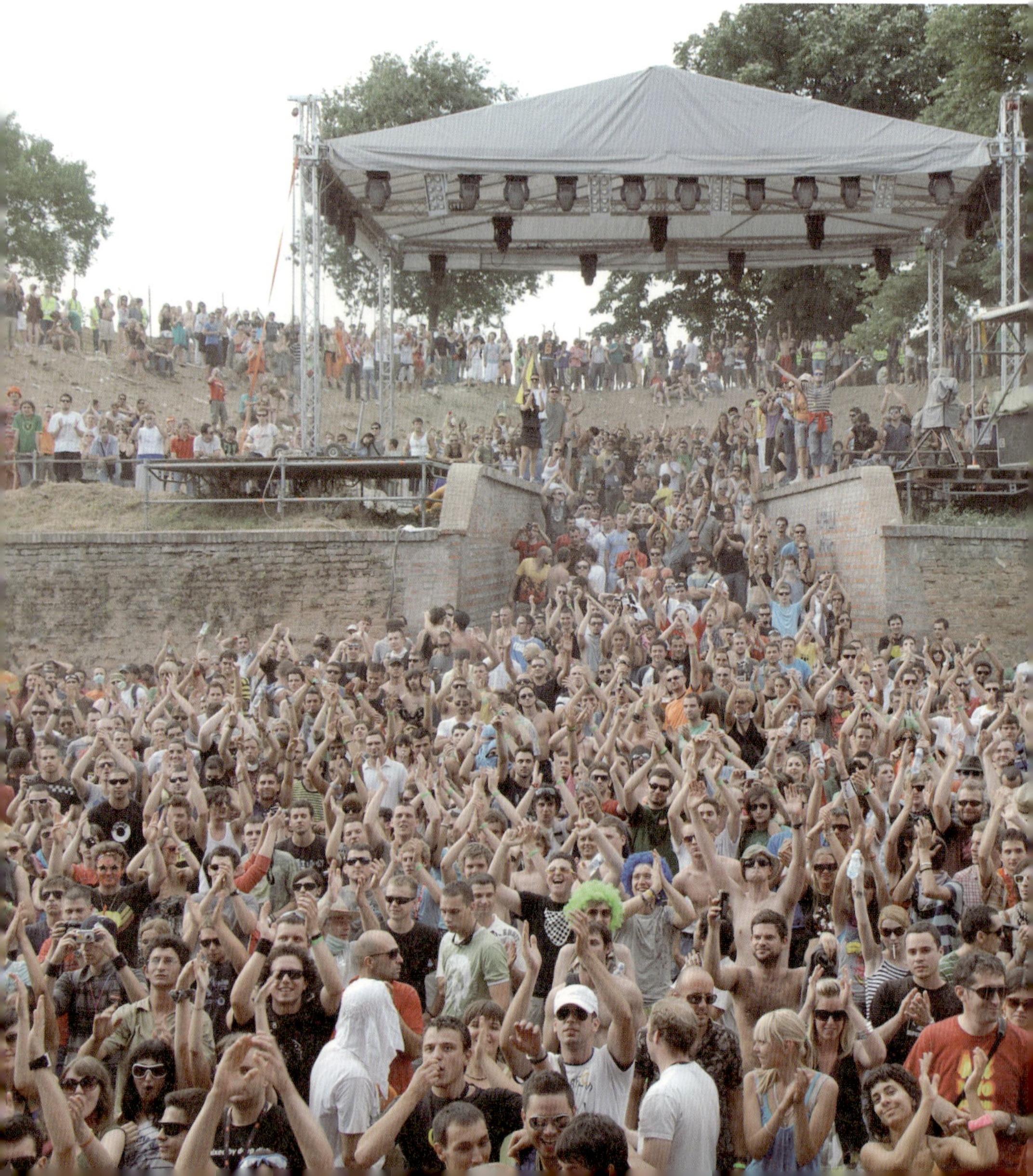

기본 정보
공식명칭 엑싯 페스티벌(Exit Festival)
장르 대중음악
개최시기 매년 7월(4일간 / 2011년 7월 7일~10일)
개최도시 세르비아 노비사드
시작연도 2000년
규모 약 20~30개의 야외 무대에서 600여 회의 음악 공연
방문객수 매년 평균 25만여 명의 관람객 방문
주최 Exit Foundation

문의 및 찾아가기
공식홈페이지 http://eng.exitfest.org
티켓예약 사이트 http://www.etickets.to/buy/?e=5902
티켓가격 연초에 예약하면 89유로, 이 시기를 놓치면 일반 가격인 109유로
전화문의 불가능
메일문의 answerme@exitfest.org
장소 노비사드 중심의 페트로바라딘 요새
찾아가는 방법
베오그라드에서 노비사드역까지 1시간 30분 정도 소요된다. 가격은 400디나르(4유로)다. 헝가리 부다페스트, 오스트리아 비엔나, 크로아티아 자그레브에서 노비사드까지 기차편을 이용하면 약 15~20유로 정도의 비용이 든다.

◀ 젊은 음악 축제의 진수를 맛보고 싶은가? 이미 잘 알려진 영국 글래스톤버리 음악 축제의 티켓을 거머쥐지 못했는가? 그렇다면 과감히 세르비아의 노비사드로 경로를 바꿔라. 지금까지 알지 못했던 미친 열정을 발견할 수 있을 것이다.

축제 소개

유럽 전역에는 젊은이들을 사로잡는 음악 페스티벌이 상당히 많다. 그중에서도 최근 들어 유럽 젊은이들에게 가장 각광받고 있어 티켓 구하기가 하늘의 별따기라고 알려져 있는 두 음악 축제가 있는데, 바로 영국 글래스톤버리 음악 페스티벌와 지금 소개하는 세르비아의 엑싯 페스티벌이다.

유럽 젊은이들은 이 두 음악 페스티벌에 참가하기 위해 6개월 전부터 여행 경비 마련과 티켓 확보에 열을 올리고 있다. 그만큼 새로운 음악 트렌드와 이슈, 축제 분위기에 어울리는 열광적인 무대 등 음악 페스티벌로서의 면모를 톡톡히 보여주고 있는 사례라 할 수 있다.

▲ 축제장을 뜨겁게 달군 개막식 당일의 전경.
세르비아는 물론 유럽 전역에서 몰려든 관객들로 축제장은 발 디딜 틈이 없다.

엑싯 페스티벌은 세르비아에서 두 번째로 큰 도시인 노비사드에서 매년 여름에 4일 동안 열린다. 지난 2000년 노비사드 소재 대학에 다니는 3명의 학생이 낸 아이디어에서 처음 기획되었는데, 초반 1~2년간 기대 이상으로 폭발적인 반응을 보였다. 여기에 세르

비아의 비정부기구와 기업들의 후원이 더해지면서 오늘날의 명성을 얻게 되었다. 축제 초기에는 다뉴브 강변과 노비사드 대학의 작은 무대 등에서 몇몇 세르비아 뮤지션들의 공연만 열렸다. 그러다가 "세르비아, 당신은 미래를 위한 준비가 되었는가?"라는 슬로건을 시작으로 본격적인 마케팅을 하게 되자 세르비아 전역에 엄청난 반향이 불었다. 그 뒤로 노비사드의 역사적 유적지인 페트로바라딘 요새에서 젊은이들의 뜨거운 음악 축제가 펼쳐지게 되었다. 지난 2007년에는 영국에서 개최하는 유럽 최고의 유러피언 축제상을 받기도 하였다.

엑싯 페스티벌은 입장권이 없으면 아예 축제장에 들어갈 수 없다. 축제의 형식을 가진 대형 음악클럽인 셈이다. 6개월쯤 일찍 예약하면 20~30% 할인된 가격에 예약할 수 있으니 동유럽 여행을 원한다면 미리미리 준비하길 바란다. 숙소를 구하지 못했다면 축제장 근처 초원의 캠핑장을 이용할 수 있다. 가격은 25유로 정도다.

스페인 바르셀로나
Spain Barcelona

La Merce Fiesta
메르세 페스티벌

기본 정보
공식명칭 메르세 페스티벌(La Merce Fiesta)
장르 인간 탑 쌓기
개최시기 매년 9월 24일이 끼어 있는 주 4일간
　　　　 (2011년 9월 22일~25일)
개최도시 스페인 바르셀로나
시작연도 1902년
규모 인간 탑 쌓기를 위한 스태프들과 불꽃놀이,
　　 다채로운 공연팀 참가
방문객수 연간 150만 명 이상 관람객 방문
주최 Ajuntament de Barcelona

문의 및 찾아가기
공식홈페이지 http://www.bcn.cat/merce/en/
　　　　　　 index.shtml
티켓예약 사이트 http://www.bcn.cat/merce/en/
　　　　　　　 index.shtml
티켓가격 무료
전화문의 +34-93-486-00-98
메일문의 불가능
장소 바르셀로나의 중심지 시청 광장
찾아가는 방법
다른 나라에서 기차로 바르셀로나에 들어가려면
10시간 가까이 걸리는 경우가 많기 때문에
저가항공이나 야간버스 이용을 추천한다
(30~50유로). 마드리드에서 바르셀로나까지는
아침 6시 30분부터 저녁 9시까지, 30분 간격으로
AVE 기차가 운행한다(3시간 소요, 20~30유로).

◀ 스페인의 인간 탑 쌓기는 매년 월드뉴스로 타전될 만큼
유명한 축제다. 직접 참가해보면, 인간 탑 쌓기보다 그네들의
전통적 공동체 의식에 함께 참여하고 있다는 사실 자체가
더 흥겹다. 하나같이 카메라를 들고 사진을 찍는 사람들의
반응이 더 큰 볼거리다.

축제 소개

매년 가을이 되면 전 세계의 뉴스를 통해 인간 탑 쌓기 장면이 나온다. 스페인에서 두 번째 큰 도시인 바르셀로나의 메르세 페스티벌의 한 장면이다.

바르셀로나에서는 카탈루냐 지방의 정체성을 되살리고 간직하자는 의미에서 1902년부터 매년 9월 24일에 시의 수호성인 메르세를 기념하기 위해서 축제를 벌여왔다. 축제기간에는 거인들의 행진, 스포츠 이벤트, 뮤지컬 퍼포먼스와 환상적인 불꽃놀이, 인간 탑 쌓기 등의 다채로운 행사가 이어지고 음식과 술이 넘쳐나는, 여느 스페인의 축제들과 다를 바 없는 화려하고 멋진 볼거리가 끊이지 않는다.

그중에서 가장 하이라이트인 '카스텔라(Castellers: 인간 탑 쌓기)'는 바르셀로나의 중심에 있는 하우메 광장(Placa de Jaume)에서 펼쳐진다. 카스텔라는 여

▲ 인간 탑 쌓기가 끝난 후 '히간테스'라고 불리는 거인들이 행진하는 모습이다.

러 사람이 힘을 모아 탑을 쌓은 후 꼭대기에는 어린이를 세우는 것이 보통인데, 높게는 인간 8층까지 올라가기 때문에 오랜 연습과 치밀한 계획이 필요하다. 카스텔라의 승자는 가장 높이 인간 탑을 쌓은 팀에게 돌아가지만, 여기에 참가한 카스텔라 선수들의 용기와 협동심은 모든 시민들을 열광의 도가니로 몰아넣는다.

메르세 페스티벌에서 인기가 높은 또 하나의 볼거리는 '히간테스(Gigantes)'라고 불리는 거인들의 행진이다. 히간테스의 거인들은 바르셀로나를 수호하는 신으로 여겨지는데 왕과 왕비, 귀족 모습을 한 여러 명으로 구성되어 있고, 군중 사이를 지나가며 축제의 분위기를 드높이는 역할을 한다. 히간테스 행렬에는 보통 소규모의 퍼커션 밴드가 함께 동행하며 흥을 북돋운다.

헤아릴 수 없을 정도로 많은 인파가 몰리는 만큼 소소한 사고가 종종 발생한다. 그중 날치기가 가장 많으니 모르는 사람이 와서 특별히 친근하게 굴다거나 말을 걸어온다면 일단 경계하고 자기 물건을 챙겨야 한다. 가끔 경찰인 척 다가와 여권이나 지갑 등을 보여달라는 경우도 있는데, 주면 그대로 들고 도망간다. 또 어린아이들을 이용해 교묘하게 여행객들을 속이니 짐을 최소화하고 귀중품이나 값비싼 물건은 잘 숨겨두어야 한다.

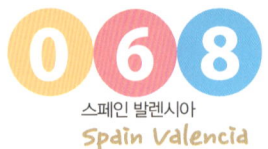

068
스페인 발렌시아
Spain Valencia

Las Fallas de Valencia
발렌시아 불꽃 축제

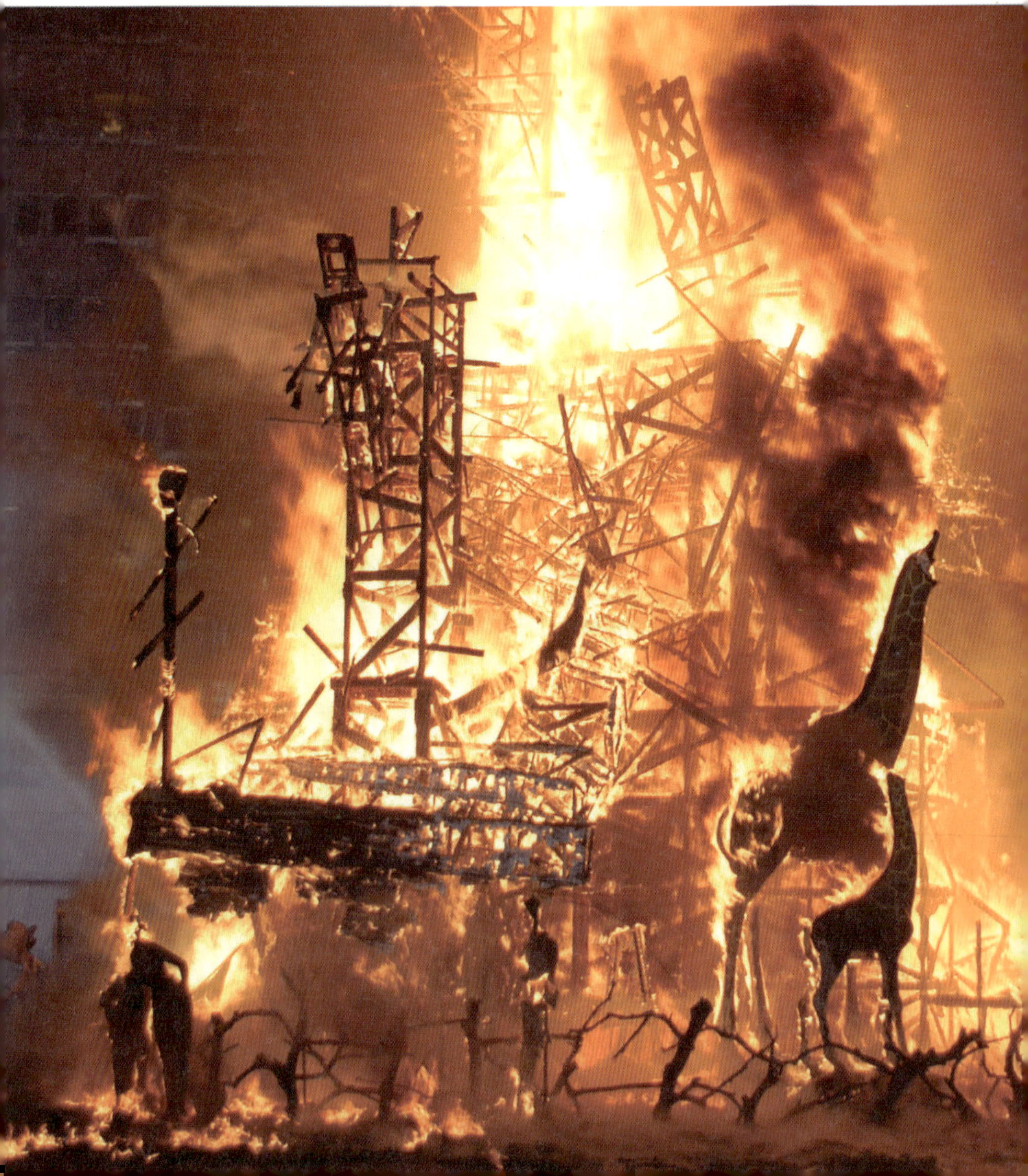

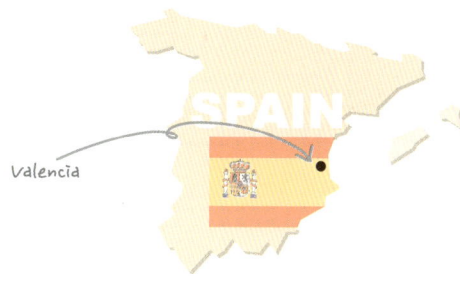

기본 정보
공식명칭 발렌시아 불꽃 축제(Las Fallas de Valencia)
장르 불꽃놀이
개최시기 매년 3월 15일~19일
개최도시 스페인 발렌시아
시작연도 중세시대로 추정
규모 약 700여 개의 대형 인형과 불꽃놀이 및 세계 최대의 화형식
주최 Junta Central Fallera

문의 및 찾아가기
공식홈페이지 www.fallas.com
티켓예약 사이트 www.fallas.com
티켓가격 무료
전화문의 +34-963-606-353
메일문의 turisvalencia@turisvalencia.es
장소 발렌시아 시내 전체
찾아가는 방법
바르셀로나역에서 발렌시아까지 3시간 30분이 걸리며(50유로), 마드리드역에서 발렌시아까지는 1시간 30분이 걸린다(80유로). 아시아에서 가는 젊은 여행자들에게는 고속열차가 비쌀 수 있기 때문에 버스를 이용하는 것도 나쁘지 않다. 멘데즈 알바로(Mendez Alvaro) 버스정류장에서 발렌시아까지는 4시간 정도 소요된다(25유로).

◀ 스페인의 불꽃 축제는 과연 범상치가 않다. 어떻게 대형 인형들을 한꺼번에 불태우며 소원을 빌 생각을 했을까. 대형 인형들이 조금씩 타들어가는 동안 사람들은 멍하니 상념에 빠져 지나온 잘못과 앞으로의 희망과 화합을 다짐한다.

축제 소개

세계의 도시들은 저마다 크고 작은 불꽃 축제를 가지고 있다. 그러나 스페인 사람들은 이마저도 남들과 똑같은 불꽃 축제는 자존심이 허락하질 않는 모양이다. 스페인에 흥미를 가진 사람이라면 누구나 익히 알고 있을 정도로 유명세를 떨치고 있는 발렌시아의 불꽃 축제 이야기다.

지중해변 중심에 위치한 도시, 발렌시아에서는 매년 겨울의 끝과 봄의 시작을 기념하기 위한 불꽃 축제가 펼쳐지는데, 축제의 공식명칭인 'Las Fallas'는 스페인어로 '불꽃'이라는 뜻이다. 3월 15일에서 19일까지 열리는 이 축제는 대형 모닥불과 피에스타, 불꽃놀이와 유머러스한 풍자를 주제로 발렌시아의 수호신인 성 조셉을 기념하고 있다.

발렌시아 불꽃 축제의 기원은 정확히 확인되지는 않았으나 중세시대로 거슬러 올라간다. 발렌시아 지역의 목수들이 겨울 동안 작업했던 나무의 잔재들을 모아 '성 조셉의 날'에 태우기 시작하면서 유래되었다고 한다. 무엇보다

©Helge Hansen

발렌시아 불꽃 축제의 특징은 낮부터 시작되는 시끄러운 불꽃 쏘는 소리와 더불어 종이와 나무로 만들어진 700여 개의 초대형 인형들이 불꽃놀이와 함께 태워진다는 것이다. 까만 하늘을 화려하게 수놓는 불꽃놀이와 눈앞에서 펼쳐지는 대형 인형 구조물들이 뿜어내는 열기, 그리고 사람들의 함성은 직접 경험하지 않고는 상상조차 할 수 없을 것이다. 한마디로 장관이다.

 축제의 대단원은 마지막 3일간 이루어지는데, 하루 종일 온 도시 곳곳에 전시되던 초대형 인형들을 감상하다가 한밤중 자정이 되면 모두 불태워버린다. 혹자는 아깝다는 생각을 할 수도 있겠지만 발렌시아 사람들은 절정의 순간을 맛보면서 지금까지의 자신을 반성하고 돌아보는 시간을 가진다고 한다.

> 발렌시아 불꽃 축제기간에는 전 세계에서 관광객들이 몰리기 때문에 발렌시아 주변 호스텔들은 5일씩 묶어서만 예약을 받는 경우가 많다. 미리 숙소를 조정하는 것이 좋고, 축제 중에도 시에스타(낮잠 자는 풍습)는 지켜지기 때문에 아차 싶으면 밥때를 놓칠 수도 있다. 미리 주머니에 간식을 넣어 갖고 다니는 센스가 필요하다. 특히 발렌시아 사람들은 불꽃놀이의 소리가 클수록 복이 온다고 생각하기 때문에 귀청이 떨어져나갈 듯이 시끄러워도 조금 참자. 축제니까.

◀ 발렌시아 도심에 설치된 인형 구조물 모습.
이런 크고 작은 인형 구조물들이 축제기간 동안 무려 700여 개가 설치된다.

069

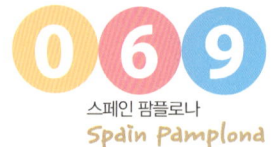

스페인 팜플로나

Spain Pamplona

Sanfermin Fiesta

산 페르민 페스티벌

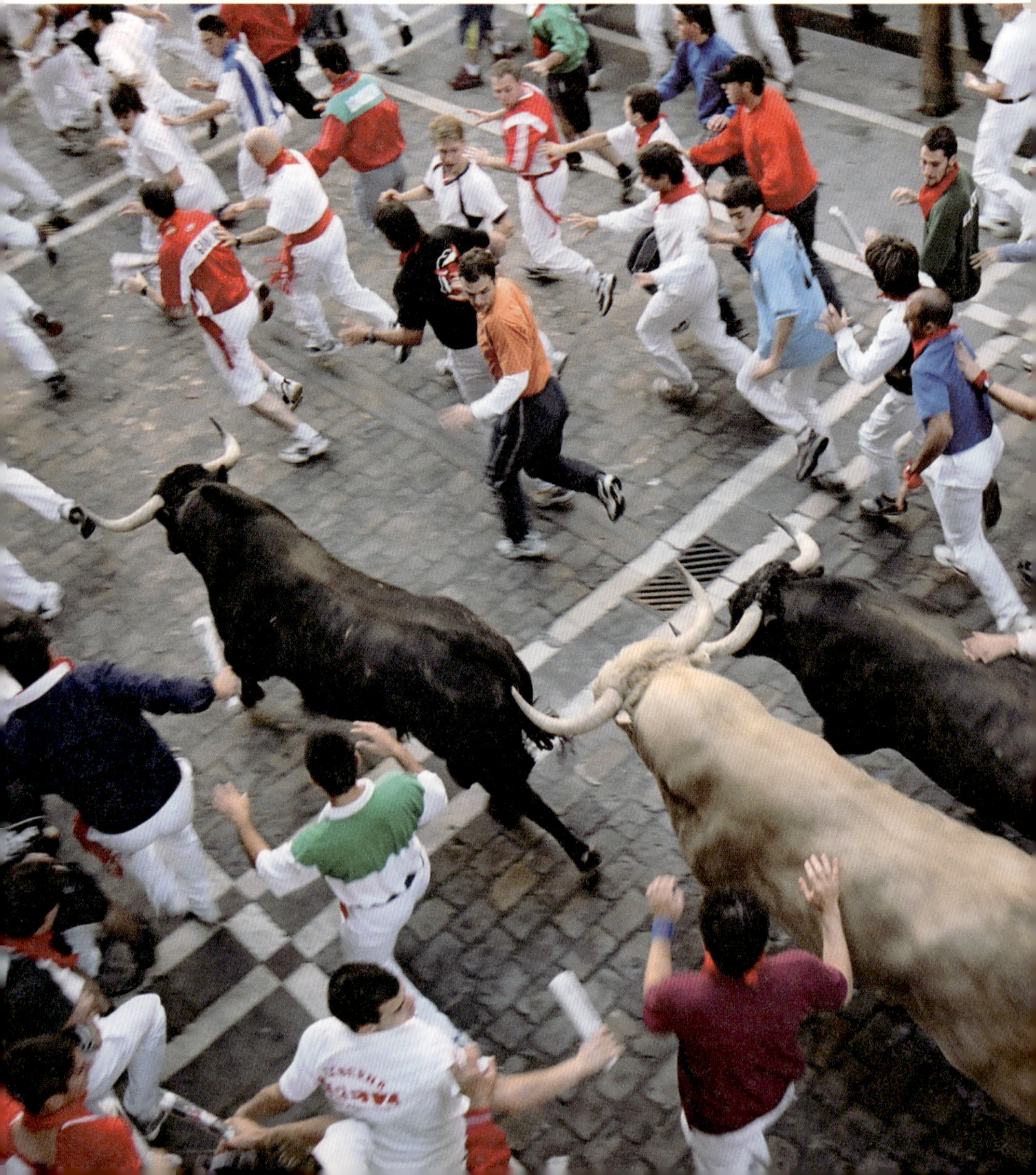

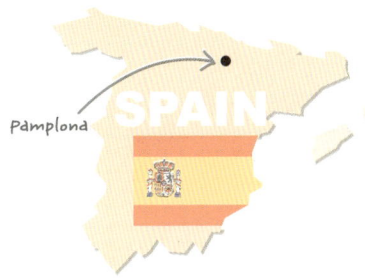

기본 정보
공식명칭 산 페르민 페스티벌(Sanfermin Fiesta)
장르 소몰이, 투우, 행진 등
개최시기 매년 7월 6일
개최도시 스페인 팜플로나
시작연도 17세기경
규모 6마리의 소가 거리에 출현할 뿐이다.
방문객수 매년 약 100만 명 이상 관람객 방문
주최 Pamplona City and Festa

문의 및 찾아가기
공식홈페이지 http://www.sanfermin.com/index.php/en
티켓예약 사이트 http://www.sanfermin.com/
티켓가격 115~225유로
전화문의 불가능
메일문의 홈페이지 참고. 팜플로나에 도착한 뒤에는 여행정보센터를 이용한다.
장소 팜플로나 시의 시청 광장
찾아가는 방법
바르셀로나 산츠(Sants)역에서 팜플로나까지 4시간 30분 정도 걸리며 요금은 30유로다. 마드리드 아또차(Atocha)역에서 갈 경우에는 팜플로나까지 3시간 15분 걸리며 요금은 60유로다. 그리고 빌바오에서 버스로 팜플로나까지 간다면 1시간 30분 정도 걸리며 요금은 15유로다.

◀ 직접 가보면 스페인 남자들은 축제가 시작될 때까지 맥주를 마시며 골목을 누빈다. 반면 우리 같은 관광객들은 다칠 염려가 없으면서 소를 가까이 볼 수 있는 창가 자리를 찾느라 벽만 보고 다닌다. 축제의 열기에 취한 소가 2층에 있는 우리에게 돌아설까 무섭다.

축제 소개

축제는 단 하루, 100만 명 이상의 관광객들이 팜플로나 도심에서 뛰고 즐기고 소리친다. 이쯤되면 노약자나 어린아이는 일단 뒤편으로 피신시켜 놓는 게 안전하지 않을까. 주최측이 추산하기로 축제 당일 방문객이 100만 명이 넘기 때문에 사실상 유럽에서 가장 큰 페스티벌인 셈이다.

산 페르민 페스티벌은 매년 7월 6일에 시행되며, 원래는 산 페르민(St. Fermin)에 대한 경의를 표시하는 작은 지역 축제에서 시작되었다고 한다. 가장 핵심 행사인 소몰이 경기는 아침 8시에 첫 번째 총성으로 시작되고, 두 번째 총성으로 6마리의 소가 거리로 입장함을 알린다. 그 뒤 사람들은 성난 소를 피해 825미터의 좁은 길을 달리고, 세 번째 총성이 울려 소들이 투우장으로 들어가면서 행사가 끝을 맺는다.

오늘날과 같은 세계적인 축제로 거듭나는 데는 긴장감 넘치는 축제의 대범함과 이를 즐기는 스페인 사람들의 열정이 큰 몫을 차지했지만, 사실상 소설을

통해 이 축제를 전 세계에 알린 어니스트 헤밍웨이의 역할이 매우 컸다. 헤밍웨이는 여행 중에 산 페르민 페스티벌에 직접 참가했다가 깊은 영감을 받고 이를 중심으로 〈그래도 태양은 다시 떠오른다(The Sun Also Rises)〉를 썼고, 이를 통해 전 세계의 주목을 받게 된 것이 축제에 폭발력을 갖게 했다. 산 페르민 페스티벌에서는 소몰이 행사가 가장 유명하지만 이외에도 여러 전통 행사들이 시행된다. 더욱이 밤늦도록 엄청난 양의 술과 소음이 이어지는데, 안전을 위한 것을 제외하면 규정 같은 것은 찾아볼 수도 없다. 그야말로 소몰이에 대한 열기와 흥분만 존재하는 특별한 난장인 셈이다. 축제 기간 동안에는 길거리에서 잠을 자는 것도 허용한다.

소몰이 행사에 참여할 수는 있지만, 처음이라면 홈페이지에 기재된 내용, 즉 뛰는 방법을 잘 읽어보길 추천한다. TV와 같은 미디어에서 보여주는 것처럼 소를 등지고 뛰는 일은 쉽지 않으며 잘못하면 큰 사고로 이어질 수 있다. 흥분의 축제 속에서 안타깝게도 성추행 사건도 자주 발생한다. 스페인 현지인들은 그리 심각(?)하게 짚고 넘어가는 편은 아니지만 피해를 받았다고 느끼면 언제든지 신고할 수 있다. 물건 도난 사건도 많이 일어나는 편이다. 큰돈은 가지고 다니지 말고 귀중품은 늘 눈에 잘 띄는 곳에 두어 지켜야 한다. 노숙할 마음이 없다면 숙소 예약은 필수! 축제 중에는 흰 티에 빨간 스카프를 권한다. 좀 위험스럽지만 축제에 참가하고자 한다면 우리 자신부터 축제의 일부가 되자!

◀ 축제를 즐기려다 목숨이 코끝에 걸린 남자. 총알 탄 사나이도 이 남자를 이기지는 못할 것 같다.

070

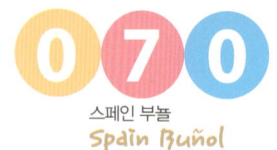

스페인 부뇰

Spain Buñol

La Tomatina

토마토 페스티벌

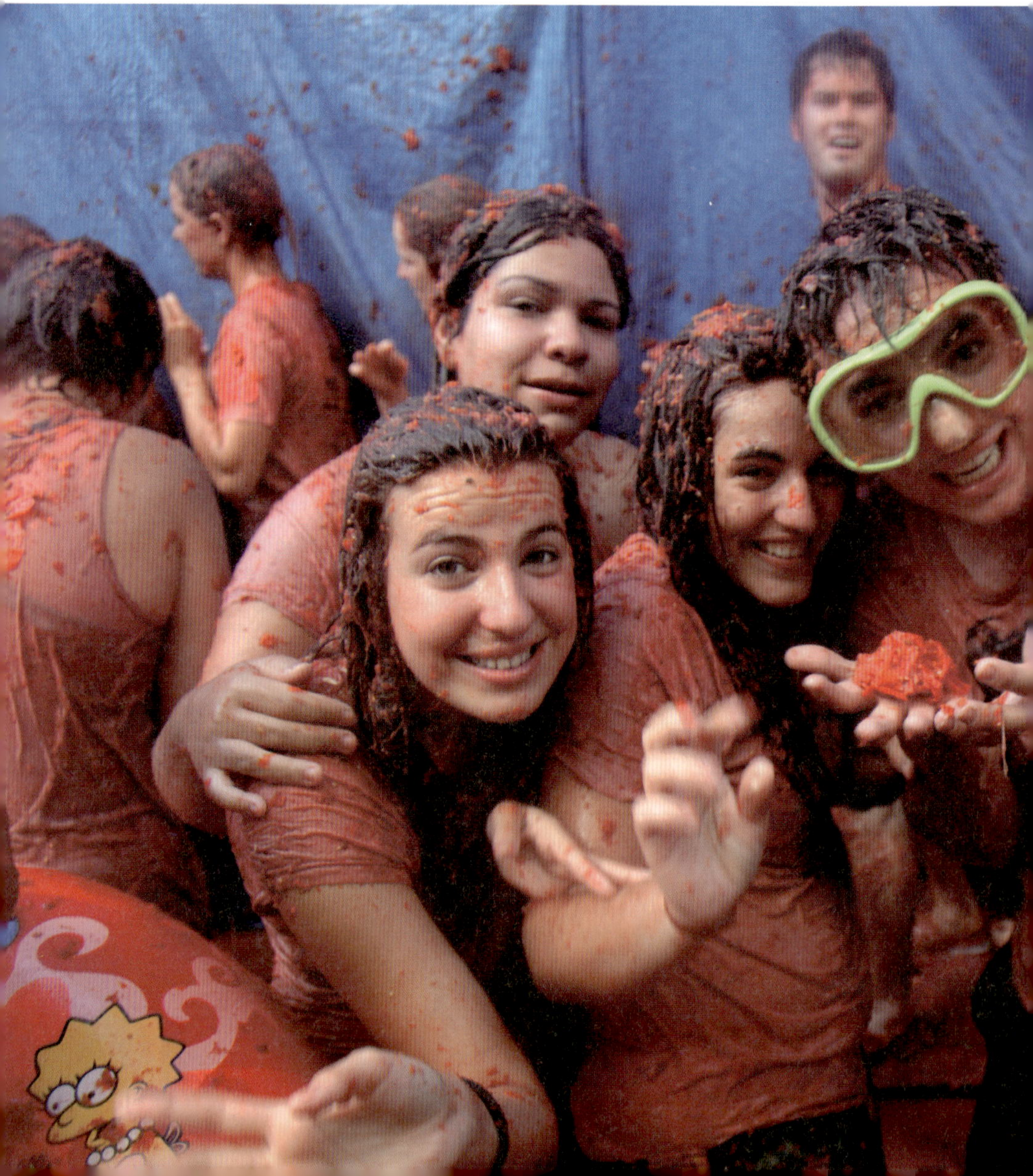

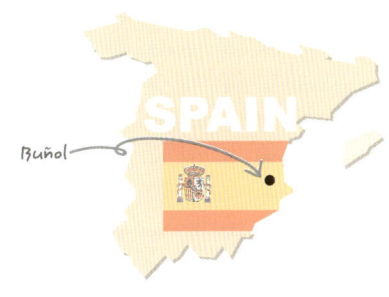

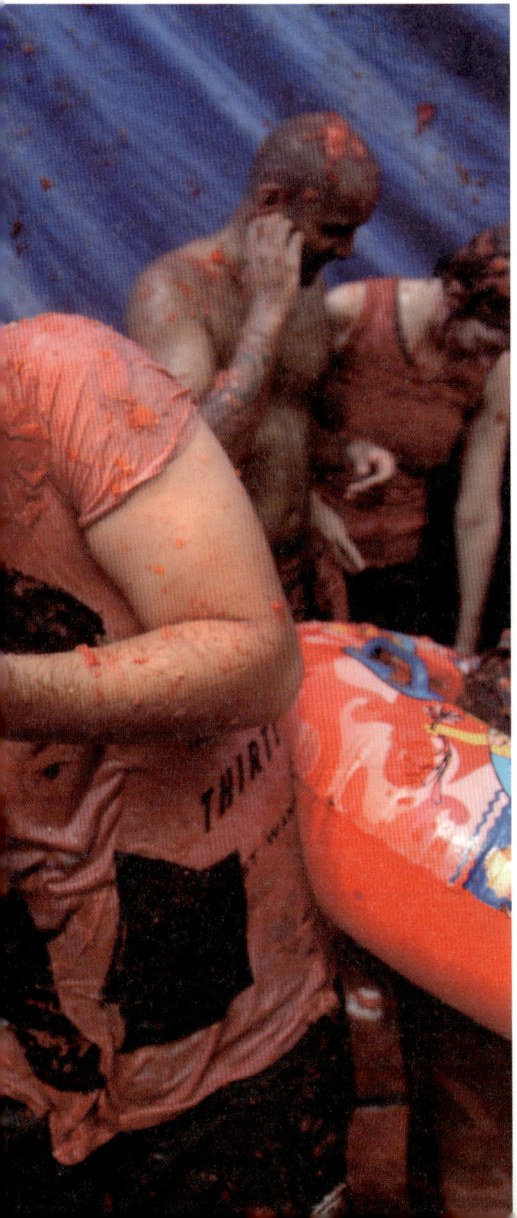

기본 정보
공식명칭 토마토 페스티벌(La Tomatina)
장르 토마토 즐기기
개최시기 매년 8월 마지막 주 수요일
개최도시 스페인 부뇰
시작연도 1944년
규모 수만 명의 사람들과 수십 톤의 토마토 등장
방문객수 하루 약 3만여 명 이상 방문
주최 Tomatina Festival Spain

문의 및 찾아가기
공식홈페이지 http://www.latomatina.es
티켓예약 사이트 없다.
티켓가격 무료
전화문의 +34-96-250-01-51
메일문의 tomatina@aytobunyol.com
장소 부뇰 마을 중심 푸에블로(Pueblo) 광장
찾아가는 방법
발렌시아 노르(Nord)역에서 부뇰역까지 기차로 1시간 거리다. 기차가 가장 빠르고 편리하다.

◀ 버리기로 작정한 티셔츠 한 장씩을 꺼내 입고 빨간 토마토 풀에 빠져 노는 느낌은 그 누구도 상상할 수 없는 짜릿한 경험이다. 처음에는 물렁물렁하게 충분히 익은 토마토로 시작을 하지만, 시간이 좀 지나면 온몸으로 때리고 짓이기는 통에 분쇄기로 으깨놓은 것처럼 변한다.

축제 소개

　축제에 관심 있는 사람 중에 스페인의 토마토 페스티벌을 모르는 이는 없을 것이다. 그만큼 강렬함과 재미, 열정, 특색을 골고루 갖춘 축제도 찾아보기 힘들다. 스페인 명칭으로 '라토마티나(La Tomatina)'라고 하는데 우리말로 '토마토 페스티벌'이라고 하기에는 사실 좀 무리가 있다. 토마토를 활용하여 온갖 난장판을 만들며 즐기는 축제이지, 토마토를 위한 축제가 아니기 때문이다.

　라토마티나는 매년 8월의 마지막 주 수요일에 스페인 발렌시아의 부뇰이라는 작은 마을에서 열린다. 부뇰은 발렌시아 특유의 건축과 풍습이 남아 있는 작은 마을이지만, 이 축제일만큼은 전쟁을 방불케 할 만큼 많은 관광객들이 전 세계에서 몰려든다. 또한 이날 하루에 쓰이는 토마토만도 100톤이 넘는다고 하니, 여행객뿐만 아니라 사진가들에게도 인기가 높을 수밖에 없다.

　축제의 시작도 이색적이다. 오전 11시에 기름을 잔뜩 발라 놓은 커다란 통나무 기둥 꼭대기에 매달아놓은 햄을 누군가가 따야만 비로소 토마토 페스티벌이 시작된다. 햄을 따기 위해 많은 청년들이 치열한 경쟁을 펼치는데, 햄이

떨어지는 순간 부뇰 시청 직원이 마을 청사 위에서 대포를 쏜다. 그것을 신호로 토마토를 가득 실은 여러 대의 트럭들이 경종을 울리며 마을 중심에 있는 푸에블로 광장으로 들어오고, 토마토 전쟁이 시작된다.

그렇게 한두 시간쯤 싸우고 나면 싸움의 종료를 알리는 두 번째 대포가 울리는데 이때부터는 더 이상 토마토를 던져서는 안 된다. 싸움이 끝나면 소방차가 진입해 거리와 사람들에게 물을 뿌린다. 따로 준비된 샤워장이 없기 때문에 이 물로 몸에 묻은 토마토를 씻어내야 한다. 또는 부뇰 강에서 씻으면 된다. 토마토 축제 이외에도 다양한 음악과 퍼레이드, 불꽃놀이 등이 이어지기 때문에 들러보면 두고두고 좋은 추억을 선사할 것이다.

축제에 참여할 사람은 두 번 다시 입거나 빨지 않을 옷을 입기를 권하고, 토마토가 생각보다 따갑기 때문에 물안경을 준비하기를 추천한다. 토마토 외엔 그 어떠한 것도 던져서는 안 된다. 또한 그냥 토마토는 너무 단단해서 맞으면 아프기 때문에 던지기 전에 반드시 으깬 후 던지는 매너를 지켜주길 바란다. 특히 다른 참가자들의 옷을 찢는 과격한 행위는 금지하고 있지만 막상 싸움이 일어나면 통제가 되지 않는다. 그러니 아예 튼튼한 옷을 착용하는 것이 좋겠다. 신발은 플리플랍이나 슬리퍼보다는 꼭 운동화를 신기를 권한다. 그렇지 않다면 축제 시작 후 5분도 안 되어 잃어버리게 될 것이다.

◀ 축제에 참여한 젊은이들이 토마토를 친구들에게 끼얹으며 재미있게 놀고 있다.
토마토 축제에서는 사진을 찍고 있는 사람이 제일 바보다.

071

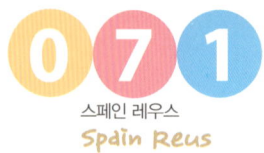

스페인 레우스

Spain Reus

Trapezi Circus Festival

트라페즈 서커스 페스티벌

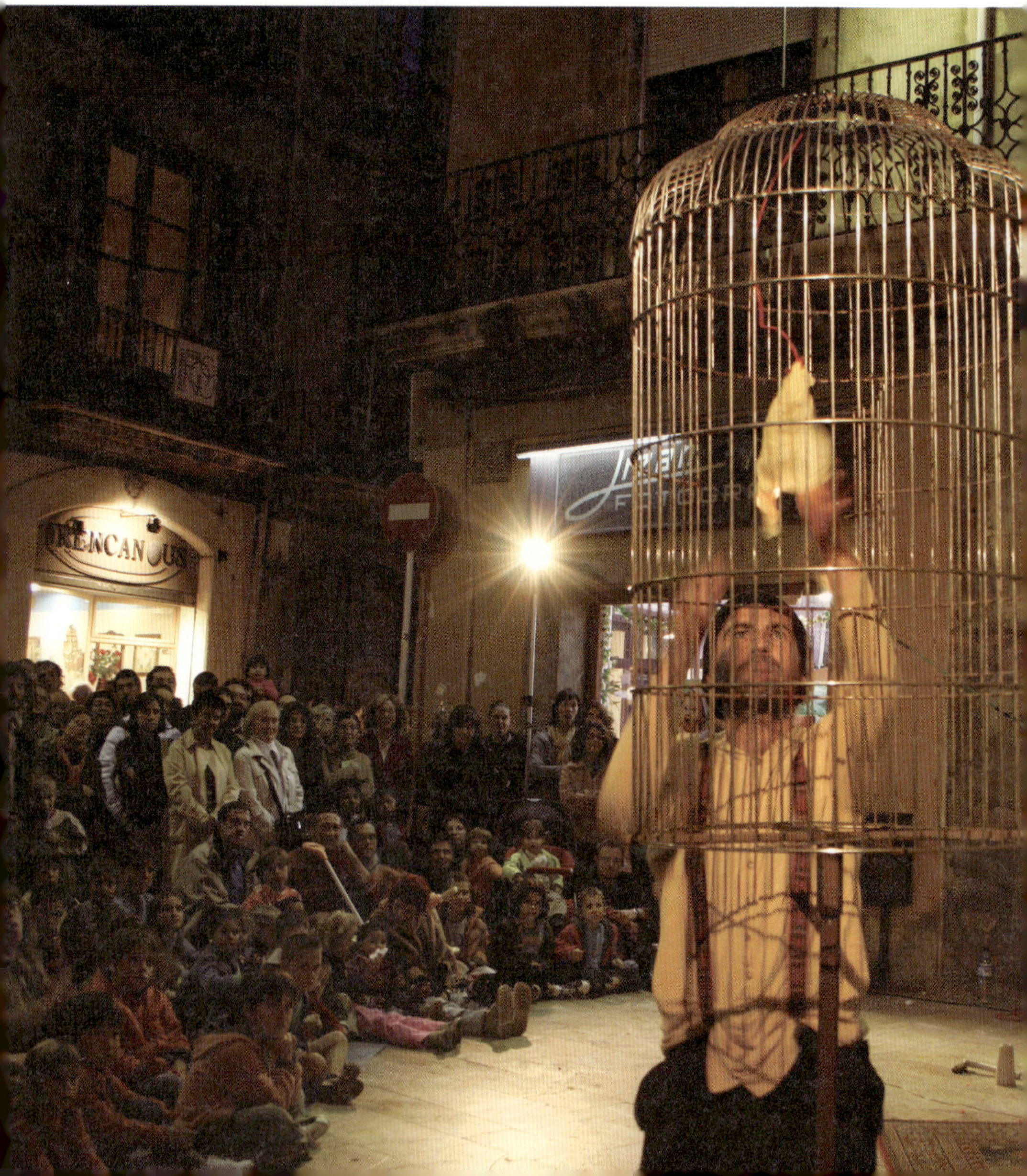

기본 정보
공식명칭 트라페즈 서커스 페스티벌
(Trapezi Circus Festival)
장르 서커스(특히 현대 서커스 위주)
개최시기 매년 5월 중순(2011년 5월 12일~15일)
개최도시 스페인 레우스
시작연도 1997년
규모 매년 50여 개 서커스 단체에서 70여 개 작품 참가
방문객수 2010년 4일간 10만여 명 방문
주최 CAER-Reus Performing Arts Center

문의 및 찾아가기
공식홈페이지 www.trapezi.cat
티켓예약 사이트 www.servicaixa.es
티켓가격 1~20유로, 무료 거리 서커스도 있다.
전화문의 +34-977-010-651
메일문의 trapezi@caer.cat
장소 27 Sant Joan St.-43201 Reus(Catalonia) Spain
찾아가는 방법
바르셀로나에서 레우스까지는 기차로 이동하는 게
가장 편하다. 레우스역에 도착하면 자연스럽게
대로변을 따라 시내 중심 쪽으로 걷게 되니
부담 없이 길을 따라 그냥 걸으면 된다.
축제는 시내 광장과 곳곳의 공연장에서 열리므로
도보여행을 하면서 각각의 장소와 만날 수 있다.

◀ 거리극을 펼치고 있는 배우가 비둘기를 꺼내 관객에게 날려보낸다. 동작만 보면 정말 삽시간에 비둘기가 하늘로 날아올라 가버린 것 같았다. 레우스의 작은 골목 안 공터에서 공연을 펼치던 배우들은 비가 오자 곧 실내로 들어가 공연을 이어갔다. 관객들은 배우들을 따라다니며 그들의 일거수일투족을 예술인 양 바라봤다.

축제 소개

서커스 천국인 스페인의 레우스를 한국의 어디에 비유하면 좋을까. 분위기가 매우 다르지만 하회탈춤으로 유명한 안동 정도라고 할 수 있을 것 같다. 서커스는 예술 축제가 많은 유럽 본토에서조차 잊히고 있는 드문 장르다. 그나마 서커스의 명맥을 축제를 통해 보존하고 있는 곳이 몬테카를로 서커스 페스티벌과 스페인 카탈루냐 지방의 레우스에서 매년 5월에 펼쳐지는 트라페즈 서커스 페스티벌이다.

레우스는 바르셀로나에서 기차로 1시간 20분 정도 떨어진 남서쪽에 위치해 있는데 서커스 축제 이외에도 마임, 클래식, 재즈 등 작은 도시지만 소규모의 예술 축제가 일년 내내 풍성하게 펼쳐지는 카탈루냐 지역의 대표적 예술도시라 할 수 있다. 레우스역에 도착해도 영어 한마디 하는 이를 못 만날 만큼 시골 정서가 담뿍 느껴지는 곳이지만 인심만큼은 따라갈 곳이 없다. 게다가 바르셀로나에서 당일치기로도 충분히 여행이 가능한 거리다. 무료 거리공연도 많으니 부담 갖지 않고 찾아도 좋을 것이다.

▲ 거리공연팀의 소품 사진이다. 거인의 신발처럼 거대한 구두였는데, 165센티미터 정도의 작은 남자배우가 신으니 귀엽고 우스꽝스러웠다. 빛깔이 참 고왔다.

특히 레우스의 트라페즈 서커스 페스티벌은 서커스 중에서도 엔터테인먼트 성격이 많이 녹아 있는 현대 서커스를 지향하는 편이다. 서커스를 하는 아티스트에게는 끊임없는 실험적 요소가 될 수 있고, 관객들에게도 서커스가 더 이상 과거에 머물러 있지 않은 재미있는 예술 장르라는 사실을 일깨워주기 위해서라고 한다.

축제 참여하기

아티스트

참가공연 초청방법 공식초청작 100%
작품선정시 고려사항 기술적 측면보다 예술적 측면을 더 고려하는 현대 서커스
신청시기 연중 내내
신청방법 이메일 또는 축제에 참석한 예술감독단의 개별적 연계를 통해도 가능
신청자격 누구나
신청비용 없다.
선호장르 현대 서커스
선호하는 문의방법 이메일
접수시 구비서류 공연과 단체의 서류 일체, 시각적 자료(사진, 동영상 등)
문의시 사용 가능한 언어 카탈루냐어, 스페인어, 영어, 프랑스어
아티스트를 위한 문의처 trapezi@caer.cat

한국 아티스트를 위한 축제측 코멘트

"축제에 참가하는 모든 공연팀은 전적으로 예술감독단이 결정합니다. 단체들의 신청을 받기도 하고 프로그래머로서 다른 축제를 찾아가 연계한 뒤 우리 축제에 맞는 작품을 발굴해 초청하기도 합니다. 우리는 동시대적인 작품의 전문성과 수준을 유지하려고 애씁니다. 우리와 한국 아티스트들이 만날 수 있는 기회가 많아지기를 바랍니다."

072

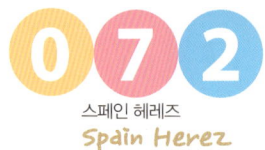

스페인 헤레즈

Spain Herez

Festival de Jerez

플라멩코 댄스 페스티벌

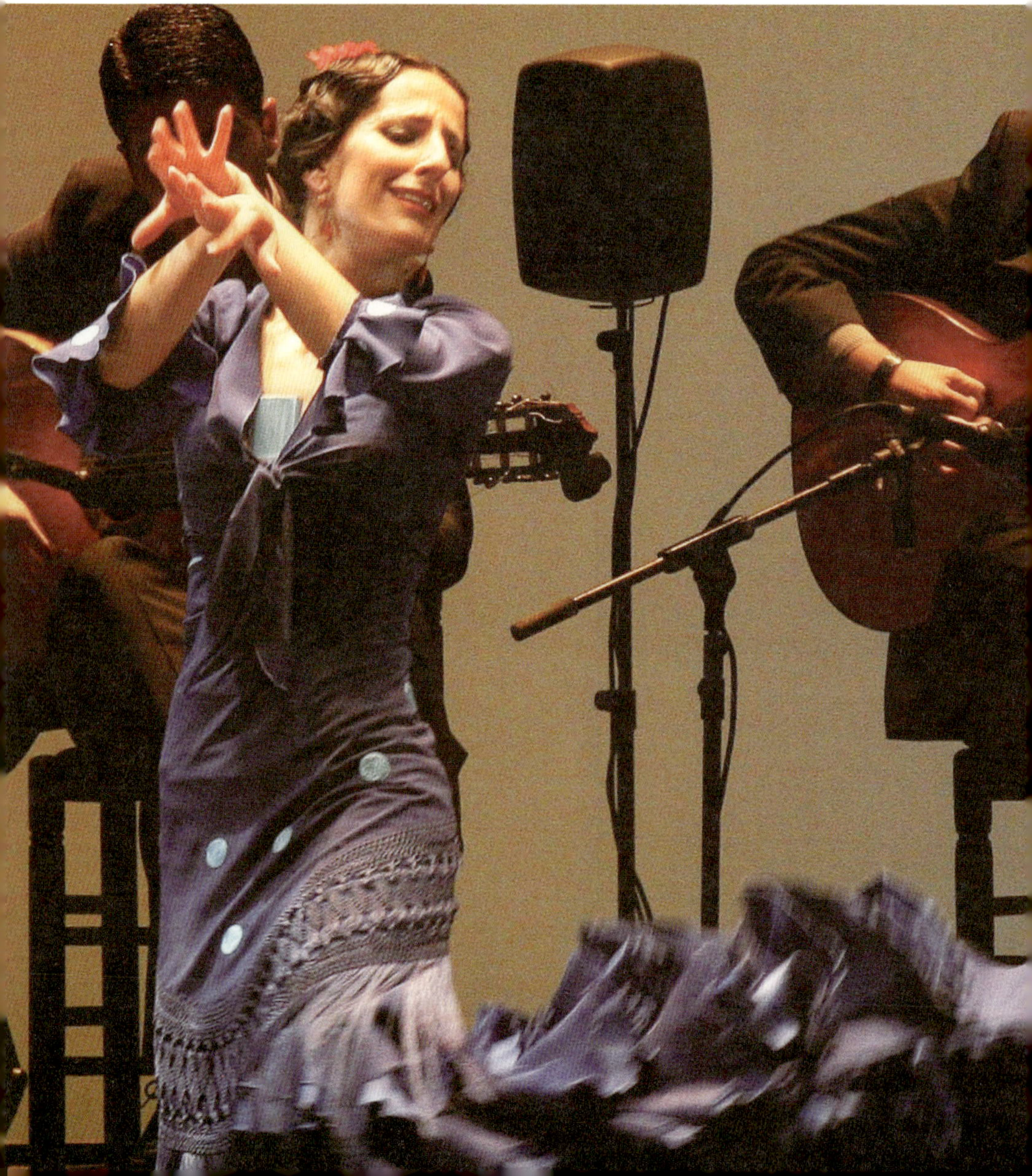

기본 정보
공식명칭 플라멩코 댄스 페스티벌(Festival de Jerez)
장르 플라멩코
개최시기 매년 2월~3월(2011년 2월 25일~3월 12일)
개최도시 스페인 헤레즈
시작연도 1997년
규모 매년 60여 개의 작품, 40여 개의 플라멩코 댄스 공연과 워크숍이 개최된다.
방문객수 2010년 3만 5,000여 명의 관광객 방문
주최 Fundación Teatro Villamarta-Jerez

문의 및 찾아가기
공식홈페이지 www.festivaldejerez.es
티켓예약 사이트 www.telentrada.com
티켓가격 18~30유로, 또는 무료
전화문의 +34-956-14-96-86
메일문의 taquilla@teatrovillamarta.es
장소 Pza. Romero Martínez s/n. 11.402 Jerez de la Frontera-Cádiz, Spain
찾아가는 방법
플라멩코 댄스 페스티벌은 시내 중심 광장에서 펼쳐지기 때문에 헤레즈 공항에서 버스나 택시를 이용하여 시내로 들어가는 편이 가장 편리하다.

◀ 그저 스페인의 흥겨운 전통 춤이라고만 생각했던 게 잘못이었다. 플라멩코 댄서들의 열정과 관객을 압도하는 카리스마 앞에서 감히 박수를 치기도 어려웠다. 플라멩코 댄서를 보고 있으면 가슴 저린 사랑 이야기를 듣는 것 같아 가슴이 울컥한다.

축제 소개

많은 사람들이 스페인을 여행하면서 의아해하는 점이 수도 마드리드나 바르셀로나, 기타 다른 지역에서조차 스페인의 전통 댄스로 알려진 플라멩코를 제대로 볼 수 있는 기회가 별로 없다는 것이다. 물론 관광객용 레스토랑에서 극히 형식적이고 상업적인 플라멩코를 볼 수는 있으나, 경험이 없는 일반인이 보더라도 급조되거나 프로 댄서가 아님을 쉽게 눈치챌 수 있을 정도다. 스페인 사람들조차 전통 플라멩코를 맛보기가 어렵다는 것인데, 이런 갈증을 완전히 씻어줄 수 있는 스페인 최고의 플라멩코 축제가 스페인 남부, 아프리카와 만나는 지브롤터 해협의 인근 작은 도시 헤레즈에서 약 2주간 열린다.

우리의 전통 춤이 지역마다 다르듯이 플라멩코도 스페인 지역별로 많은 차이가 있다고 한다. 매년 2월 말과 3월 초 헤레즈를 찾으면 정열적이고 매혹적인 스페인 전역의 다양한 플라멩코를 실컷 볼 수 있다.

주최측은 전통 플라멩코를 시민들에게 선사하는 목적뿐만 아니라 플라멩코의 미래적 발전을 위해 이와 같은 축제의 장이 반드시 필요하다고 생각한다. 그래서 플라멩코를 배워볼 수 있는 코너도 매년 준비하고 있다고 하니 스페인 남부, 지중해 연안을 여행하고자 하는 사람이라면 이 축제를 염두에 두고 일정을 계획해도 좋을 것이다.

인기공연은 티켓 구하기가 하늘의 별따기여서 미리 예매하는 것은 필수이고, 소리가 잘 나는 통이 넓은 구두를 준비해가서 플라멩코를 배워보는 것은 선택이다.

축제 참여하기 ①

청년인턴십 및 축제 자원봉사

신청자격 나이 제한은 없고, 기본적인 스페인어 가능자(필수조건은 아니다)
신청시기 매 축제 전년도 9월경
신청방법 홈페이지로 접수
정보공개 웹사이트 www.festivaldejerez.es
축제측 지원사항 없다.
선정시 우선 고려사항 특별한 사항은 없으나, 소수 인원만 선발한다.

축제 참여하기 ②

아티스트

참가공연 초청방법 공식초청작 100%
작품선정시 고려사항 예술적 가치 〉 창의성 〉 흥미성
신청시기 매 축제 전년도 3월~4월경
신청방법 이메일
신청자격 풍부한 경험과 수준 높은 공연
신청비용 일반적으로 축제측이 부담하지만, 경우에 따라 다를 수 있다.
선호장르 플라멩코 댄스
선호하는 문의방법 이메일 〉 우편 〉 전화
접수시 구비서류 공연 소개서, 아티스트 프로필, 사진, 동영상 등
문의시 사용 가능한 언어 스페인어 〉 영어 〉 프랑스어
아티스트를 위한 문의처 taquilla@teatrovillamarta.es

한국 아티스트를 위한 축제측 코멘트

"우리 축제에 공연자로서 참가하고 싶다면, 플라멩코와 관련된 공연의 정보를 미리 보내주세요. 작품의 수준과 소요 비용에 따라 공연 여부가 결정될 것입니다."

073

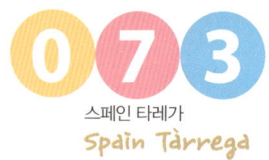

스페인 타레가

Spain Tàrrega

Fira Tàrrega

피라 타레가 페스티벌

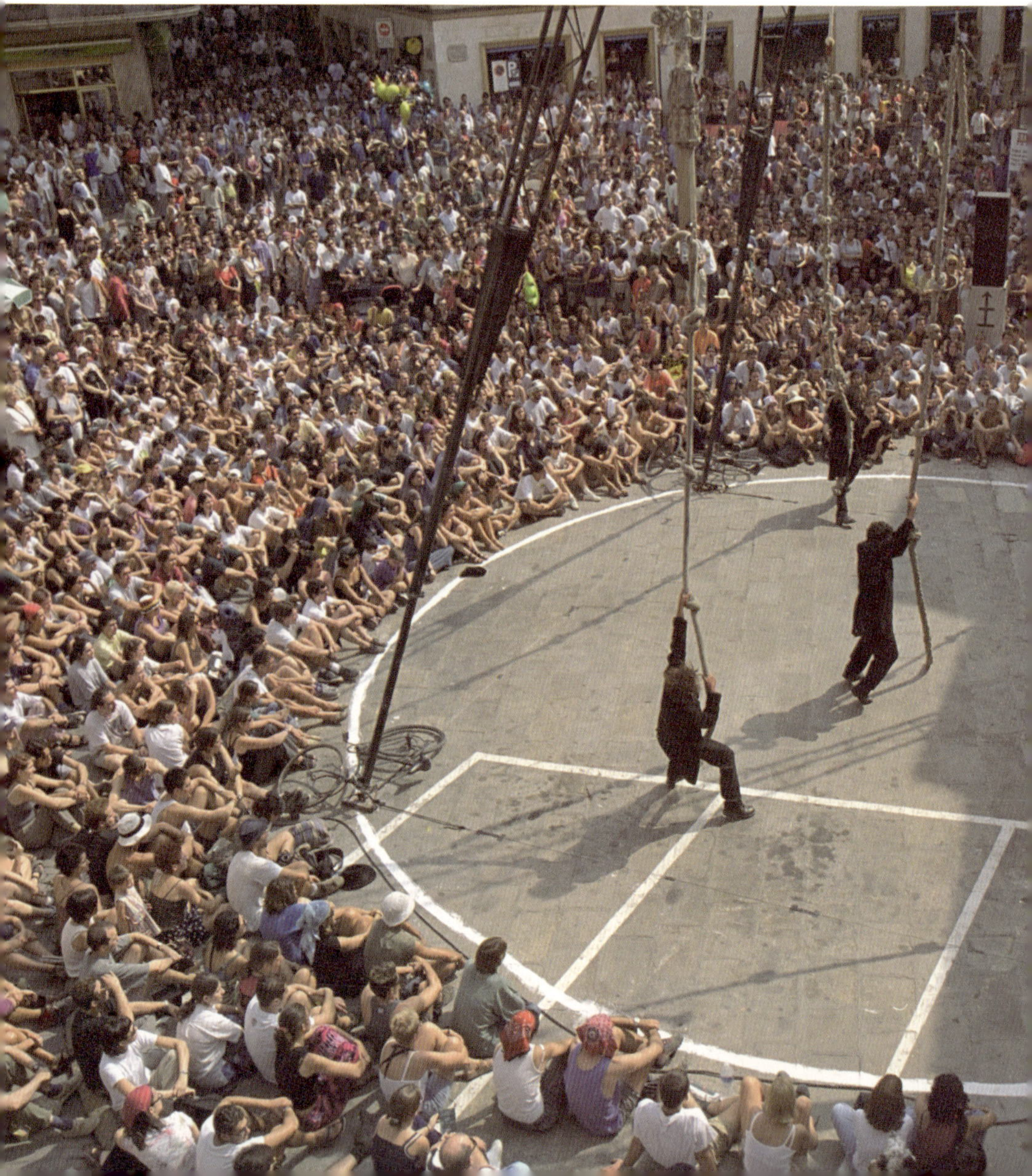

기본 정보

공식명칭 피라 타레가 페스티벌(Fira Tàrrega)
장르 실외 공연물 종합
개최시기 매년 9월 둘째 주(2011년 9월 8일~11일)
개최도시 스페인 타레가
시작연도 1981년
규모 매년 80여 개 단체의 250여 개 작품
　　　(매년 1,000여 명의 전문가가 등록)
방문객수 평균 8만5,000여 명
주최 The Fira de Teatre al Carrer de Tàrrega

문의 및 찾아가기

공식홈페이지 http://www.firatarrega.cat/en
티켓예약 사이트 http://www.telentrada.com/
　　　　　Telentrada/Espectaculos
티켓가격 실내 쇼케이스는 3~15유로,
　　　실외 쇼케이스는 무료
전화문의 +34-973-310-854
메일문의 firateatre@firatarrega.com
장소 Pl. Sant Antoni, 1-25300 Tàrrega, Spain
찾아가는 방법
비행기를 이용할 경우엔 바르셀로나 공항에서
ALSA 방향 버스를 타고 레리다(Lleida)로 이동하거나
지로나 공항에서 eixbus를 이용해도 좋다. 자동차로
이동할 수도 있다. 타레가는 바르셀로나에서
서쪽으로 115킬로미터에 있으며, 마드리드로부터는
북동쪽으로 505킬로미터 떨어져 있다.

◀ 피라 타레가는 이베리아 반도에서 최고로 치는
공연예술 마켓이다. 피라 타레가 페스티벌은 다채로운
공연을 원하는 관객에게도 좋은 기회지만, 축제에 참여하는
아티스트들에게도 세계로 뻗어나갈 수 있는
절호의 기회이기 때문에 더욱 스릴이 넘친다.

축제 소개

아직까지 한국과 북미 등지에서는 축제와 공연마켓을 이분화하는 경향이 강한데, 유럽에서는 축제 자체가 그대로 각국의 프로듀서와 다양한 공연 및 극장 관계자에게 선보이는 쇼케이스 기능을 하고 있다. 공연예술이 발달된 대표적인 국가들에는 다수의 축제 중에 이러한 쇼케이스 기능을 중점적으로 하는 축제가 있기 마련인데, 스페인의 대표적인 공연예술 쇼케이스이자 가을맞이 야외 공연 축제가 바로 카탈루냐의 소도시인 타레가에서 펼쳐지는 '피라 타레가 페스티벌'이다.

타레가는 바르셀로나에서 마드리드와 사라고사 방향으로 1시간 반 거리에 있는 작은 내륙도시인데 매년 9월이면 해외는 물론 카탈루냐와 스페인 전 지역에서 몰려드는 야외 공연 아티스트들로 온 도시가 북적거린다. 단 며칠간만 치러지는 축제임에도 불구하고 실제 참여하는 아티스트는 1,000여 명에 이른다고 하니 머물 장소를 미리 물색해두지 않으면 본의 아니게 노숙을 해야 하는 일이 발생할 수도 있을 만큼 카탈루냐에서는 가장 잘 알려진 야외 공연 축제다.

축제측은 이러한 쇼케이스 기능의 피라 타레가 페스티벌을 통해 자국의 아티스트들이 해외로 진출할 수 있는 통로가 되길 희망하고 있

▲ 거리공연팀이 나무로 만든 소품을 이용해 한밤중 야외 공연을 펼치고 있다. 한밤에 야외 광장을 꽉 채울 정도로 많은 관객이 몰린 인기 공연이었다.

어 전반적으로 해외의 프로듀서 또는 아티스트들에게 서비스나 지원도 좋은 편이다. 일반 여행자에게도 스페인의 열정이 느껴지는 스페인 아티스트들을 많이 만나볼 수 있다는 게 큰 장점이다.

축제 참여하기

아티스트

참가공연 초청방법 참가신청 가능(쇼케이스 축제이므로 적극 환영)
작품선정시 고려사항 예술적 수준 > 독창성 > 창의성
신청시기 매년 11월 1일~이듬해 2월 15일
신청방법 우편(구체적 방법은 홈페이지의 'how to apply' 코너를 참조. 등록을 위하여 pro@firatarrega.com와 반드시 사전 연락)
신청자격 누구나
신청비용 없다(체류 경비 지원도 없다).
선호장르 실외 예술, 현대 거리공연물, 비전통적 장르도 환영
선호하는 문의방법 이메일
접수시 구비서류 창작품의 완성된 서류 일체, DVD, 테크니컬 라이더, 단체의 연락처
문의시 사용 가능한 언어 영어, 프랑스어, 스페인어
아티스트를 위한 문의처 cies@firatarrega.com / +34-973-310-854

한국 아티스트를 위한 축제측 코멘트

"우리 축제는 음악 공연을 다루진 않습니다. 자세한 내용은 이전에 해왔던 우리의 공연 프로그램을 다운로드해서 참조해주세요. 공연예술 전문기관이나 개인 아티스트라면 누구라도 등록된 프로모터로 참여할 수 있습니다. 다만, 등록을 위해 사전에 반드시 이메일(pro@firatarrega.com)로 연락해주세요. 한국 아티스트들을 많이 만나고 싶습니다. 그런데 참가 경비를 제공하지는 않습니다. 필요한 여행 경비는 직접 마련해야 합니다."

074

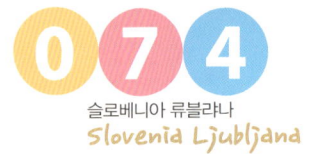

슬로베니아 류블랴나

Slovenia Ljubljana

International Street Theatre Festival

국제 거리극 페스티벌

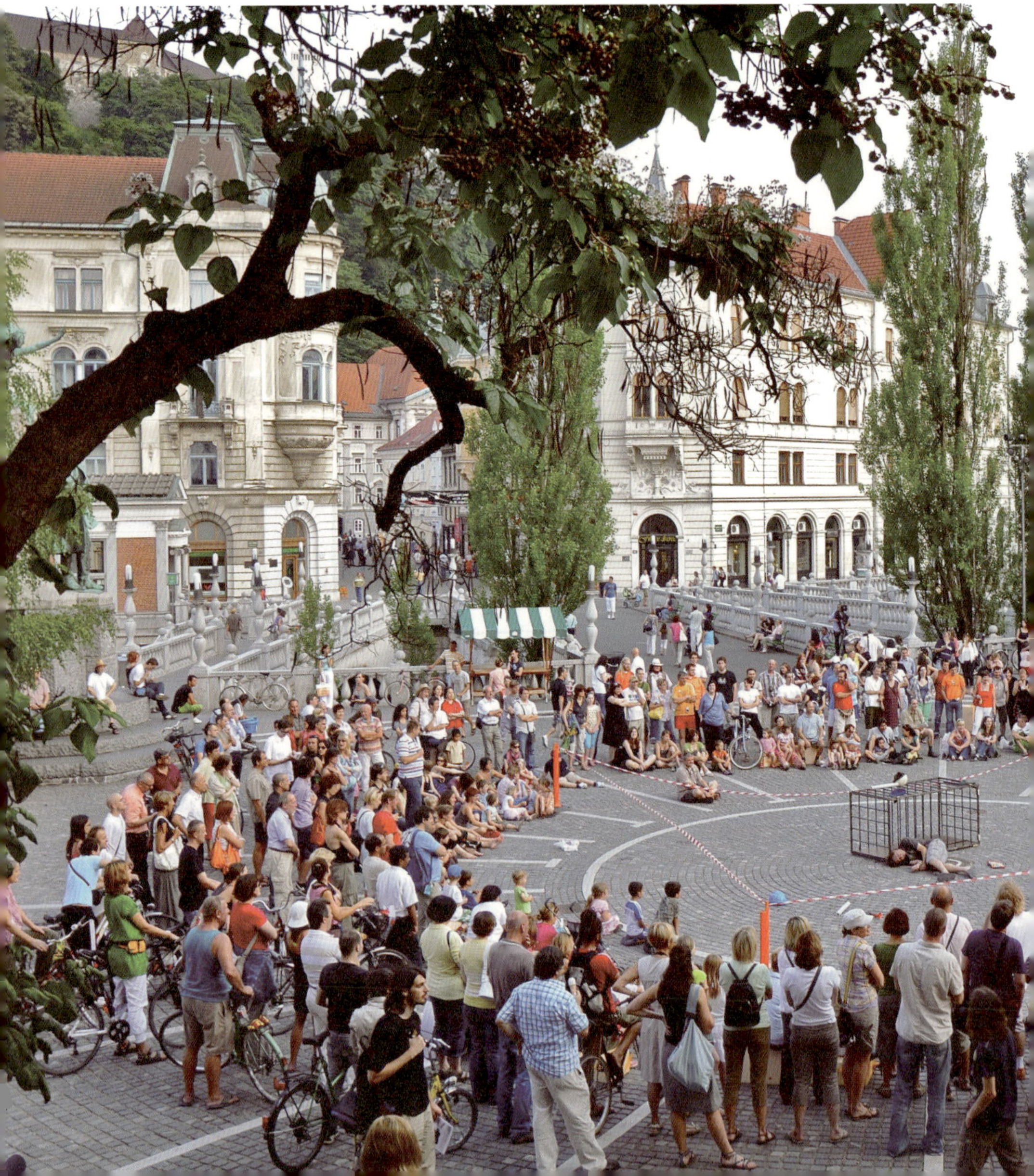

기본 정보

공식명칭 국제 거리극 페스티벌
(International Street Theatre Festival)
장르 거리극
개최시기 매년 7월 초(10일간)
개최도시 슬로베니아 류블랴나
시작연도 1998년
규모 매년 전 세계에서 모여든 40여 개
거리공연팀 참가
방문객수 2010년 관람객 3만여 명
주최 Ana Monro Theatre

문의 및 찾아가기

공식홈페이지 www.anamonro.org
티켓예약 사이트 www.anamonro.org
티켓가격 무료
전화문의 +386-1-439-38-90
메일문의 ana.monro@kud-fp.si
장소 Kersnikova 4, 1000 Ljubljana, Slovenia
찾아가는 방법
류블랴나 공항, 비엔나, 트리에스테, 뮌헨,
베니스 등지에서 기차나 버스로 쉽게 갈 수 있다.

◀ 사진 속에 보이는 장소가 슬로베니아의 수도인 류블랴나의
중앙에 있는 광장이다. 매년 여름 류블랴나 시내 곳곳에서
축제가 펼쳐지는데, 비교적 잘 알려지지 않은 탓에
차분한 분위기에서 여유롭게 공연을 관람할 수 있다.
물론 공연들의 수준은 절대 떨어지지 않는다.

축제 소개

슬로베니아에는 우아한 클래식만 있는 것은 아니다. 1998년부터 시작되어 매년 열흘 동안만 진행되는 슬로베니아의 여름 거리극 축제가 있다. 이름하여 국제 거리극 페스티벌 '아나 뎃세니카'인데, 류블랴나뿐만 아니라 슬로베니아의 주요 지역 도시들에서 10일간 30~40여 개 국제 공연팀들이 동시에 공연을 펼친다. 이 시기에 대략 3만여 명의 관람객들이 류블랴나 시내에서 축제를 즐기고 다른 지역 도시의 방문객이 평소의 두 배에 달할 정도로 인기가 높다.

또한 2009년부터는 계절별 축제로 나누어 봄에는 딱 하루만 거리로 나와 축약된 카니발식의 거리행사를 벌이고, 여름에는 원래의 축제를 즐긴다. 가을에는 류블랴나 성에서 이틀간 야간에만 펼쳐지는 불꽃놀이가 펼쳐지고, 겨울에는 로맨틱한 눈과 함께 닷새간의 소규모 거리예술 및 서커스가 펼쳐진다.

특히 국제 거리극 페스티벌은 지역 도시들을 연계하고 공통적인 놀이문화를 만들기 위해 진행되기 때문에 지역민들의 자발적 참여를 바탕으로 이루어지는 지역밀착형 축제로 자리를 잡고 있다. 현지인들과 한데 어우러져 즐길 수 있는 축제는 많지 않다. 참석해서 마음껏 즐기길.

축제 참여하기 ①

청년인턴십 및 축제 자원봉사

신청자격 나이 제한은 없고, 영어 능통자 선호
신청시기 매년 4월경
신청방법 이메일
정보공개 웹사이트 www.anamonro.org
축제측 지원사항 숙식 제공, 급여는 없지만 수료증을 발급해준다.
선정시 우선 고려사항 영어 〉 열정 〉 경험

축제 참여하기 ②

아티스트

참가공연 초청방법 공식초청작 100%
작품선정시 고려사항 예술적 가치 〉 창의성 〉 흥미로움
신청시기 매년 2월경
신청방법 이메일
신청자격 누구나
신청비용 없다(공식초청작으로 선정되면 모든 비용은 주최측에서 지원한다).
선호장르 거리극, 비언어극도 선호
선호하는 문의방법 이메일 〉 전화
접수시 구비서류 아티스트 프로필, 사진과 동영상 등
문의시 사용 가능한 언어 영어 선호
아티스트를 위한 문의처 ana.monro@kud-fp.si / +386-1-287-49-243

한국 아티스트를 위한 축제측 코멘트

"매년 연초에 그해의 초청 공연을 최종 선정합니다. 따라서 봄이 오기 전에 참가 의향서를 보내주시면 적극적으로 검토하겠습니다. 넌버벌 퍼포먼스를 포함해서 보다 다양한 아시아의 야외 거리극을 만날 수 있기를 기대합니다."

◀ 말을 탄 배우가 거리연극을 펼치고 있다. 자세히 보면 말 모양을 옷처럼 만들어 입은 코믹연극이다.

슬로베니아 류블랴나
Slovenia Ljubljana

Festival Ljubljana
류블랴나 페스티벌

기본 정보
공식명칭 류블랴나 페스티벌(Festival Ljubljana)
장르 클래식 음악 위주의 종합장르
개최시기 매년 7월~9월(2011년 개최일 미정)
개최도시 슬로베니아 류블랴나
시작연도 1952년
규모 2010년 30개 이상의 국가에서 2,000여 명의 공연자들이 참여
방문객수 관람객 7만여 명의 관람객
주최 Art Council of the Ljubljana Festival

문의 및 찾아가기
공식홈페이지 http://www.ljubljanafestival.si
티켓예약 사이트 blagajna@ljubljanafestival.si
티켓가격 14~90유로
전화문의 +386-1-241-60-00
메일문의 vinfo@ljubljanafestival.si
장소 Trg francoske revolucije 1, SI-1000 Ljubljana, Slovenia

찾아가는 방법
유럽 어디에서나 저가항공이 연결되어 있으니 부담 없이 방문해도 좋다. 단, 이탈리아 베니스와 연결되는 기차는 밤기차 한 편을 제외하면 모두 중단된 상태다. 이탈리아에서 넘어가는 여행객은 사전에 확인하는 것이 좋다. 만약 헝가리 부다페스트에서 류블랴나로 온다면 기차를 적극 추천한다. 이때 크로아티아 자그레브(Zagreb)를 거쳐야 하는데, 유럽에서도 손꼽히는 아름다운 기차여행 코스다.

◀ 류블랴나 페스티벌은 슬로베니아에서 가장 큰 규모의 문화예술 축제다. 다양한 장르가 소개되나, 기본적으로 클래식 음악을 위주로 하고 있다. 축제의 메인 공연장은 류블랴나 시내에 있는 국립극장이지만, 도심 곳곳의 작은 공연장에서도 다양한 공연들이 펼쳐진다.

축제 소개

류블랴나 페스티벌은 슬로베니아의 수도이자 예술의 성지인 류블랴나에서 반세기의 역사 동안 이어져왔을 뿐만 아니라 슬로베니아 사람들의 엄청난 클래식 사랑이 그대로 반영된 동유럽에서도 손꼽히는 정통 클래식 페스티벌이다.

매년 여름 7월과 9월 사이에 주요 프로그램이 포진되어 있지만, 그밖에 봄 시즌과 크리스마스가 있는 겨울 시즌에도 각각 '슬로베니아 뮤지컬 데이'와 '페스티벌 디셈버'라는 타이틀로 슬로베니아 출신 뮤지션들의 기량을 선보일 기회를 제공하고 있어 많은 호응을 얻고 있다.

무엇보다 부러운 점은 류블랴나 페스티벌에 참가하는 뮤지션들의 수준이 거의 세계 최고라는 점이다. 축제를 운영하는 데 엄청난 비용이 들 거라 예상하겠지만 지리적 이점으로 생각보다 큰 비용이 들지 않는다. 이것이 유럽 본토에 있는 국가들의 보이지 않는 혜택이자, 국가의 경제적 위상과 상관없이 발달할 수밖에 없는 유럽 예술의 환경적 현실이다.

슬로베니아는 위쪽으로 오스트리아와 이탈리아, 남쪽으로 크로아티아에 둘러싸여 있다. 수도인 류블랴나를 중심으로 보면 서쪽의 이탈리아 베니스까지 4시간 반, 북쪽의 오스트리아 비엔나까지 5시간, 동남쪽인 크로아티아의 자그레브까지 2시간, 그리고 헝가리 부다페스트까지 8시간이 걸린다. 음악 축제의 진수를 보여주는 류블랴나 페스티벌은 슬로베니아의 대통령이 직접 방문해 축하인사를 할 정도로 현지에서는 명성이 나 있는 축제이니, 기회가 된다면 놓치지 말길 바란다.

축제 참여하기 ①

청년인턴십 및 축제 자원봉사

신청자격 인턴십의 경우 나이 제한은 없다.
신청시기 매년 4월~6월
신청방법 사전 이메일을 보낸 후 공식초청을 받아야 한다.
정보공개 웹사이트 http://www.ljubljanafestival.si
축제측 지원사항 약간의 수당을 지불하며, 해외에서 온 경우 여행경비와 숙소를 지원해준다.
선정시 우선 고려사항 경연대회 수상자, 훌륭한 자기소개서

축제 참여하기 ②

아티스트

참가공연 초청방법 공식초청작 100%
작품선정시 고려사항 예술적 가치
신청시기 매년 11월 이전
신청방법 홈페이지 또는 이메일 접수
신청자격 전문적 실력을 갖춘 누구나
신청비용 없다.
선호장르 오페라, 뮤지컬, 실내 음악, 음악 전문가
선호하는 문의방법 이메일
접수시 구비서류 자기소개서가 가장 중요하다.
문의시 사용 가능한 언어 영어 선호
아티스트를 위한 문의처 veronika.brvar@ljubljanafestival.si / info@ljubljanafestival.si

한국 아티스트를 위한 축제측 코멘트

"국제적 수준의 재능 있는 뮤지션이 함께하길 기원합니다. 자기소개서에 다양한 수상 경력과 음악에 대한 견해 등을 자세하게 써서 보내주세요."

◀ 류블랴나 심포니 오케스트라의 지휘자가 단원들에게 이야기하듯 지휘를 하고 있다.

076

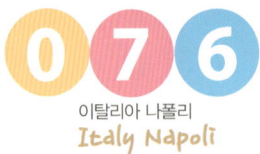

이탈리아 나폴리

Italy Napoli

Napoli Teatro Festival Italia

나폴리 국제 연극 페스티벌

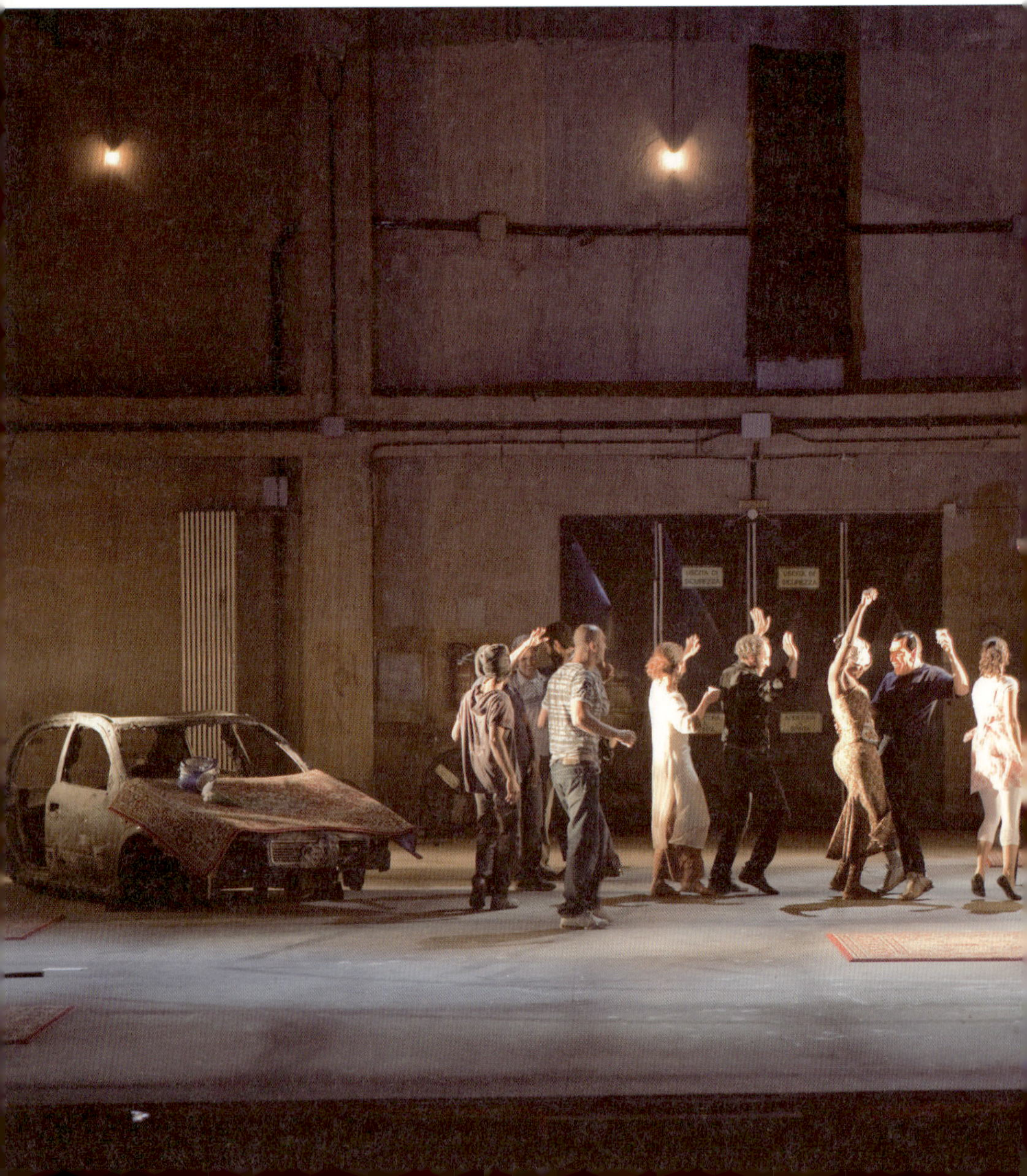

기본 정보
공식명칭 나폴리 국제 연극 페스티벌
　　　　　(Napoli Teatro Festival Italia)
장르 연극
개최시기 매년 6월(주로 첫째 주부터 넷째 주에 걸쳐 3주간 /
　　　　　2011년 6월 8일~28일)
개최도시 이탈리아 나폴리
시작연도 2007년
규모 2010년 250여 개 연극작품과 2,000여 명의
　　　아티스트 참가
방문객수 2010년 50만 명의 방문객 관람
주최 Fondazione Campania Dei Festival

문의 및 찾아가기
공식홈페이지 www.napoliteatrofestival.it
티켓예약 사이트 http://www.vivaticket.it
티켓가격 10~30유로 또는 무료
전화문의 +39-081-195-60-383
메일문의 internazionale@napoliteatrofestival.it
장소 Fondazione Campania Dei Festival,
　　　Via Dei Mille,16, 80121 Naples, Italy
찾아가는 방법
로마와 기타 이탈리아의 대도시에서 수직으로
남쪽으로 내려오면 어디에서나 나폴리에 도착할 수
있다. 축제가 열리는 동안에는 나폴리 어디를 가도
흥겨운 축제를 만날 수 있다.

◀ 나폴리 국제 연극 페스티벌에서 소개됐던 연극
〈로미오와 줄리엣〉의 한 장면. 로미오와 친구들이 허름한
뒷골목에서 거칠게 노는 장면을 연출한 것인데,
아무리 봐도 로미오와 친구들이 너무 나이 들었다.

©Napoli Teatro Festival

축제 소개

　세계 3대 미항으로 꼽히는 이탈리아의 나폴리가 최근 가장 빠르게 발달하고 있는 지중해의 연극 축제 도시로 각광받고 있다. 시작한 지 5년밖에 안 되는 축제지만, 이미 유럽의 대표 축제들과 어깨를 맞댈 정도로 성장하였다. 그 결과 많은 아티스트들과 해외 공연팀들에게 방문하고픈 주요 축제로 이름이 거론되고 있다.

　나폴리는 지중해의 보석이라 할 만큼 아름다운 경관을 자랑하지만, 이탈리아에서도 위험하기로 소문난 대표적 해안도시이기도 하다. 거기다 서민적인 도시 분위기에 쓰레기는 넘쳐나며, 이탈리아 4대 마피아 중 하나인 카모라가 주로 활동하고 있는 우범지대로 알려져 있다.

　나폴리 국제 연극 페스티벌을 준비하는 주최측은 예술 축제의 목적 자체가 단순히 예술적 경험을 제공하는 데서 그치지 않고 도시적 관점에서 분위기를 한층 완화시키고 품격을 높일 수 있는 수단으로서의 축제를 강조하고 있다.

　실제로 나폴리 국제 연극 페스티벌에 참가하는 200여 개의 공연팀들은 나폴리 시내의 공연장은 물론 지하공간, 고고학적 장소들, 스페인 광장, 식물원, 심지어 교회와 성에서도 공연을 펼치기 때문에 이 축제기간에 나폴리를 방문하면 나폴리라는 거대한 도시무대를 만날 수 있을 것이다.

축제 참여하기 ①

청년인턴십 및 축제 자원봉사

신청자격 나이 제한은 없으나 영어, 프랑스어, 스페인어, 이탈리아어 중 하나 이상 사용 가능자
신청시기 매년 12월~2월
신청방법 홈페이지를 통한 접수
정보공개 웹사이트 www.napoliteatrofestival.it
축제측 지원사항 공식적인 지원은 없으나 상황에 따라 숙식이 가능할 수 있다.
선정시 우선 고려사항 언어 〉 열정 〉 경험

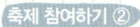

축제 참여하기 ②

아티스트

참가공연 초청방법 공식초청작 30%, 축제측 주관으로 제작 또는 공동창작 70%
작품선정시 고려사항 예술적 가치 〉 독창성 〉 현대적 아이디어
신청시기 당해년도 2월~3월 이내(프린지의 경우 전년도 11월까지)
신청방법 이메일
신청자격 극단 책임자 또는 개인 아티스트
신청비용 없다.
선호장르 연극(국제적이고 현대적인 공연물)
선호하는 문의방법 이메일 〉 우편
접수시 구비서류 비디오 영상, 아티스트의 소개서와 프로필, 예산안 정보, 기술서 등
문의시 사용 가능한 언어 영어를 선호, 프랑스어, 스페인어
아티스트를 위한 문의처 예술감독 Renato Quaglia (r.quaglia@napoliteatrofestival)

한국 아티스트를 위한 축제측 코멘트

"우리 축제는 크게 나폴리 연극 축제와 프린지 축제, 두 형태로 나닙니다. 우리와 공동창작하는 공연팀을 위해 제작비의 50%를 지원하고, 프린지의 경우는 전체 프로그램의 30%에 해당하는 팀을 공식초청합니다. 이 경우 일정 수익을 공연팀이 가져갈 수 있도록 지원하고 있습니다. 참가와 관련된 사항은 일체 예술감독이 결정합니다. 관심 있는 아티스트라면 우편이나 이메일로 자료를 보내주세요. 타이밍과 스케줄, 예술적 측면과 소요 예산에 따라 선정 여부를 결정합니다. 많은 한국 아티스트를 만나보기를 희망합니다. 자세한 사항은 이메일로 문의해주세요."

077

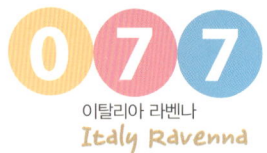

이탈리아 라벤나

Italy Ravenna

Ravenna Festival

라벤나 페스티벌

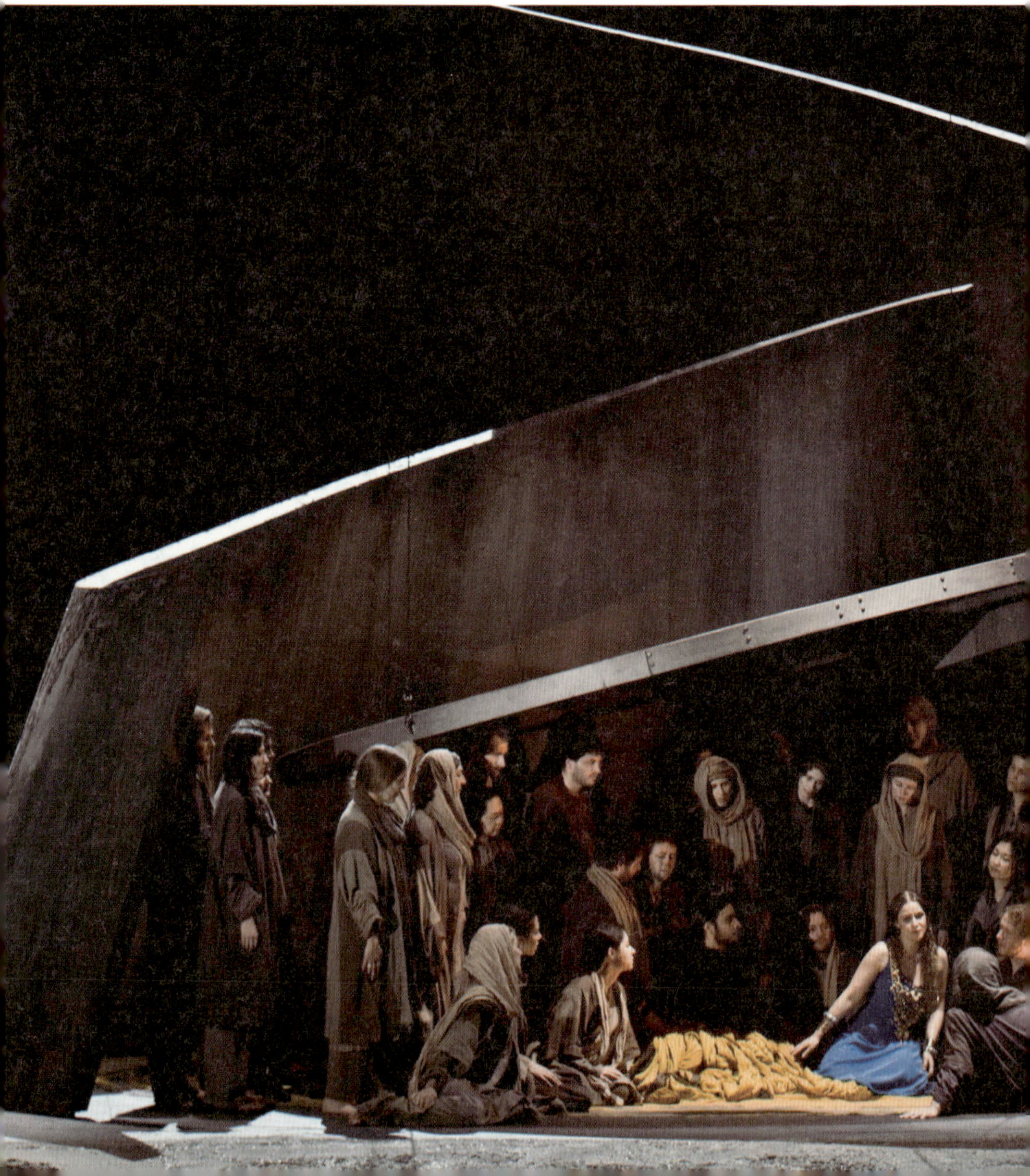

기본 정보
공식명칭 라벤나 페스티벌(Ravenna Festival)
장르 오페라, 클래식 위주의 종합장르
개최시기 매년 6월~7월 말(2011년 6월 11일~7월 9일)
개최도시 이탈리아 라벤나
시작연도 1990년
규모 약 200여 편 이상의 공연 및 전시회
주최 Ravenna Festival Foundation

문의 및 찾아가기
공식홈페이지 http://www.ravennafestival.org/
티켓예약 사이트 http://www.ravennafestival.org/
 biglietteria/online/informazioni_
 biglietteria/082.html
티켓가격 발레 15~50유로, 오페라 20~80유로,
 클래식 10~80유로 등
전화문의 +39-0544-249211
메일문의 info@ravennafestival.org
장소 Palazzo Mauro de Andre, Teatro Rasi,
 Sant'Apollinare di Classe, Ravenna, Italy
찾아가는 방법
라벤나로 가는 가장 빠르고 편한 방법은 항공편이다. 라벤나 공항은 도심에서 20분 정도 거리에 있다. 도심으로 통하는 공항버스도 아주 유용하다. 그러나 유럽 여행자들은 자동차를 끌고 인근 도시인 볼로냐 또는 베니스를 거쳐 라벤나로 입성하는 경우가 많다. 축제기간에는 숙소도 붐비니 꼭 대비해두어야 한다.

◀ 라벤나 페스티벌에 참가한 오페라 공연의 한 장면. 라벤나에서는 어떤 공연을 보든지 당신이 앉은 객석은 모두 유네스코 세계문화유산에 등재된 역사 유적지라는 사실을 잊지 말자.

축제 소개

　라벤나 페스티벌은 이탈리아의 고대 유적을 배경으로 펼쳐지는 가장 대중적이고 세계적 명성을 갖고 있는 예술 축제다. 이 도시는 유네스코 세계문화유산에 등재된 것만도 산 비탈레 성당, 산타폴리나레 누오보 성당, 네오니아노 세례당, 아르케베스코빌레 예배당 등 8곳이 넘을 정도다. 그야말로 온 도시가 통째로 역사박물관인 셈이다. 때문에 라벤나는 예전부터 세계 곳곳에서 관광객들이 즐겨 찾는 명소가 되어왔는데 1990년부터 도시는 점차 새로운 시도를 하기 시작했다. 조상이 남겨준 역사로만 관광객을 유혹하기보다는 새로운 무언가를 찾고 현재의 그들을 보여주고자 하는 것이다.
　그 결과 탄생한 것이 라벤나 페스티벌이다. 당시 작곡가 리카르도 무띠와 그의 아내 마리아 크리스티나 무띠의 아이디어로 본격적인 축제의 형식을 띠게 되었는데, 매해 6월에서 7월까지 여름에 관람객들을 끌어모으고 있다. 주요 내용은 오페라와 클래식 음악, 드라마 등이고, 라벤나 시민들의 참여가 높

은 모든 장르의 문화예술 프로그램들이 뒤섞여 있다.

몇몇 무료 공연들이 열리기도 하지만 대부분의 공연이 5유로에서 90유로 정도의 입장료가 필요하다.

특히 라벤나 페스티벌은 최근 한국의 모든 도시들이 고민하는 '문화를 통한 도시 브랜드 가치 상승 전략'의 가장 성공적인 모델이라 해도 과언이 아니다. 관심 있는 사람이라면 단순히 라벤나를 둘러보는 여행에서 한발 더 나아가 도시 자체가 갖는 문화적 비전의 힘을 여과 없이 살펴볼 수 있는 좋은 기회로 삼길 바란다.

한 달 동안 수없이 많은 공연들이 펼쳐지기 때문에 모든 공연을 반드시 인터넷으로 사전 예약할 필요는 없다. 다만, 꼭 보고 싶은 세계적 수준의 메인 무대라면 현지인들조차 표를 구하지 못하는 경우도 있으니 예약을 해두는 편이 안전하겠다. 예약문의는 메일(tickets@ravennafestival.org)과 전화(+39-0544-249244)를 이용하면 된다.

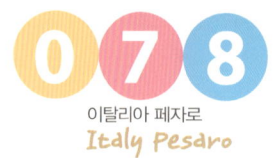

078
이탈리아 페자로
Italy Pesaro

Rossini Opera Festival
로시니 오페라 페스티벌

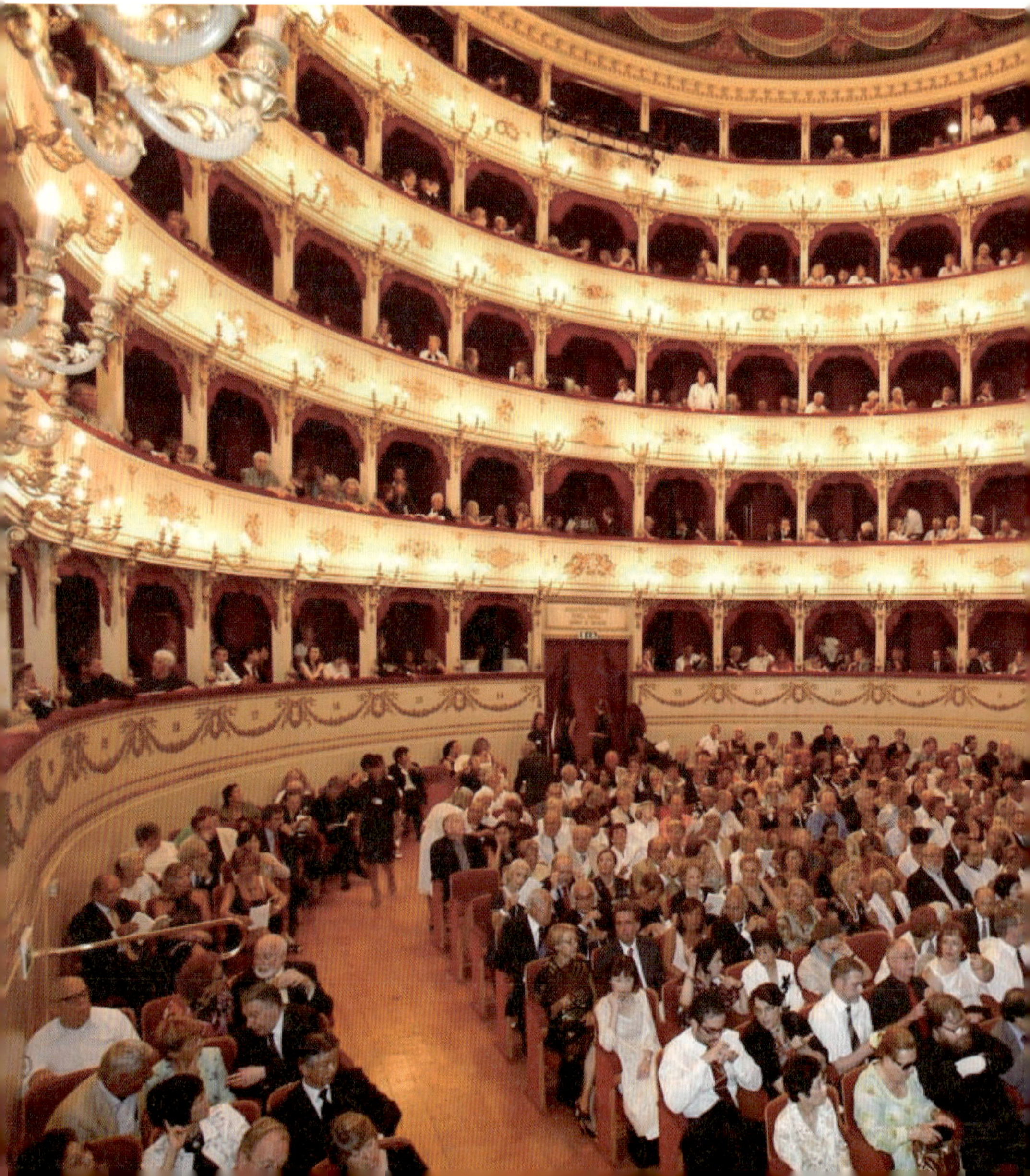

기본 정보
공식명칭 로시니 오페라 페스티벌(Rossini Opera Festival)
장르 오페라(로시니 원작)
개최시기 매년 8월 둘째 주~셋째 주
　　　　　(2011년 8월 10일~23일)
개최도시 이탈리아 페자로
시작연도 1980년
규모 약 25개의 대형 오페라 중 몇 작품만
　　　선정하여 공연
방문객수 2010년 2만여 명의 관람객 방문
주최 Private Foundation with Public Participation

문의 및 찾아가기
공식홈페이지 www.rossinioperafestival.it
티켓예약 사이트 http://www.rossinioperafestival.it
티켓가격 10~125유로
전화문의 +39-0721-380-0294
메일문의 boxoffice@rossinioperafestival.it
장소 Via Rossini, 24, I-61121 Pesaro, Italy
찾아가는 방법
페자로는 이탈리아 중동부에 위치한다.
가장 가까운 공항은 36킬로미터 거리에 있는
리미니 국제공항과 팔코나라 공항이다.
공항에서 페자로까지는 기차를 이용하는 것이 좋다.

◀ 로시니 오페라 페스티벌이 열리는 로시니 극장 내부의 모습. 다소 소박하다 싶었던 외관에 비해서는 실내가 굉장히 화려하다. 오페라 공연을 위해서 모두들 말끔하게 차려입고 앉은 모습이 눈에 띈다.

축제 소개

오페라의 성지라 불리는 이탈리아에는 몇 개의 세계적 오페라 페스티벌이 있다. 그 중에도 〈세비야의 이발사〉, 〈오셀로〉, 〈나폴리〉, 〈도둑 까치〉 등 이탈리아 고전 오페라 최후의 작곡가로 알려져 있는 지오아치노 로시니의 고향 페자로에서 펼쳐지는 로시니 오페라 페스티벌은 단연 으뜸이다.

로시니는 생전에 37여 편의 오페라를 작곡했는데 그가 타계한 1868년 이후 페자로에서 로시니의 음악적 유산의 전승을 위해 갖은 노력을 하다 1980년부터 본격적으로 축제의 틀을 갖추게 되었다. 로시니 오페라 페스티벌에서는 로시니의 가장 유명한 작품들뿐만 아니라 로시니 오페라 연주를 위해 반드시 필요한 '벨칸토(이탈리아어로 '아름다운 노래'라는 뜻으로, 미성을 내는 데 치중하는 발성법이다)' 해석과 연구를 위한 다양한 프로그램도 시행되고 있다.

매년 여름 이탈리아 사람들의 휴가철인 8월 중에 약 2주간 페자로의 몇몇 대형 공연장에서 펼쳐지며, 로시니 페스티벌의 아카데미를 통해 양성된 오페라 가수들이 현재도 전 세계에 퍼져 활발한 활동을 펼치고 있다. 페사로는 아름다운 항구도시이니 수영복 등을 챙겨가서 낮 시간에는 휴가를 즐기고 저녁에는 아름다운 오페라에 빠져보길 추천한다.

축제 참여하기

아티스트

참가공연 초청방법 자체 제작 오페라만 공연하므로 초청 공연은 없다. 마스터 코스는 참여 가능하다.
작품선정시 고려사항 벨칸토 창법에 알맞은 좋은 목소리
신청시기 매년 3월
신청방법 이메일(http://www.rossinioperafestival.it/index.php?id=285&L=1 참조)
신청자격 성악가(여자는 32세 미만, 남자는 35세 미만)
신청비용 경우에 따라 다르다.
선호장르 로시니 오페라, 벨칸토 해석
선호하는 문의방법 이메일
접수시 구비서류 자기소개서 및 프로필, 직접 부른 오페라의 동영상 등
문의시 사용 가능한 언어 이탈리아어, 영어
아티스트를 위한 문의처 artisti@rossinioperafestival.it

▶ 로시니가 생전에 만든 작품이 무려 37편에 달한다고 하니, 매년 한 번씩만 올려도 좀처럼 같은 작품을 보기가 힘들다.

한국 아티스트를 위한 축제측 코멘트

"우리 축제는 로시니 오페라만을 위한 전문 축제로, 해마다 로시니의 대표작들을 직접 제작하기 때문에 해외 공연팀을 초청하는 일은 없습니다. 다만, 해외의 젊은 성악가들에게 인기 있는 로시니 아카데미의 경우엔 나이 제한 및 프로필, 간단한 테스트를 거쳐 참여할 수 있습니다. 궁금한 사항은 이메일로 보내주시면 성의껏 답변해드리겠습니다."

079

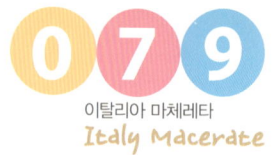

이탈리아 마체레타

Italy Macerate

Sferisterio Opera Festival

마체레타 오페라 페스티벌

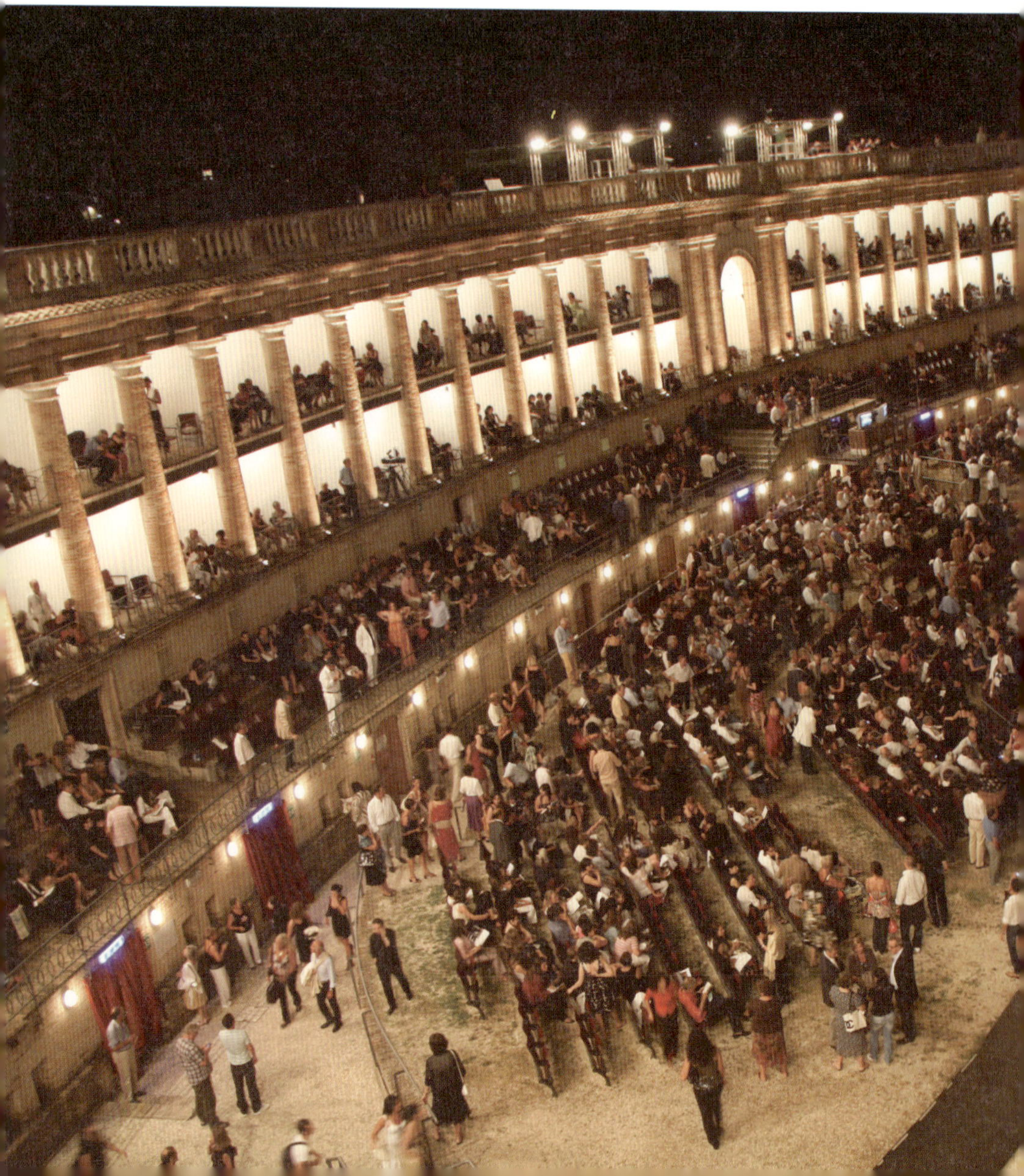

Macerate

기본 정보
공식명칭 마체레타 오페라 페스티벌
　　　　(Sferisterio Opera Festival)
장르 오페라
개최시기 매년 7월 말~8월(2011년 7월 22일~8월 6일)
개최 도시 이탈리아 마체레타
시작연도 1921년
규모 3~4편의 오페라 공연과 그 외 각종 연주회
방문객수 약 11만 명의 관람객 방문
주최 Province Association of Macerate

문의 및 찾아가기
공식홈페이지 www.sferisterio.it
티켓예약 사이트 http://selectitaly.com/theater.
　　　　　　php?product_id=26
티켓가격 42~350유로
전화문의 +39-0733-261-335
메일문의 info@sferisterio.it
장소 Via Santa Maria della Porta, 65 62100
　　Macerata, Italy
찾아가는 방법
로마 테르미니역에서 기차로 출발해
파브리안(Fabrian)역에서 환승한다.
마체레타까지는 총 4시간 30분이 소요된다.
볼로냐와 베니스에서 기차로 갈 경우 더 가깝다.

◀ 2009년 마체레타 오페라 페스티벌에서 공연됐던
〈라 트라비아타〉의 공연 시작 전 풍경이다. 너무나 아름다운
공연장 모습에 거대한 반원 모양의 꼭짓점까지 올라가
무대와 객석을 바라보았다. 무대보다 객석이
더 아름다운 세계에서 유일한 공연장이 아닐까.

축제 소개

스페인뿐만 아니라 이베리아 반도 곳곳에는 고대 로마시대의 원형경기장이 투우장, 공연장 등으로 둔갑하여 화제를 모으는 경우가 종종 있다. 그런데 마체레타 페스티벌은 아예 경기장을 두 동강을 내어 통째로 무대화한 것으로 유명하다. 마치 대형 함선의 측면을 그대로 가져와 무대처럼 꾸며놓은 형국이다. 반만 남은 원형경기장의 귀족석은 그대로 최고의 VVIP석이 되었다.

마체레타 오페라 페스티벌 또는 스페리스테리오 오페라 페스티벌은 이탈리아 중동부에 위치한 마체레타에서 열리는 오페라 전문 페스티벌로, 해마다 7월과 8월 사이에 막이 오른다. 이 축제가 생긴 것은 지금으로부터 90년 전이지만 축제의 오랜 역사보다 더 화제를 모은 것이 바로 스페리스테리오 극장이다. 지금으로부터 200여 년 전 팔로네 경기를 위해 건축된 스테디움이었는데 당시 이곳의 유력한 지도자에 의해 과감한 변신을 하게 되었다. 오랜 시간 동안 많은 시행착오를 거쳤지만 오늘날에는 독특하게 리모델링된 오페라극장과 역사적인 공간에서 뿜어져 나오는 오묘한 분위기 탓에 전 세계적인 축제로

발돋움하게 되었다.

현재 초승달 모양의 공연장 구조는 별다른 음향장비 없이도 6,000여 석의 전체 객석에 최상의 음질을 전달할 수 있는 최적의 환경이 자연적으로 조성되어 있다고 하는데, 실제로 현장에서 듣는 음은 더욱 깊고 감미롭다. 진정한 노천 오페라의 멋을 느끼고 싶은 사람이라면 공연이 끝나도 잠시 빈 객석에 남아 반쪽짜리 원형경기장 바닥으로 쏟아지는 지중해의 달빛을 맞아보길 바란다.

티켓을 미리 구매하지 못했다고 해도 낙심하지 말기를. 공연장 앞의 티켓박스에 가서 남은 티켓을 문의하면 의외로 남은 좌석들이 있다. 상황에 따라 조금씩 싸게 팔기도 하는데 규정이라기보다는 티켓 판매 담당자들의 융통성 있는 티켓 처분 방식이다. 티켓은 기본적으로 고가다. 그러니 느긋하게 웃는 얼굴로 다가가서 남은 티켓이 있는지 물어보고, 되도록 학생증을 먼저 보이는 것이 좋다.

◀ 오페라 〈라 트라비아타〉의 공연 모습. 뒤로 보이는 거대한 벽이 반쪽짜리 경기장의 중심에 해당되는 부분이다. 경기장 높이만큼 거대한 벽을 쌓아 공연장의 배경으로 활용하고 있다.

080

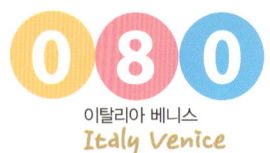

이탈리아 베니스

Italy Venice

Carnival of Venice

베니스 카니발

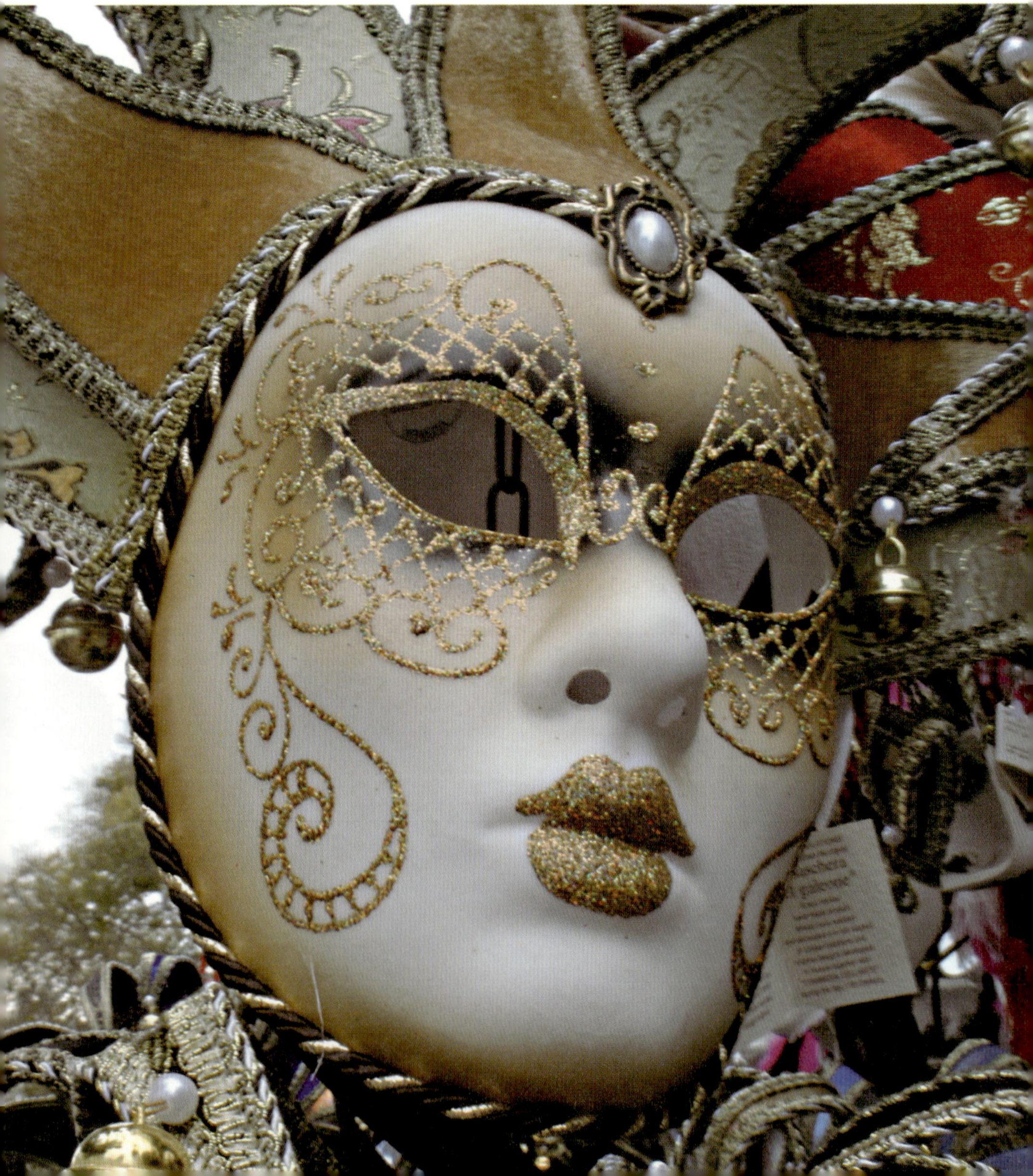

기본 정보
공식명칭 베니스 카니발(Carnival of Venice)
장르 카니발
개최시기 매년 2월경 사순절의 시작을 알리는
　　　　　　재의 수요일 전 13일간
　　　　　　(2011년 2월 19일~20일 / 2월 26일~3월 8일)
개최도시 이탈리아 베니스
시작연도 1980년
규모 매년 200여 개의 가면 퍼포먼스팀 참가
방문객수 2010년 100만 명 이상 방문
주최 Venezia Marketing & Eventi S.P.A.

문의 및 찾아가기
공식홈페이지 http://www.carnevale.venezia.it
티켓예약 사이트 www.carnevale.venezia.it
티켓가격 대부분 무료
전화문의 +39-041-241-2988
메일문의 info@veneziamarketingeventi.it
장소 Local office: Dorsoduro 948-30123
　　　　Venice, Italy
찾아가는 방법
전 세계 어디에서나 베니스로 가는 비행기는
매일 있다. 마르코폴로 공항이 용이하고, 근거 다른
도시에서 자동차로 오는 것은 권하고 싶지 않다.
베니스는 주차장 시설이 매우 부족하다.

◀ 어느 도시를 가든 관광객들은 흔히 볼 수 없는 독특한
광경들을 카메라에 담느라 바쁘다. 특히 도시 자체가
세계적 관광명소인 베니스는 두말할 필요가 없다.
그토록 볼거리가 많음에도 불구하고 시선을 잡아끄는 것은
따로 있다. 화려하고 예술적인 가면만큼 베니스를 정확하게
표현해내는 것이 또 있을까.

339

축제 소개

 베니스 카니발의 경이로운 환상에 대해 두 마디 이상 설명하면 오히려 잔소리가 되지 않을까. 매년 2월, 재의 수요일(Ash wednesday) 전 13일간 펼쳐지는 베니스의 가면 축제를 일컫는데, 올해로 40년의 역사를 자랑한다. 명실공히 세계 3대 축제로 꼽아도 손색이 없는 대규모 문화행사다.
 카니발(사육제)의 어원은 라틴어의 '카르네 발레(Carne: 고기 / Vale: 격리)'라는 말에서 온 것인데, 뜻 그대로 '고기와의 이별'을 의미한다. 예전부터 사순절에는 고기를 먹지 말아야 하는 풍습이 있었다. 그래서 사람들은 사순절이 오기 전에 카니발을 통해 실컷 고기를 먹으며 즐겼는데, 그 풍습이 오늘날 베니스를 세계적인 관광명소로 만들게 된 것이다.
 13일간의 카니발 기간 동안은 산 마르코 광장을 중심으로 무료 거리공연, 화려한 가면의상 퍼레이드, 콘서트, 살아 있는 역사의 재현, 어린이 엔터테인먼트, 열정적인 밤샘 댄싱, 베니스 음식 체험 등이 펼쳐진다. 카니발의 진수

를 맛볼 수 있는 기회가 될 것이다. 카니발의 시작은 매일 산 마르코 광장에서 시작되니, 이 시기에 베니스를 찾는 여행객들은 일찌감치 광장에 가서 진한 에스프레소와 함께 카니발의 주인공이 될 준비를 하는 것이 좋겠다.

축제 참여하기

아티스트

참가공연 초청방법 공식초청작 100%
작품선정시 고려사항 예술적 가치 〉 당해년도 축제 부제와의 관련성
신청시기 카니발이 시작되기 1개월 이전까지
신청방법 홈페이지를 통한 신청서 작성(www.comune.venezia.it)
신청자격 거리극 아티스트 또는 메이크업 아티스트
신청비용 없다(참가 결정 후 베니스 시에서 전액 지원).
선호장르 특별한 선호 장르는 없다.
선호하는 문의방법 팩스(+39-041-274-72-49)
접수시 구비서류 유효한 신분증 서류(EU거주민이 아닌 경우 거주 허가서 필요)
문의시 사용 가능한 언어 이탈리아어 〉 영어
아티스트를 위한 문의처 거리공연 담당부서 +39-041-274-7226(~7231)
※ 자원봉사자 제도는 없다.

한국 아티스트를 위한 축제측 코멘트

"카니발에 투입되는 공연팀은 오직 예술감독의 책임 하에 선정됩니다. 따라서 베니스 카니발에 참여하고픈 아티스트들은 사전에 홈페이지를 통해 신청서를 제출해주세요. 또한 거리극 아티스트들은 베니스 시의 허가를 받아야만 무료 거리공연을 할 수 있습니다."

081
이탈리아 베로나
Itdly Verond

Arend di Verond
베로나 페스티벌

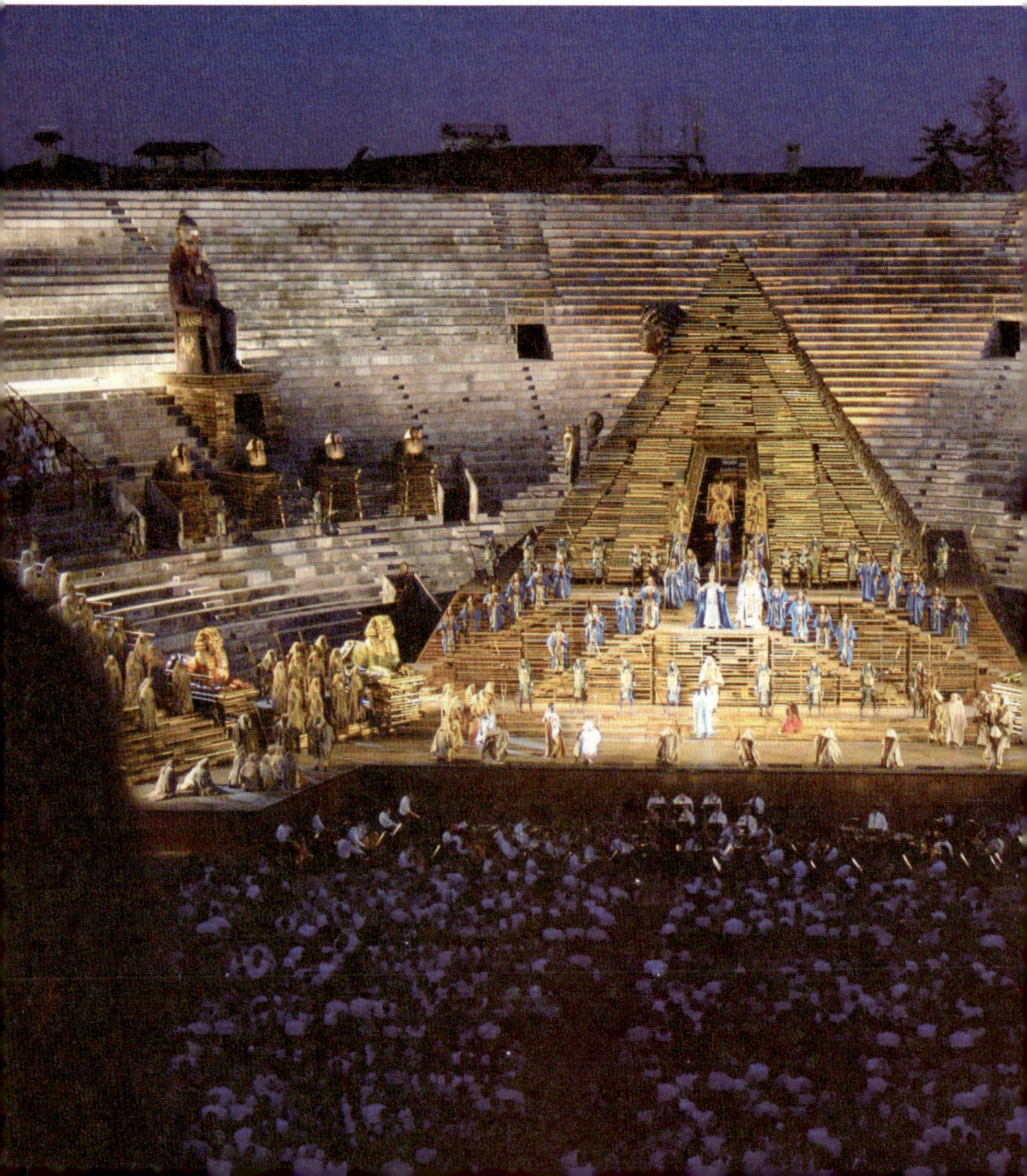

기본 정보
공식명칭 베로나 페스티벌(Arena di Verona)
장르 오페라
개최시기 매년 6월~8월(2011년 6월 17일~9월 3일)
개최도시 이탈리아 베로나
시작연도 1913년
규모 대형 이탈리안 오페라 작품들
방문객수 매년 평균 20만여 명의 관람객 방문
주최 Fondazione Arena di Verona

문의 및 찾아가기
공식홈페이지 http://www.arena.it
티켓예약 사이트 https://ticket.arena.it/XA-TCK-PF/en/elencoSpettacoli.jsp?ccode=en-US
티켓가격 14~315유로
전화문의 +39-0458005151
메일문의 불가능
장소 베로나 시내의 Piazza Bra 광장 중심의 원형경기장, Via Roma 7/d-37121 Verona, Italy
찾아가는 방법
유럽 전역에서 베로나로 향하는 비행기와 기차, 버스는 매일 수없이 많다. 그중에서 여행자들은 기차를 많이 활용하는데, 역에서 공연장까지 가깝기 때문에 적극 추천한다. 밀라노에서 베로나 Porta Nuova역까지는 1시간 22분(18유로), 베니스에서 베로나 Porta Nuova역까지는 1시간 10분(19유로), 뮌헨에서 베로나 Porta Nuova역까지는 5시간 30분이 소요된다.

◀ 세계적으로 유명한 아레나(원형경기장) 극장에서 열리는 베로나 페스티벌의 한 장면이다. 사진은 베르디의 오페라 〈아이다〉의 공연 장면인데, 아레나 한쪽 객석을 무대의 배경으로 활용하는 등 전체적으로 미적 감각이 뛰어나다.

축제 소개

세계적으로 유명한 유럽의 축제를 보면 크게 세 가지 형태로 구분할 수 있다. 첫째는 우수한 콘텐츠 중심의 축제, 둘째는 독특한 진행 방법의 축제, 마지막 한 가지는 누구도 따라올 수 없는 특별한 공간을 활용한 축제다. 누구도 흉내 낼 수 없기에 현장에 직접 가보지 않고는 축제의 감동을 맛볼 수 없는 공간적 특수성을 활용하는 것이다. 그 대표적인 사례가 바로 이탈리아의 베로나 페스티벌이 아닐까 한다.

베로나 페스티벌은 한국에도 잘 알려진 바와 같이 매년 여름 지은 지 2000년이 넘은 고대 원형경기장에서 펼쳐지는 오페라 전문 페스티벌인데, 그 해의 오페라작품보다 2만2,000명의 관객이 함께 관람할 수 있는 원형경기장의 눈부신 경관이 더욱 화제가 되는 축제다. 베로나는 역사적으로나 예술, 문화적으로나 이탈리아의 그 어떤 지역도 따라올 수 없는, 최고의 중심도시로 성장해왔다. 셰익스피어의 〈로미오와 줄리엣〉과 같은 수많은 연극작품의 배경이 되기도 했다. 특히 원형경기장의 아레나는 세계에서 가장 큰 오페라 하우스로

▼ 베로나 페스티벌은 고대 원형경기장을 활용한 축제이기 때문에 맨 끝자락의 자리에 앉더라도 모두가 만족스럽게 축제에 참여할 수 있다.

도 알려져 있다.

베로나 오페라 페스티벌에는 〈아이다〉, 〈투란도트〉, 〈카르멘〉, 〈토스카〉 같은 대형 이탈리안 오페라 작품이 주로 공연된다. 또한 플라시도 도밍고와 지금은 고인이 된 루치아노 파바로티 같은 세계적 거장들의 공연도 수시로 펼쳐지는 것으로 유명하다. 2만2,000명이 한꺼번에 들어갈 수 있는 대형 공연장임에도 불구하고 마이크가 거의 필요없다. 거대한 아레나를 미끄러지듯 울려퍼지는 베로나 오페라 페스티벌의 환상적인 감동은 오페라를 멀리하던 사람조차 마법처럼 빨려들어가게 하는 힘을 발산한다. 더운 여름 이탈리아 여행을 떠날 계획이라면 이런 환상적인 공간으로의 여행도 꼭 경험해보길 바란다.

축제는 2~3개월가량 계속되고, 날씨와 준비 상태에 따라 공연 스케줄이 정해진다. 때문에 공연이 없는 날도 있어서 여행 스케줄과 공연 날짜를 꼼꼼히 따져보길 권한다.

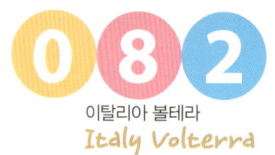

082
이탈리아 볼테라
Italy Volterra

Volterra Teatro

볼테라 연극 페스티벌

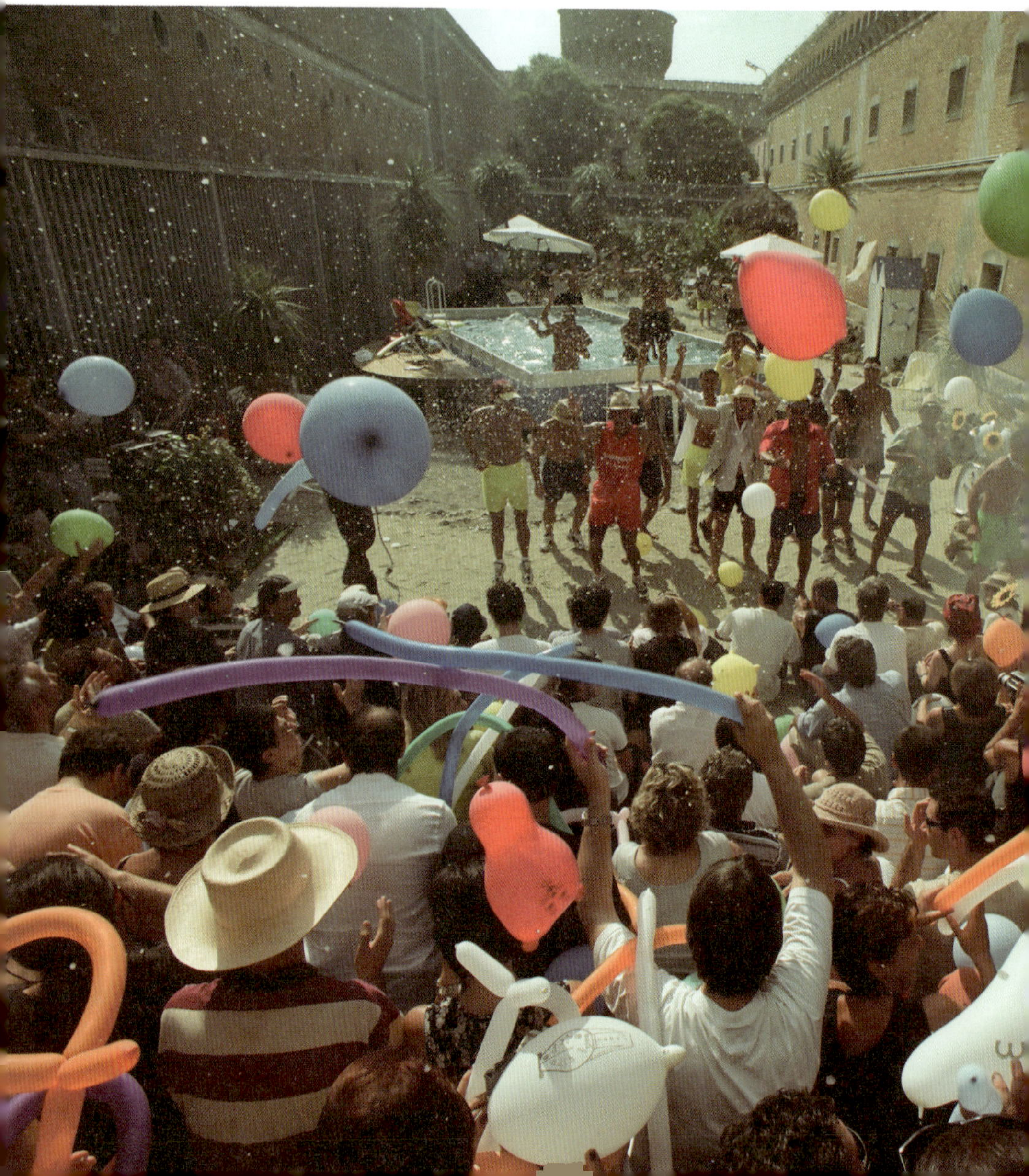

기본 정보
공식명칭 볼테라 연극 페스티벌(Volterra Teatro)
장르 연극을 위주로 한 종합장르
　　　 (연극, 음악, 댄스, 시, 비주얼 아트 등)
개최시기 매년 7월 마지막 2주간
　　　 (2011년 7월 18일~31일)
개최도시 이탈리아 볼테라
시작연도 1986년
규모 매년 약 35개의 해외 작품들이 참가
방문객수 2010년 1만2,000여 명 방문
주최 Associazione Carte Blanche

문의 및 찾아가기
공식 홈페이지 www.volterrateatro.it
티켓예약 사이트 www.boxol.it
티켓가격 5~30유로 또는 무료
전화문의 +39-0588-80392
메일문의 info@volterrateatro.it
장소 Via Don Minzoni, 49-56048 Volterra(PI), Italy
찾아가는 방법
피사나 피렌체에서 볼테라까지 지역버스로
이동할 수 있다. 자동차로 찾아갈 경우에는
'www.volterrateatro.it'를 참조하길 바란다.

◀ 볼테라 연극 페스티벌을 통해 소개되는 작품들은
전반적으로 신선하고 파격적인 소재의 실험적 작품들이
대부분이다. 조금 부족하지만 강렬한 메시지가 있다.
특히 교도소 수감자들이 출연하는 연극은 티켓을 구하기가
하늘의 별따기처럼 어렵다.

축제 소개

볼테라 연극 페스티벌은 이탈리아 투스카니 지역에서 열리는 가장 실험적이고 혁신적인 공연 축제다. 매년 7월 하순 2주간 펼쳐지는데, 연극이 주를 이루고 그 밖에도 비주얼 아트, 퍼포먼스, 음악, 무용, 시 등 다양한 장르의 공연들이 펼쳐진다.

축제를 준비하는 주최측의 설명에 따르면, 다른 어떤 축제보다 새로운 형식의 도발적 제안을 추구하기 때문에 이탈리아 최고의 실험 연극제라고 자평하고 있다. 이 밖에도 투스카니 지방의 옛 고성 같은 모습의 볼테라와 시내 중심의 시설 곳곳에서 축제기간 동안 공연을 비롯한 전시, 워크숍이 다양하게 펼쳐지기 때문에 도시 전체가 축제 무대 같은 효과를 내고 있다.

무엇보다 볼테라 연극 페스티벌이 이탈리아 사람들의 주목을 끄는 이유는 매년 볼테라 지역에 있는 교도소의 수감자들로 구성된 꼼빠니아 델라 페테자(Compagnia della Fortezza) 극단이 직접 제작한 연극작품이 매년 이 축제를 통해 소개된다는 것이다. 심지어 이 작품을 위해서 많은 수감자들이 볼테라 교도소에 배정받기를 희망한다니 재미있는 풍경이다. 다른 공연은 특별한 준비 없이도 관람할 수 있지만, 교도소에서 진행되는 공연을 보고자 할 경우에는 소정의 절차가 필요하다. 'www.compagniadellafortezza.org'로 들어가 안내에 따라 필요한 서류를 작성해야 한다.

축제 참여하기 ①

청년인턴십 및 축제 자원봉사

신청자격 나이 제한은 없으나 30세 이상을 선호한다. 이탈리아어 또는 영어 능통자
신청시기 매년 3월~4월(5월 선정)
신청방법 이메일(info@volterrateatro.it)
정보공개 웹사이트 www.volterrateatro.it
축제측 지원사항 숙식을 지원한다.
선정시 우선 고려사항 언어 〉 이탈리아 무대공연에 대한 이해와 지식 〉 경험

축제 참여하기 ②

아티스트

참가공연 초청방법 공식초청작 100%
작품선정시 고려사항 예술적 가치
신청시기 매년 10월~이듬해 5월
신청방법 이메일
신청자격 누구나
신청비용 협의 후 결정
선호장르 선호 장르는 따로 없다. 모든 장르 환영
선호하는 문의방법 이메일 〉 우편 〉 전화
접수시 구비서류 비디오 영상, 예술 프로젝트와 아티스트 프로필 등
문의시 사용 가능한 언어 어떤 언어도 가능하다.
아티스트를 위한 문의처 info@volterrateatro.it

한국 아티스트를 위한 축제측 코멘트

"우리는 혁신적, 실험적 작품을 지향합니다. 물론 예술성을 기반으로 한 새로운 시도입니다. 결국 아티스트의 예술 철학과 연관된 문제라고 생각합니다. 매년 축제가 마무리된 후 10월부터 이듬해 봄까지 작품 선정 작업을 하고 있으므로, 참여하고픈 아티스트는 이 시기에 동영상을 포함한 작품 소개서를 이메일로 보내주세요."

083
이탈리아 시에나
Italy Sienna

Il Palio di Seina

시에나 팔리오 페스티벌

기본 정보

공식명칭 시에나 팔리오 페스티벌(Il Palio di Seina)
장르 말 경주
개최시기 매년 7월 2일과 8월 16일
 (2011년 7월 2일, 8월 16일)
개최도시 이탈리아 시에나
시작연도 1644년
규모 시에나 시의 연간 최대 규모의 문화 축제
방문객수 약 5만여 명의 관람객 방문
주최 시에나 시

문의 및 찾아가기

공식홈페이지 http://palio.comune.siena.it/main.
 asp?id=0
티켓예약 사이트 http://selectitaly.com/theater.
 php?product_id=26
티켓가격 캄포 광장은 무료
전화문의 +39-0577-28-05-51
메일문의 siena@ilpalio.org
장소 캄포 광장
찾아가는 방법
피렌체에서 30분 간격으로 기차가 있을 정도로 접근성이 용이하다. 로마 테르미니역에서 시에나행 기차를 타면 3시간이 소요된다. 치루시역에서 환승해야 하니 잊지 말자. 피렌체의 산타마리아 노벨라역 앞에 가면 시에나행 버스도 있다. 버스는 1시간 30분이 소요된다.

◀ 캄포 광장을 거칠게 달리고 있는 선수들의 모습이다. 축제가 열리는 4일 동안 단 하루도 온전히 자리를 차지할 수 없었다. 결국 제대로 된 사진을 찍지도 못했는데, 고맙게도 주최측에서 제공해주었다.

축제 소개

시에나의 명소 캄포 광장은 세계에서 유일하게 오목한 형태로 만들어져 건축학적으로도 최고의 걸작으로 평가받는다. 큰 불편함이 느껴지지 않을 정도의 적당한 경사를 두어 시각적인 재미와 공공 활동의 가용성을 확대했고, 더불어 주변 경관과 조화를 이루어 그 자체로 이탈리아 전역에서 알아주는 최고 명승지가 되었다.

이런 최적의 장소에서 1년에 딱 두 차례 말 경주대회가 열린다니 누군들 궁금하지 않을까. 시에나의 캄포 광장에서는 성모마리아의 승천을 기념하기 위해 1656년부터 말 경주대회가 열렸는데, 매년 7월 2일과 8월 16일에만 열린다. 독특하게도 시에나의 팔리오 경기에서는 말안장이 없는 상태에서 경기를 치른다고 한다. 물론 이에 따른 사고도 이따금씩 일어나고 있기는 하지만, 이 또한 시에나 사람들은 성스러운 축제의 의미로 여기고 있다.

▲ 시에나 팔리오 페스티벌의 마지막 날, 실제 경기를 시작하는 순간을 담았다.

300년이 훨씬 넘는 오랜 시간 동안 한 도시의 전통 행사로 이어져온 이 축제는 7월과 8월 중에 각각 나흘의 일정으로 치러지는데, 첫째 날에는 말 선정에 이어 이튿날에는 시범경기가 펼쳐지고, 사흘째 되는 날은 시범경기 후 전야제, 그리고 마지막 날인 나흘째 되는 날에 진짜 팔리오 경기가 펼쳐진다. 그런데 수많은 인파에 둘러싸여 3~4시간씩 기다려야 하는 것에 비해 실제 팔리오는 단 몇 분에 끝나버리는 경우도 허다하다.

우승을 차지한 콘트라다의 기수에게는 성모마리아 상으로 장식된 깃발이 주어지는데, 이것이 직사각형의 천을 뜻하는 라틴어 '폴리움(pollium)'이고, 우승자에게 주어지는 이 팔리오가 축제의 이름이 된 것이다. 우승한 콘트라다 지역의 사람들은 경기가 끝난 뒤 아기 우유병에다 포도주를 담아 마시며 성모마리아의 축복을 기원한다니 시민들의 세리머니마저도 축제답다.

> **Travel Tip**
>
> 캄포 광장 입장료는 기본적으로 무료다. 그러나 야외석 또는 발코니, 창문 너머로 보고 싶다면 건물 소유주에게 직접 연락하거나 숙소의 주인에게 부탁해야 한다. 그러나 티켓 구하기는 하늘에 별따기다. 수만 명의 인파가 모이기 때문에 어린아이와의 동행은 위험할 수 있다. 특히 어린아이와 동행하더라도 아이를 어깨에 올려 목마를 태우는 행동은 다른 사람들에게 피해를 줄 수 있으니 자제해야 한다. 또한 소매치기도 조심해야 한다.

084

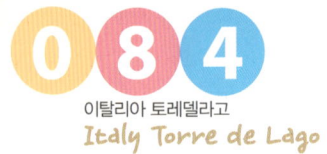

이탈리아 토레델라고

Italy Torre de Lago

Festival Puccini

푸치니 오페라 페스티벌

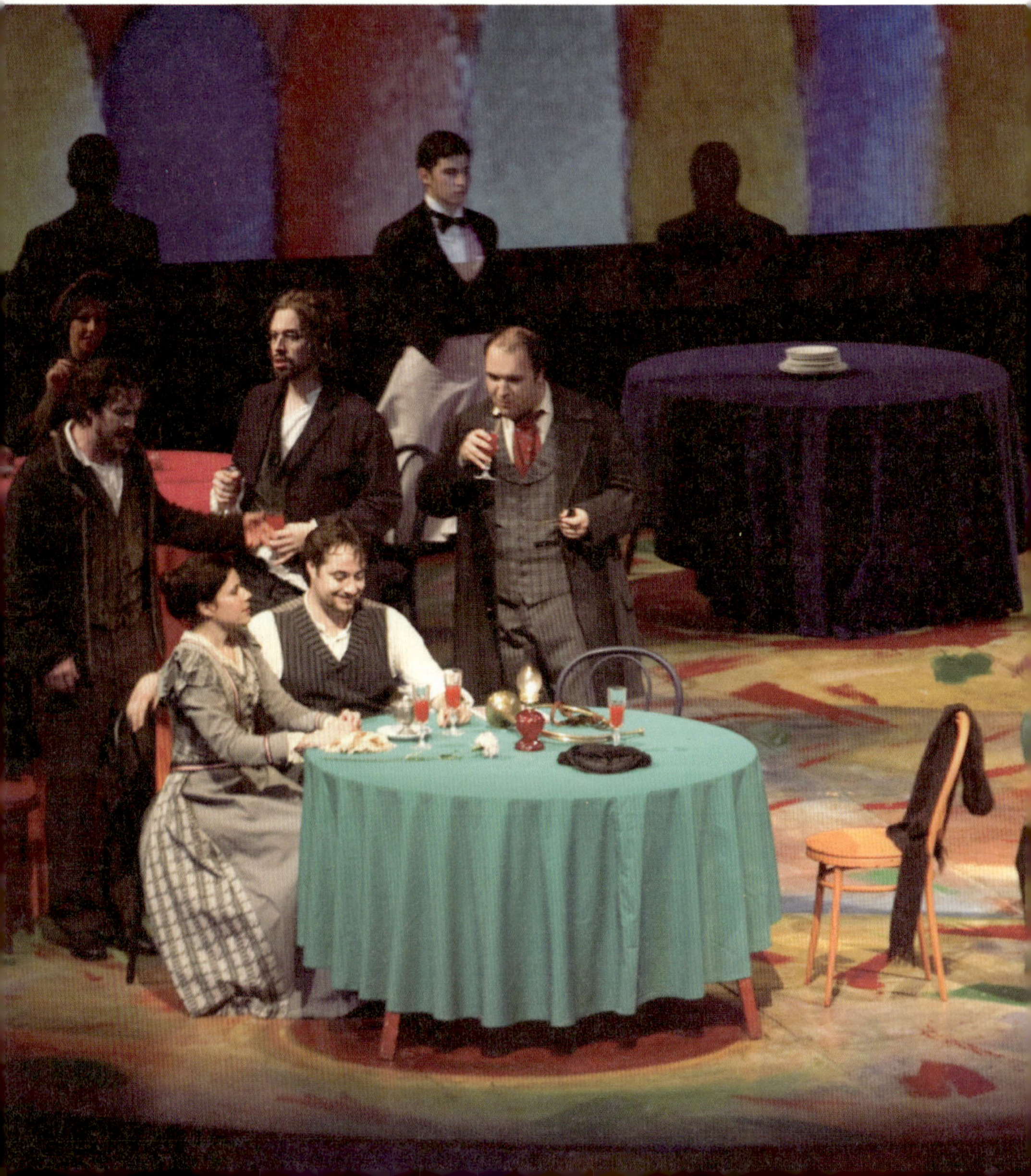

Torre de Lago

기본 정보
공식명칭 푸치니 오페라 페스티벌(Festival Puccini)
장르 오페라
개최시기 매년 7월~8월(2011년 7월 15일~8월 27일)
개최도시 이탈리아 토레델라고
시작연도 1930년
규모 최고의 오페라 4개 작품만 공연
방문객수 매년 40만여 명 방문
주최 The Puccini Festival Foundation

문의 및 찾아가기
공식홈페이지 http://www.puccinifestival.it/
티켓예약 사이트 http://www.puccinifestival.it/website/eng/livello1.asp?area=3&ID1=13
티켓가격 33~160유로
전화문의 +39-0584-350567
메일문의 affarigenerali@puccinifestival.it
장소 Via delle Torbiere, 55049 I-Torre del Lago Puccini (LU), Italy

찾아가는 방법
루카는 피사의 사탑으로 잘 알려진 피사에서 아주 가깝다. 유럽 전역에서 루카로 오는 저가항공사들의 노선이 연결되어 있는데, 그곳에서 기차로 지중해 연안에 있는 작은 마을 토레델라고로 오면 된다. 작은 기차역이니 놓치지 말고 내려야 한다. 축제 극장으로 오는 방법은 셔틀버스 또는 택시를 타는 방법뿐이다.

◀ 〈라보엠〉은 앙리 뮈르제의 소설을 바탕으로 한 오페라로, 프랑스 예술가들의 사랑과 우정을 그린 작품이다. 사진 속의 장면은 늙은 부호와 살고 있는 무제타가 마르첼로를 잊지 못하며 '무제타의 왈츠'를 부르고 있는 모습이다.

축제 소개

푸치니의 〈투란도트〉를 모르는 사람은 드물다. 그런 면에서 베르디 이후 이탈리아 최고의 오페라 작곡가로 불리는 지아코모 푸치니(Giacomo Puccini)의 고장에서 직접 맛보는 푸치니 오페라는 전혀 색다른 경험과 감동을 줄 것이다. 그것도 아름다운 호숫가를 배경으로 한 오페라 축제라면 말이다.

축제가 열리는 토레델라고 인근의 루카에서 태어난 푸치니의 탄생과 업적을 기념하기 위해 1930년에 처음 시작된 푸치니 오페라 페스티벌은 유럽의 대표 오페라 축제들이 그런 것처럼 매년 7월부터 8월에 걸쳐 한 달간 열린다. 19세기와 20세기에 걸쳐 살았던 푸치니는 일본을 무대로 한 〈나비부인〉, 중국을 무대로 한 〈투란도트〉, 미국을 배경으로 했던 〈서부의 처녀〉 등 다른 오페라 작곡가들에 비해 새로운 지역을 많이 여행하면서 다양한 소재를 음악으로 엮

▲ 중국을 배경으로 한 오페라 〈투란도트〉의 한 장면. 알툼 황제가 지켜보는 가운데 신분을 속인 칼라프 왕자가 투란도트 공주의 수수께끼를 모두 맞히자, 투란도트가 당황하고 있다.

어낸 것으로도 잘 알려져 있다.

  매년 푸치니의 대표작 네 편을 선정하여 축제가 펼쳐지는 한 달 동안 각각 4~5회씩 공연되는데, 미리 예매하지 않으면 티켓을 구하기 어려울 정도로 현지에서는 인기가 높다. 'Teatro dei Quattromilla'라는 극장의 이름은 '4,000명의 극장'이라는 뜻이다. 이 이름은 푸치니가 죽기 전에 "나의 오페라가 바닷가에서 공연된다면 얼마나 아름다울지 상상할 수가 없다"고 했던 말에 따라 푸치니가 살던 토레델라고 호수를 배경으로 그의 친구가 지었다고 한다.

토레델라고는 이탈리아에서 유일하게 동성 간의 결혼이 법적으로 허용되는 상당히 진보적인(?) 마을이다. 재미있다면 재미있을 수도 있지만 의외의 위험성이 있을 수 있으니 미리 알고 가는 것이 좋겠다. 예약을 권장하고 있으며, 인기 높은 공연들이라 준비 없이 갔다가는 아무것도 보지 못할 수 있다. 가기 전에 이메일(ticketoffice@puccinifestival.it)이나 전화(+39-0584-359-322)를 사용해 예약부터 하자. 오페라 공연 도중에 비가 오면 그 즉시 공연을 중단한다. 기껏 어렵게 간 축제에서 김만 뺄 수 있으니 날씨를 꼭 확인하고 가기를.

크로아티아 자그레브
Croatia Zagreb

Eurokaz Festival
유로카즈 페스티벌

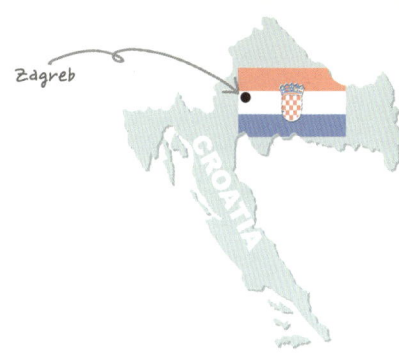
Zagreb

기본 정보
공식명칭 유로카즈 페스티벌(Eurokaz Festival)
장르 종합장르(연극, 댄스, 오페라, 뉴서커스 등)
개최시기 매년 6월 하순
 (10일간 / 2011년 6월 26일~7월 5일)
개최도시 크로아티아 자그레브
시작연도 1987년
규모 매년 10여 개의 해외팀과 국내 아티스트팀 참가
방문객수 5,000여 명의 관람객 방문
주최 4 Staff All Year Round + Many More
 During the Festival

문의 및 찾아가기
공식홈페이지 www.eurokaz.hr
티켓예약 사이트 Eurokaz.office@gmail.hr
티켓가격 8~15유로 또는 무료
전화문의 +385-1-4847-856
메일문의 Eurokaz.office@gmail.hr
장소 Dezmanov prolaz 3, 10000 Zagreb, Croatia
찾아가는 방법
유럽 전역에서 크로아티아 자그레브로 가는 저가항공 노선이 연결되어 있다. 자그레브 시내는 넓지 않기 때문에 여행자 정보센터에서 쉽게 정보를 얻을 수 있다.

◀ 유럽의 축제를 다니다 보면 가끔씩 터져 나오는 웃음을 참기 어려울 때가 있다. 아무리 엉뚱하고 쇼킹한 장면이 연출되더라도 예술 앞에서 결코 웃어서는 안 된다는 것을, 아티스트에 대한 예의가 아님을 충분히 인지함에도 불구하고 웃음을 참지 못해 고개를 숙이고 있을 때가 한두 번이 아니었다. 사진 속의 배우는 잠시 후 객석을 뛰어다녔다. 난감하게도!

축제 소개

새로운 개념의 연극 발전을 도모하는 유로카즈 페스티벌은 매년 초여름 크로아티아의 수도 자그레브에서 열리는 종합장르의 예술 축제다. 1987년 처음 개최된 이래 수없이 많은 해외의 공연들을 크로아티아 시민들에게 소개해왔고, 현재에는 이를 통해 많은 크로아티아의 아티스트들이 해외로 뻗어나가고 있다.

유로카즈 페스티벌은 한국과 아시아에는 아직 잘 알려지지 않은 축제이지만, 유럽의 동남부 국가들 사이에서는 역사가 깊고 편견을 깨는 혁신적 공연예술 축제로 알려져 있다. 축제를 통해 소개하는 작품들도 연극, 무용, 라이브 아트, 오페라 등 다양한 장르를 엄선하여 소개하고 있으며, 무엇보다 자국의 아티스트들과 해외의 공연 그룹들과의 공동작업을 유도하여 궁극적으로 크로아티아의 공연예술 발전에 큰 힘을 보태고 있다.

요즘은 축제와 함께 해당 시대의 문화예술에 대한 토론이나 심포지엄, 워크숍, 전시도 함께 진행되고 있다. 자그레브는 오스트리아의 비엔나와 슬로베니아의 루블랴나, 헝가리의 부다페스트와 멀지 않으니 관심 있다면 둘러보는 것도 좋겠다.

축제 참여하기 ①

청년인턴십 및 축제 자원봉사

신청자격 나이 제한은 없다. 영어 능통자
신청시기 매년 4월경
신청방법 이메일(eurokaz.office@gmail.com)
정보공개 웹사이트 www.eurokaz.hr
축제측 지원사항 급여 등의 지급 사항은 없다.
선정시 우선 고려사항 언어 〉 열정 〉 경험

축제 참여하기 ②

아티스트

Gregor Wollny

참가공연 초청방법 공식초청작 100%
작품선정시 고려사항 탁월한 작품성 〉 혁신성
신청시기 매년 가을
신청방법 이메일 또는 우편
신청자격 혁신적이고 독창적인 아티스트
신청비용 없다.
선호장르 모든 장르
선호하는 문의방법 이메일을 선호한다, 전화문의는 되도록 하지 말길.
접수시 구비서류 아티스트 프로필, 사진, 비디오(공연 전체가 담겨 있는 영상물)
문의시 사용 가능한 언어 영어
아티스트를 위한 문의처 담당자 Tanja Scherr(eurokaz.office@gmail.com)

한국 아티스트를 위한 축제측 코멘트

"공식적으로 초청받은 작품만 공연이 가능합니다. 매년 9월, 10월경에 작품 소개 정보를 이메일로 보내주시면 적극적인 검토 후 회신을 드리겠습니다."

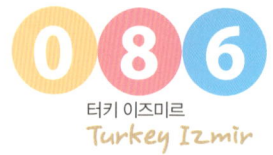

0 8 6
터키 이즈미르
Turkey Izmir

The International Izmir Festival

국제 이즈미르 페스티벌

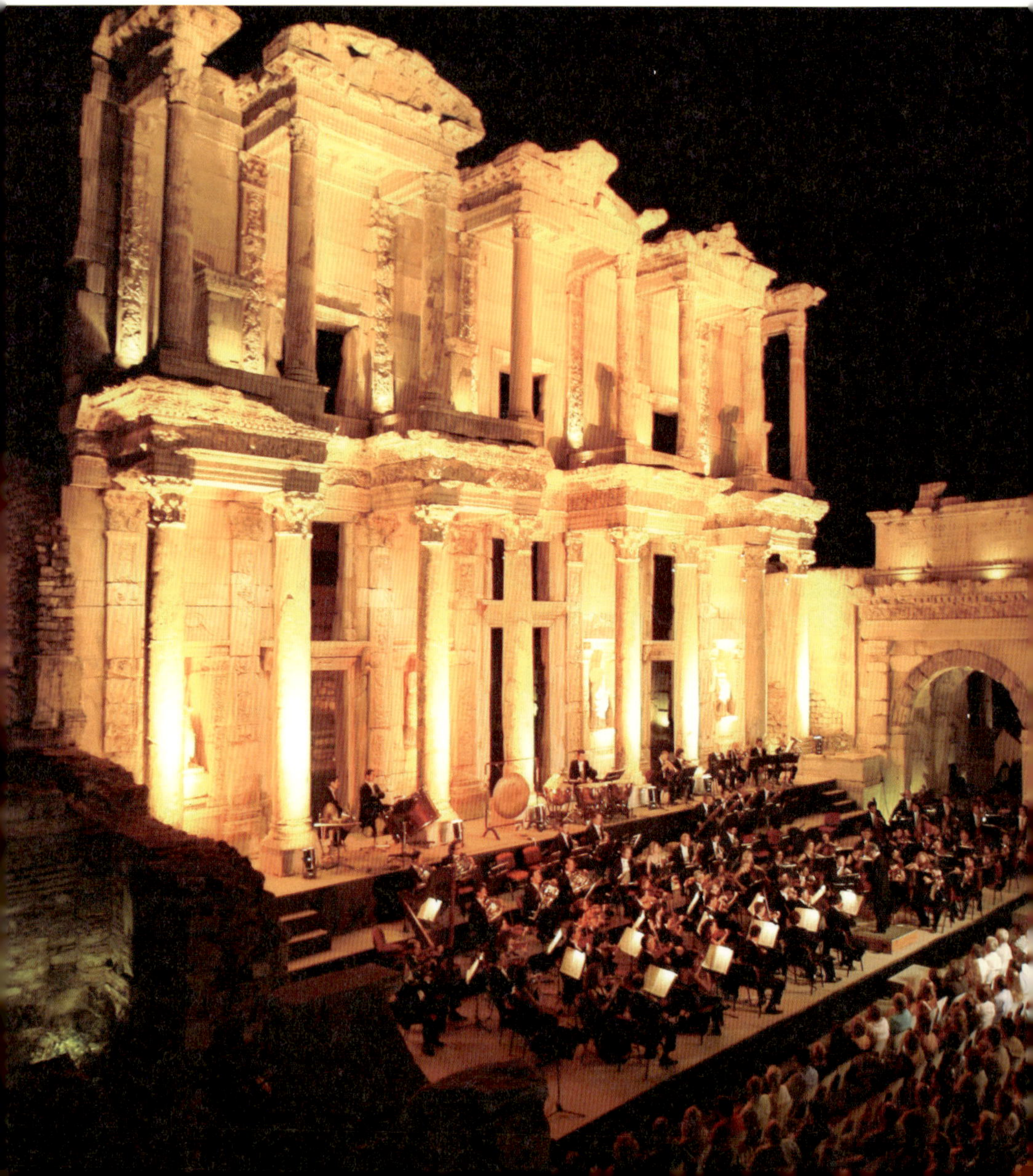

기본 정보
공식명칭 국제 이즈미르 페스티벌
　　　　　(The International Izmir Festival)
장르 음악 위주의 종합장르
개최시기 매년 6월 중순부터 7월
　　　　　(2011년 6월 17일~7월 20일)
개최도시 터키 이즈미르
시작연도 1986년
규모 매년 약 15개의 해외 공연팀 참가
방문객수 2010년 2만5,000여 명의 유료 관람객 방문
주최 Izmir Foundation for Culture Arts and Education

문의 및 찾아가기
공식홈페이지 http://www.iksev.org/index_en.php
티켓예약 사이트 http://www.biletix.com
티켓가격 10~125유로
전화문의 +90-232-482-00-90
메일문의 izmirfestivali@iksev.org, info@iksev.org
장소 Mithatpasa Cad. No: 138 Karatas 35260
　　　Izmir, Turkey
찾아가는 방법
이스탄불에서 버스로 가도 좋지만 저가항공이 가장 편리하다. 참고로 그리스 아테네에서 이즈미르로 배를 타고 가는 노선도 있으니 아름다운 에게해를 가로질러 이즈미르로 가는 것도 좋겠다.

◀ 고대 유적지를 활용한 세계적 공연장은 이탈리아나 그리스에만 있는 것이 아니다. 터키에도 고대 유적지를 활용한 예술 축제가 곳곳에 존재한다. 일부러 무대세트를 만든다 해도 이보다 더 아름다울 수는 없을 것 같다. 자연 방음벽 역할까지 한다니 금상첨화다.

축제 소개

터키 여행의 붐이 일었던 터라, 이즈미르는 의외로 한국에 많이 알려져 있는 도시다. 터키의 서남쪽 해안도시로 에게해를 중심으로 그리스 아테네와 마주보고 있다. 많은 사람들이 터키를 여행하면서 이즈미르를 방문하는데, 이스탄불보다 훨씬 아름다우며 고대 유적지가 그대로 살아 있어 터키 최고의 휴양도시라는 별칭도 붙여주었다.

이런 에게해의 역사적인 장소를 배경으로 매년 여름밤 펼쳐지는 클래식 음악 축제가 바로 '국제 이즈미르 페스티벌'이다. 도시가 생긴 역사만도 한국과 같은 반만 년의 역사를 가지고 있으며, 축제가 처음 개최된 이래 역사와 예술을 접목한 음악 축제의 콘셉트는 해외에서 찾아오는 관광객들에게 잊을 수 없는 추억을 선사하는 이즈미르 최대의 문화행사가 되었다.

이즈미르 곳곳에 남아 있는 고대 유적지를 공연장 삼아 펼쳐지는 음악 축제는 다른 유럽 축제들과는 확연히 구별되는 특징이라 할 수 있다. 전 세계적으로도 잘 알려져 있는 이즈미르의 에베소 극장과 그 시대의 부와 풍요를 상징하는 셀시우스 도서관, 전 세계 수천만 가톨릭 신자들이 모여드는 처녀 마리아 하우스, 종말의 7개 교회 중 하나인 성 폴리카르포스 등이 이즈미르 음악 페스티벌의 주요 공연장으로 활용된다. 함께 소개되는 사진만 봐도 보는 이로 하여금 꼭 한번 가보고 싶게 만드는 환상적인 축제의 표본이라 할 수 있다.

축제 참여하기 ①

청년인턴십 및 축제 자원봉사

신청자격 18~30세, 영어 능통자
신청시기 매년 4월~5월
신청방법 이메일 접수
정보공개 웹사이트 http://www.iksev.org/index_en.php
축제측 지원사항 식사를 제공하며 급여는 지급하지 않는다.
선정시 우선 고려사항 언어 〉 열정 〉 경험

축제 참여하기 ②

아티스트

참가공연 초청방법 공식초청작 95%
작품선정시 고려사항 예술적 가치
신청시기 매년 9월경
신청방법 우편 이용 〉 이메일
신청자격 뛰어난 재능을 가진 아티스트
신청비용 없다.
선호장르 없다.
선호하는 문의방법 이메일
접수시 구비서류 공연작품 소개서, 아티스트 프로필, 사진과 비디오 영상 등
문의시 사용 가능한 언어 영어
아티스트를 위한 문의처 info@iksev.org

한국 아티스트를 위한 축제측 코멘트

"아시아의 아티스트를 만날 기회가 별로 없었습니다. 앞으로는 다양한 만남의 기회가 만들어지길 고대합니다."

◀ 고대 그리스 유적인 에페수스 대극장에서 열리고 있는 클래식 콘서트의 한 장면.

087

터키 메르신

Turkey Mersin

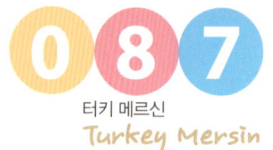

Mersin International Music Festival

메르신 국제음악 페스티벌

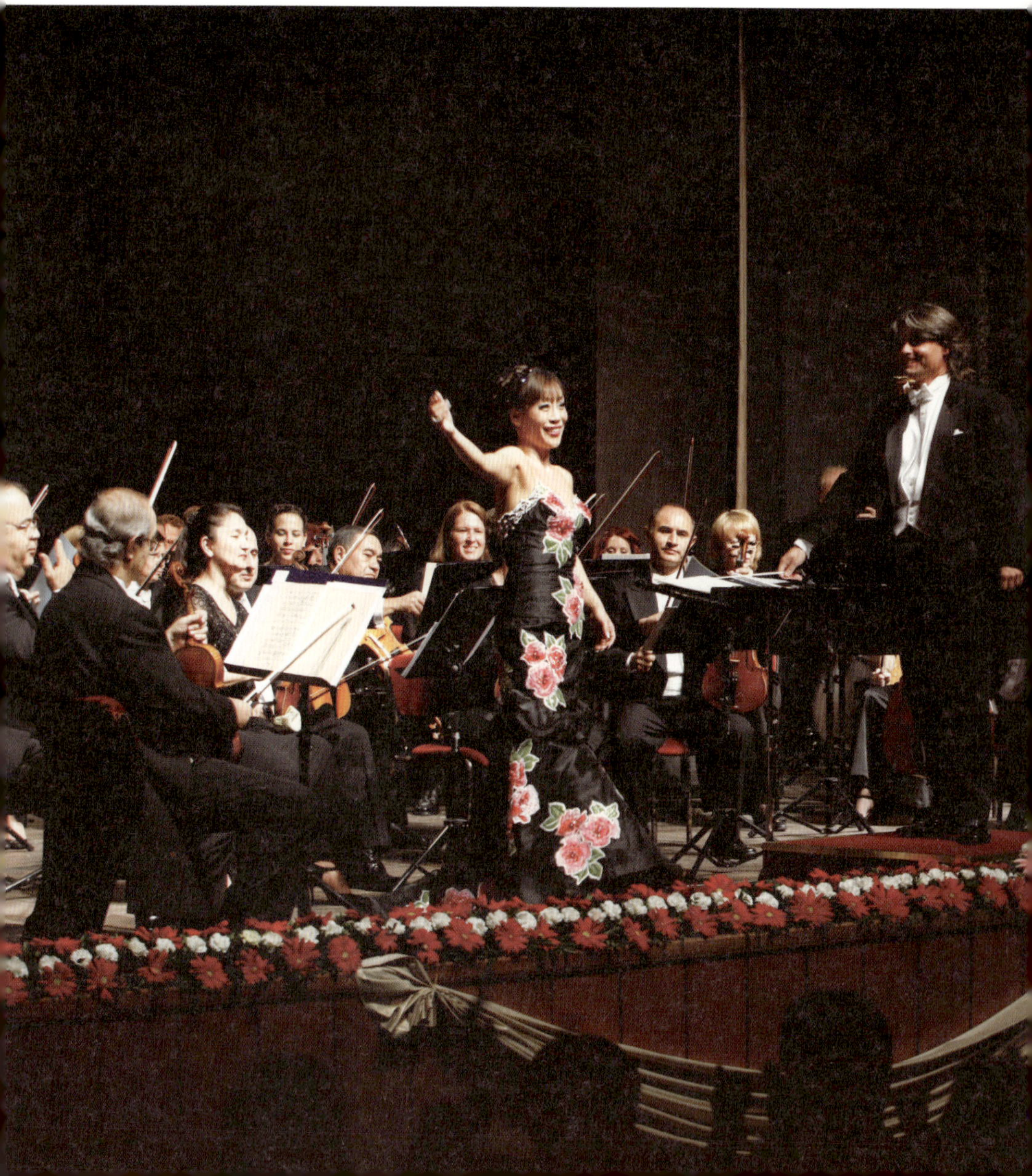

Mersin

기본 정보

공식명칭 메르신 국제 음악 페스티벌
(Mersin International Music Festival)
장르 음악(클래식 음악, 댄스, 발레, 오페라, 재즈, 민속음악, 팝 음악 등)
개최시기 매년 5월 또는 7월(2011년 5월 1일~17일)
개최도시 터키 메르신
시작연도 2002년
규모 매년 국제적 수준의 20여 개 공연팀이 참가
방문객수 대략 1만1,000여 명 관람객 방문
주최 Mersin Art Activities Society

문의 및 찾아가기

공식홈페이지 www.merfest.org.tr
티켓예약 사이트 mumf@merfest.org.tr(메일로 예약)
티켓가격 10~50유로
전화문의 +90-324-237-78-10
(담당자 휴대폰 +90-532-307-29-37)
메일문의 mumf@merfest.org.tr
operasyon@merfest.org.tr
장소 Kultur Mah. Ataturk Cad. Toroglu Apt. A Blok Kat:1 D:2 33010 Mersin, Turkey
찾아가는 방법
메르신은 육로로 이동하거나 비행기로 바로 갈 수도 있다. 해외에서 가는 경우는 이스탄불을 경유해야 하며, 메르신 인근의 아다나 공항으로 가면 접근성이 용이하다.

◀ 몇 해 전 메르신 국제 음악 페스티벌에 참가했던 소프라노 조수미 씨의 공연 모습이다. 드넓은 터키의 정중앙 남부에 위치한 도시, 메르신에서 열리는 이 축제는 아직 잘 알려지지 않은 탓에 찾는 이가 그리 많지 않다. 만약 터키를 좋아하는 여행자라면 되도록 축제가 열리는 여름철에 방문하기를 바란다.

축제 소개

 메르신이라는 도시명이 우리에게는 아직 생소하다. 메르신은 터키의 중남부 지중해 연안에 있는 아름다운 항구도시로, 과거에는 작은 어촌마을에 불과했지만 감귤류의 생산이 늘어나면서 경제적 부흥을 일군 도시다.

 아름다운 지중해 도시의 면모를 갖추기 위해 10여 년 전부터 시작된 메르신 국제 음악 페스티벌은 주로 클래식 음악을 위주로 하고 있으나 관객과의 소통에 큰 무리가 없고 비주얼적 아름다움이 뛰어난 발레 또는 현대 무용도 축제에 포함시키고 있다. 몇 해 전에는 한국이 낳은 세계적 소프라노 조수미 씨도 메르신 페스티벌에 초청되어 천상의 목소리라는 찬사를 들은 바 있다.

 터키의 동부 지역은 터키, 이라크, 이란에 걸쳐 분쟁을 일으키고 있는 쿠르드족과 기타 중동 지역에 맞닿아 있어 일반적으로 여행 위험 지역으로 분류되곤 하는데, 메르신은 중남부에 위치하고 있어 위험성이 그리 높지는 않다. 유럽과는 전혀 색다른 도시 풍경과 분위기를 맛볼 수 있는 기회가 될 것이다.

> 축제 참여하기 ①

청년인턴십 및 축제 자원봉사

신청자격 나이 제한은 없다. 영어 능통자
신청시기 매년 10월~11월경(4월에도 가능하다)
신청방법 이메일 접수(mumf@merfest.org.tr)
정보공개 웹사이트 www.merfest.org.tr
축제측 지원사항 기본급은 없지만 식사를 제공하고 수료증을 발급해준다.
선정시 우선 고려사항 열정 〉 언어

> 축제 참여하기 ②

아티스트

참가공연 초청방법 공식초청작 100%
작품선정시 고려사항 예술적 가치 〉 창의성
신청시기 연중 내내
신청방법 이메일 또는 우편
신청자격 예술적 가치를 지닌 아티스트라면 누구나
신청비용 없다.
선호장르 국제적 수준의 독창적인 예술작품
선호하는 문의방법 이메일
접수시 구비서류 경력 프로필, 사진, 작품의 비디오 영상
문의시 사용 가능한 언어 영어, 터키어
아티스트를 위한 문의처 mumf@merfest.org.tr

한국 아티스트를 위한 축제측 코멘트

"우리는 지난 2006년에 한국의 소프라노 조수미, 2010년에는 세 자매 그룹 안트리오를 초청하여 공연한 바 있습니다. 이들은 아시아의 대표 아티스트로서 잊을 수 없는 공연을 선사했습니다. 앞으로도 많은 한국 아티스트들과 축제에서 만나길 간절히 희망합니다."

◀ 메르신을 찾은 네덜란드 출신 바이올리니스트 야니네 얀슨(Janine Jansen)의 공연 모습이다.

088
터키 이스탄불
Turkey Istanbul

Istanbul International Puppet Festival
이스탄불 국제 인형극제

기본 정보
공식명칭 이스탄불 국제 인형극제
(Istanbul International Puppet Festival)
장르 인형극(오브제 연극, 가면극 포함)
개최시기 매년 5월 상반기(2011년 5월 4일~14일)
개최도시 터키 이스탄불
시작연도 1998년
규모 매년 10여 개 국가에서 전문 인형극단 참가
방문객수 방문객수는 많지 않으나 터키의
 가족 관람객 반응이 높다.
주최 Kukla Istanbul

문의 및 찾아가기
공식홈페이지 www.istanbulpuppetfestival.com
티켓예약 사이트 http://www.biletix.com(예약 정보가
 불확실할 경우 공식홈페이지 이용)
티켓가격 평균 7유로(15터키리라), 무료 공연도 있다.
전화문의 +90-02-1224-31-602
메일문의 info@kuklaistanbul.com
장소 Kukla Istanbul, Taksim Akarcasi no 4,
 34431 Beyoglu, Istanbul, Turkey
찾아가는 방법
아타튀르크 국제공항을 이용하여
이스탄불까지 간다. 신시가지인 탁심 광장 근처에
가면 다양한 공연 정보를 얻을 수 있다.

◀ 나무로 만든 꼭두각시도 온기를 느끼는가 보다.
보이지도 않는 가는 줄 세 개로 움직였을 뿐인데 꼭두각시는
나무손을 입에 갖다 대며 "호~" 하더니 곧바로 작은 화로에
손을 대고 불을 쬐고 있었다. 작은 동작들이 어찌나 섬세하고
리얼하던지, 소리가 들려오는 위치가 다름에도 불구하고
작은 인형에서 눈을 뗄 수가 없었다.

축제 소개

터키는 부르사를 기점으로 인형극이 매우 발달한 나라로 알려져 있다. 1998년 처음 개최된 이스탄불 인형극제는 터키에서 점차 사라져가고 있는 인형극의 멋과 예술적 가치를 홍보하기 위해 'Cengiz Ozek'라는 인형극 전수자에 의해 만들어졌는데, 10여 년이 넘는 지금까지도 어떠한 정부기관의 지원 없이 독립적으로 개최되고 있는 전문 축제다.

그럼에도 불구하고 이스탄불 국제 인형극제에는 정교한 인형 제작으로 유명한 일본과 중국, 그리고 일부 아시아 국가의 전문 인형극단과 유럽 대부분의 나라에서 전문 인형극 단체가 다녀갔을 만큼 안정적인 성장과 인형극 축제의 플랫폼 역할을 하고 있다.

대부분 이들 공연단체는 이스탄불에 주재하고 있는 각 국가의 대사관, 문화센터의 도움으로 축제에 참여하고 있다. 이스탄불 현지에서는 가족 단위 관람객들에게 가장 인기 있는 봄나들이 코스가 되고 있다.

축제 참여하기 ①

청년인턴십 및 축제 자원봉사

신청자격 나이 제한은 없다. 영어 능통자
신청시기 매년 8월경
신청방법 이메일 접수
정보공개 웹사이트 www.istanbulpuppetfestival.com
축제측 지원사항 식사를 제공하며 급여는 지원하지 않는다.
선정시 우선 고려사항 언어 > 열정

축제 참여하기 ②

아티스트

참가공연 초청방법 공식초청작 100%
작품선정시 고려사항 인형극을 소재로 한 드라마, 코미디 등 다양하게 수용
신청시기 매년 6월~이듬해 2월 사이
신청방법 이메일
신청자격 누구나
신청비용 없다.
선호장르 없다. 모든 창조적인 공연물이라면 가능
선호하는 문의방법 이메일
접수시 구비서류 작성된 신청서에 비디오 영상을 온라인에서 볼 수 있도록 링크 정보 첨부 또는 우편 이용
문의시 사용 가능한 언어 영어
아티스트를 위한 문의처 info@kuklaistanbul.com

한국 아티스트를 위한 축제측 코멘트

"아시아 아티스트들은 그동안 우리 축제에 즐겁게 참여해왔습니다. 또한 터키 관객들은 아시아 작품에 항상 관심을 갖고 있습니다. 참여를 원한다면 먼저 신청서를 이메일로 보내주세요. 참고로 축제측은 4일 기준 호텔 숙박비와 식비, 지역 교통비(4인 기준)를 지원하고 있습니다. 또한 축제기간 중에 2회 이상 공연할 수 있다면 한 공연당 350유로를 추가로 지원합니다. 자세한 사항은 신청서를 접수받은 후 세부적으로 논의하겠습니다."

089
터키 전 지역
Turkey

Kurban Bayram

쿠르반 바이람

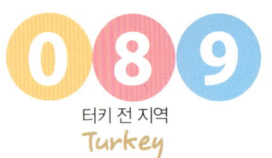

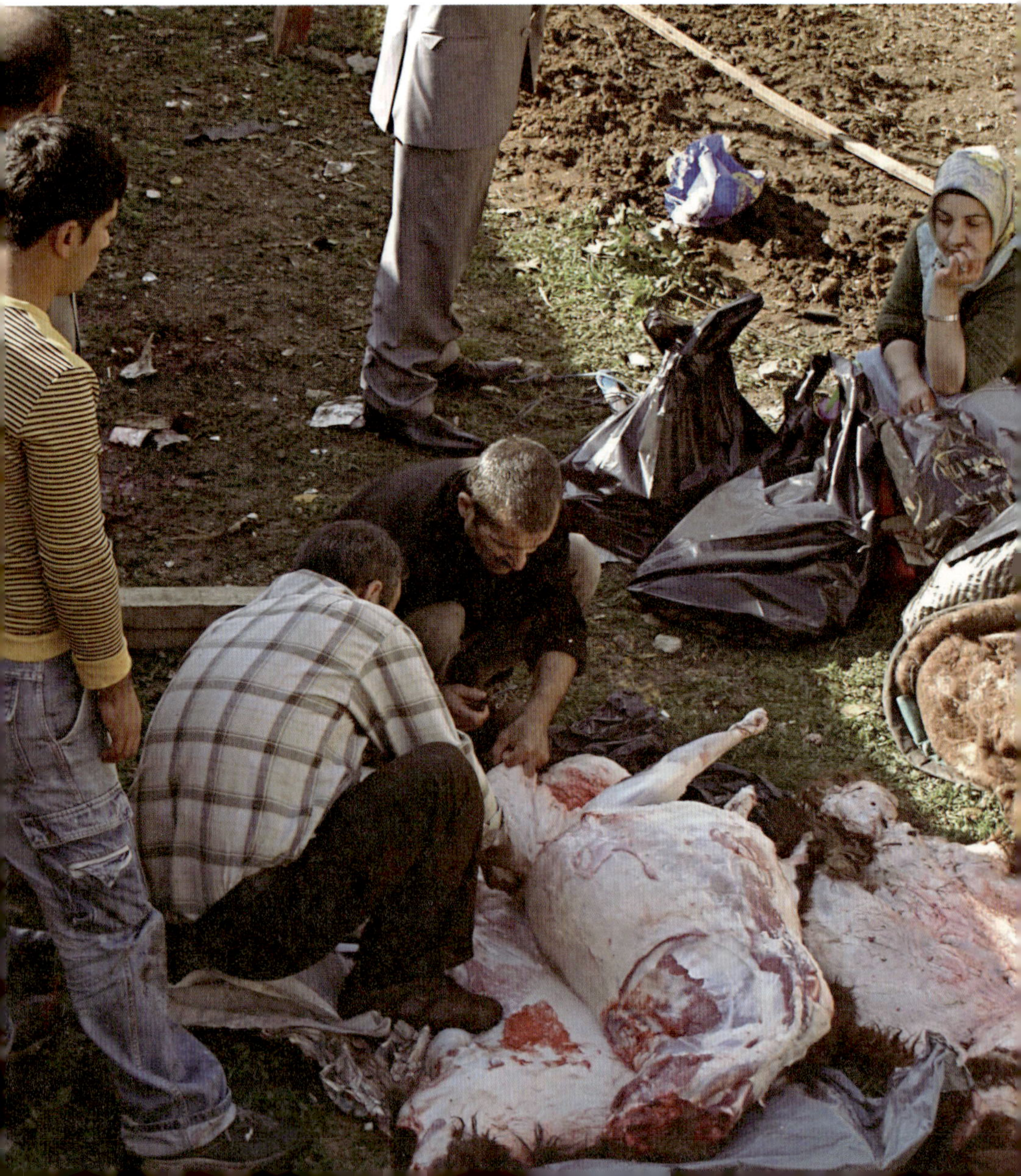

기본 정보
공식명칭 쿠르반 바이람(Kurban Bayram)
장르 명절
개최시기 매년 변경(4일간 / 2011년 11월 5일)
개최도시 전국 어디서나
시작연도 기원을 알 수 없다.
규모 터키 최대의 종교적 명절
방문객수 전 국민
주최 터키

문의 및 찾아가기
공식홈페이지 http://www.turkeycentral.com/articles/featured_article.php?article_id=20
티켓예약 사이트 http://www.turkeycentral.com/articles/featured_article.php?article_id=20
티켓가격 무료   전화문의 없다.   메일문의 없다.
장소 터키 전 지역
찾아가는 방법
터키는 한국에서 매일 이스탄불로 직항노선이 다니고 있어 언제든지 쉽게 갈 수 있다. 다만, 쿠르반 바이람은 도심보다 시골로 갈수록 진풍경을 볼 수 있으니 외곽으로 나가는 것이 좋다. 다만 이 시기에는 한국의 명절처럼 귀성전쟁이 벌어지기 때문에 교통 티켓을 구하기가 매우 어렵다. 미리 차편을 준비해두거나 버스 티켓을 구입해두어야 한다.

◀ 양인지 소인지 그냥 봐서는 잘 모르겠으나, 사진 오른쪽에 널려 있는 것은 방금 벗겨낸 동물 가죽의 안쪽이다. 명절 제사음식인 셈인데, 너나없이 동물을 죽이는 장면은 사실 좀 쇼킹했다. 그러나 쿠르반 바이람 연휴에 터키 현지인의 집에 초대받을 수 있는 기회가 있다면 꼭 함께 어울려보기를 바란다. 한국 못지않은 가족 간의 정과 웃음을 만끽해볼 수 있는 절호의 기회가 될 것이다.

축제 소개

'쿠르반 바이람'은 터키에서 행해지는 '희생절 축제'쯤 된다. 터키 최대의 종교적 명절을 가리키며, 우리나라의 설날 또는 추석과도 같은 규모의 명절이다. 유럽을 통틀어 크리스마스가 가장 큰 축제라면 터키에서는 쿠르반 바이람이 가장 성대하고 전국적이며 절대적인 믿음을 갖고 있는 종교적 명절이다.

축제는 코란에 나오는 이삭의 제물, 즉 신이 아브라함의 충성심을 시험하기 위해 아들인 이삭을 제물로 바칠 것을 요구하였는데, 이를 정말로 이행하려 하자 감복을 받아 이삭 대신 양을 제물로 받치도록 한 것에서 기원한 의식이다.

오늘날 많은 터키인들은 매년 쿠르반 바이람이 되면 한국의 추석이나 설날처럼 집집마다 양이나 소를 잡아 1/3은 신에게 바치고, 1/3은 불쌍한 사람들을 위해 나눠주고, 나머지 1/3은 가족들이 함께 나눠먹는다. 또 가축을 잡는 의식이 끝나면 온 가족이 음식을 함께 나눠먹은 뒤 친지들을 방문하여 고기를 나누고 안녕을 전한다. 이때 아이들에게는 용돈도 쥐어준다.

1년에 딱 4일간만 치러지는 쿠르반 바이람 기간에만 전국적으로 대략 2,000만 마리의 양이나 소가 도축된다. 1살 이상의 건강한 가축만 도축하는데, 이 시기에 터키를 방문하면 도시 곳곳에서 도축 장면을 볼 수 있다. 집집마다 직접 도축을 하다보니 도축 도중에 사고가 생기기도 한다. 위생 문제와 잔혹성 때문에 터키 정부에서는 지정된 장소에서만 도축을 허용하고 전문도살업자에게 맡기도록 당부하고 있지만, 대부분 사람들은 이를 따르지 않고 집 앞뜰이나 길거리에서 마구잡이로 거행하고 있다. 많은 사람들은 이 때문에 터키의 피혁산업이 발달하게 되었다고도 한다.

무슬림 국가인 터키는 이슬람력(윤달이 없는 순수한 음력)을 쓰기 때문에 쿠르반 바이람은 해마다 10여 일씩 당겨진다. 때문에 희생절 축제의 일정은 매년 확인을 해야 한다. 축제기간 동안에는 대부분의 관공서도 문을 닫는다.

> **Travel Tip**
> 명절을 즐겁게 보내라는 뜻의 "바이라므느즈 쿠틀루 올순(Bayraminiz Kutlu Olsun)!"이나 "이비바이람라(Iyi Bayramlar)!"와 같은 인사말을 건네보자. 현지인들과 한층 더 가까워지는 계기가 될 것이다.

090
포르투갈 리스본
Portugal Lisbon

The International Festival of The Iberian Mask
이베리안 가면 페스티벌

기본 정보
공식명칭 이베리안 가면 페스티벌
(The International Festival of The Iberian Mask)
장르 거리 퍼레이드를 포함한 다양한 가면공연
개최시기 매년 4월 초(4일간 / 2011년 4월 28일~5월 1일)
개최도시 포르투갈 리스본
시작연도 2006년
규모 매년 700여 명의 아티스트 참가
방문객수 2010년 50만 명 이상의 관람객 방문
주최 Progestur

문의 및 찾아가기
공식홈페이지 www.progestur.net
티켓예약 사이트 www.progestur.net
티켓가격 무료
전화문의 +351-217-599-141
메일문의 geral@progestur.net,
　　　　　　ritapiteira@progestur.net
장소 Festival place-D. Pedro IV Square,
　　　 Lisbon, Portugal
찾아가는 방법
유럽 전역에서 저가항공으로 쉽게 갈 수 있다.
스페인 마드리드에서 매일 밤 10시 20분경에
출발하는 기차가 있다. 유레일패스 소지자들은
이 밤기차를 이용하면 하룻밤 숙박료를
절약할 수 있다.

◀ 매년 4월 말에 포르투갈 리스본에 가면 시내의
중앙 광장에서 열리는 다양한 문화 행사들을 만날 수 있다.
다른 축제보다 다소 촌스러울 수도 있지만, 각 지역에서
올라온 이베리안 전통의 가면 공연들이 시간대별로
이루어지기 때문에 유럽 본토에서는 느낄 수 없었던
색다른 분위기를 맛볼 수 있다.

축제 소개

이탈리아의 '베니스 카니발'이 유럽을 대표하는 가면 축제라면, 포르투갈 리스본의 '이베리안 가면 페스티벌'은 이베리아를 대표하는 가면 축제다. 이 축제는 매년 4월, 봄이 시작되는 즈음에 막이 오른다.

이베리아는 우리에게 산티아고의 꿈을 가져다준 스페인과 포르토 와인으로 유명한 포르투갈이 있는 유럽의 남서부 반도를 가리키는 말이다. 원래는 이베리안이 살고 있던 지역이었지만, 이후 다양한 이주민들이 합류해 혼혈족들이 생겨나면서 오늘날의 포르투갈과 스페인으로 나뉘게 되었다.

축제의 명칭에 리스본 도시 자체의 특징을 넣거나, 독특한 포르투갈의 가면 형식을 강조하지 않고 이베리안이라는 역사적 명칭을 사용한 것은 그만큼 이베리안들의 전통적 가면놀이 양식을 엿볼 수 있다는 증거다. 실제로 이베리안 가면 페스티벌은 포르투갈의 각 지자체에서 그 지역을 대표하는 전통 가면들을 공연 형태로 가지고 나와서 한꺼번에 선보이는 카니발 형식으로 진행되고 있다. 때문에 이베리아의 전통적 가면 양식을 전수하고 현대적 놀이문화로 접목시키기 위해서 포르투갈 문화부가 적극적으로 추진하고 있는 포르투갈의 대표적인 예술 축제라고 할 수 있다. 가면의 형태도 화려함의 극치인 베니스 가면 페스티벌보다 훨씬 더 소박하고 서민적이어서 얼핏 한국의 탈춤문화를 연상시키기도 한다.

축제 참여하기 ①

청년인턴십 및 축제 자원봉사

신청자격 영어 능통자, 축제 업무 유경험자
신청시기 매년 1월경
신청방법 이메일 접수
정보공개 웹사이트 www.progestur.net
축제측 지원사항 숙식을 지원하고, 수료증을 발급해준다.
선정시 우선 고려사항 언어 〉 경험

축제 참여하기 ②

아티스트

참가공연 초청방법 자체제작 80%, 공식초청작 20%
작품선정시 고려사항 예술적 가치, 독창성, 흥미로움과 테마의 적절성, 전통성
신청시기 매년 1월경
신청방법 이메일 또는 우편
신청자격 누구나
신청비용 없다(초청 공연에 한해 아티스트의 숙소와 식사를 제공한다).
선호장르 가면극 및 가면 야외 공연물
선호하는 문의방법 이메일
접수시 구비서류 공연 소개서, 아티스트와 공연의 프로필, 사진, 동영상
문의시 사용 가능한 언어 영어
아티스트를 위한 문의처 담당자 Rita Piteira(ritapiteira@progestur.net / +351-21-75-99-141)

한국 아티스트를 위한 축제측 코멘트

"우리 축제에 참여하려면 유럽의 가면, 가면무도회의 콘셉트와 어울려야 합니다. 어쩌면 몇 년 후부터는 전 세계의 전통 가면들을 모두 초청할지도 모르겠습니다. 매년 1월경에 이메일로 제안서를 보내주면 적극적으로 검토하겠습니다. 또한 당분간은 초청 공연에 한해 아티스트의 숙소와 식사를 제공할 예정입니다."

Part 4

북유럽
Northern Europe

노르웨이 | 덴마크 | 라트비아 | 리투아니아 | 스웨덴 | 핀란드

장대한 피오르드와 바이킹, 솔베이지의 노래가 있는 **노르웨이** 91 92 93 94
거리나 공원 등 도시 곳곳이 무대가 되는 **덴마크** 95 96 97
암울한 역사를 아름다운 음악으로 승화시킨 **라트비아** 98
세련되고 파격적인 현대 무용을 만날 수 있는 **리투아니아** 99
여름 햇빛 아래에서 모두가 하나 되는 **스웨덴** 100
백야 그리고 축제, 한밤중까지 축제의 열기가 꺼지지 않는 **핀란드** 101

노르웨이 베르겐
Norway Bergen

Grieg International Choir Festival
그리그 합창 페스티벌

▲ 베르겐은 1년 내내 아름다운 그리그의 선율로 풍요롭다. 그중에서도 매년 가을 펼쳐지는 그리그 합창 페스티벌은 노르웨이 사람들과 가장 인간적으로 만날 수 있는 축제다. 페르귄트의 귀향을 애타게 기다리는 솔베이지가 되어보자.

기본 정보
공식명칭 그리그 합창 페스티벌
(Grieg International Choir Festival)
장르 합창
개최시기 매년 9월 중순(2011년 9월 14일~18일)
개최도시 노르웨이 베르겐
시작연도 2004년
규모 매년 전 세계 프로합창단 약 25개 팀 참가
방문객수 약 1만2,000여 명
주최 Foundation Grieg International Choir Festival

문의 및 찾아가기
공식홈페이지 www.griegfestival.no
티켓예약 사이트 http://www.griegfestival.no
티켓가격 무료
전화문의 +47-55-56-38-65
메일문의 post@griegfestival.no
장소 Komediebakken 9, 5010 Bergen
찾아가는 방법
런던, 파리, 프랑크푸르트, 코펜하겐 등
유럽의 주요 도시들에서 직항편이 있으며,
노르웨이의 다른 도시들로부터 비행기나 기차를
이용할 수도 있다. 주로 수도인 오슬로를
경유해서 베르겐을 방문하는 경우가 많다.
기타 자세한 정보는 www.visitbergen.no에
나와 있다.

축제 소개

　노르웨이의 대표적 작곡가이자 피아니스트 에드바르 그리그(Edvard Hagerup Grieg)를 모르는 사람은 드물 것이다. 피오르드를 떠올리며 듣는 아름다운 선율의 '솔베이지의 노래'는 전 세계적으로 가장 사랑받는 곡 중에 하나다. 우리에게도 잘 알려진 페르귄트, 노르웨이 무곡을 작곡한 그리그의 고향이 바로 노르웨이 최대의 예술도시 베르겐이다.

　베르겐에서는 매년 가을 그리그의 곡들을 주제로 하는 국제 합창경연대회가 열리는데, 나이와 상관없이 각국의 합창단이 다 모이기 때문에 기본적으로 매우 친밀하고 인간미 넘치는, 소박하지만 끈끈한 축제의 맛을 느낄 수 있다. 교복 같은 합창단 옷을 입고 가벼운 율동을 따라하며 입을 모으는 어린 소년 합창단과 아리따운 처녀들의 수줍은 고음 처리, 노련한 바리톤과 테너의 남성 합창단을 차례로 즐겨보는 맛은 색다른 재미를 안겨준다.

　합창이라는 장르가 비교적 대중적이진 않기 때문에 아직까지 큰 명성을 얻지는 못했다. 최근에는 폴란드, 체코, 에스토니아 등 동유럽의 국가까지 소문이 전해져 매해 10여 개국에서 25개 합창단이 참가하고 있으며, 해가 갈수록 그 인기를 더해가고 있다.

　여행자에게는 그 어떤 축제보다 현지인들의 소박한 공간으로 가장 쉽게 빨려 들어갈 수 있는 드문 기회이자 즐거움의 장이 될 것이다.

축제 참여하기 ①

청년인턴십 및 축제 자원봉사

신청자격 나이 제한은 없다.
신청시기 매년 4월경
신청방법 홈페이지를 통해 접수
정보공개 웹사이트 www.griegfestival.no
축제측 지원사항 급여는 없지만 수료증을 발급해준다.
선정시 우선 고려사항 경험 > 언어 > 열정

축제 참여하기 ②

아티스트

참가공연 초청방법 공식초청작 100%
작품선정시 고려사항 작품의 질
신청시기 매년 4월경
신청방법 홈페이지 또는 우편 접수
신청자격 합창단 소속이면 누구나 가능하다.
신청비용 소정의 등록비가 있다.
선호장르 모든 종류의 합창
선호하는 문의방법 이메일 > 우편
접수시 구비서류 신청서, 아티스트 프로필, 사진 및 동영상
문의시 사용 가능한 언어 영어
아티스트를 위한 문의처 post@griegfestival.no

한국 아티스트를 위한 축제측 코멘트

"아직까지 아시아의 합창단이 우리 축제에 참가한 적은 없습니다. 공식초청작만 공연할 수 있으므로 미리 소개서를 보내주세요. 열정으로 뭉친 유럽의 미성들과 함께하기를 고대합니다."

092

노르웨이 오슬로·카르뫼이
Norway Oslo·Karmøy

Viking Festival
바이킹 페스티벌

기본 정보
공식명칭 바이킹 페스티벌(Viking Festival)
장르 선박 퍼레이드 및 숲속 체험
개최시기 매년 5월 17일
개최도시 노르웨이 오슬로, 카르뫼이
시작연도 1814년
규모 80여 척 이상의 배와 2만여 명 이상의 학생팀 참가
방문객수 추정하기 어렵다.
주최 노르웨이 문화부&바이킹 페스티벌 조직위원회

문의 및 찾아가기
공식홈페이지 http://www.vikingfestivalen.no
티켓가격 다양한 도심 행사여서 따로 티켓을 끊지 않는다.
메일문의 postmottak.sentral@karmøy.kommune.no
축제장소 카르뫼이 섬
찾아가는 방법
이 지역에는 기차가 없어서 오슬로에서 버스나 페리를 타야 한다. 축제기간 동안에는 버스노선이 편리하게 보강될 예정이니 여행정보센터를 이용하면 도움을 받을 수 있다.

◀ 바이킹의 후손임을 자랑스럽게 생각하는 노르웨이 사람들은 바이킹 페스티벌을 통해 선조들의 삶을 체험하고 그들의 정신을 기린다.

축제 소개

　원래 바이킹은 노르웨이의 경제를 책임지던 해상무역 상인들을 일컫는 말이다. 극히 일부의 그릇된 행실이 해적으로 알려지면서 노르웨이를 상징하는 대명사가 되었으나, 매우 추운 기후에 바다를 접하고 있어 실제로 바이킹의 역할은 매우 컸다. 1814년 5월 17일 처음으로 '바이킹의 날'이 헌법으로 제정되었고, 그 뒤부터 점차 축제의 모습을 갖추기 시작했다.

　매년 5월이 되면 바이킹 축제를 위해 노르웨이 남서부 해안가의 카르뫼이와 수도인 오슬로 시내로 전국의 수많은 학생팀과 관광객들이 모여든다. 이들은 자신들이 바이킹의 후예임을 자랑스럽게 생각하며 축제를 통해 아이들에게는 재미있는 놀이수단으로, 어른들에게는 선조의 위대함을 기리며 그들의 삶을 돌이켜보는 시간을 만들고자 하는 것이다.

바이킹 페스티벌은 카르뫼이와 오슬로가 중심이지만 크고 작은 이벤트가 곳곳에서 열리는, 그야말로 노르웨이 전역에서 펼쳐지는 셈이다. 그중 가장 대표적인 행사가 바로 카르뫼이의 부퀘이(BukkØy) 섬에서 열리는 바이킹 캠프와 바이킹 퍼레이드다. 1주일간 바이킹 캠프에 참여하여 당시 바이킹이 살던 모습 그대로 배  를 타고 고기를 잡고 통나무 던지기 놀이를 하거나 선상에서 전쟁놀이를 체험하며 바이킹의 숲에서 축제를 놀이처럼 즐기는 것이다. 한쪽에선 바이킹 시장이 열려 당시 쓰이던 물품이나 관련된 재미난 물건을 팔기도 한다. 또 오슬로에서는 노르웨이 전역에서 모여든 학생들이 각각 학교를 대표하는 배를 타고 와서 바이킹 퍼레이드를 펼치는데, 가장 인기 있는 축제 프로그램 중 하나다.

노르웨이 사람들은 페스티벌을 즐기면서 가장 중요한 메시지를 놓치지 않는다. 바이킹 페스티벌을 통해 어린이들에게 그들의 삶과 올바른 역사의식, 민족성을 전해주고자 하는 것이다.

093

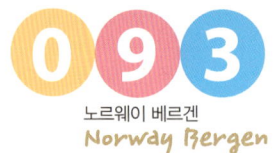

노르웨이 베르겐
Norway Bergen

Bergen International Festival

베르겐 페스티벌

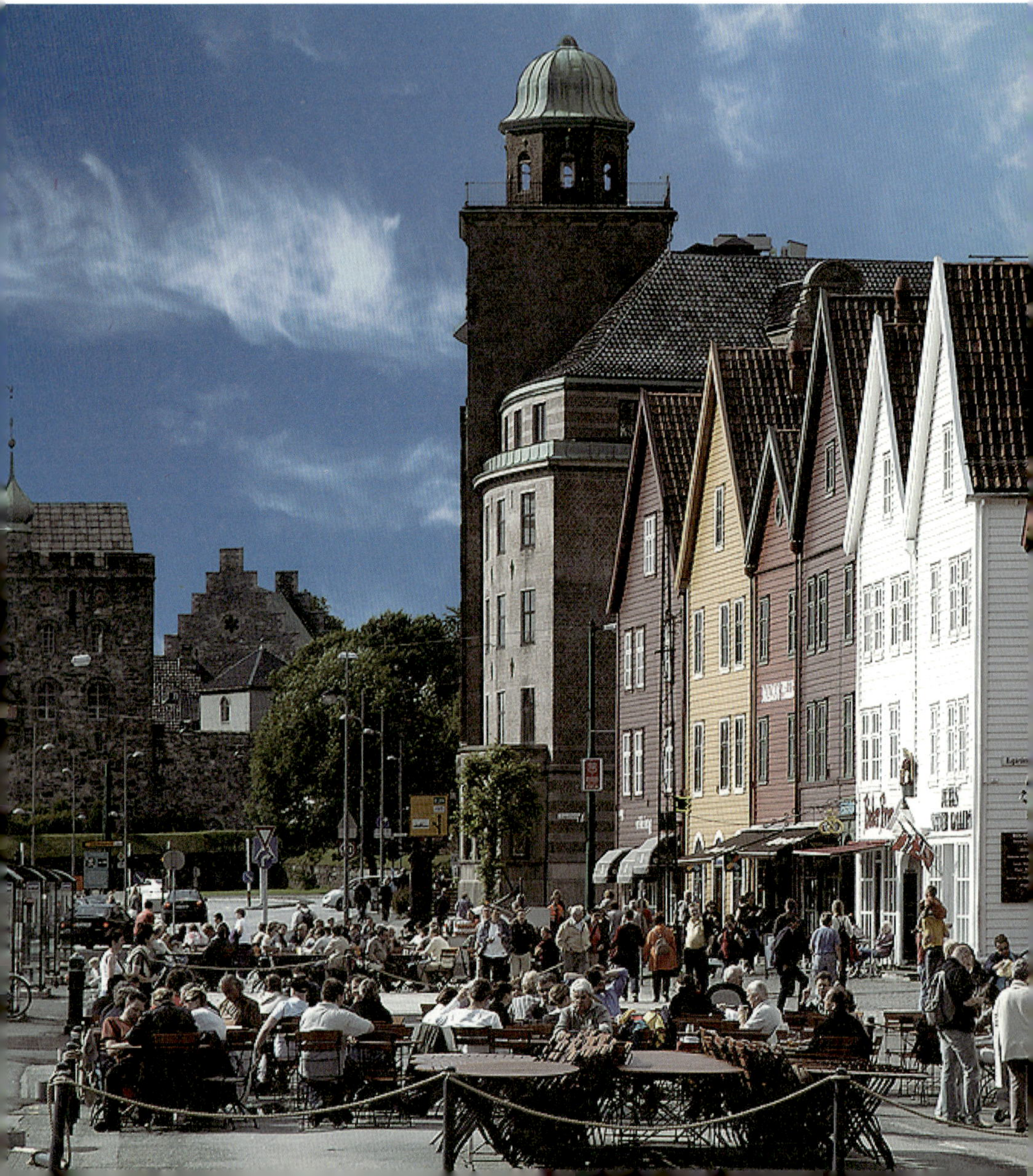

기본 정보
공식명칭 베르겐 페스티벌
　　　　　(Bergen International Festival)
장르 종합장르(음악, 연극, 무용, 오페라, 비주얼 아트)
개최시기 매년 5월 말~6월 초
　　　　　(15일간 / 2011년 5월 25일~6월 8일)
개최도시 노르웨이 베르겐
시작연도 1953년
규모 대략 150여 개 공연팀
방문객수 2010년 약 5만7,000여 명 내외의
　　　　　관광객 방문
주최 Foundation supported by the Norwegian state

문의 및 찾아가기
공식홈페이지 www.fib.no
티켓예약 사이트 www.fib.no/en/tickets
티켓가격 10~75유로(무료 공연도 있음), 예약한 티켓을
　　　　　파일로 받아 집에서 인쇄할 수도 있다.
전화문의 +47-55-21-06-30
메일문의 info@fib.no
장소 Bergen International Festival, PB.
　　　183 Sentrum, 5804 Bergen, Norway
찾아가는 방법
런던, 파리, 프랑크푸르트, 코펜하겐 등 유럽의 주요 도시들에서 직항편이 있으며, 노르웨이의 다른 도시들로부터 비행기나 기차를 이용할 수도 있다. 주로 수도인 오슬로를 경유해서 베르겐을 방문하는 경우가 많다.
기타 자세한 정보는 www.visitbergen.no에 나와 있다.

◀ 베르겐의 문화유산이자 상징과 같은 부두는 유네스코 세계문화유산에 등재되어 있을 정도로 유명한 곳이다.

축제 소개

우리에게 '노르웨이' 하면 피오르드(fjord: 빙하로 만들어진 좁고 깊은 후미, 협만), 바이킹의 후예, 신사의 나라 같은 상징적 이미지가 떠오르는 것처럼 북유럽 사람들에게 노르웨이는 어떤 이미지가 먼저 떠오를까? 한마디로 얘기하자면 그냥 '베르겐'이라는 도시 자체가 아닐까 싶다.

베르겐은 오슬로에서 기차로 4시간쯤 서쪽으로 달리면 나오는 항구도시다. 늘 안개가 자욱한 환상적인 도시 풍경과 부두의 어시장 그리고 빼놓을 수 없는 한 가지, 바로 문화예술이다. 전자음악, 클래식, 현대 무용, 거기다 아름다운 그리그의 음악까지 유럽 사람들은 베르겐을 북유럽의 보석이자 오염되지 않은 순수한 예술적 휴양도시로 가장 먼저 꼽는다.

1년 내내 전 세계의 수준 높은 공연들이 다녀가는데, 그중에서도 매년 5월에 시작되는 베르겐 국제 페스티벌은 인근 다른 나라에서도 관객들이 찾아올 정도로 잘 알려져 있다. 60여 년 전통의 종합예술 축제로 명성이 자자하다.

이 축제가 열리는 보름 동안 대략 150여 개의 공연이 펼쳐진다. 음악, 연극, 무용, 오페라, 비주얼 아트 등 장르도 다양하며 작품들의 완성도 매우 높아 매년 관객들의 반응이 뜨겁다. 조용하고 감상적인 유럽여행을 즐기고 싶은 사람에게 적극 추천하고 싶다.

과하지 않은 단정한 차림새로 좋아하는 책 한 권을 들고 베르겐의 웅장한 오페라 극장 객석에 앉아 아름다운 그리그의 선율을 들어보는 환상적인 마법을 꼭 한번 경험해보길 적극 권장한다. 베르겐에선 그저 천천히 걷기만 해도 충분히 아름다운 여행이 된다. 마치 미술관에 온 것처럼.

축제 참여하기 ①

청년인턴십 및 축제 지원봉사

신청자격 축제 운영 및 축제 관련 직무 경험자를 선호한다. 나이 제한은 없다.
신청시기 매년 1월 중순부터 축제 시작하기 한 달 전까지
신청방법 홈페이지(www.fib.no)에서 신청 가능하다.
정보공개 웹사이트 http://www.fib.no/en/Volunteers
축제측 지원사항 모든 축제 극장에 무료 입장(매진시 제외)하며, 축제 기념품 및 수료증을 발급해준다. 기본급은 없다.
선정시 우선 고려사항 사실에 근거한 경험 〉 열정 〉 언어

축제 참여하기 ②

아티스트

참가공연 초청방법 주최측의 공식초청작 100%
작품선정시 고려사항 예술적 가치
신청시기 1년 내내 작품선정 작업을 진행한다.
신청방법 이메일 또는 우편
신청자격 예술적 가치가 있는 모든 공연물
신청비용 비용을 전액 지원한다.
 또는 프로젝트별로 공동작업자와 프로듀서, 파트너들이 분담하는 경우도 있다.
선호장르 음악, 연극, 무용, 오페라, 비주얼 아트, 특히 클래식 음악을 선호한다.
선호하는 문의방법 이메일 〉 우편
접수시 구비서류 프로젝트 설명서, 공연예술의 소개서, 아티스트 프로필, 사진과 동영상
문의시 사용 가능한 언어 영어
아티스트를 위한 문의처 info@fib.no / +47-55-21-06-30

©Helge Hansen

한국 아티스트를 위한 축제측 코멘트

"베르겐 페스티벌은 북유럽 국가들의 열정에서 시작되었으나, 지금은 전 세계의 아티스트들의 많은 관심을 받고 있습니다. 좋은 공연이라면 언제든 환영합니다. 단, 축제가 열리기 1년 전엔 우리에게 여러분의 공연을 소개해주세요."

094

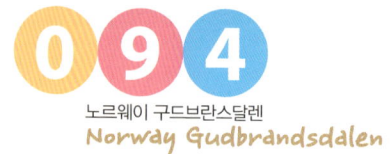

노르웨이 구드브란스달렌

Norway Gudbrandsdalen

Peer Gynt Festival

페르귄트 페스티벌

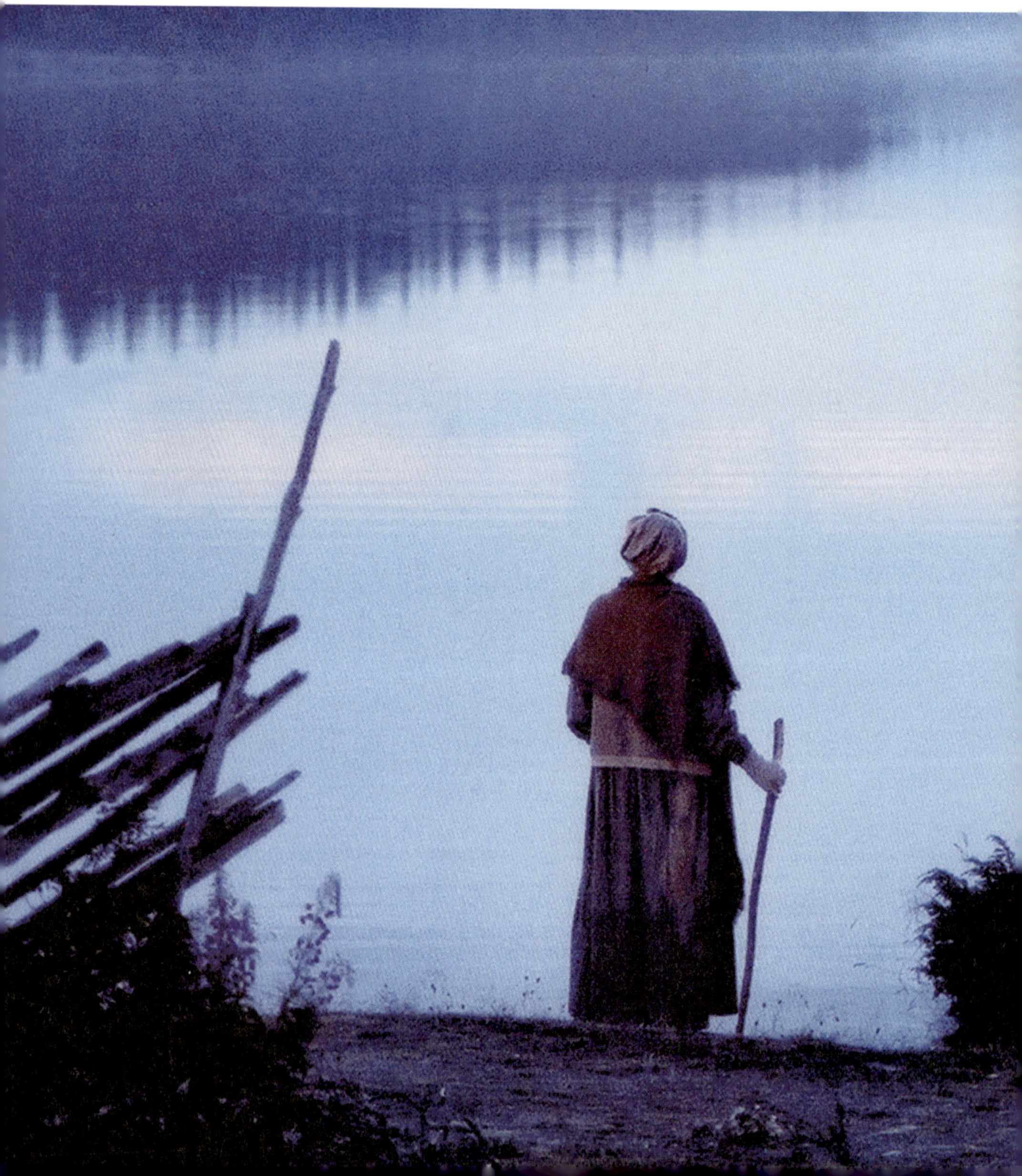

기본 정보
공식명칭 페르귄트 페스티벌(Peer Gynt Festival)
장르 오페라, 연극, 음악
개최시기 매년 8월 3일~14일(12일간)
개최도시 노르웨이 구드브란스달렌 지역의
빈스트라(Vinstra) 골로 호숫가
시작연도 1928년
규모 12일 동안 4번의 페르귄트 공연과
40여 가지 행사 진행
방문객수 약 1만2,000명
주최 Peer Gynt Festival&Norsk Seksjon CIOF

문의 및 찾아가기
공식홈페이지 http://www.peergynt.no
티켓예약 사이트 http://www.billettservice.no
접속 후 'Peer Gynt' 검색
티켓가격 200~600크로네(Nok / 한화 4만 원~12만 원)
전화문의 +47-61-29-47-70
메일문의 postmaster@peergynt.no
장소 Vinstra Skysstasjon, N-2640 Vinstra, Norway
찾아가는 방법
아직까지 한국에서 노르웨이로 가는 직항노선은
없다. 일반적으로 핀란드 헬싱키로 가서 기차
또는 항공을 이용하라고 권하지만, 오슬로 접근은
기차보다 저가항공이 편리하다.
오슬로에서 기차로 구드브란스달렌 지역의
빈스트라까지 가면 된다.

◀ 페르귄트는 입센의 5막 극시로, 몽상에 빠진 페르귄트가
애인인 솔베이지를 버리고 방랑하다가 온갖 고초 끝에
고향으로 돌아와 백발이 된 애인의 품안에서
숨을 거둔다는 내용이다.

©Peer Gynt Festival

축제 소개

페르귄트 페스티벌은 한국과 아시아에는 그다지 알려지진 않았으나 스칸디나비아에서는 가장 주목받는 예술 축제 중의 하나다. 1928년, 노르웨이의 대표작가 헨릭 입센(Henrik Johan Ibsen)의 서거 100주년을 기념하여 시작되었다가 1967년부터 매년 8월경에 보다 체계화된 축제 프로그램으로 진행되고 있다. 페르귄트 축제측은 노르웨이 시민들에게 널리 전해지고 있는 다양한 형태의 페르귄트와 실제 근원의 만남이란 대전제를 기반으로 하여 과거와 현

대, 앎과 모름, 국내외의 다양한 예술가의 다양한 시각 등을 광범위하게 소개하면서 페르귄트에 관한 특별한 모험을 선사한다.

축제기간은 매년 8월 3일부터 14일까지 12일간으로 고정되어 있다. 노르웨이의 수도 오슬로에서 북쪽에 위치한 골로 호숫가에서 펼쳐지며, 페르귄트 공연을 중심으로 15곳의 다른 무대에서 40여 개의 다채로운 문학, 음악 관련 행사들로 꾸며진다. 또한 페르귄트 페스티벌은 모든 행사에서 국내외 또는 노르웨이의 프로와 아마추어 예술가들이 함께 참여하여 진정한 예술 축제로서의 참여성을 높이기 위한 노력을 기울이고 있다.

특히 '솔베이지의 노래'로 유명한 노르웨이의 작곡가 그리그의 음악들이 페르귄트 페스티벌의 온갖 공간들을 훨씬 더 감동적으로 만드는 데 큰 기여를 하고 있다. 유럽에서조차 조금 차갑고 말이 없기로 소문난 노르웨이의 정통성을 잇고 있는 페르귄트 페스티벌은 기존 유럽 축제들과는 사뭇 다른 깊이감과 잔잔한 감동이 있는 색다른 경험이 될 것이다. 한여름, 북유럽 여행계획을 갖고 있는 사람이라면 매년 8월 오슬로로 방향을 틀어보자.

야외 공연이지만 좌석이 정해져 있으니 예약을 하고 가는 것이 안전하다. 또한 공연장 위치가 산속의 호숫가라서 여름이라도 선선하다. 두꺼운 외투나 얇은 담요 정도는 준비해가는 것이 좋다.

095

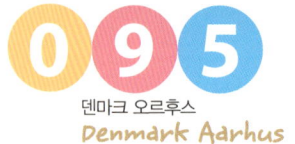

덴마크 오르후스
Denmark Aarhus

The Aarhus Festival
오르후스 페스티벌

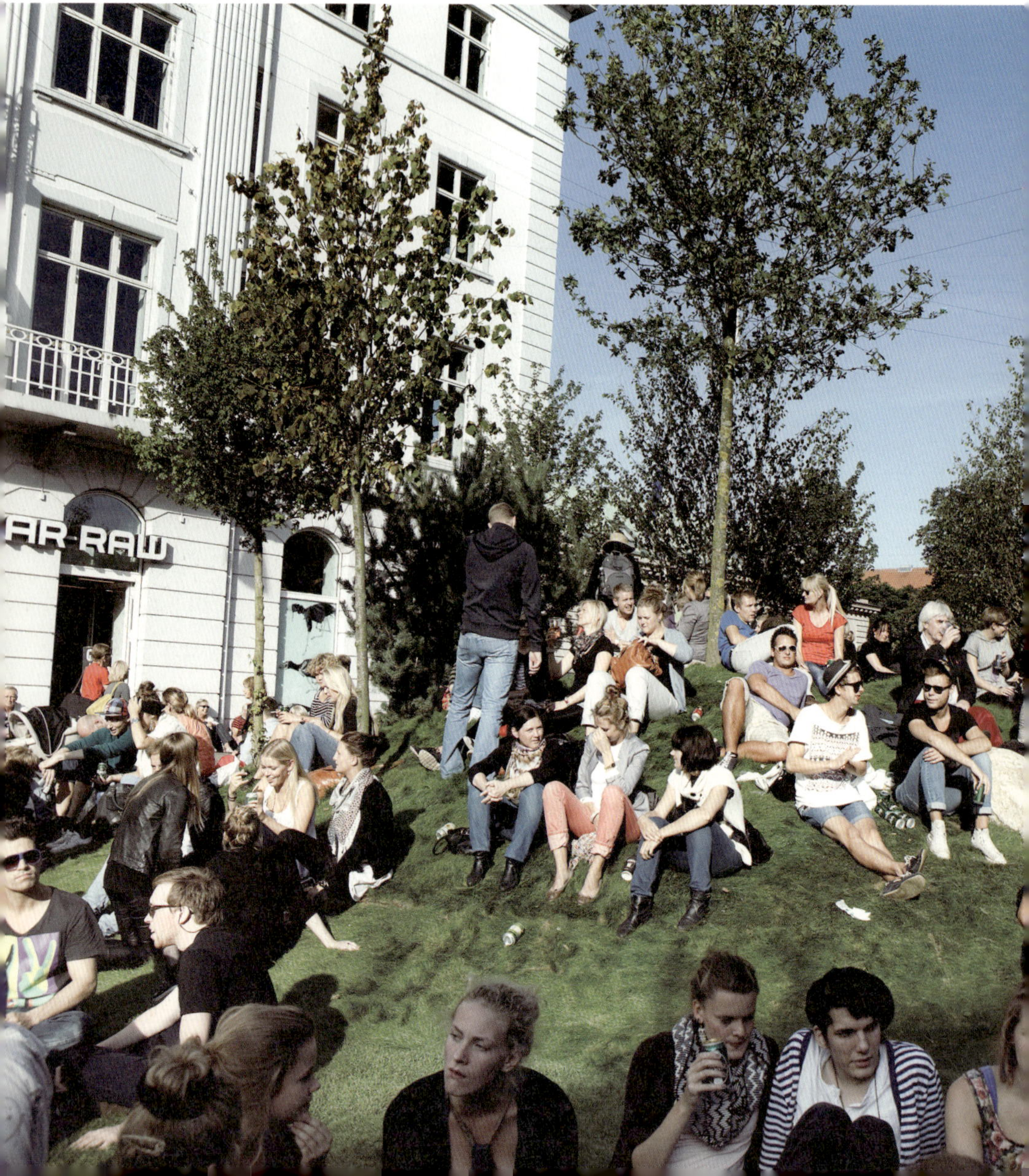

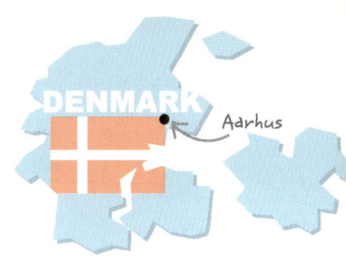

기본 정보
공식명칭 오르후스 페스티벌(The Aarhus Festival)
장르 종합장르
    (댄스, 음악, 거리공연, 카바레공연, 문학, 연극 등)
개최시기 매년 8월 마지막 금요일부터 10일 동안
    (2011년 8월 26일~9월 4일)
개최도시 덴마크 오르후스
시작연도 1965년
규모 2010년 10일 동안 1,000여 개의 공연팀 참가
방문객수 셀 수 없을 정도로 많다.
주최 The Aarhus Festival
    (오르후스 시 정부가 주도적으로 진행)

문의 및 찾아가기
공식홈페이지 http://www.aarhusfestival.com
티켓예약 사이트 http://www.aarhusfestival.com
티켓가격 무료부터 400크로네(Dkr)까지
전화문의 +45-87-308-300
메일문의 mail@aarhusfestuge.dk
장소 Århus Festuge Officersbygningen Vester
    Allé 3 DK-8000 Aarhus C, Denmark
찾아가는 방법
유럽의 주요 도시에서 오르후스 공항으로 가는
비행기가 많다. 축제기간 동안 비행기 티켓을 구하기
어렵다면 빌룬드 공항도 멀지 않아 이용하기 좋다.
또는 코펜하겐에서 기차로 가는 방법도 있다.

◀ 편안하고 자유로운 분위기에서 축제를 즐기는
사람들의 모습. 야외 축제가 흔치 않은 북유럽에서
오르후스 페스티벌이 주목받는 건 당연하다.

©Martin Dam Kristensen

축제 소개

북유럽은 밤이 길고 눈이 많이 오는 비교적 추운 지역이다. 그래서 비교적 따뜻한 지역에 위치한 프랑스나 오스트리아처럼 야외 축제가 많이 발달하지 못했다. 그렇기에 매년 여름 덴마크의 오르후스에서 열리는 야외 공연 예술 축제가 더욱 주목을 받는다.

오르후스 페스티벌은 '야외'라는 공간적 규칙을 정해놓은 것은 아니지만 북유럽 국가의 축제 중 실내와 실외를 가장 광범위하게 활용하고 공연팀도 1,000여 개에 이를 만큼 대규모 예술 축제에 속한다. 더불어 다양하고 참신한 신작들을 선보이는 북유럽의 가장 큰 문화예술 쇼케이스의 기능도 겸하고 있다.

1965년 처음 열린 오르후스 페스티벌은 오늘날 덴마크는 물론 전 세계적으로도 그 명성이 자자하며, 북유럽을 대표하는 성공적인 축제로 일컬어진다. 오프닝의 갈라쇼는 예약을 하지 않으면 보기 힘들 정도다. 또한 축제가 벌어지는 열흘 동안 오르후스의 클럽, 공연장, 갤러리, 박물관들이 예술과 엔터테인먼트

로 가득 채워져 평소의 유럽 풍경과는 사뭇 다른 모습을 선사한다.

그동안 전 세계의 수많은 아티스트들이 오르후스를 거쳐 갔으며 특히 라틴 아메리카의 레인메이커, 아프리카의 합창단, 일본의 드러머, 세계적으로 잘 알려진 공연기획사들과 음악인들이 폭발적인 무대를 선보였다. 또한 오르후스 시의 대표적 문화 축제로 자리잡은 만큼 덴마크의 여왕이 축제를 후원하고 오르후스 시장이 직접 축제를 진두지휘하고 있다. 이 때문에 매년 축제는 활력이 넘친다. 한국의 각 도시에서 도시브랜드 마케팅과 벤치마킹 사례연구의 좋은 본보기로 삼을 만하다.

축제 참여하기

아티스트

참가공연 초청방법 주최측의 공식초청작 100%
작품선정시 고려사항 예술적 가치와 테마
신청시기 신청 불가능. 주최측에서 직접 작품을 발굴한다.
아티스트를 위한 문의처 mail@aarhusfestuge.dk

한국 아티스트를 위한 축제측 코멘트

"일반적으로 우리는 작품을 직접 발굴하여 초청하므로 참가신청 시스템이 따로 없습니다."

◀ 지난 2010년 8월, 오르후스 시내의 축제 광장에 설치된 야외무대에서 유럽의 인기 록밴드가 공연을 펼치고 있다. 환호하는 관객이나 뮤지션 모두 축제와 음악에 한껏 취해 있다.

096

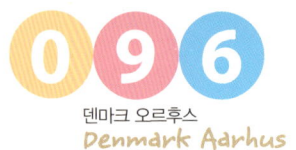

덴마크 오르후스

Denmark Aarhus

Junge Hunde Festival

융에 훈데 페스티벌

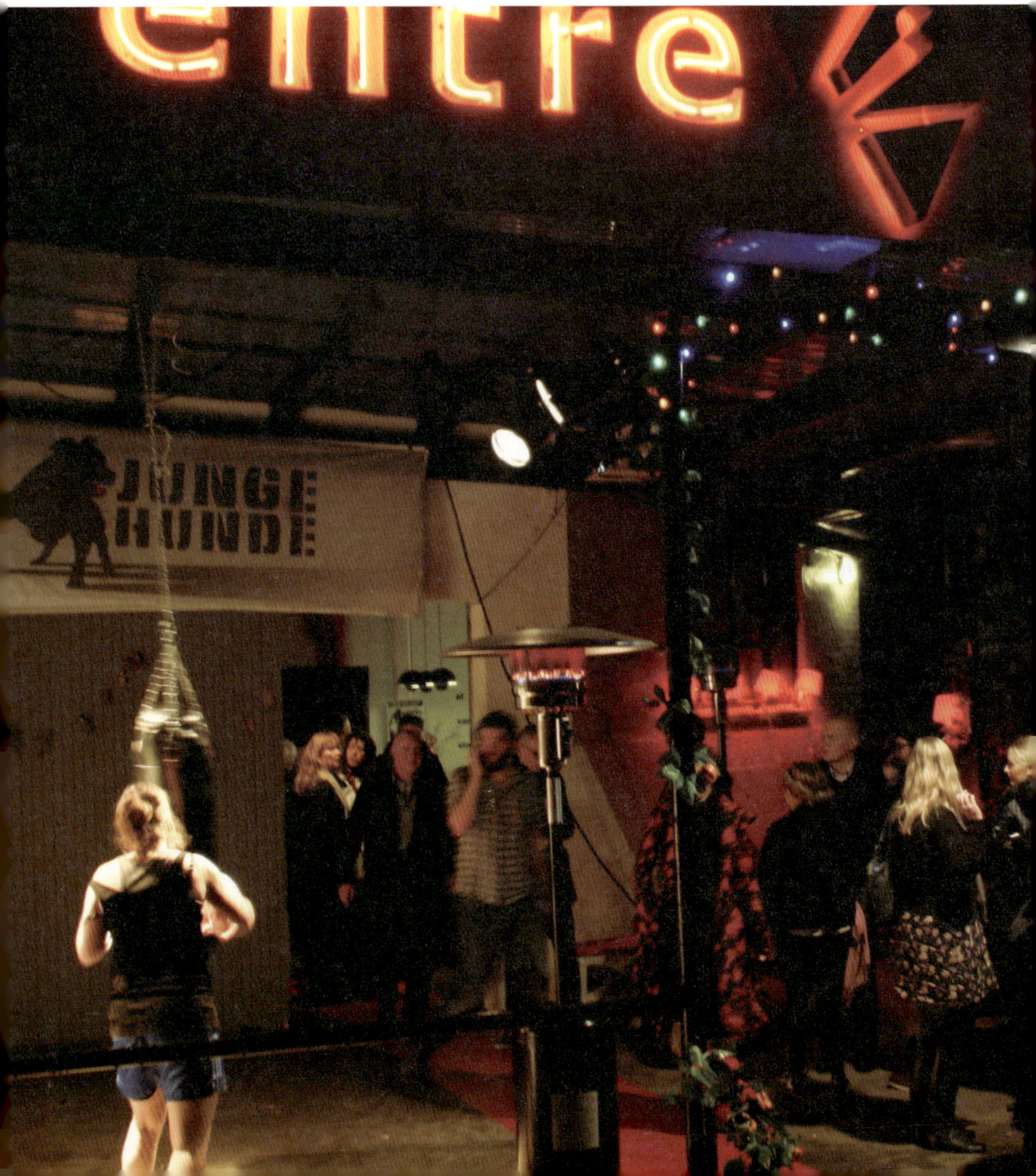

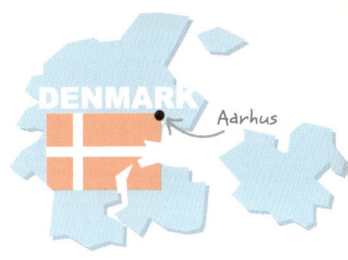

기본 정보
공식명칭 융에 훈데 페스티벌(Junge Hunde Festival)
장르 실험성 짙은 퍼포밍 아트
개최시기 격년 10월~11월(2012년 10월 개최)
개최도시 덴마크 오르후스
시작연도 2005년
규모 전 세계 15~20개 전문 공연팀 참가
방문객수 800~1,200여 명의 공연마니아 관객 참여
주최 Entré Scenen

문의 및 찾아가기
공식홈페이지 www.entrescenen.dk,
　　　　　　　www.jungehunde.dk
티켓예약 사이트 http://www.entrescenen.dk
티켓가격 5유로, 10유로, 16유로
전화문의 +45-86-19-00-79
메일문의 Sigrid@entrescenen.dk
장소 Groennegade 93D, 8000 Aarhus C, Denmark
찾아가는 방법
유럽의 주요 도시에서 오르후스 공항으로 가는 비행기가 많다. 축제기간 동안 비행기 티켓을 구하기 어렵다면 빌룬드 공항도 멀지 않아 이용하기 좋다. 또는 코펜하겐에서 기차로 가는 방법도 있다.

©Rasmus Malling Skov Jeppesen

축제 소개

©Rasmus Malling Skov Jeppesen

덴마크의 여왕과 오르후스 시장이 직접 나서 대규모 도시 축제로 키운 오르후스 페스티벌이 대중적 성향이라면, 융에 훈데 페스티벌은 그 야말로 진정한 선수들끼리만 모여 예술적 경쟁과 교류, 실험, 새로운 정보를 교환하는 전문 공연 축제다. 그것도 아주 실험적이고 아카데믹한 프로그램을 중요시하기 때문에 한국의 젊은 아티스트들에게 추천할 만하다.

특히 최근 들어 해외의 레지던스 프로그램에 대한 관심이 높아지고 있는데, 적정한 규모로 실속 있게 운영되고 다양한 국적의 공연팀들이 골고루 소개되기 때문에 한번쯤 참여하여 교류해보는 것도 좋은 경험이 될 수 있다.

무엇보다 기억할 것은 융에 훈데가 격년제로 시행된다는 점이다. 2년에 한 번 댄스, 공연, 설치미술, 예술공연, 현대 오페라, 크로스오버, 개념연극 등 참신하고 실험적 작품들이 오르후스에 모여든다. 2010년에 15개 전문 공연팀들이 한바탕 축제의 장을 펼쳤기 때문에 다음 축제는 2012년 가을에 개최된다. 상세한 축제 일정은 홈페이지에서 확인하기를!

이 축제는 참여 아티스트 간의 피드백, 상호 존중, 활발한 커뮤니케이션을 가장 중요시한다. 이러한 감성적 교류에 중점을 두고 각종 워크숍과 마스터 클래스, 관객의 소리, 스피드 대화 그리고 다양한 네트워킹을 활용한 이벤트를 진행하기 때문에 특히 젊은 아티스트들의 참여도가 높다.

무엇보다 새로운 시도와 변화를 주도하는 전문 아티스트들이 자유롭게 실험할 수 있게 하고 그 반응을 직접 살펴볼 수 있는 기회를 제공하고자 하기 때문에 치열한 근성을 가진 한국 아티스트들에게도 색다른 경험이 될 것이다.

축제 참여하기 ①

청년인턴십 및 축제 자원봉사

신청자격 나이 제한은 없다. 영어 또는 스칸디나비아어 가능자
신청시기 필요시마다 홈페이지를 통해 알린다.
신청방법 공식홈페이지
정보공개 웹사이트 www.entrescenen.dk, www.jungehunde.dk
축제측 지원사항 여행과 숙식 제공
　　　　　　　제한적으로 프로덕션 비용을 제공하기도 한다.
선정시 우선 고려사항 국제적 감각과 언어 소통 능력

축제 참여하기 ②

아티스트

참가공연 초청방법 주최측의 공식초청작 100%
작품 선정시 고려사항 예술적 수준 〉 혁신성, 실험성 〉 국제적 감각
신청시기 홈페이지를 통해 확인 가능
신청방법 홈페이지를 통해 신청
신청자격 누구나 신청할 수 있다.
신청비용 없다.
선호장르 실험적 퍼포밍 아트
선호하는 문의방법 이메일 〉 전화
접수시 구비서류 시놉시스, 자기소개서, DVD(웹에서 동영상 가능한 풀버전 선호)
문의시 사용 가능한 언어 영어, 스칸디나비아어
아티스트를 위한 문의처 Sigrid@entrescenen.dk / +45-86-19-00-79

©Andy Dedecker

한국 아티스트를 위한 축제측 코멘트

"2012년 축제에 참가하고 싶다면 홈페이지(www.entrescenen.dk) 공지사항을 참고하여 2011년 12월부터 신청해주길 바랍니다."

097

덴마크 코펜하겐

Denmark Copenhagen

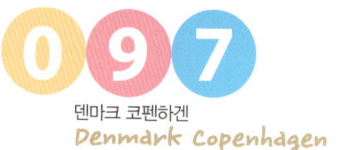

Tivoli Festival

티볼리 페스티벌

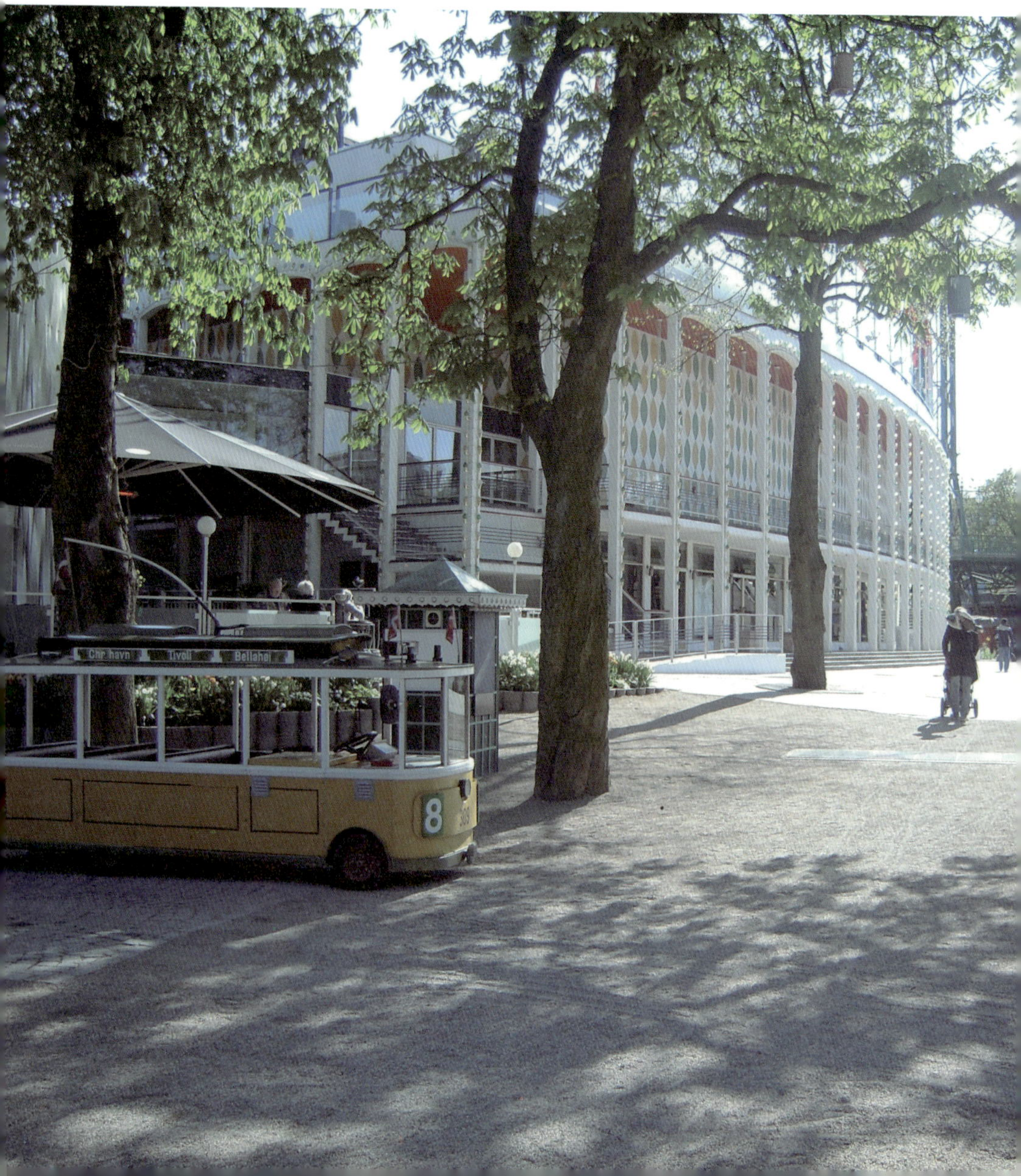

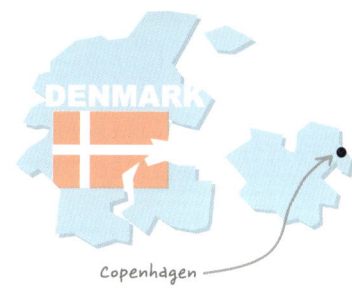

기본 정보
공식명칭 티볼리 페스티벌(Tivoli Festival)
장르 클래식 음악
개최시기 매년 5월 초~9월 초
(2011년 5월 14일~9월 8일)
개최도시 덴마크 코펜하겐
시작연도 1956년
규모 매년 50~60여 개 공연팀 참가
방문객수 매년 450만여 명의 관람객 방문
주최 Tivoli A/S

문의 및 찾아가기
공식홈페이지 www.tivolifestival.dk
티켓예약 사이트 www.tivolifestival.dk
티켓가격 150~1,250크로네
(Dkr / 한화 3만 원~26만 원가량)
전화문의 +45-33-750-413
메일문의 eaf@tivoli.dk
장소 Vesterbrogade 3, 1630
Copenhagen V., Denmark
찾아가는 방법
티볼리가든은 코펜하겐 센트럴역 바로 근처에 있다. 코펜하겐의 호텔과 음식점 정보는 www.tivoligardens.com을 참고하면 된다.

◀ 코펜하겐의 명물이자 북유럽 최고의 관광명소인 티볼리 공원의 전경. 티볼리 공원은 1년 내내 코펜하겐 시민들의 휴식처이자 놀이공원으로 활용되다가, 여름이 되면 세계 각지에서 몰려든 유명 뮤지션들과 관광객들로 발 디딜 틈 없는 축제의 장으로 변신한다.

축제 소개

　티볼리 음악 페스티벌은 세계적으로도 손꼽히는 클래식 음악 페스티벌이다. 덴마크를 여행한 사람이라면 누구나 알 정도로 티볼리는 덴마크의 최고 명소로 알려져 있는데, 이탈리아 로마 인근에 있는 티볼리 시의 정원을 모델로 했다고 하여 붙여진 이름이다. 과거 주변국과의 잦은 전쟁으로 흔들리는 민심을 위로하기 위해 왕실의 정원을 시민에게 공원으로 내놓은 것이 발단이 되었다고 한다. 실제 덴마크의 대표 작가 안데르센이 이 티볼리 공원에서 수많은 동화를 구상했다고 알려져 있다.

　티볼리 공원은 매년 4월부터 9월까지 개장하고 카지노와 슬롯머신, 레스토랑, 놀이기구, 콘서트홀 등 도심 공원으로서의 아름다움과 다채로움, 기능적인 측면까지 시민들이 함께 즐길 수 있는 최상의 시설을 갖추고 있다.

　이런 티볼리 공원을 배경으로 5개월간 음악의 향연을 펼치는 티볼리 페스티벌은 1,800석 규모의 콘서트홀을 중심으로 세계 유수의 오케스트라 및 클래

식 연주자들이 환상적인 음악을 선사한다. 축제기간 동안엔 공연 티켓으로 티볼리 공원에 입장할 수 있다.

무엇보다 재미있는 사실은 이 티볼리 공원의 다양한 빌딩들을 지키는 경비단이 어린 소년들로 구성된 티볼리 소년경비단이라는 점이다. 200년 가까이 이어져온 독특한 전통으로, 받는 보수가 간단한 음료와 빵뿐이라고 하니 코펜하겐 사람들의 티볼리 사랑이 얼마나 극진한지 짐작이 된다.

티볼리 페스티벌 기간 동안 공원 내에서 펼쳐지는 작은 거리공연과 콘서트 이외에 굵직굵직한 대형 콘서트 공연만도 50여 개에 달할 정도이니, 5월에서 9월 사이에 덴마크를 여행하는 사람이라면 이 기회를 절대 놓치지 말자.

> **Travel Tip**
> 대형 콘서트의 경우, 이름만 들어도 알 만큼 유명한 뮤지션들의 공연으로 구성되기 때문에 사전 예약은 필수! 당일 티켓 구매는 매우 어렵다.

라트비아 리가
Latvia Riga

Dziesmusvetki
라트비아 송 페스티벌

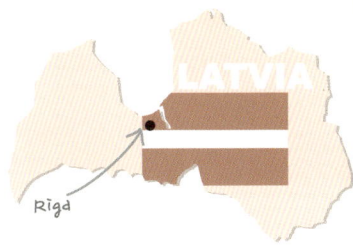

기본 정보
공식명칭 라트비아 송 페스티벌(Dziesmusvetki)
장르 종합장르(민족 합창을 위주로 한 라트비안 민요제, 전통 무용, 전시회 등)
개최시기 5년에 한 번, 7월 개최(2013년 7월 개최 예정)
개최도시 라트비아 리가
시작연도 1873년
규모 3만여 명 참여, 수백 개의 합창단과 무용팀 참가
방문객수 방문객수는 2만여 명가량
주최 라트비아 문화부

문의 및 찾아가기
공식홈페이지 http://www.dziesmusvetki2008.lv
티켓예약 사이트 http://www.dziesmusvetki2008.lv/index.php?&78
티켓가격 1~25라트(Lat / 한화 2,000원~3만5,000원)
전화문의 +371-7228020
메일문의 birojs@dziesmusvetki2008.lv
장소 라트비아의 수도, 리가 곳곳에 흩어져 있는 공연장과 메인 스타디움

찾아가는 방법
한국에서 리가로 가는 직항은 없다. 헬싱키 등 유럽의 주요 환승공항에서 유럽의 저가항공으로 갈아타는 것이 가장 빠른 방법이다. 또 동유럽 인근 국가에서는 버스나 기차를 타고 가는 것도 좋은 방법이다. 러시아 세인트 피터스버그에서 리가 'Baltiya'를 이용하면 약 11시간이 소요되고(요금 50유로), 모스크바에서 리가까지는 15시간이 소요된다(요금 55유로 정도).

◀ 어떤 사람은 '나라를 구한 노래'라고 한다. 아무리 짓밟혀도 라트비아인들의 영혼은 사라지지 않는다는 피의 역사를 기억하는 외침이다. 이보다 더 뜨겁고 열정적인 축제가 또 있을까.

축제 소개

유럽 사람들의 진가를 알 수 있는 몇몇 이색 축제들은 3년이나 5년에 한 번, 심지어 10년에 한 번씩 열리기 때문에 제대로 만나보기란 쉽지가 않다. 라트비아의 송 페스티벌은 동유럽의 민족적 아픔과 진한 감동을 한꺼번에 맛볼 수 있는 절호의 기회다. 더 보태자면 이 축제는 라트비아인들의 정체성과 따로 떼어 설명할 수 없을 만큼 중요한 국가적 이벤트이다.

라트비아 송 페스티벌은 수세기 동안 타국의 지배를 받고, 19세기에 들어서는 사회·정치적 변화를 맞은 라트비아 국민들에게 애국심을 일깨워 주는 계기가 되었다. 그들은 외부의 억압에도 불구하고 라트비아의 정체성을 찾기 위해 분투하였고 합창을 통해 이를 표현했다. 불행히도 2차 세계대전에서 라트비아는 다시 구소련에 주권을 빼앗기게 되었는데, 그 와중에도 축제는 곳곳에서 숨은 상태로 계속되었다. 온 국민의 정신을 모은 축제임과 동시에 사실상 국가를 잃은 시위의 일환으로 이 축제는 함께해온 것이다.

▼ 라트비아 송 페스티벌은 일종의 민요제 형식이기 때문에 축제에 참가한 시민들은 각 지역의 전통 의상을 입고 가두행진을 벌인다.

> 공연의 대부분은 무료이지만 축제의 일환으로 펼쳐지는 주요 유료 공연은 일찌감치 매진된다. 꼭 보고 싶은 공연이 있다면 다음 개최 해인 2013년을 잘 기억해두었다가 미리미리 예약하기 바란다.

▲ 라트비아 민속춤 대회에 참가하기 위해 리가 메인 스타디움에 모인 사람들.

라트비아 송 페스티벌에는 라트비아 전통 의상을 갖춰 입은 전국의 300여 개 합창단과 57개의 관악대가 참가하며, 500여 개의 무용단이 그들의 대표적인 민족음악을 다 함께 노래한다. 합창이 진행되는 시간 이외에도 11일간의 축제기간에는 리가 시 어디에서나 이들의 다양한 노래와 춤을 만나볼 수 있다. 유네스코는 아마도 이런 이유에서 라트비아 송 페스티벌을 두고 '구비문화의 결정판'이라고 칭송했을 것이다.

진정한 휴머니즘의 유산인 이 축제를 오랜 역사를 가진 한국인들에게도 꼭 추천하고 싶다. 제 아무리 크고 화려한 축제인들 온 국민의 영혼과 염원이 담긴 민족의 외침보다 더한 감동이 어디 있으랴. 필자가 권하는 유럽의 축제 중 단연 최고다.

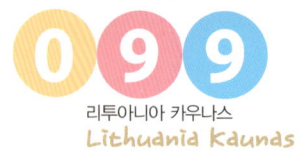

0 9 9
리투아니아 카우나스
Lithuania Kaunas

Kaunas International Dance Festival

카우나스 국제댄스페스티벌

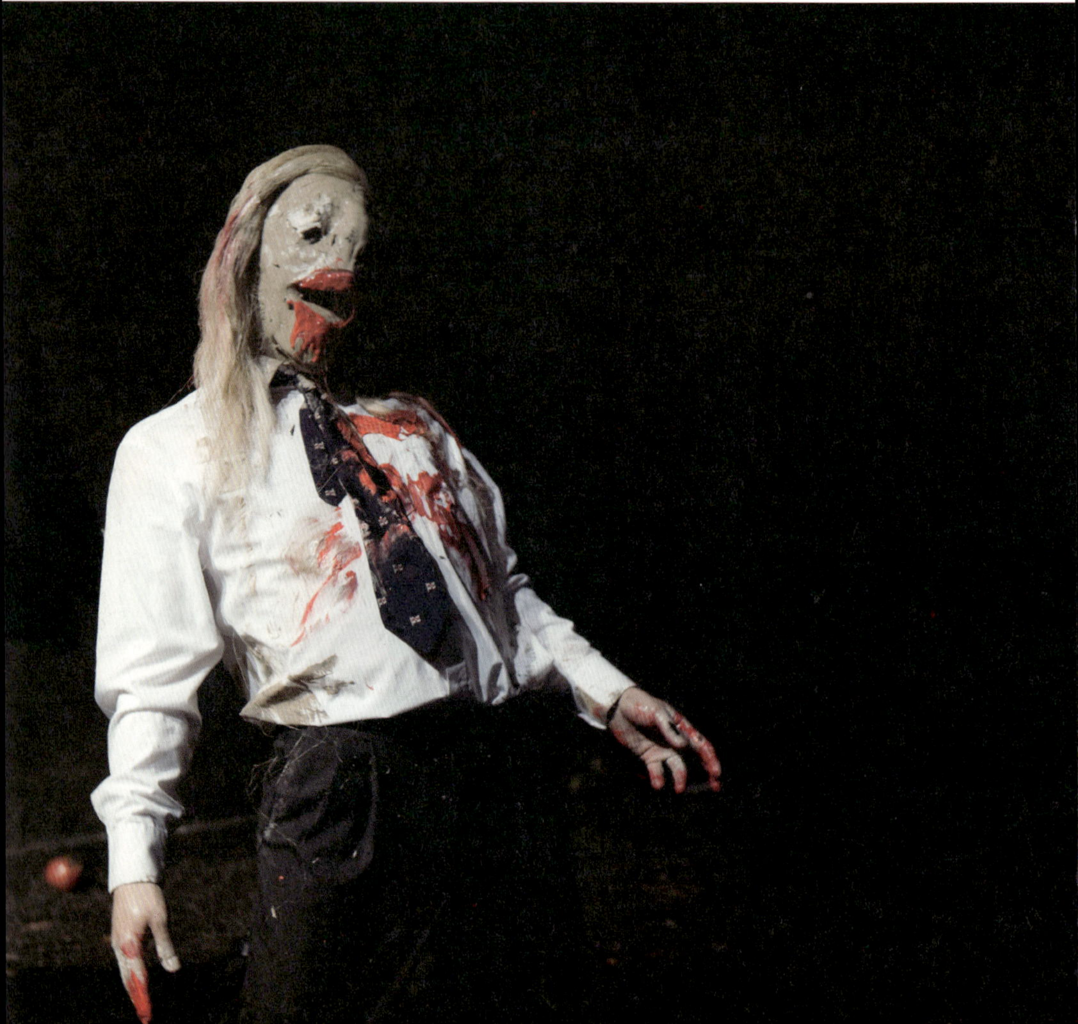

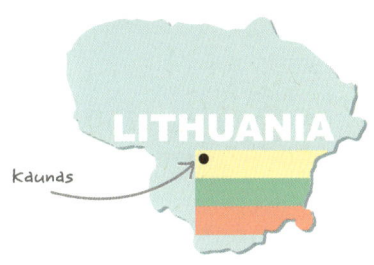

기본 정보

공식명칭 카우나스 국제 댄스 페스티벌(Kaunas International Dance Festival, AURA페스티벌)
장르 현대 무용, 신체극, 퍼포먼스
개최시기 매년 9월 말(2011년 9월 22일~26일)
개최도시 리투아니아 카우나스
시작연도 1989년
규모 전 세계에서 초청된 15여 개 팀
방문객수 약 5,000여 명
주최 아우라 댄스 시어터(Aura Dance Theatre)

문의 및 찾아가기

공식홈페이지 http://aura.it
티켓예약 사이트 http://www.bilietai.it
티켓가격 10~15유로
전화문의 +370-37-20-20-62
메일문의 info@aura.it, martina@aura.it
장소 M. Dauksos str. 30 a., Kaunas LT 44282, Lithuania

찾아가는 방법
페스티벌은 카우나스의 여러 지역에서 다양하게 열리기 때문에 매해 구체적인 공연장 정보는 공식홈페이지 또는 아우라(Aura)의 메인 극장을 찾아가면 쉽게 얻을 수 있다.

◀ 카우나스 국제 댄스 페스티벌은 최고의 화제작, 특히 현대 무용의 트렌드를 이끄는 실험적 작품들 한꺼번에 볼 수 있는 동유럽 최고의 현대 무용 축제다. 초가을, 카우나스의 공연장에 앉아 있는 당신은 이미 최고의 감동을 거머쥘 카드를 손에 쥔 셈이다.

축제 소개

리투아니아라는 나라 자체가 아직까지 생소한 사람들이 많다. 발트 3국 중 가장 넓은 영토를 가지고 있으며, 오랜 세월 러시아의 지배하에 있었던 탓에 아직까지 정치, 경제, 문화 등 다양한 측면에서 지금의 러시아와 비슷한 모습이 많이 남아 있는 편이다. 러시아와 독일 사이에 끼어 많은 침략과 전쟁으로 국권 침탈을 당해오다 1991년 9월 6일에 재독립에 성공한 아픈 역사를 안고 있기도 하다.

카우나스 국제 댄스 페스티벌은 리투아니아의 문화부 장관이 러시아로부터의 진정한 문화적 독립을 기원하며 만들었기 때문에 현지인들에게는 특별한 의미가 있는 축제라 할 수 있다. 무용 중에서도 실험적이고 과감한 시도가 돋보이는 현대 무용을 지향하는데, 매년 초가을에 과거의 수도였던 카우나스에서 개최된다. 진부하고 단순한 즐거움이 아니라, 현대 무용과 다양한 예술 형태의 무브먼트로 관객들에게 열정적인 경험을 선사하는 게 이 축제의 매력. 색다른, 그리고 지금까지 보지 못했던 새로운 형태의 그 무엇을 보여주기 위해 매해 최고의 작품을 선별하여 선보이고 있다.

매해 축제에 참여하는 시민들의 반응은 우리가 상상하는 것 이상이며, 여행자에게는 잊지 못할 추억을 선사한다. 매년 9월 말 닷새간만 진행되며, 매우 수준 높은 세계적 무용단이 골고루 초청되기 때문에 하루에도 몇 작품씩 세련되고 파격적인 현대 무용을 실컷 감상하며 동유럽 여행을 즐길 수 있는 좋은 기회이다. 2011년에는 유럽 전역의 텍스타일 트렌드를 보여주는 텍스타일 비엔날레와 함께 열려 텍스타일과 무용을 연계한 새로운 프로그램을 소개할 예정이라고 하니 어떤 분위기가 연출될지 기대할 만하다.

축제 참여하기 ①

청년인턴십 및 축제 자원봉사

신청자격 나이 제한은 없으나 영어와 리투아니아어가 능통해야 한다.
신청시기 매년 5월경
신청방법 공식홈페이지를 통해 접수
정보공개 웹사이트 http://aura.it
축제측 지원사항 식비와 교통비 정도의 최소 비용만 제공한다.
선정시 우선 고려사항 언어 〉 지원한 동기

축제 참여하기 ②

아티스트

참가공연 초청방법 공식초청작 50%, 신청자의 작품성을 검토한 후 참여시키는 선정작 50%
작품선정시 고려사항 예술적 가치, 참신성, 독창성
신청시기 매년 9월 축제 폐막부터 이듬해 2월까지
신청방법 이메일(martina@aura.it) 또는 우편 접수
  (M. Dauksos str. 30 a., Kaunas LT 44282)
신청자격 무용, 퍼포먼스 단체 또는 개인
신청비용 없다.
선호장르 컨템포러리 댄스, 벨리, 신체움직임극, 다양한 장르의 매칭을 시도한 무브먼트 등
선호하는 문의방법 이메일
접수시 구비서류 개인 또는 단체의 프로필과 동영상
문의시 사용 가능한 언어 영어, 폴란드어, 러시아어, 리투아니아어
아티스트를 위한 문의처 martina@aura.it

한국 아티스트를 위한 축제측 코멘트

"참신한 아시아 작품을 많이 만나고 싶습니다. 문의할 게 있으면 언제든 연락주세요."

100

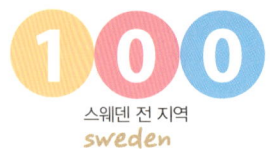

스웨덴 전 지역

sweden

Midsommar Festival

하지 축제

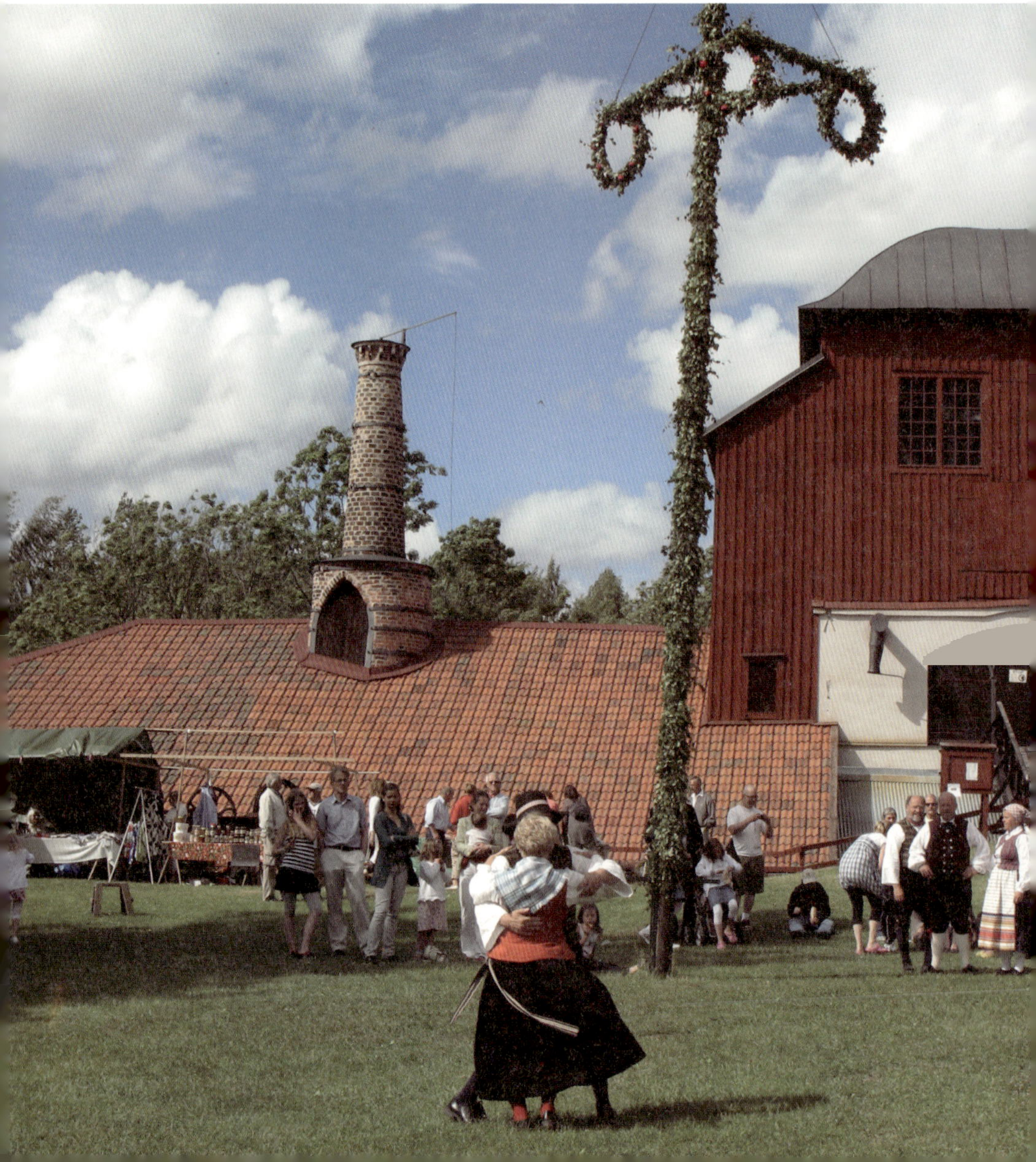

기본 정보
공식명칭 하지 축제(Midsommar Festival)
장르 민속축제(명절)
개최시기 매년 6월 19일~26일 사이의 금요일과
　　　　　토요일(2011년 6월 24, 25일)
개최도시 스웨덴 전역
시작연도 17세기경
규모 공휴일로 정할 만큼 국민적인 명절이지만
　　　요란하진 않다.
방문객수 추정 불가능
주최 각 지역의 자치단체 및 문화센터

문의 및 찾아가기
공식홈페이지 http://www.sweden.se/eng/Home/
　　　　　　　Lifestyle/Traditions/Midsummer
티켓예약 사이트 http://www.sweden.se, http://
　　　　　　　　www.visitsweden.com/sweden
티켓가격 무료
전화문의 홈페이지 활용
메일문의 홈페이지 활용
장소 스웨덴 전역, 달라냐 지방이
　　　가장 성대하게 열린다.
찾아가는 방법
달라냐 지방은 스톡홀름의 북서쪽에 위치해 있으며,
스톡홀름 센트럴역에서 중간에 한 번 갈아탄 후
래트빅(Rattvik)에서 하차한다.
2시간 20분 정도 소요된다.

◀ 꽃과 나뭇가지로 장식된 오월주(May Pole)는 원래 고대
셀틱족부터 유래했는데, 바이킹시대에는 다산의
상징이었다고 한다. 영화에서나 봤음직한
동네 아주머니들의 소박한 의상이 눈에 띈다.

축제 소개

일 년 중 가장 해가 길다는 하지. 스웨덴의 하지는 오전 2시에 떠오른 해가 밤 10시가 넘도록 지지 않는다. 원래 스웨덴의 하지 축제는 6월 23일과 24일에 열렸으나, 1953년 이후 6월 19일과 26일 사이의 금요일과 토요일로 옮겨졌다.

어두운 밤이 이어지는 겨울을 지나 풍요로운 자연과 햇살을 실컷 즐길 수 있는 하지 축제는 스웨덴에 있어서 가장 중요한 공휴일이며, 가장 스웨덴다운 축제라 할 수 있다. 축제의 하이라이트인 금요일에는 꽃과 풀로 꾸며진 오월주(may pole) 나무 주변을 돌며 전통 춤을 춘다. 이 춤은 가족과 그 이외의 사람들도 함께 즐기며 스웨덴 전통 음악과 전통 의상을 입는 경우가 많고, 야생화와 새싹으로 치장된 왕관을 쓰기도 한다. 그 해에 첫 번째로 수확한 감자와 지역 맥주, 사워크림, 첫 딸기를 함께 나누고 즐기는 것도 하지 축제의 중요한 요소다. 이렇게 짧은 여름을 스웨덴 사람들이 모두가 즐겁게 한마음으로 축복하기 때문에 스웨덴 정부에서 공휴일로 지정한 것이다.

▼ 얼핏 오월주는 비슷비슷한 나무기둥 같지만 지역마다 약간의 차이가 있다.
잎이 무성한 나뭇가지와 꽃으로 장식한 후 지역마다 행복을 기원하는 종 모양,
이웃 간의 화합을 상징하는 하트 모양, 풍작을 기원하는 마가렛꽃 등 각기 다른 염원을 담는다.

▲ 하지가 가까워오는 6월에는 새벽 2시에 해가 떠 밤 10시까지 지지 않는다.
길고 어두운 겨울을 보낸 북유럽 사람들에게 오월주는 자연에게 보내는 감사의 의식이 아니었을까.

　또한 하지 축제 시기는 일 년 중 신비한 마력(?)이 강하게 작용하는 날로 여겨지기 때문에 미래에 대한 다양한 의식이 다채롭게 행해져 왔다. 예를 들면 부케를 베개맡에 두고 꿈을 꾸면 미래의 배우자를 알 수 있다거나 하지에 단 허브와 봄의 물을 먹으면 건강이 좋아진다거나 하는 그야말로 민간요법들이 총 동원되기도 한다. 그 밖에도 수도인 스톡홀름을 비롯하여 모든 도시의 공원 및 광장에서 하지 축제를 빛내는 다양한 이벤트들이 펼쳐진다. 이 시기에 스웨덴 방문 계획이 있다면 장소 불문하고 찾아가보자. 스웨덴 사람들의 다양한 모습을 만나볼 수 있을 것이다.

 우리의 명절, 추석처럼 축제가 열리는 3일 동안 모든 관공서가 문을 닫는다. 필요한 업무가 있다면 미리 처리해야 한다.

101

핀란드 헬싱키
Finland Helsinki

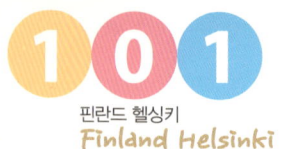

Helsinki Festival

헬싱키 페스티벌

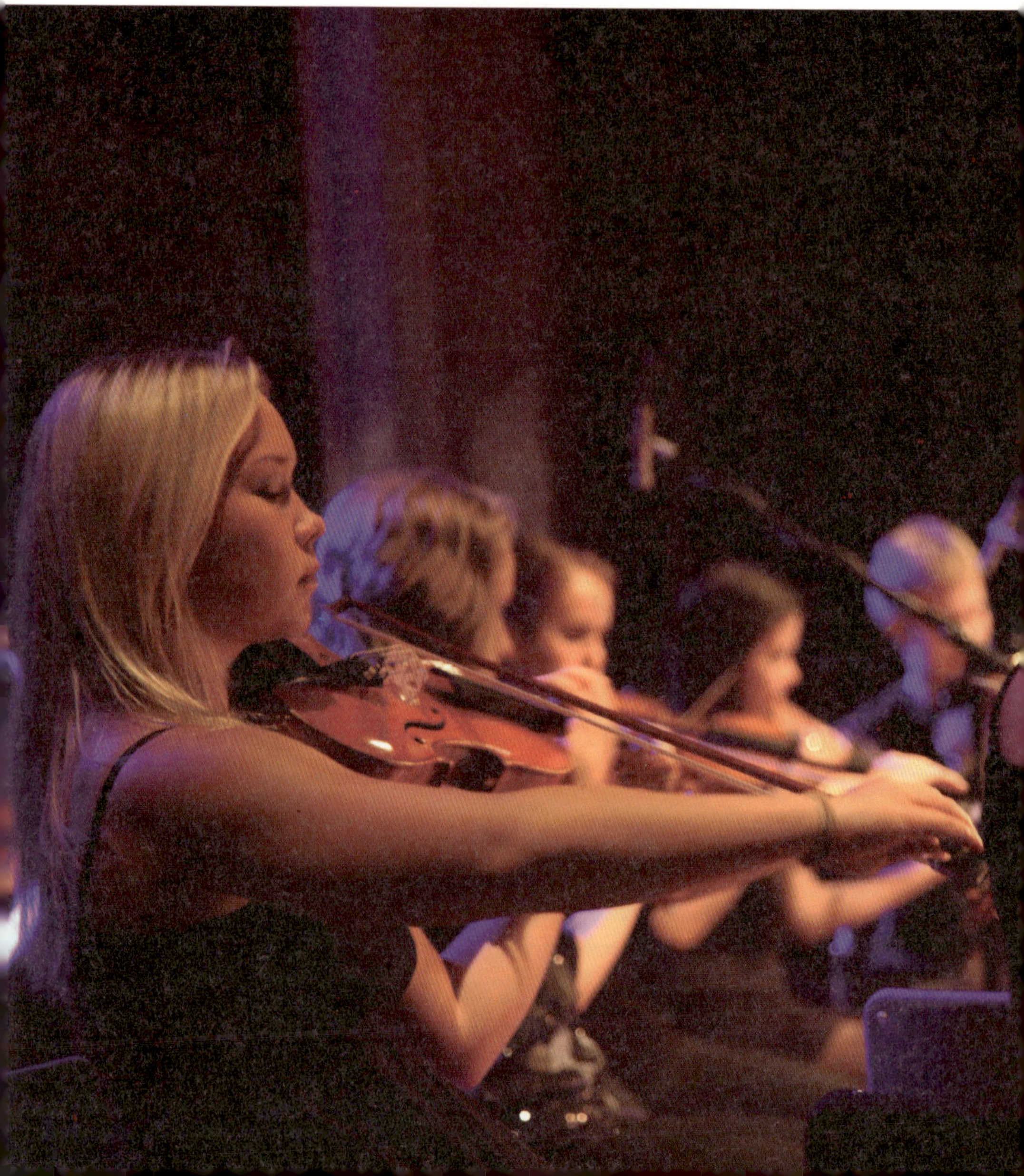

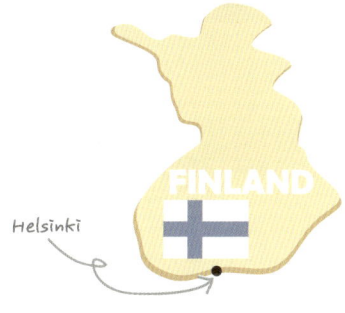

기본 정보
공식명칭 헬싱키 페스티벌(Helsinki Festival)
장르 종합장르(클래식, 서커스, 댄스, 연극, 비주얼 아트, 영화, 어린이 공연 등)
개최시기 매년 늦여름, 8월~9월
    (2011년 8월 19일~9월 4일)
개최도시 핀란드 헬싱키
시작연도 1968년
규모 매년 70여 개 국제 공연팀 참가
방문객수 2010년 27만1,896명 방문
주최 Helsinki Festival

문의 및 찾아가기
공식홈페이지 www.helsinkifestival.fi
티켓예약 사이트 http://www.lippupalvelu.fi
티켓가격 10~50유로
전화문의 +358-9-6126-5100
메일문의 info@helsinkifestival.fi
장소 Helsinki Festival, Lasipalatsi, Mannerheimintie
    22-24, 00100 Helsinki, Finland
찾아가는 방법
대부분의 프로그램은 헬싱키 도시의 중심부에서 열리기 때문에 헬싱키 중앙역을 중심으로 걸어다니다 보면 모든 공연장을 만날 수 있다.

◀ 긴 어둠을 코앞에 둔 헬싱키 사람들에게는 마지막 여름밤의 향연이 그 무엇보다 소중할 것이다. 그래서일까. 백야(白夜) 속 음악 축제에선 그 누구도 웃지 않는 사람이 없다.

축제 소개

헬싱키 페스티벌은 국가경쟁력 1위로 손꼽히는 핀란드에서 가장 규모가 큰 문화 축제다. 매년 8월과 9월 중, 약 보름간 펼쳐지는 종합예술 축제로 세계적 수준의 클래식 콘서트와 연극, 무용, 비주얼 아트, 헬싱키 광장에서 백야와 함께 맛보는 영화 관람, 어린이를 위한 체험 공연까지 헬싱키 사람들이 좋아하는 예술이라면 뭐든지 다 포함하는 대표적인 축제인 셈이다.

반세기 가까이 이어져오고 있는 헬싱키 페스티벌은 독특한 기후 탓에 핀란드 사람들에게는 특별할 수밖에 없다. 일 년 중 평균 73일은 해가 지지 않는 나라. 반대로 51일은 아예 해가 뜨지 않는 나라. 또한 5월부터 8월 사이의 낮 길이가 평균 19시간이라고 하니, 선선한 가을 날씨 같은 핀란드의 여름밤이 그네들에게 얼마나 소중한 시간일까.

때문에 여름 시즌에 헬싱키를 여행하면 헬싱키 시청 광장과 도심 곳곳에서 많은 시민들이 거리로 나와 축제를 즐기는 모습을 쉽게 볼 수 있다. 특히 여름 내내 백야 현상이 지속되기 때문에 은은하게 빛이 나는 하얀 도심 속에서 아름다운 오케스트라 연주를 듣거나 영화를 관람하는 재미는 매우 독특한 경험이 될 것이다.

▲ 헬싱키 페스티벌의 메인 야외 공연이 펼쳐지는 헬싱키 대성당 앞 광장의 모습.

축제 참여하기 ①

청년인턴십 및 축제 자원봉사

신청자격 18세 이상, 영어 또는 스웨덴어 또는 핀란드어 능통자
신청시기 매년 11월~12월
신청방법 홈페이지 또는 이메일 접수
정보공개 웹사이트 www.helsinkifestival.fi
축제측 지원사항 기본 급여가 있다.
선정시 우선 고려사항 언어와 열정

축제 참여하기 ②

아티스트

참가공연 초청방법 공식초청작 100%
작품선정시 고려사항 예술적 가치, 창의성
신청시기 연중 내내
신청방법 이메일 또는 우편 접수
신청자격 전문 아티스트
신청비용 없다.
선호장르 모든 예술장르
선호하는 문의방법 이메일, 우편, 전화
접수시 구비서류 공연작품 소개서, 아티스트 프로필, 사진, 동영상 등
문의시 사용 가능한 언어 영어
아티스트를 위한 문의처 info@helsinkifestival.fi

한국 아티스트를 위한 축제측 코멘트

"헬싱키 페스티벌 참가작은 티켓 구매가 필수인 수준 높은 공연물이 대부분입니다. 헬싱키 센트룸에서 펼쳐지는 무료 공연도 있긴 합니다만, 아주 일부입니다. 저희와 많은 협의를 거쳐 초청작이 결정됩니다. 우리와 함께 축제를 즐기고 싶은 아티스트는 사전에 자세한 설명을 이메일로 보내주세요. 참고로, 2012년 프로그램은 이미 확정되었습니다. 좀 서둘러주세요."

28개국 101개의 유러피언 페스티벌 속으로
유럽 축제 사전

초판 1쇄 발행 | 2011년 8월 22일
초판 2쇄 발행 | 2011년 12월 26일

지은이 | 유경숙
펴낸이 | 정연금
펴낸곳 | 멘토르

기획 · 편집 | 여성희 · 문진주 · 최근혜 · 이수정 · 김미숙
책임편집 | 여성희
마케팅 | 이운섭 · 나길훈
제작 및 경영지원 | 이동영 · 박은정

내용문의 | mentor@mentorbook.co.kr

등록 | 2004년 12월 30일 제302-2004-00081호
주소 | 서울시 마포구 동교동 198-5번지 신흥빌딩 3층
전화 | 02-706-0911
팩스 | 02-706-0913

ISBN | 978-89-6305-088-1(13980)

ⓒ 2011 유경숙
http://www.mentorbook.co.kr
트위터 @mentorbook

* 책값은 뒤표지에 있습니다.
* 잘못된 책은 바꾸어 드립니다.
* 이 책의 전부 또는 일부를 재사용하려면 반드시 사전에 저작권자와 (주)멘토르출판사의 동의를 받아야 합니다.

이 도서의 국립중앙도서관 출판시도서목록(CIP)은 e-CIP홈페이지(http://www.nl.go.kr/ecip)와
국가자료공동목록시스템(http://www.nl.go.kr/kolisnet)에서 이용하실 수 있습니다. (CIP제어번호: CIP2011003064)